Franz von Liszt und das Gesetzlichkeitsprinzip

Frankfurter kriminalwissenschaftliche Studien

Bd./Vol. 54

PETER LANG
Frankfurt am Main · Berlin · Bern · New York · Paris · Wien

Susanne Ehret

Franz von Liszt und das Gesetzlichkeitsprinzip

Zugleich ein Beitrag wider die Gleichsetzung von Magna-charta-Formel und Nullum-crimen-Grundsatz

PETER LANG
Europäischer Verlag der Wissenschaften

Die Deutsche Bibliothek - CIP-Einheitsaufnahme

Ehret, Susanne:

Franz von Liszt und das Gesetzlichkeitsprinzip : zugleich ein Beitrag wider die Gleichsetzung von Magna-Charta-Formel und Nullum-crimen-Grundsatz / Susanne Ehret. - Frankfurt am Main ; Berlin ; Bern ; New York ; Paris ; Wien : Lang, 1996
(Frankfurter kriminalwissenschaftliche Studien ; Bd. 54)
Zugl.: Frankfurt (Main), Univ., Diss., 1996
ISBN 3-631-30659-8

NE: GT

ISBN 3-631-30659-8

Meinen Eltern

Vorwort

Die vorliegende Arbeit wurde im Wintersemester 1995/96 als Dissertation bei der rechtswissenschaftlichen Fakultät der Johann Wolfgang Goethe-Universität Frankfurt am Main eingereicht.

Herzlich danke ich Herrn Prof. Dr. Wolfgang Naucke, der dieses Thema angeregt und die Grundsteine für das Gelingen dieser Arbeit gelegt hat. Herrn Prof. Dr. Ulfrid Neumann gilt mein Dank für die Erstellung des Zweitgutachtens.

Dank schulde ich ferner dem Max-Planck-Institut für europäische Rechtsgeschichte in Frankfurt am Main, das mir durch seine finanzielle Unterstützung und die Bereitstellung seiner Arbeitsmöglichkeiten die zügige Fertigstellung meiner Arbeit ermöglicht hat. Zu besonderem Dank bin ich Dr. Ulrich Falk verpflichtet; seine nützlichen Hinweise haben mir die rechtshistorische Arbeitsweise aufgezeigt.

Der mühevollen Korrekturarbeiten haben sich dankenswerterweise mein Vater, Heidi Fendler sowie Dr. Rainer Maria Kiesow angenommen.

Schließlich gilt mein ganz besonderer Dank Christian Lüders, dessen unermüdliche Disskussionsbereitschaft und wertvolle Anregungen nicht unwesentlich die Entstehung dieser Arbeit gefördert haben.

Hamburg, im Juni 1996 Susanne Ehret

INHALTSVERZEICHNIS

Grundlegungen

A. Nullum crimen, nulla poena sine lege

> "Eine Tat kann nur bestraft werden, wenn die Strafbarkeit gesetzlich bestimmt war, bevor die Tat begangen wurde."

Mit diesen Worten wird die Strafgesetzlichkeit in § 1 des Strafgesetzbuchs dem deutschen Strafrecht als Leitgedanke vorangestellt und in Art. 103 Abs. 2 Grundgesetz als Verfassungsgrundsatz verankert.

Über die staatlich institutionalisierte Strafe erhält die Staatsgewalt die Möglichkeit, Zugriff auf die Freiheitssphäre des einzelnen Staatsbürgers zu nehmen: sie tritt dem Einzelnen mit dem Anspruch gegenüber, über ihn und seine Tat ein Unwerturteil zu fällen und an dieses im Einzelfall schwere Rechtsfolgen zu knüpfen. Dieser Zugriffsmöglichkeit wohnt - wie die Erfahrung der deutschen Strafrechtsgeschichte zeigt - die Gefahr des staatlichen Mißbrauchs der Strafe als Machtmittel inne. Deshalb bedarf der einzelne Bürger nicht nur des Schutzes *durch* die Strafgewalt, sondern auch des Schutzes *vor* der Strafgewalt. Diesem Schutz des einzelnen Bürgers *vor* der Strafgewalt dient die Strafgesetzlichkeit, die gesetzliche Sicherung des Einzelnen vor schrankenlosen staatlichen Zugriffsmöglichkeiten durch staatliche Selbstbegrenzung gewährleisten soll. Dem Staat wird der Zugriff auf die Freiheitssphäre des Einzelnen als Straftäter nur dann gestattet, wenn dessen Verhalten zuvor als Straftat gesetzlich bestimmt war (*nullum crimen sine lege*). Der Staat darf ferner nur diejenigen Sanktionen gegen den Einzelnen verhängen, für die es eine gesetzliche Grundlage gibt (*nulla poena sine lege*). Das Gesetzlichkeitsprinzip formuliert einen ausdrücklichen Gesetzesvorbehalt für das Strafrecht sowie eine spezielle Ausgestaltung des Willkürverbots. Indem der Mensch als sittlich-autonomes, für seine Handlungen verantwortliches Wesen aufgefaßt wird, gilt der Grundsatz, daß jeder Bürger die Möglichkeit haben muß, im voraus zu erkennen, welches Verhalten als Verbrechen gilt und als solches mit Strafe bedroht ist. Konkret bedeutet das Gesetzlichkeitsprinzip, daß Strafe nur aufgrund eines geschriebenen Gesetzes verhängt werden darf (Verbot strafbegründenden Gewohnheitsrechts), daß die Strafgesetze ihren Inhalt und ihre Grenzen hinreichend genau umschreiben müssen (Bestimmtheitsgebot), daß das Strafgesetz schon vor der Tatbegehung vorhanden gewesen sein muß (Rückwirkungsverbot), und daß ein Strafgesetz nicht auf Verhaltensweisen angewandt werden darf, die zwar eventuell sinngemäß, nicht aber ausdrücklich von diesem erfaßt sind (Analogieverbot).[1]

1 Ausführlich zu Sinn und Problematik der einzelnen Prinzipien der Strafgesetzlichkeit vgl. StGB AK-Hassemer, § 1 Rdnrn. 13 ff..

Für die Herleitung des Prinzips der Gesetzesgebundenheit im Strafrecht wird heute auf verschiedene Prinzipien zurückgegriffen[2]:

Zum einen wird das Gesetzlichkeitsprinzip als eine verfassungsrechtliche Spezifizierung des Schuldprinzips und als solche als Konkretisierung des Art. 1 Abs. 1 Grundgesetz in seiner Auswirkung auf das Strafrecht angesehen.[3] Strafrechtlicher Zwang sei mit der persönlichen Freiheit des Einzelnen nur dann vereinbar, wenn eine bewußte oder - im Falle der Fahrlässigkeit - vorwerfbar unbewußte Entscheidung zur Verwirklichung straftatbestandsmäßigen Unrechts vorliege. Von einer solchen könne indes nur dann gesprochen werden, wenn zum Zeitpunkt dieser Tatentscheidung der Unrechtstatbestand als Entscheidungsrichtwert in einem Strafgesetz bereits vorhanden war.

Zum anderen wird die Strafgesetzlichkeit als Bestandteil des Demokratieprinzips aufgefaßt.[4] Da über das Strafrecht der Staatsgemeinschaft ein Recht zum Unwerturteil über Tat und Täter eingeräumt werde, bedürfe dieses der besonderen Legitimation. Diese komme allein dem Träger der Staatsgewalt selbst, also der Volksvertretung, zu. Deshalb lege Art. 103 Abs. 2 Grundgesetz verfassungsrechtlich fest, daß nur die Volksvertretung als Gesetzgebungsorgan über Strafbarkeiten entscheiden darf.

Ferner wird der Grundsatz der Gesetzesgebundenheit im Strafrecht als Ausfluß des Gewaltenteilungsprinzips interpretiert.[5] Allein der Gesetzgeber, nicht aber der Richter solle über Eingriffsbefugnisse der staatlichen Strafmacht entscheiden dürfen, da nur so die Trennung zwischen Gesetzgebung und Rechtsprechung gewahrt werden könne.

Desweitern wird das Rechtsstaatsprinzip zur Begründung der Strafgesetzlichkeit angeführt.[6] Danach soll das Gesetzlichkeitsprinzip die Freiheit des einzelnen Bürgers vor staatlicher Willkür schützen. Jeder soll die Strafbarkeit seines Verhaltens vorher erkennen können und im Vertrauen darauf geschützt werden, daß seine Handlung nicht nachträglich als strafbares Verhalten bewertet

---

2 Eingehend zu den Grundlagen des Gesetzlichkeitsprinzips vgl. Schreiber, Gesetz und Richter, S. 209 ff.; Grünwald, Bedeutung und Begründung des Satzes "nulla poena sine lege", in: ZStW 76 (1964), S. 1, 13 ff.; Lemmel, Unbestimmte Strafbarkeitsvoraussetzungen, S. 74 ff., 156 ff..

3 Vgl. Sax, Grundsätze der Strafrechtspflege, in: Bettermann/Nipperdey/Scheuner (Hrsg.), Die Grundrechte III/2, S. 909, 999; ferner BVerfGE 25, 269, 285.

4 Grünwald, Bedeutung und Begründung des Satzes "nulla poena sine lege", in: ZStW 76 (1964), S. 1, 13 f.; Ransiek, Gesetz und Lebenswirklichkeit, S. 40 ff.; Krey, Studien zum Gesetzesvorbehalt im Strafrecht, S. 210 ff..

5 Grünwald, ebenda, S. 14; Schünemann, Nulla poena sine lege?, S. 10 f.; gegen eine Ableitung speziell des Rückwirkungsverbots aus dem Gewaltenteilungsprinzip vgl. Neumann, Rückwirkungsverbot bei belastenden Rechtsprechungsänderungen, in: ZStW 103 (1991), S. 331, 345 f..

6 SK-Rudolphi, § 1 Rdnr. 2; Jung, Rückwirkungsverbot und Maßregel, in: Wassermann-FS, S. 875, 884; Schreiber, Zur Zulässigkeit der rückwirkenden Verlängerung von Verjährungsfristen, in: ZStW 80 (1968), S. 348, 350; mit ausführlicher Begründung ders., Gesetz und Richter, S. 213 ff..

wird. Das Rechtsstaatsprinzip verlange die Vorausberechenbarkeit und Sicherheit staatlicher Machtäußerung. Ebenso sei es auch das Ziel der Strafgesetzlichkeit, Sicherheit und Vorausberechenbarkeit des Strafrechts zu gewährleisten.

Schließlich wird in der Gesetzesgebundenheit des Strafrechts eine Objektivitätsgarantie der Strafrechtspflege gesehen.[7] Objektivität soll das Gesetzlichkeitsprinzip insofern gewährleisten, als Strafbarkeit und Strafmaß nicht unter dem Eindruck des konkreten, zur Entscheidung anstehenden Falles, sondern im vorhinein und allgemein gültig durch ein bereits vor der Tat erlassenes, bestimmtes Strafgesetz festgelegt werden.

Gleich welchem dieser Begründungsansätze der Vorzug einzuräumen ist, steht fest, daß Gesetzgebung und Lehre das Gesetzlichkeitsprinzip aller Orten im Munde führen. Wenngleich der Strafgesetzlichkeit die "wohl höchstmögliche Anerkennung"[8] zuteil wird, lassen sich über ihre Bedeutung als Zentralproblem des Strafrechts berechtigte Zweifel anmelden.[9] Obwohl die Strafgesetzlichkeit in § 1 des Strafgesetzbuchs an erster Stelle genannt ist, beginnt kein modernes Lehrbuch mit dieser als dem Grundproblem des Strafrechts. Ja, ganz modern scheint es zu sein, über die Strafgesetzlichkeit überhaupt kein Wort zu verlieren[10]. Setzt sich ein strafrechtliches Lehrbuch die "Befähigung des Studenten zur Bearbeitung von strafrechtlichen Übungsarbeiten"[11] zum Ziel und spart dabei die Strafgesetzlichkeit vollständig aus, so ist dies nicht anders zu verstehen, als daß der Student und damit letztlich auch der praktisch tätige Jurist nicht mit dem Ballast von Grundlagenproblemen beschwert, sondern allein mit dem - unkritischen - Umgang mit Gesetzestexten vertraut gemacht werden soll. Damit wird der Satz *nullum crimen, nulla poena sine lege* mit keinem anderen Inhalt verbunden, als daß strafbar nur das ist, was in der - immer unübersehbarer werdenden - Fülle geschriebener Gesetzestexte zu finden ist. Über die Frage, was der Gesetzgeber in seiner Rechtssetzungstätigkeit zum Gegenstand des Strafrechtsschutzes erheben darf und welche Bestimmtheitserfordernisse er dabei einzuhalten hat, wird im Zusammenhang mit der Strafgesetzlichkeit nicht reflektiert.[12] Es existiert ein positives Gesetz, an das nicht allzu hohe Anforde-

---

7 Jakobs, Strafrecht AT, 4. Abschnitt Rdnr. 9; Marxen, Strafgesetzgebung als Experiment?, in: GA 1985, S. 533, 547 f.; ferner Schreiber, Gesetz und Richter, S. 213 ff..

8 Mangakis, Über die Wirksamkeit des Satzes "nulla poena sine lege", in: ZStW 81 (1969), S. 997, 998.

9 Dazu jüngst Naucke, Die Aushöhlung der strafrechtlichen Gesetzlichkeit, in: Inst. f. Kriminalwissenschaften Frankfurt a. M. (Hrsg.), Vom unmöglichen Zustand des Strafrechts, S. 483.

10 So das Lehrbuch von Kühl, Strafrecht AT; auch der Nomos Kommentar zum Strafgesetzbuch verzichtet in seiner ersten Lieferung auf eine Kommentierung des § 1 StGB.

11 Kühl, ebenda, § 1 Rdnr. 1.

12 Für Frage nach einer rechtsstaatlichen Begrenzung staatlicher Normsetzung wird nicht auf das Gesetzlichkeitsprinzip, sondern auf den gesondert aus dem Rechtsstaatsprinzip abgeleiteten Grundsatz des Vertrauensschutzes zurückgegriffen; vgl. Neumann, Rückwirkungsverbot bei belastenden Rechtsprechungsänderungen, in: ZStW 103 (1991), S. 331, 348 f. m.w.N..

rungen zu stellen sind[13], das genügt. Eine rein formale Anforderung[14] - das ist die "moderne" Strafgesetzlichkeit im Spiegelbild aktueller Strafrechtsliteratur.

Dieser Umgang mit dem Gesetzlichkeitsprinzip ist dem "modernen" Strafrecht kongenial. Das "klassische", also das aus der Philosophie der Aufklärung hervorgehende Strafrecht ist gekennzeichnet durch die rechtsstaatlichen Traditionen der Strafrechtsbegrenzung und der strafrechtlichen Bestimmtheit.[15] Es versteht sich als Instrument zur Herstellung und Sicherung bürgerlicher Freiheit, und als solches faßt es die Strafgesetzlichkeit als Strafgerechtigkeit auf: Strafgesetzlichkeit bedeutet die gesetzliche Erfassung von Strafwürdigkeit, nicht "bloße Regelhaftigkeit".[16] Das "klassische" Strafrecht hatte den Strömungen der Politik etwas entgegenzusetzen und erlangte damit eine gewisse Unabhängigkeit von dieser. Das "moderne" Strafrecht hingegen ist gekennzeichnet durch Folgenorientierung und Zweckrationalität.[17] Strafrecht ist demnach das, was zur Kriminalprävention notwendig und nützlich ist. Nicht mehr dem Schutz bürgerlicher Freiheiten soll das "moderne" Strafrecht dienen, sondern es soll als Mittel zur Lösung gesellschaftlicher Konfliktsituationen fungieren. Damit ist das "moderne" Strafrecht aber keine sich von der Tagespolitik unabhängig zeigende Institution, sondern ein Instrument politischen Handlungsbedarfs. Strafgesetzlichkeit heißt hier nicht Strafgerechtigkeit, sondern vielmehr in Gesetze gefaßte politische Notwendigkeit. Im "modernen" Strafrecht zeigt die Strafgesetzlichkeit nur noch die Form staatlicher Intervention an.

B. Die Magna-charta-Formel LISZTS

Der Wandel vom "klassischen" zum "modernen" Strafrecht wurde von FRANZ VON LISZT im Jahre 1882 mit der Schrift des sog. "Marburger Programms" eingeleitet. Die plakative Überschrift "Der Zweckgedanke im Strafrecht"[18] sollte

13 Vgl. insbesondere Jakobs, Strafrecht AT, 4. Abschnitt Rdnr. 1. Zu den Zweifeln an der faktischen Geltung des aus dem Gesetzlichkeitsprinzip fließenden Bestimmtheitsgebots vgl. Süß, Vom Umgang mit dem Bestimmtheitsgebot, in: Inst. f. Kriminalwissenschaften Frankfurt a. M. (Hrsg.), Vom unmöglichen Zustand des Strafrechts, S. 207, 209 ff. m.w.N., dessen Kritik sich jedoch auf den heutigen Umgang mit dem Bestimmtheitsgebot beschränkt, obwohl dieser letztlich nur eine Konsequenz aus dem heutigen Umgang mit der Strafgesetzlichkeit an sich bedeutet.

14 Ausdrücklich beispielsweise bei Otto, Grundkurs Strafrecht AT, S. 17.

15 Zum "klassischen" Strafrecht vgl. Hassemer, Produktverantwortung im modernen Strafrecht, S. 3 ff.; P.-A. Albrecht, Das Strafrecht im Zugriff populistischer Politik, in: Inst. f. Kriminalwissenschaften Frankfurt a. M. (Hrsg.), Vom unmöglichen Zustand des Strafrechts, S. 429 f..

16 Mit diesem treffenden Ausdruck Naucke, Die Aushöhlung der strafrechtlichen Gesetzlichkeit, in: Inst. f. Kriminalwissenschaften Frankfurt a. M. (Hrsg.), Vom unmöglichen Zustand des Strafrechts, S. 483, 485 mit Anm. 6.

17 Zum "modernen" Strafrecht vgl. wiederum Hassemer, Produktverantwortung im modernen Strafrecht, S. 6 ff.; P.-A. Albrecht, Das Strafrecht im Zugriff populistischer Politik, in: Inst. f. Kriminalwissenschaften Frankfurt a. M. (Hrsg.), Vom unmöglichen Zustand des Strafrechts, S. 429, 430 f..

18 Liszt, Zweckgedanke, in: AuV I, S. 126 ff.

der "modernen" Strafrechtsschule ihre typische Kennzeichnung verleihen. Der durch den Gedanken der Zweckrationalität eingeleitete Paradigmenwechsel im Strafrecht - so die an den Anfang dieser Arbeit gestellte Vermutung - sollte nicht ohne Einfluß auf die Strafgesetzlichkeit bleiben und den Ursprung des "modernen" Umgangs mit dieser begründen.

Ist heute in strafrechtlichen Lehrbüchern oder Kommentaren von der Strafgesetzlichkeit die Rede, wird häufig der Grundsatz des *nullum crimen, nulla poena sine lege* durch die Aussage ergänzt bzw. mit dieser gleichgesetzt, daß die Strafgesetzlichkeit die "magna charta des Verbrechers", das "Bollwerk des Staatsbürgers gegenüber der staatlichen Allgewalt" sei.[19] Diese Gleichsetzung geht auf folgende - als *Magna-charta-Formel* im Zentrum dieser Arbeit stehende - Aussage LISZTs zurück:

> "Nach meiner Meinung ist, so paradox es klingen mag, *das Strafgesetzbuch die magna charta des Verbrechers*. Es schützt nicht die Rechtsordnung, nicht die Gesamtheit, sondern den gegen diese sich auflehnenden Einzelnen. Es verbrieft ihm das Recht, nur unter den gesetzlichen Voraussetzungen und nur innerhalb der gesetzlichen Grenzen bestraft zu werden. Der Doppelsatz: nullum crimen sine lege, nulla poena sine lege - ist das Bollwerk des Staatsbürgers gegenüber der staatlichen Allgewalt, gegenüber der rücksichtslosen Macht der Mehrheit, gegenüber dem 'Leviathan'. Ich habe seit Jahren das Strafrecht gekennzeichnet als 'die *rechtlich begrenzte* Strafgewalt des Staates'. Ich kann jetzt auch sagen: *das Strafrecht ist die unübersteigbare Schranke der Kriminalpolitik*. Und es wird und soll das bleiben, was es heute ist."[20]

Dem synonymen Gebrauch des Nullum-crimen-Grundsatzes und der Magna-charta-Formel für die Umschreibung des Dogmas der Gesetzesgebundenheit im Strafrecht liegt eine bestimmte, heute noch herrschende Interpretation der LISZT'schen Magna-charta-Formel zugrunde:

Die von LISZT formulierten Grundsätze von dem Strafgesetzbuch als der magna charta des Verbrechers und dem Strafrecht als der unübersteigbaren Schranke der Kriminalpolitik werden aufgefaßt als Beweis dafür, daß LISZT am Nulla-poena-Prinzip und damit an den rechtsstaatlichen Errungenschaften des 19. Jahrhunderts unbedingt habe festhalten wollen[21], und gelten als Beleg für die grundlegende Verwurzelung LISZTs in dem liberalen Erbe des

19 Diese Gleichsetzung wählen, Radbruch, Feuerbach-Gedenkrede, S. 7, 8; SK-Rudolphi, § 1 Rdnr. 2; Baumann/Weber, Strafrecht AT, § 12 I 2; Schönke/Schröder-Eser, § 1 Rdnr. 6; Jakobs, Strafrecht AT, 4. Abschnitt Rdnr. 7; Roxin, Strafrecht AT, § 5 Rdnr. 3; Asúa, Nullum crimen, nulla poena sine lege, in: ZStW 63 (1951), S. 166. Auch Polakiewicz, Verfassungs- und völkerrechtliche Aspekte, in: EuGRZ 1992, S. 177, 190, in Bezug auf das Rückwirkungsverbot.

20 Liszt, Über den Einfluß der soziologischen und anthropologischen Forschungen, in: AuV II, S. 75, 80; fast wortgleich ders., Die deterministischen Gegner der Zweckstrafe, in: AuV II, S. 25, 60.

21 Arth. Kaufmann, Art. Franz v. Liszt, in: Staatslexikon, Bd. 3, Sp. 926, 928; Schreiber, Gesetz und Richter, S. 179.

19. Jahrhunderts[22] und damit als Ausdruck seiner liberal-rechtsstaatlichen Haltung[23]. In LISZT habe "noch einmal der Geist des achtzehnten Jahrhunderts, der Geist der Aufklärung, lebensvoll Gestalt gewonnen"[24]. Die Magna-charta-Formel zeige, daß LISZT als "Liberaler mit einem sozialen Ideal im Herzen"[25] mit seiner Strafrechtslehre keinen revolutionären Umsturz, sondern eine "evolutionistische Fortentwicklung im Zeichen sozialer Gerechtigkeit" bezweckt habe.[26] LISZT habe das Nulla-poena-Prinzip als primäres politisches Prinzip, als normative Beschränkung eines rein zweckorientierten Strafrechts anerkannt und durch die Magna-charta-Formel die Gefahren des Zweckgedankens im Strafrecht gebannt.[27] Er habe betont, daß im Interesse der Gerechtigkeit das Strafrecht der Selbstbegrenzung bedürfe, da ansonsten rücksichtsloses Zweckmäßigkeitsdenken die Gerechtigkeit ausschalte.[28] Der Schutz der Freiheit des Einzelnen sei für LISZT eine der Hauptaufgaben des Strafrechts gewesen[29], so daß er die Abstriche im eigenen kriminalpolitischen Konzept, die ihm die Beachtung der Gesetzesgebundenheit abverlangt habe, zugunsten der individuellen Freiheit hingenommen habe.[30] LISZT sei damit "sowohl Verfechter einer konsequenten Kriminalpolitik als auch Verteidiger der individuellen Freiheit, sowohl ein sozialer als auch liberaler Reformer" gewesen.[31] An der Notwendigkeit der Freiheitsgarantie und des Freiheitsschutzes habe er nicht nur im Anschluß an die strafrechtswissenschaftliche Tradition festgehalten, sondern er habe "als echtes Kind seiner Zeit an diese Notwendigkeit geglaubt".[32]

Vereinzelt wird behauptet, daß der Magna-charta-Formel logische Unrichtigkeit anhafte, der Sinn dieser Formulierung aber gleichwohl unmißverständlich sei: da der Einzelne erst durch die Begehung einer Straftat zum Verbrecher werde, sei das Strafgesetzbuch die magna charta nicht des Verbrechers, sondern des Bürgers.[33] Es gehe nicht um Rücksichtnahme auf den Verbrecher, sondern "in

---

22 Eb. Schmidt, Art. Franz von Liszt, in: Heimpel/Heuss/Reifenberg (Hrsg.), Die großen Deutschen, Bd. 5, S. 407, 412 f..

23 Eb. Schmidt, ebenda; ders., Franz von Liszt und die heutige Problematik des Strafrechts, in: Gierke-FS, S. 201, 216.

24 Radbruch, Einführung in die Rechtswissenschaft, Vorwort zur 7. und 8. Auflage, zit. nach der 11. Auflage, S. 9.

25 Kohlrausch, Die geistesgeschichtliche Krise des Strafrechts, S. 16.

26 Radbruch, Einführung in die Rechtswissenschaft, Vorwort zur 7. und 8. Auflage, zit. nach der 11. Aufl., S. 9.

27 Jescheck, Grundfragen der Dogmatik und Kriminalpolitik, in: ZStW 93 (1981), S. 3, 45; ähnlich Neumann, in: Neumann/Schroth, Neuere Theorien von Kriminalität und Strafe, S. 25.

28 Eb. Schmidt, Anselm von Feuerbach und Franz von Liszt, in: Mschr. f. Kriminalbiologie und Strafrechtsreform 1942, S. 205, 213; ders., Einführung, S. 364.

29 Eb. Schmidt, Franz v. Liszt, in: Heimpel/Heuss/Reifenberg, Die großen Deutschen, Bd. 5, S. 407, 413.

30 Schreiber, Gesetz und Richter, S. 179.

31 Jescheck, Die Freiheitsstrafe bei Franz von Liszt, in: 375 Jahre Rechtswissenschaft in Gießen, S. 17, 23.

32 Georgakis, Geistesgeschichtliche Studien, S. 53. f..

33 Schünemann, Nulla poena sine lege?, S. 1 Anm. 2; ihm folgend Roxin, Strafrecht Allgemeiner Teil, S. 68 Anm. 3; früher schon v. Hippel, Deutsches Strafrecht, Bd. 2, S. 36 Anm. 2 und S. 44 Anm. 2; die Einseitigkeit der Magna-charta-Formel ebenfalls

Wahrheit um den rechtlichen Schutz des anständigen, gesetzestreuen Bürgers gegen Übereilungen, Übergriffe und Willkürlichkeiten".[34] Schutz des Bürgers vor staatlicher Willkür, Garantie der Gleichbehandlung aller, Begrenzung kriminalpolitischer Bestrebungen, Rechtssicherheit also - darin habe LISZT, neben der Sicherung der Gesellschaft gegen den Verbrecher, die wesentliche Aufgabe des Strafrechts gesehen.[35]

Schließlich wird die Magna-charta-Formel dahingehend interpretiert, daß LISZT immer die Antinomie von Strafrecht und Kriminalpolitik vor Augen gehabt habe. Er habe eine deutliche Trennung zwischen politischer Zwecksetzung und der juristischen Verwirklichung gesetzlich vorgegebener Zwecke gewollt.[36] Das Ob der Strafe zu bestimmen sollte allein Aufgabe des Strafrechts sein, während die Kriminalpolitik über das Wie der Strafe entscheiden sollte.[37]

C. Aufgabenstellung und Methode

Diese soeben dargestellte, heute noch herrschende Interpretation der Magna-charta-Formel macht den Eindruck, als sei sie über jeden Zweifel erhaben.[38] Eine Interpretation der Magna-charta-Formel als das Festhalten an den rechtsstaatlichen Errungenschaften des 19. Jahrhunderts würde jedoch voraussetzen, daß LISZT mit der Strafgesetzlichkeit tatsächlich die liberal-rechtsstaatlichen Grundsätze des 19. Jahrhundert verbunden hat.

Bevor auf das Gesetzlichkeitsprinzip bei LISZT eingegangen wird, soll im ersten Kapitel dessen ursprüngliche Bedeutung ermittelt werden. Im Zusammenhang mit der historischen Begründung des Gesetzlichkeitsprinzips[39] gilt FEUERBACH[40] als einer der "geistigen Väter des nullum-crimen-Prinzips"[41]. Vorläufer

---

bemängelnd Mangakis, Über die Wirksamkeit des Satzes "nulla poena sine lege", in: ZStW 81 (1969), S. 996, 999; kritisch Grünwald, Bedeutung und Begründung des Satzes "nulla poena sine lege", in: ZStW 76 (1964), S. 1, 11, der darauf besteht, daß Liszt unter dem Aspekt der Rechtssicherheit ganz bewußt von der magna charta des Verbrechers gesprochen habe.

34 Eb. Schmidt, Einführung, S. 364.

35 Hassemer, Einführung, S. 193; Radbruch, Franz v. Liszt, in: ders., Elegantiae iuris criminalis, S. 208, 225, 231 f.; Roxin, Kriminalpolitik und Strafrechtssystem, S. 1 f..

36 Frommel, Präventionsmodelle, S. 80.

37 Roxin, Franz von Liszt und die kriminalpolitische Konzeption des Alternativentwurfs, in: ZStW 81 (1969), S. 613, 640.

38 Auch Naucke, Aushöhlung der strafrechtlichen Gesetzlichkeit, in: Inst. f. Kriminalwissenschaften Frankfurt a. M. (Hrsg.), Vom unmöglichen Zustand des Strafrechts, S. 483, 489 Anm. 22, deutet an, daß es einem "Denkmalssturz" gleichkäme, die Haltung Liszts zur Gesetzlichkeit kritisch zu hinterfragen.

39 Vgl. dazu die ausführliche Darstellung von Schreiber, Gesetz und Richter.

40 Umfassend zu Leben und Werk Feuerbachs vgl. Stintzing-Landsberg, Geschichte der deutschen Rechtswissenschaft, Abt. 3, 2. Halbband, Text, S. 111 ff.; E. Wolf, Feuerbach, in: ders., Große Rechtsdenker, S. 543 ff.; Eb. Schmidt, Einführung, S. 232 ff.; Radbruch, P. J. A. Feuerbach; Kipper, J. P. A. Feuerbach; Hartmann, Grundanschauungen; zur Kurzinformation vgl. auch Lüderssen, Art. Feuerbach, in:

des Gesetzlichkeitsprinzips finden sich zwar schon vor FEUERBACH in den Grundrechtskatalogen der Vereinigten Staaten von Amerika aus den siebziger Jahren des 18. Jahrhunderts, in Österreich in der *Josephina* von 1787, in Frankreich in den Art. 7 und 8 der Erklärung der Menschen und Bürgerrechte aus dem Jahre 1789 und den darauffolgenden Revolutionsverfassungen sowie im *Allgemeinen Preußischen Landrecht* von 1794.[42] Jedoch ist es das Verdienst FEUERBACHs, erstmalig mit der bis heute gebräuchlichen lateinischen Formel *nulla poena sine lege* das Gesetzlichkeitsprinzip für das deutsche Strafrecht fruchtbar gemacht und mit einer umfassenden staats- und straftheoretischen Begründung versehen zu haben.

Es soll jedoch keine Dogmengeschichte der Strafgesetzlichkeit[43] von FEUERBACH bis LISZT geschrieben, sondern in einer direkten Gegenüberstellung ein Vergleich zwischen FEUERBACHs Nullum-crimen-Grundsatz und LISZTs Magna-charta-Formel gezogen werden. Diese Arbeit wendet sich der Frage zu, ob es vor dem historischen Hintergrund gerechtfertigt ist, die Magna-charta-Formel LISZTs mit dem FEUERBACH'schen Nullum-crimen-Grundsatz gleichzusetzen, oder ob diese Gleichsetzung nicht vielmehr auf einer Verkennung der historischen Person LISZTs, aber auch auf einer Verkennung der Beziehung zwischen liberaler Rechtsstaatlichkeit und strafrechtlicher Zweckorientierung beruht. Dabei wird es nicht abstrakt um den Bedeutungswandel des Gesetzlichkeitsprinzips gehen, sondern es soll gezeigt werden, daß dieser Bedeutungswandel konkret in der modernen Strafrechtsauffassung, aber auch in der modernen Staatsidee begründet liegt.

Im Zentrum des zweiten Kapitels steht das Problem, welche Auswirkungen die Schwerpunktverlagerung im Strafrecht hin zu kriminalpolitischer Zweckorientierung auf das Gesetzlichkeitsprinzip als Verbürgung bürgerlicher Freiheitsrechte hat. Mit dem Hinweis, daß die Magna-charta-Formel logisch unrichtig sei, da das Strafgesetz nicht den Verbrecher, sondern in erster Linie den Bürger schütze[44], wird die Problematik nur unzureichend erfaßt. Zu klären ist, ob sich hinter der Magna-charta-Formel nicht vielmehr das Bekenntnis findet, daß das Strafgesetz vor dem Hintergrund der straftheoretischen, kriminalpolitischen und staatstheoretischen Konzeptionen LISZTs gerade nicht die Schutzfunktion zugunsten bürgerlicher Freiheit wahrnehmen kann. Zur Beurteilung dieser

---

HRG, Bd. 1, Sp. 1118 ff.; Mohnhaupt, Art. Feuerbach, in: Stolleis (Hrsg.), Juristen, S. 201 ff..

41 Krey, Keine Strafe ohne Gesetz, Rdnr. 17.

42 Zu den Ursprüngen und der Bedeutung des Gesetzlichkeitsprinzips vor Feuerbach vgl. eingehend Schreiber, Gesetz und Richter, S. 17-83; überblicksartig auch Krey, Keine Strafe ohne Gesetz, Rdnrn. 1-17, zu den Einzelprinzipien des Gesetzlichkeitsprinzips ebenda, Rdnrn. 35-42, 48-56, 70-76, 84-89; Kleinheyer, Vom Wesen der Strafgesetze; aus älterer Zeit vgl. Schottländer, Die geschichtliche Entwicklung des Satzes nulla poena sine lege.

43 Vgl. dazu die ausführliche dogmengeschichtliche Arbeit von Schreiber, Gesetz und Richter.

44 Schünemann, Nulla poena sine lege?, S. 1 Anm. 2; ihm zustimmend Roxin, Strafrecht AT, § 5 Rdnr. 3 Anm. 3.

Frage wird es nicht ausreichen, sich auf das LISZT'sche Werk zu beschränken, sondern dieses ist in den wissenschaftstheoretischen, ideengeschichtlichen sowie politischen Kontext, aus dem es hervorgegangen ist, einzuordnen. Gerade für einen Vergleich mit dem FEUERBACH'schen Nullum-crimen-Grundsatz ist zu beachten, daß sich die wissenschaftstheoretische, ideengeschichtliche und politische Situation am Ende des 19. Jahrhunderts grundlegend von der zu Beginn des 19. Jahrhunderts unterscheidet.

Ein weiterer Schwerpunkt dieser Arbeit wird in der Frage bestehen, welche Bedeutung und Funktion LISZT dem Strafgesetz zumaß. Dies wiederum ist vor dem Hintergrund der staatstheoretischen Auffassung LISZTs zu untersuchen, die ihrerseits im Zusammenhang mit dem wirtschaftlichen und sozialen Strukturwandel des ausgehenden 19. Jahrhunderts zu sehen ist. Aber auch die Haltung LISZTs zur Position der Gesetzgebung generell sowie zur Gesetzgebungswirklichkeit des Kaiserreichs - dies anhand seiner Haltung zum Sozialistengesetz aus dem Jahre 1878 - soll erörtert werden.

Zur vollständigen Erfassung des Gesetzlichkeitsprinzips bei LISZT wird es nicht nur notwendig sein, die genannten Grundkonzeptionen aufzuzeigen, sondern ferner, sich der - unter Umständen auch für den Leser - mühevollen Beschäftigung mit dem LISZT'schen Werk bis ins dogmatische Detail zu unterziehen. Zu diesem Zweck wird nicht nur auf die Rechtsgüterlehre LISZTs zurückgegriffen, sondern auch auf strafrechtsdogmatische Problemfelder des Allgemeinen Teils.

Anders als der Titel dieser Arbeit vermuten lassen mag, spielen biographische Daten nur am Rande ein Rolle; im Vordergrund steht die wissenschaftliche Hinterlassenschaft LISZTs, aus der heute noch vielfache Anregungen für wissenschaftliche und insbesondere auch kriminalpolitische Überlegungen gezogen werden, und die teilweise auch in unserem heutigen Strafgesetzbuch über den Resozialisierungsgedanken und das zweispurige System der strafrechtlichen Sanktionen ihren Niederschlag gefunden hat. Schließlich wird auch keine Wirkungsgeschichte der LISZT'schen Magna-charta-Formel nachgezeichnet, da dies Gegenstand einer eigenen Arbeit sein müßte.

Wenn bisher im Zusammenhang mit LISZT von einer liberal-rechtsstaatlichen Haltung die Rede ist, so wird dabei nicht berücksichtigt, daß Liberalismus und Rechtsstaatlichkeit ihrerseits im Verlaufe des 19. Jahrhunderts einen Bedeutungswandel erfahren haben. Die historische Würdigung der Person LISZTs kann jedoch nur gelingen, wenn dieser Bedeutungswandel, den die liberale Staatsidee und der Rechtsstaatsbegriff erfuhren, mitberücksichtigt werden. Wenn im folgenden der Begriff "liberal-rechtsstaatlich" im Zusammenhang mit Strafrecht verwendet wird, so wird er in dem Sinne gebraucht, wie er im frühen 19. Jahrhundert zur Zeit FEUERBACHs mit dem Gesetzlichkeitsprinzip verbunden wurde. "Liberal" ist dabei im ursprünglichen Wortsinne als "freiheitlich" zu verstehen. Der Begriff des "Rechtsstaats" kennzeichnet die ausschließliche Funktion des Staates als Schutzanstalt individueller Freiheitsrechte. Dieser Interpretationsansatz ist insofern gerechtfertigt, als es gerade darum geht, welche

Abweichungen das Gesetzlichkeitsprinzip bei LISZT gegenüber der Strafgesetzlichkeit bei FEUERBACH zeigt. Wenn behauptet wird, daß LISZT mit seiner Magna-charta-Formel sein Festhalten an den liberal-rechtsstaatlichen Errungenschaften des 19. Jahrhunderts habe unter Beweis stellen wollen, dann ist es notwendig, dies gerade an dem zur Zeit der liberal-rechtsstaatlichen Epoche des Strafrechts geltenden Verständnis von liberaler Rechtsstaatlichkeit zu messen.

Kapitel 1
Die Begründung des Gesetzlichkeitsprinzips im deutschen Strafrecht durch PAUL JOHANN ANSELM VON FEUERBACH

In seinem "Lehrbuch des gemeinen in Deutschland geltenden Peinlichen Rechts" aus dem Jahre 1801 führt FEUERBACH folgende, ausnahmslos geltenden Grundsätze an:

> "I. *Jede Zufügung einer Strafe setzt ein Strafgesetz voraus.* (Nulla poena sine lege). Denn lediglich die Androhung des Übels durch das Gesetz begründet den Begriff und die rechtliche Möglichkeit einer Strafe.
> II. *Die Zufügung einer Strafe ist bedingt durch die Existenz der bedrohten Handlung.* (Nulla poena sine crimine). Denn durch das Gesetz ist die angedrohte Strafe an das Faktum als eine rechtlich notwendige Voraussetzung geknüpft.
> III. *Das gesetzlich bedrohte Faktum* (die gesetzliche Voraussetzung) *ist bedingt durch die gesetzliche Strafe.* (Nullum crimen sine poena legali). Denn durch das Gesetz wird an die bestimmte Rechtsverletzung das Uebel als eine notwendige rechtliche Folge geknüpft."[1]

FEUERBACH legt damit fest, daß Strafe einzig bei einer vorhandenen gesetzlichen Strafandrohung und nur im Rahmen dieser Strafandrohung verhängt werden dürfe. Ferner setze die strafrechtliche Sanktion ein äußerlich erkennbares Verhalten voraus. Außerdem beinhalte das Gesetz eine zwingende Vorschrift mit der Folge, daß in jedem Falle eines strafbaren Verhaltens Strafe verhängt werden müsse. Der Grund der Strafe liege somit einzig und allein in der nach außen erkennbaren Übertretung des Gesetzes.[2] Dem positiven Strafgesetz kommt folglich in der gesamten straftheoretischen und kriminalpolitischen Konzeption FEUERBACHs zentrale Bedeutung zu.[3]

Im folgenden wird der Frage nachgegangen, worin genau diese zentrale Bedeutung der Gesetzesgebundenheit im Strafrecht für FEUERBACH bestand. Die Rolle des Gesetzlichkeitsprinzips soll jedoch nicht nur im Hinblick auf die straftheoretische und kriminalpolitische, sondern vor allem auch im Hinblick auf die staatstheoretische Konzeption FEUERBACHs untersucht werden. Dabei werden auch Gesetzes- und Straftatbegriff FEUERBACHs Relevanz gewinnen. Zum methodischen Vorgehen ist darauf hinzuweisen, daß FEUERBACHs Strafauffassung von seinen staatstheoretischen Grundanschauungen durchdrungen und damit von diesen kaum zu trennen ist. Dennoch soll zur Wahrung der Übersichtlichkeit eine gesonderte Behandlung erfolgen. Obwohl es naheliegt, das Nulla-poena-Prinzip bei FEUERBACH zunächst aus der straftheoretischen

---

1 *Feuerbach*, Lehrbuch, 1. Aufl., § 24; das Gesetzlichkeitsprinzip findet sich ohne die lateinische Formel bereits bei *Feuerbach*, Revision I, S. 63.

2 Vgl. auch *Feuerbach*, Revision I, S. 63.

3 Deshalb ist es durchaus zutreffend, wenn *v. Bar*, Geschichte des deutschen Strafrechts, S. 249, - abweichend von der herkömmlichen Benennung - Feuerbachs Straftheorie nicht als psychologische Zwangstheorie, sondern als "Theorie des positiven Gesetzes" bezeichnet.

und kriminalpolitischen Konzeption FEUERBACHs zu erklären[4], wird hier von den staatstheoretischen Grundlegungen ausgegangen[5], da diese das Fundament für FEUERBACHs strafrechtliche Auffassungen bilden. Dieser Aufbau folgt grundsätzlich dem Vorgehen FEUERBACHs selbst, dem es in seinem Lehrbuch darauf ankam, den Studenten von staatstheoretischen Grundlegungen ausgehend zu seiner Straftheorie, die er als zwingende Folge seiner Staatsauffassung verstanden wissen wollte, hinzuführen.[6]

A. Die freiheitssichernde Funktion des Gesetzlichkeitsprinzips

I. Der Mensch: ein vernunftbegabtes, aber auch sinnliches Wesen

Ausgangspunkt für das Verständnis der FEUERBACH'schen Staatsauffassung ist das dieser zugrundeliegende Menschenbild der Aufklärung, nach dem der Mensch als vernunftbegabtes und selbstbestimmtes Wesen aufgefaßt wurde. FEUERBACH gibt eine treffende Beschreibung dieses Menschenbildes:

> "Der Mensch ist eine Person und als moralisches Wesen, für welches er sich notwendig erkennt, *innerlich* frei: aber eben darum muß er auch äußerlich frei sein, d.h. es muß ihm möglich sein, nach selbstgewählten Zwecken auf die Sinnenwelt einzuwirken. Aber er erkennt außer sich noch andere vernünftige Wesen: was er sich zuschreibt, muß er daher auch ihnen zuschreiben, er muß also auch ihnen äußere Freiheit zugestehen, und er würde sich selbst als vernünftiges Wesen widersprechen, wenn er das Gegenteil wollte. Aus diesem wechselseitigen Zugestehen der Freiheit, und aus der wechselseitigen Forderung, welche hierdurch begründet wird, entstehen nun die Schranken für die Freiheit eines jeden. Denn wenn alle notwendig äußerlich frei sind, so schränkt die Freiheit eines jeden die Freiheit des andern ein, und die Freiheit jedes einzelnen ist dadurch bedingt, daß die Freiheit aller anderen neben ihr bestehe."[7]

FEUERBACH beurteilt den Menschen jedoch nicht nur als vernunftbegabtes, sondern auch als sinnliches Wesen.[8] Als vernünftiges Wesen sei dem Menschen der

---

4 Vgl. die Darstellung bei *Schreiber*, Gesetz und Richter, S. 102 ff..

5 Auch in der heutigen Strafrechtsliteratur wird zur Begründung des Gesetzlichkeitsprinzips in erster Linie auf Staatstheorie und Verfassungsrecht zurückgegriffen; ausdrücklich *Neumann*, Rückwirkungsverbot bei belastenden Rechtsprechungsänderungen, in: ZStW 103 (1991), S. 331, 344 f.; ferner die Nachweise oben S. 2 f..

6 Vgl. *Feuerbach*, Lehrbuch, 1. Aufl., §§ 9 bis 24.

7 *Feuerbach*, Strafe als Sicherungsmittel, S. 109; zum Widerspruch des auf die Freiheit gegründeten Staatsverständnisses zu dem im Bereich des Strafrechts von Feuerbach vertretenen Determinismus vgl. *J. Bohnert*, Feuerbach und der Bestimmtheitsgrundsatz, S. 24 ff..

8 *Feuerbach*, Anti-Hobbes, S. 15 f.; schon der Titel dieser Schrift impliziert *Feuerbach*s Staatsauffassung: wird Hobbes als Befürworter einer unbeschränkten Staatsgewalt und eines unbedingten Gehorsams aller Staatsbürger aufgefaßt, so folgt bereits aus dem Titel "*Anti*-Hobbes" *Feuerbach*s Eintreten für eine Beschränkung der Staatsgewalt und für ein Recht zum Ungehorsam der Bürger; vgl. die Vorrede zum "Anti-Hobbes", S. XVI f.; in diesem Zusammenhang findet sich auch die Bezeichnung *Hobbes* als "Symbol des

Wille zum Guten und damit zur Freiheit aller eigen, während der Mensch als sinnliches Wesen nach dem Angenehmen und Nützlichen strebe und damit nur seine eigene Freiheit im Blick habe. Dieses Streben nach eigener Freiheit bedrohe die Freiheit des jeweils anderen. Damit menschliches Zusammenleben möglich werde, müsse jedoch, so FEUERBACH weiter - in wörtlich enger Anlehnung an KANTs Rechtsprinzip[9] -, als "letztes Gesetz der Gerechtigkeit" der Grundsatz gelten, daß "der Gebrauch der Freiheit eines vernünftigen Wesens (..) dem Gebrauch der Freiheit jedes andern vernünftigen Wesens nicht widersprechen" dürfe.[10] Zur Verwirklichung dieses Freiheitsprinzips sei der Mensch verpflichtet, einen Stand zu suchen, in dem die Behauptung der äußeren Freiheit des Menschen gesichert sei, oder mit anderen Worten "einen Stand der Sicherheit, in welchem der Mensch so frei ist, als er es seiner vernünftigen Natur gemäß sein soll".[11] Freiheit bedeutet dabei nicht, daß jeder nach eigenem Belieben, sondern - nur - daß jeder frei von Fremdbestimmung verfahren können soll.[12] Mit dem Postulat der vernunftgemäßen Freiheit aller wird gleichzeitig auch der Grundsatz der Gleichheit aller ausgesprochen. Allen soll das gleiche Maß an Freiheit zustehen, indem jeder von seiner Freiheit nur insoweit Gebrauch machen darf, als er dadurch nicht den anderen in seiner Freiheit beeinträchtigt.

II. Überwindung des Naturzustandes durch Gesellschafts-, Unterwerfungs- und Verfassungsvertrag

Anknüpfend an die als Pflicht des Menschen erkannte Aufgabe, einen Stand zur Verwirklichung der größtmöglichen Freiheit aller zu suchen, entwickelt FEUERBACH seine Staatsauffassung. Methodisch folgt er dabei dem für die Aufklärung typischen, von HOBBES vorgezeichneten Weg[13], indem er mit einer Beschreibung des Naturzustands beginnt. Im *Naturzustand*, den FEUERBACH als "Stand des Menschen außer dem Staate", als "Stand einer völligen äußern Gesetzlosigkeit" definiert[14], könne die rechtliche äußere Freiheit nicht gesichert sein, da jeder seine Freiheit nur durch eigene Kraft schützen könne und es aufgrund unterschiedlicher Kräfteverhältnisse immer zu Verletzungen der jeweiligen Freiheitssphäre komme. Der Naturzustand sei ein "*Stand* des Krieges aller gegen alle"[15]. Dieser Zustand sei auf der Suche nach einem Stand zur

---

staatlichen Absolutismus" von *C. Schmitt*, zit. bei *E. Wolf*, Feuerbach, in: ders., Große Rechtsdenker, S. 550.

9 Vgl. Kant, Metaphysik der Sitten, Weischedel-Ausgabe, S. 337; zu den trotz gleicher Wortwahl bestehenden Unterschieden zu Kants Rechtsbegriff vgl. Naucke, Kant und die psychologische Zwangstheorie Feuerbachs, S. 67 ff.

10 *Feuerbach*, Anti-Hobbes, S. 13 f.

11 *Feuerbach*, ebenda, S. 19 f.; hier verweist *Feuerbach* ausdrücklich auf *Rousseaus* "Contract Social".

12 *Kant*, Metaphysik der Sitten, Weischedel-Ausgabe, S. 345.

13 Vgl. dazu *Naucke*, Kant und die psychologische Zwangstheorie Feuerbachs, S. 7 f..

14 *Feuerbach*, Anti-Hobbes, S. 17.

15 *Feuerbach*, ebenda, S. 18; zu beachten ist die Differenzierung gegenüber Hobbes, der von einem *wirklichen* Krieg aller gegen alle ausging, vgl. ebenda, Anm..

Sicherung der rechtlichen äußeren Freiheit zu überwinden[16], indem sich die Individuen zu einem Staatsgebilde zusammenschlössen. Die Idee FEUERBACHs von einer solchen Staatsgründung[17], die sich in drei Akten[18]: durch einen *Gesellschaftsvertrag*, durch einen *Unterwerfungsvertrag* und durch einen *Verfassungsvertrag* vollziehe, ist stark von der Staatsphilosophie der Aufklärung beeinflußt.[19]

Zunächst schlössen sich die Einzelnen im Wege eines *Gesellschaftsvertrages* zu einer bürgerlichen Gesellschaft zusammen, "deren Glieder (die Bürger; die Verf.) sich zur Sicherheit der Freiheit vereiniget, und ihre Kräfte zum Schutze aller wechselseitig verpflichtet haben".[20] Dem Gesellschaftsvertrag liege der allgemeine Wille zugrunde, welcher als Zweck der Gesellschaft die Freiheit aller vorsehe. Durch den Gesellschaftsvertrag komme der bürgerlichen Gesellschaft das Recht zu, zur Erreichung des Gesellschaftszwecks bestimmte Handlungen und Rechte zu beschränken oder aufzuheben und die Einzelnen zur Erfüllung ihrer durch den Gesellschaftsvertrag begründeten Verbindlichkeiten durch die Gesellschaftsgewalt zu zwingen. Allein der Gesellschaftsvertrag genüge für das Staatsgebilde jedoch noch nicht. Vielmehr bedürfe es eines organisierten Willens, "der ein Interpret des Gesellschaftsvertrags ist, der den Privatwillen der Gesellschaftsglieder zum Wohl des Ganzen bestimmt".[21] Im Wege eines *Unterwerfungsvertrages* müßten sich alle diesem organisierten Willen unterordnen. Das *Organ* des allgemeinen Willens sei der *Regent* bzw. der *Oberherr*, die diesem Willen Unterworfenen seien die *Untertanen*.[22] Kraft des Unterwerfungsvertrages habe der Regent die Rechte der Gesellschaft auszuüben und "den Willen der Untertanen gemäß dem Staatszwecke zu bestimmen".[23] Zur Konstitution des Staates bedürfe es über den Gesellschafts- und Unterwerfungsvertrag hinaus schließlich eines *Verfassungsvertrages*. Durch diesen

---

16 "Exeundum est e statu narturali!" - so der beherzte Aufruf *Feuerbach*s, ebenda, S. 19.

17 Die Nachzeichnung der Staatsauffassung *Feuerbach*s folgt hier im wesentlichen den Ausführungen im "Anti-Hobbes" (Anm. #); der Heranziehung des Staatsbegriffs aus dem "Anti-Hobbes" zur Begründung der Gesetzlichkeit im Strafrecht stehen keine Bedenken entgegen, da - wie *Naucke*, Kant und die psychologische Zwangstheorie Feuerbachs, S. 45 Anm. 199, zutreffend bemerkt - *Feuerbach* in der "Revision" wenig Aufmerksamkeit auf den Staatsbegriff verwendet, aber die Begrifflichkeiten, die dort herangezogen werden, eindeutig auf die Ableitung des Staatsbegriffs im "Anti-Hobbes" hinweisen.

18 Ungenau insofern *J. Bohnert*, Bestimmtheitsgrundsatz, S. 24, der nur von zwei Verträgen ausgeht.

19 *Feuerbach* bezeichnet sich selbst in einem Brief an einen Freund vom 30. Jan. 1799, in: Biographischer Nachlaß I, 2. Aufl., S. 51, als einen, "den der Kant'sche Geist genährt hat"; vgl. jedoch zur Selbständigkeit des Feuerbach'schen Staatsbegriff gegenüber Kants Staatslehre *Naucke*, Kant und die psychologische Zwangstheorie Feuerbachs, S. 68 ff.. Allgemein zu den Zusammenhängen zwischen *Kant* und der juristischen Theorie des 19. Jahrhunderts vgl. *Rückert*, Kant-Rezeption in juristischer und politischer Theorie, in: Thompson (Hrsg.), John Locke und Immanuel Kant, S. 144, 161 ff..

20 Zur Konzeption des Gesellschaftsvertrages vgl. *Feuerbach*, Anti-Hobbes, S. 20 ff..

21 *Feuerbach*, ebenda, S. 27 f..

22 *Feuerbach*, ebenda, S. 28 f..

23 *Feuerbach*, ebenda, S. 29.

werde bestimmt, auf welche Art und Weise das Organ den allgemeinen Willen erklären soll.[24]

Zusammenfassend legt FEUERBACH fest:

> "Der Bürgerstand allein ist also ein Stand der Freiheit. Denn allein in dem Staate, dessen Zweck kein anderer als die Realisierung der Idee rechtlicher Freiheit ist, sind die wechselseitigen Rechte und Befugnisse des Menschen durch den Arm der öffentlichen Macht geschützt."[25] (...) "Aus allem diesem geht die Wahrheit hervor, daß es außer der bürgerlichen Gesellschaft keinen Stand der Freiheit gibt, daß wir nichts durch den Staat verlieren, als die Freiheit, ungestraft zu beleidigen."[26]

Der Zweck des Staates liegt somit allein in der Sicherung der wechselseitigen Freiheit aller Bürger bzw. der Sicherung des Zustandes, in dem jeder seine Rechte ungestört ausüben kann.

Mit dieser Vorstellung von einem in eine reine Sicherungs- und Ordnungsfunktion zurückgedrängten Staat greift FEUERBACH Gedanken der Rechtsstaatslehre WILHELM V. HUMBOLDTs auf, der 1792, also wenige Jahre zuvor, die Idee der absoluten Nichteinmischung des Staates in die private Sphäre des bürgerlichen Lebens entwickelt hatte.[27] V. HUMBOLDT ging der Frage nach, ob dem Staat die Aufgabe zukomme, allein für die Sicherheit der Bürger, oder darüberhinaus umfassend für das gesamte Wohl der Nation Sorge zu tragen. Er beantwortete diese Frage im Sinne einer möglichst weitgehenden Beschränkung des staatlichen Wirkungskreises und lehnte damit die Konzeption eines Wohlfahrtsstaates ab. In einem Wohlfahrtsstaat seien die Einzelnen keine Mitglieder des Staates, sondern nur "Untertanen, welche mit dem Staat, d.h. dem Geiste, welcher in seiner Regierung herrscht, in Verhältnis kommen, und zwar in ein Verhältnis, in welchem schon die überlegene Macht des Staats das freie Spiel der Kräfte hemmt"[28]. Der Staat sollte einen Zustand schaffen, in dem die Bürger "in der Ausübung der ihnen zustehenden Rechte, dieselben mögen nur ihre Person oder

---

24 *Feuerbach*, ebenda, S. 34; der Konkretisierung des Verfassungsvertrages schenkt *Feuerbach* nur wenig Beachtung.

25 *Feuerbach*, ebenda, S. 38.

26 *Feuerbach*, ebenda, S. 46; vgl.auch die Formel zum Staatsbegriff im Lehrbuch, 1. Aufl., § 9.

27 Obwohl kaum zu übersehende Parallelen vorhanden sind, wird, soweit ersichtlich, die *Feuerbach*'sche Staatsauffassung in der Feuerbach-Literatur nicht in Bezug zu der Rechtsstaatslehre *Humboldt*s gesetzt; zumeist, vgl. statt vieler *Eb. Schmidt*, Einführung, S. 235, wird lediglich auf die Einflüsse der kantischen Philosophie hingewiesen, obwohl gerade die Auffassung vom Staat als Rechtsschutzanstalt von *Kant*s Staatsauffassung wesentlich abweicht; zu letzterem insbesondere *Naucke*, Kant und die psychologische Zwangstheorie Feuerbachs, S. 70 f.. Zu *v. Humboldt* vgl. auch *Angermann*, Das Auseinandertreten von "Staat" und "Gesellschaft", in: Böckenförde (Hrsg.), Staat und Gesellschaft, S. 109, 123.

28 *v. Humboldt*, Grenzen der Wirksamkeit des Staats, S. 28; die Begrenzung der Staatszwecke auf die Rechtsschutzfunktion ist nur *eine* Variante der frühen Rechtsstaatslehre, vgl. *Böckenförde*, Entstehung und Wandel des Rechtsstaatsbegriffs, in: Arndt-FS, S. 53, 55, die hier heranzuziehen, sich wegen der Parallelität zu *Feuerbach*s rechtsstaatlichem Denken anbietet.

ihr Eigentum betreffen, nicht durch fremde Eingriffe gestört werden".[29] Die Sicherung der ungestörten Rechtsausübung setzte V. HUMBOLDT gleich mit der "Gewißheit der gesetzmäßigen Freiheit".[30] Damit werden die Begriffe "Recht" und "Freiheit" synonym verwendet.

Auch FEUERBACH gebraucht die Begriffe Recht und Freiheit sinngleich.[31] Die Maxime "Der Gebrauch der Freiheit eines vernünftigen Wesens darf dem Gebrauch der Freiheit eines andern vernünftigen Wesens nicht widersprechen" bedeutet demnach nichts anderes, als daß der Mensch nur so handeln darf, daß er die Rechte seines Mitmenschen nicht beschränkt. Die Feststellung FEUERBACHs, der Zweck des Staates sei Schutz der Freiheit[32], ist gleichbedeutend mit der Feststellung, daß der Staat "eine notwendige Bedingung des rechtlichen Zustandes und des Schutzes aller Rechte der gesamten Bürger" sei[33]. Der Staat soll Rechtsstaat, nicht Wohlfahrtsstaat sein.[34] Die Auffassung von der ausschließlichen Funktion des Staates als Sicherung der Freiheit bzw. der Rechte seiner Bürger ist eine Variante des klassischen liberalen Rechtsstaatsgedankens des späten 18. bzw. frühen 19. Jahrhunderts.[35]

III. Staatlicher Zwang zum Schutz der wechselseitigen Freiheit

Zum Schutz der von dem jeweils anderen bedrohten wechselseitigen Freiheit ist dem Staat das Mittel des Zwangs anheimgegeben. Soll die Freiheit der einzelnen Bürger geschützt werden, dann muß es dem Staat möglich sein, diese Freiheit gegebenenfalls durch Zwang vor Verletzungen zu bewahren. Das Strafrecht stellt eine Möglichkeit dieses staatlichen Zwangsrechtes dar.[36] Die Ausübung staatlichen Zwangs bedeutet aber wiederum Beschränkung der Freiheit. Gerechtfertigt kann eine solche Freiheitsbeschränkung nur insoweit werden, als sie zur Sicherung des Gesellschaftszwecks, also zum Schutz der wechselseitigen Freiheit aller notwendig ist. Ein nicht gerechtfertigter Eingriff und damit

---

29 *v. Humboldt*, ebenda, S. 99.

30 *v. Humboldt*, ebenda.

31 Vgl. auch zum folgenden *Naucke*, Kant und die psychologische Zwangstheorie Feuerbachs, S. 46.

32 *Feuerbach*, Revision I, S. 39.

33 *Feuerbach*, Philosophisch-juridische Untersuchung über das Verbrechen des Hochverraths, S. 14; *ders.*, Revision I, S. 31.

34 *Feuerbach*, Anti-Hobbes, S. 204.

35 Insofern ist es wenig verständlich, wenn *Frommel*, Präventionsmodelle, S. 152, der Meinung ist, daß es einer anachronistischen Interpretation gleichkäme, in *Feuerbach* einen "Theoretiker des 'Rechtsstaats'" zu sehen. Zwar wird der Rechtsstaats*begriff* zuerst 1813 von *Th. Welcker* und 1824 von *v. Aretin* gebraucht, vgl. dazu *Böckenförde*, Entstehung und Wandel des Rechtsstaatsbegriffs, in: Arndt-FS, S. 53, 54 f., eine Spielart der frühen Rechtsstaats*idee* findet sich jedoch schon in *Feuerbach*s Revision von 1799.

36 *Feuerbach*, Revision I, S. 31; Strafrecht läßt sich somit hier als das Recht von der Freiheitsverletzung und ihren Folgen umschreiben; vgl. *Hassemer*, Produktverantwortung im modernen Strafrecht, S. 5, der darin das "klassische" Strafrecht erblickt.

eine Verletzung der individuellen Freiheit liegt dann vor, wenn die Ausübung des staatlichen Zwangsrechts willkürlich erfolgt und vom Gesellschaftszweck der Freiheitssicherung nicht gedeckt ist. Um einer solchen Verletzung individueller Rechte durch den Staat entgegenzutreten, bedarf es einer Beschränkung der staatlichen Zwangsgewalt. Dieser Beschränkung dient die gesetzliche Festlegung der Voraussetzungen, unter denen der Staat zur Ausübung des Zwangsrechts befugt ist. Nur wer durch sein Verhalten diese gesetzlich festgelegten Voraussetzungen erfüllt, unterliegt der Beschränkung der individuellen Freiheit durch staatlichen Zwang. Das Postulat der Gesetzesgebundenheit im Strafrecht - dem Musterfall staatlichen Zwangs - und damit der Ausschluß richterlichen Ermessens dienen somit der Sicherung der bürgerlichen Freiheit vor staatlicher Willkür. Für FEUERBACH sind Gesetz und Gerechtigkeit die Gegenbegriffe zu Rechtlosigkeit, Willkür und Willkürherrschaft, und allein in dem "Heiligtume gesetzmäßiger Freiheit" findet der Einzelne Gerechtigkeit[37]. Es sollte somit nicht nur Schutz vor Willkür eines Mitbürgers gewährleistet werden, sondern auch Schutz vor dem willkürlichen Zugriff der staatlichen Gewalt.[38] Dem Gesetz wurde in diesem Zusammenhang die Funktion eines generell gültigen Regelungssystems zur Ordnung eines glückseligen Zusammenlebens freier und gleicher Bürger zuerkannt.

Die Bindung der staatlichen Zwangsgewalt an das Gesetz sollte die Voraussetzungen staatlichen Eingreifens objektiv festlegen und damit die Gleichbehandlung aller vor dem Gesetz gewährleisten. Dem Gedanken der rechtlichen Gleichbehandlung entspricht auch das Festhalten FEUERBACHs am Tatprinzip. Nur die Anknüpfung der Strafbefugnis an die objektiv festzustellende Tat vermag hinreichende Gewißheit darüber zu vermitteln, ob die Voraussetzungen für staatliches Eingreifen gegeben sind[39], und damit die Gleichbehandlung aller vor dem Gesetz zu gewährleisten. Ausschlaggebend für die rechtliche - im Gegensatz zur moralischen Strafbarkeit - könne, so FEUERBACH, nur die Gefährlichkeit der Handlung sein, "weil bei der bürgerlichen Strafbarkeit (...) von der moralischen Schuld oder dem moralischen Verdienst nicht die Rede ist".[40]

Diese Ausführungen zeigen, daß FEUERBACH das Gesetzlichkeitsprinzip mit einer seine eigenen strafrechtlichen Anschauungen übersteigenden, in staatstheoretischen Grundlegungen wurzelnden Basis versah.[41]

---

37 *Feuerbach*, Über teutsche Freiheit, in: Kleine Schriften, S. 73, 77.
38 So zutreffend *J. Bohnert*, Bestimmheitsgrundsatz, S. 24.
39 Vgl. dazu auch *Hartmann*, Grundanschauungen, S. 195 ff..
40 *Feuerbach*, Revision I, S. XXII.
41 Deshalb ist es verfehlt, das Nulla-poena-Prinzip allein aus *Feuerbach*s straftheoretischem Konzept herleiten zu wollen; insofern zu einseitig bereits *Binding*, Handbuch des Strafrechts, S. 21, der aus der Aufgabe der psychologischen Zwangstheorie den Schluß zog, daß auch das Nulla-poena-Prinzip als Folgerung derselben hinfällig werden müsse; schief insoweit auch *Sax*, Grundsätze der Strafrechtspflege, in: Bettermann/Nipperdey/Scheuner (Hrsg.), Grundrechte, Bd. 3, 2. Halbband, S. 909, 994 f.; in Bezug auf das Bestimmtheitsgebot auch *J. Bohnert*, Bestimmtheitsgrundsatz, S. 13.

IV. Das FEUERBACH'sche Staatsbild als Ausdruck frühliberaler Forderungen

Das Staatsbild, das FEUERBACH im "Anti-Hobbes" zeichnete und auch der "Revision" zugrundelegte, war das Staatsbild des Rechtsgelehrten FEUERBACH, als dieser an der Universität in Jena lehrte. Dieses Staatsbild spiegelt sich aber auch in seinen späteren politischen Schriften wider und war somit nicht nur theoretischer Natur, sondern hatte auch eine rechtspolitische Zielsetzung.

Das Abstellen auf die individuelle Freiheit, verstanden in erster Linie auch als Freiheit vom Staat, und die Zurückdrängung des Staates in die Rolle der Freiheitssicherung entsprichen der Staatsauffassung des politischen Liberalismus des frühen 19. Jahrhunderts, wonach dem Staat kein eigener Wert zugemessen, sondern seine Wirksamkeit nur im Schutz des Individuums gesehen wird.[42] Die Freiheitsforderung und damit die Forderung nach einem von der Gleichheit aller ausgehenden Recht ist die Grundlage aller liberalen Theorie. Nach frühliberaler Anschauung liegt im Freiheitsprinzip die Selbstregulierungskraft einer von Fremdbestimmung befreiten Gesellschaft.[43] Zweck der Sozialordnung ist die Schaffung und Bewahrung gleicher Freiheit aller, und demgemäß können Freiheitsbegrenzungen auch nur aus dem Aspekt der Freiheitswahrung legitimiert werden.[44] Dementsprechend wird die Aufgabe des Rechts nicht mehr in der Verwirklichung irgendeines Gerechtigkeitsideals erblickt, sondern in der Ermöglichung friedlicher Koexistenz freier Individuen. Dem Recht werden negatorische und organisatorische Funktionen zugedacht, indem es einerseits die Staatsgewalt auf den Freiheitsschutz begrenzen und die äußersten Freiheitsgrenzen festlegen, andererseits die individuelle Freiheitsbetätigung koordinieren und den Staatsapparat im Sinne des Freiheitszwecks einrichten sollte.[45] Freiheitsschutz und Staatsbegrenzung sind die Aufgaben von Verfassungs-, Verwaltungs- und Strafrecht. In FEUERBACHs Nulla-poena-Prinzip kommt somit das politische Anliegen zum Ausdruck, durch positive Gesetze die Grenzen der staatlichen Gewalt eindeutig festzulegen.

Dem politischen Aspekt der Gemeinwohlförderung durch den Staat wurde durch den Freiheitsschutzgedanken eine individualistische Basis verliehen: das Gemeinwohl anzustreben bedeutete, jedem Einzelnen die individuelle Freiheit zu ermöglichen.[46] Dem Gedanken, daß der Staat von seinen Herrschaftsbefug-

---

42 Vgl. *Dannenberg*, Liberalismus und Strafrecht, S. 2 f.; zur liberalen Grundlage des *Feuerbach*'schen Systems vgl. auch *Gielhammer*, Die politischen Grundlagen der Strafrechtslehre Feuerbachs, S. 3 ff..

43 Allgemein zum deutschen Frühliberalismus *Sheehan*, Der deutsche Liberalismus, S. 11 ff.; *Gall*, Einleitung, in: Gall/Koch (Hrsg.), Der europäische Liberalismus im 19. Jahrhundert, Bd. 1, S. IX ff.; *Langewiesche*, Liberalismus in Deutschland, 1988, S. 12 ff.; kurz zum Überblick *Vorländer*, Auf der Suche nach der gerechten Gesellschaft, S. 7 ff..

44 *Grimm*, Bürgerlichkeit im Recht, in: Kocka (Hrsg.), Bürger und Bürgerlichkeit, S. 149, 150.

45 *Grimm*, ebenda.

46 *Grimm*, ebenda, S. 152.

nissen nur zum Zwecke der Freiheitswahrung Gebrauch machen sollte, lag die Vorstellung gesellschaftlicher Autonomie zugrunde. In einer Gesellschaft von gleich Freien sollten Kräfte gesellschaftlicher Selbstregulierung wirken, die den Staat in eine dienende Rolle zurückdrängen sollten. Der Staat sollte die bestehende Ordnung gegen Angriffe von innen und außen schützen, mehr nicht. Damit war die gedankliche Trennung von Staat und Gesellschaft vollzogen.[47] Die Privatsphäre des bürgerlichen Lebens - Wirtschaft, persönliche Bildung, Religion - sollte möglichst frei von staatlichem Zugriff sein.

Zur Zeit, als FEUERBACH seine Staatstheorie niederlegte, hatten die deutschen Staaten die Struktur absoluter Feudalstaaten. Die Geschehnisse in Frankreich, wo im Zuge der mit der französischen Revolution einhergehenden politischen Umwälzung der absolute Feudalstaat beseitigt worden war, beeinflußten die staatstheoretischen Auffassungen zu Beginn des 19. Jahrhunderts erheblich.[48] Wenn FEUERBACH postuliert, daß der einzige Zweck des Staates darin bestehe, die Freiheit der einzelnen Bürger zu schützen, so kommt darin die Forderung nach bürgerlicher Emanzipation gegenüber dem feudal-absolutistischen Ständestaat zum Ausdruck.[49] Deshalb ist das Sozialmodell des frühen Liberalismus als bürgerliches zu bezeichnen, bürgerlich in dem Sinne, daß es gerade mit den Forderungen nach rechtlicher Freiheit und Gleichheit und damit nach Überwindung der Ständeordnung bürgerliche Interessen widerspiegelt und somit im Bürgertum seine Stütze fand.[50]

In einem Brief an seinen Vater schrieb FEUERBACH im Jahre 1808:

> "Aufhebung des Feudalismus, Aufhebung aller Fundamente, Rechte und Privilegien des Erbadels, eine neue Volksrepräsentation, eine neue Konstitution: das sind die politischen Gegenstände, woran ich mitarbeite und wobei ich beinahe mich Hauptperson nennen kann."[51]

Die Durchsetzung von Freiheit, gedacht auch als Freiheit vom Staat, sollte durch die Befreiung von staatlicher Willkür erlangt werden.[52] Später, in einer Schrift zur Eröffnung des Wiener Kongresses im Jahre 1814, verleiht FEUERBACH, froh über das Ende der napoleonischen Eroberungsfeldzüge, seinen politischen Forderungen nach Emanzipation des deutschen Bürgertums Ausdruck durch die Befürwortung einer konstitutionellen Monarchie.[53] Staats-

---

47 Vgl. zum ganzen *Grimm*, ebenda, S. 151 ff.; *Angermann*, Das Auseinandertreten von "Staat" und "Gesellschaft", in: Böckenförde (Hrsg.), Staat und Gesellschaft, S. 109 ff..

48 Vgl. *Dannenberg*, Liberalismus und Strafrecht, S. 7.

49 Vgl. dazu auch *Hartmann*, Grundanschauungen, S. 31 ff..

50 Vgl. dazu *Grimm*, Bürgerlichkeit im Recht, in: Kocka (Hrsg.), Bürger und Bürgerlichkeit, S. 149, 154.

51 *Feuerbach*, Brief an seinen Vater vom 10. April 1808, in: Biographischer Nachlaß I, S. 151, 152.

52 So zutreffend *Schreiber*, Gesetz und Richter, S. 110 f.; *Krey*, Studien zum Gesetzesvorbehalt im Strafrecht, S. 210.

53 *Feuerbach*, Teutsche Freiheit, in: Kleine Schriften, S. 73 ff.; *Eb. Schmidt*, Einführung, S. 235, sieht in *Feuerbach* den "geistigen Wegbereiter des konstitutionellen Staates".

bürgerliche Freiheit vermöge nur "eine mit Weisheit geordnete *Verfassung*"[54] zu schaffen.

> "Die Freiheit, welche der Deutsche sein nennt, ist nicht die Freiheit des Demokraten, welche, feindselig den Thronen, bloß da gefunden werden soll, wo das Volk mit einer idealen Souveränität und Majestät bekleidet ist. Noch weit weniger hat die deutsche Freiheit gemein mit jener neufränkischen, welche gleichbedeutend mit Anarchie und Pöbelherrschaft, Alles von Allem, mithin auch vom Gesetze frei macht, und unter deren Herrschaft nichts frei ist, als die Gewalt und das frevelnde Unrecht. Die Lehren, welche diese Freiheit der Welt gegeben, sind noch in zu neuem blutigen Andenken, als daß es selbst einem Toren beifallen möchte von einer solchen Freiheit zu träumen. (...) Der Deutsche ist seiner Gesinnung nach ein monarchisches Volk, und war es, so weit wir seine Geschichte zurück verfolgen. (...) *Die* Freiheit, die allein unter dem heiligen Fürstenszepter gedeiht, aber auch nur in einer Staatsverfassung, wo die höchste Gewalt bloß die Macht hat, frei das Rechte zu tun, weil sie in anerkannten, durch Grundgesetze geheiligten, von der öffentlichen Meinung beschützten Rechten der Nation ihre Schranken findet: - *sie* ist der deutschen Völker unveräußerliches Eigentum, das heilige Erbteil ihrer Väter. (...) Nec regibus illimitat potestas: dieser ehrwürdige Grundsatz staatsbürgerlicher Freiheit (...) brachte zuletzt jene heitern freundlichen Landesverfassungen hervor, in welchen neben der Macht auch die Freiheit wohnte und das Gesetz den Fürsten wie das Volk beschützte."[55]

Die Bindung des Fürsten an eine Verfassung sollte Machtbegrenzung gewährleisten und damit der Sicherung der staatsbürgerlichen Freiheit dienen; der Einzelne sollte nicht mehr Untertan, sondern Staatsbürger sein. Alle Bürger sollten vor dem Gesetz und in ihren Rechten gleich, eine Privilegierung des Erbadels somit ausgeschlossen sein. An die Stelle der bisherigen Ständeordnung, die Gleichheit und Freiheit aller ausschloß, sollte der Staat treten, dem die zur Sicherung der friedlichen Koexistenz notwendigen Mittel zur Verfügung stehen, und der von diesen nur im Interesse des Freiheitszweckes Gebrauch machen sollte. "Freiheit statt Willkür" - das war die Losung, die den Gedanken der Herrschaft des Gesetzes an erste Stelle treten ließ.[56]

Die Forderungen FEUERBACHs entsprachen dem "politischen Zug der Zeit"[57]: das Staatsbild spiegelt die Idee des Frühliberalismus wider, und FEUERBACH hat diese durch das Nulla-poena-Prinzip für das Strafrecht fruchtbar gemacht. Das strafrechtliche Gesetzlichkeitsprinzip hatte im System FEUERBACHs damit eine ganz entschieden rechtspolitische Funktion.[58]

Die Forderung nach einer strikten Bindung der staatlichen Gewalt an das Gesetz ist jedoch nicht nur als Folge der frühliberalen Überzeugung FEUERBACHs zu verstehen, sondern insbesondere auch als konkrete Reaktion auf die relativisti-

---

54 *Feuerbach*, ebenda, S. 73, 75.
55 *Feuerbach*, ebenda, S. 73, 80 ff..
56 Vgl. dazu *Simon*, Die Unabhängigkeit des Richters, S. 2.
57 *Eb. Schmidt*, Einführung, S. 238.
58 So auch *Eb. Schmidt*, ebenda, S. 239.

sche Rechtshandhabung, die im ausgehenden 18. Jahrhundert Platz zu greifen begonnen hatte. Die zum Teil als veraltet, zum Teil als zu drastisch empfundenen Strafdrohungen der *Constitutio Criminalis Carolina*, die bis weit in das 19. Jahrhundert als Hauptquelle des Strafrechts fungierte, oder des *Allgemeinen Preußischen Landrecht*s wurden beliebig durch die Richter abgewandelt, und durch ganze Kataloge übergesetzlicher Strafzumessungsgründe war der Richter an die Stelle des Gesetzgebers getreten.[59] Die Strafpraxis des ausgehenden 18. Jahrhunderts verhängte Strafen für das, *was* sie für strafwürdig, und in dem Maße, *wie* sie es für strafwürdig hielt.[60] Dem Straftäter wurde kein Recht auf vorher genau angedrohte Strafen zugebilligt; dieser sollte sich vielmehr jede Strafe gefallen lassen müssen, welche durch seine verbotene Handlung notwendig geworden sei; die Notwendigkeit zu bestimmen wurde allein als Befugnis des Richters angesehen, dem somit die alleinige Beurteilungsherrschaft zugewiesen wurde.[61] Diese Praxis einer ausschließlichen Beurteilungsherrschaft des Richters ließen die Strafgerichtsbarkeit des ausgehenden 18. Jahrhunderts in den Verdacht der Willkürlichkeit geraten, und die Gewährleistung rechtlicher Gleichbehandlung schien in den Grundfesten erschüttert.[62]

B. Das Strafgesetz als Wirksamkeitsbedingung der straftheoretischen Konzeption FEUERBACHs

Eine weitere Begründung für das engagierte Eintreten FEUERBACHs für die Gesetzesgebundenheit im Strafrecht findet sich in FEUERBACHs straftheoretischer Konzeption. FEUERBACHs psychologische Zwangstheorie[63] wäre ohne die Prämisse des geschriebenen Gesetzes nicht denkbar. In dem Grundsatz "nulla poena sine lege" kann durchaus "die beste Zusammenfassung seines (FEUERBACHs; die Verf.) gesamten Strafrechtsdenkens"[64] gesehen werden. Für das Aufzeigen der zentralen Bedeutung des positiven Gesetzes soll zunächst das straftheoretische Programm FEUERBACHs erläutert (I., II. und III.) und im Anschluß daran gezeigt werden, daß die vier Einzelprinzipien des Gesetzlichkeitsprinzips notwendige Schlußfolgerungen der psychologischen Zwangstheorie sind (IV.). Die Darstellung richtet sich dabei nach der von FEUERBACH selbst betonten Unterscheidung zwischen Straf*androhung* und Straf*zufügung*[65], aber auch nach der Unterscheidung zwischen *Rechtsgrund* und *Zweck* von Strafan-

---

59 *Oehler*, Legalordnung, S. 135.
60 *V. Hippel*, Deutsches Strafrecht I, S. 238.
61 Vgl. *E. F. Klein*, Grundsätze des gemeinen deutschen und preußischen peinlichen Rechts, § 13; vgl. hierzu auch *Schreiber*, Gesetz und Richter, S. 97 ff.; *Ogorek*, Richterkönig oder Subsumtionsautomat?, S. 41 f..
62 Zur arbiträren Sanktionspraxis im 18. Jahrhundert vgl. *Ogorek*, Richterkönig oder Subsumtionsautomat?, S. 41 f..
63 Zusammenfassend zur Straftheorie *Feuerbach*, Lehrbuch, 1. Aufl., §§ 9 ff..
64 *Radbruch*, Drei Strafrechtslehrbücher, in: Rosenfeld-FS, S. 7, 8.
65 Vgl. den ausdrücklichen Hinweis bei *Feuerbach*, Anti-Hobbes, S. 221 Anm. **.

drohung und Strafzufügung[66]. Eingebettet sind FEUERBACHs straftheoretische Ausführungen in die Frage nach dem Begriff der Strafe.[67]

I. Das Mittel der Strafandrohung zur psychologischen Verhinderung von Straftaten

Für die Festlegung des *Zwecks* staatlicher Straf*androhung* geht FEUERBACH vom Grund strafbarer Handlungen aus. Der Grund aller rechtswidrigen Handlungen bestehe in "rechtswidrigen Neigungen", in dem Hang des Menschen, rechtswidrige Handlungen zu begehen. Diese "rechtswidrigen Neigungen" müßten durch psychologischen Zwang aufgehoben werden:

> "Wo kein Hang zur Rechtsverletzung ist, kann auch keine Rechtsverletzung geschehen. Die *erste* Tendenz der Staatsgewalt muß daher darauf gerichtet sein, daß die *Bürger gar keine rechtswidrigen Neigungen* oder positiv ausgedrückt, *daß sie bürgerliche Gesinnungen haben.* (...) Die *zweite* Sorge des Staats, welche durch den Gesellschaftszweck notwendig gemacht wird, geht daher dahin, *daß wer unbürgerliche* (rechtswidrige) *Neigungen hat, psychologisch verhindert werde, sich nach diesen Neigungen wirklich zu bestimmen.*"[68]

Der Staat müsse die sinnliche Triebfeder, aufgrund derer rechtswidrige Handlungen geschehen, durch das Entgegensetzen einer anderen sinnlichen Triebfeder aufheben, indem er dem zu einer rechtswidrigen Tat Entschlossenen ein größeres Übel in Aussicht stelle, als dieser bei Unterlassung der beabsichtigten rechtswidrigen Tat empfände.[69] Diesem Zweck diene die gesetzliche Strafandrohung. Die gesetzliche Strafandrohung hat somit die Abschreckung von der mit einem Übel bedingten rechtswidrigen Tat zum Ziel[70] und richtet sich als solche an den vernunftbegabten, mit abwägendem Kalkül ausgestatteten Menschen.

Getrennt von der Frage des Zwecks stellt FEUERBACH die Frage nach dem *Rechtsgrund* der Strafandrohung. Woraus ergibt sich das Recht des Staates, einzelne Handlungen mit Strafe zu bedrohen? Die Antwort auf diese Frage findet FEUERBACH in der Natur des Staates.[71] Entsprechend dem Staatszweck - dem Schutz der wechselseitigen Freiheit bzw. Rechte - sieht er die Aufgabe des

---

66 Vgl. zu der deutlichen Trennung zwischen Rechtsgrund und Zweck *Feuerbach*, Lehrbuch, 1. Aufl., §§ 20, 21.

67 Zum methodischen Vorgehen *Feuerbach*s vgl. *Naucke*, Kant und die psychologische Zwangstheorie Feuerbachs, S. 39 ff..

68 *Feuerbach*, Revision I, S. 41 ff.; in einer Anmerkung weist *Feuerbach* ausdrücklich darauf hin, daß er nicht *unmoralische*, sondern *rechtswidrige* Neigungen meine.

69 *Feuerbach*, ebenda, S. 44 ff.; *ders.*, Lehrbuch, 1. Aufl., § 17.

70 *Feuerbach*, Revision I, S. 49, 57; *ders.*, Kritik des Kleinschrodischen Entwurfs I, S. 66 f..

71 Insofern ist es zutreffend, wenn *Elvers*, Die Bedeutung des Satzes nulla poena sine lege S. 30, feststellt, daß es bei Feuerbach zu einer "Verschmelzung der staatsrechtlichen und der strafrechtlichen Begründung des Strafrechts" komme.

Strafrechts darin, Rechtsverletzungen überhaupt zu verhindern.[72] Da jede Rechtsverletzung der Natur und dem Zweck des Staates widerspreche, müsse ein Mittel gefunden werden, das gegen Straftaten, d.i. Rechtsverletzungen, überhaupt und nicht nur gegen einen bestimmten Straftäter Sicherung gewährleiste.[73] Der Zwang, den der Staat anwenden kann, müsse so beschaffen sein, daß er bereits *vor* der Begehung rechtswidriger Handlungen wirksam werden könne, also Rechtsverletzungen generell zu verhindern geeignet sei.[74] Die *physische* Verhinderung potentieller Straftäter, indem der Staat diese an Ketten lege, hält FEUERBACH für Freiheitsverletzung und, da der Staat zur Verletzung der Freiheit seiner Bürger kein Recht habe, für ungerecht.[75] Als ein - umfassenden Freiheitsschutz gewährendes - Mittel komme somit nur die *psychische* Verhinderung von Straftaten durch die "Androhung von physischen Übeln, mit welchen die beleidigende Tat bedingt wird"[76], in Betracht. Der Rechtsgrund der Strafandrohung liege mithin allein in dem Zweck des Staates, die Freiheit aller zu schützen.

Es ist auch der Freiheitsschutzgedanke, der FEUERBACH zur Ablehnung eines auf dem Besserungsgedanken basierenden spezialpräventiven Strafrechts führt. FEUERBACH betont, daß die Strafe, die Besserung zum Zweck habe, Züchtigung sei, ein Recht zur Züchtigung aber nur demjenigen zustehe, der gegenüber dem Gezüchtigten vormundschaftliche Funktion habe.

> "Der Staat aber ist nicht Vormund, sondern Beschützer; nicht Zuchtmeister, sondern Verteidiger; hat nicht Sittlichkeit und Kultur, sondern Schutz der Freiheit zu seinem Zweck."[77]

Die Beschränkung der Staatsfunktion auf die Freiheits- bzw. Rechtsschutzfunktion schließt ein im Wege der Bevormundung in das Leben seiner Bürger gestaltend eingreifendes Interventionsrecht des Staates aus.

FEUERBACH fragt jedoch weiter, ob die Strafandrohung ein *gerechtes* Mittel sei. Ein Sicherungsmittel des Staates sei nämlich nur dann gerecht, wenn dadurch nicht die Rechte des Einzelnen verletzt würden. Da das angedrohte Übel jedoch nur im Falle der Begehung einer rechtswidrigen Handlung erfolge, mithin durch die Strafandrohung allein noch nicht in die Rechte des Einzelnen eingegriffen werde, sei die Rechtfertigung der Strafandrohung gegeben.[78]

---

72 *Feuerbach*, Lehrbuch, 1. Aufl., § 10.

73 *Feuerbach*, Anti-Hobbes, S. 212; *ders.*, Revision I, S. 39; *ders.*, Lehrbuch, 1. Aufl., § 11; *ders.*, Strafe als Sicherungsmittel, S. 94; deshalb die auch heute gebräuchliche Bezeichnung "*General*prävention" (im Gegensatz zur "*Spezial*prävention").

74 Vgl. *Hartmann*, Grundanschauungen, S. 65.

75 *Feuerbach*, Revision I, S. 40.

76 *Feuerbach*, Anti-Hobbes, S. 212; auch Revision I, S. 40.

77 *Feuerbach*, Anti-Hobbes, S. 204; zum Unterschied zwischen Strafe und Züchtigung auch Revision I, S. 14 ff..

78 *Feuerbach*, Anti-Hobbes, S. 220 f.; *ders.*, Revision I, S. 50.

II. Strafzufügung zur Verwirklichung der Strafandrohung

Der *Zweck* der Straf*zufügung* bestehe allein darin, der Strafandrohung selbst Wirksamkeit zu verleihen.[79] Ohne die Strafzufügung wäre die Strafandrohung "leerer Schall", denn eine Drohung könne nur dann wirksam sein, wenn der potentielle Straftäter sich das in ihr enthaltene Übel als ein wirklich eintretendes Übel vorstelle. Die Strafbarkeit werde damit allein durch die Nichtachtung der Strafandrohung ausgelöst.[80] Zwar reduziert FEUERBACH den Zweck der Strafzufügung auf die Realisierung der Strafandrohung. Soll jedoch die Strafzufügung die Wirksamkeit der Strafandrohung, deren Zweck die Abschreckung potentieller Straftäter ist, gewährleisten, dann hat auch die Strafzufügung den Zweck der Abschreckung. FEUERBACH relativiert dieses Ergebnis, indem er betont, daß die Abschreckung nur "der *mittelbare* Zweck (Endzweck) der Zufügung"[81] sei. Die Abschreckung Dritter als unmittelbaren Zweck der Strafzufügung zuzugeben, verbietet FEUERBACH das von KANT übernommene Menschenbild. Wiederum in Wortlautanlehnung an KANT verwirft FEUERBACH den Gedanken der Abschreckung potentieller Straftäter als unmittelbaren Zweck der Strafzufügung mit der Frage: "Heißt dies nicht ein vernünftiges Wesen als eine Sache, als ein beliebiges Mittel zu einem höhern Zweck gebrauchen?".[82] Aber auch die Annahme eines Besserungszwecks der Strafzufügung ist FEUERBACH vor dem Hintergrund seines Staatsbildes verstellt: soll dem Staat nur die Aufgabe zukommen, äußere Rechte zu schützen, so ist ihm die Befassung mit der Persönlichkeit des Täters verwehrt.[83]

Mehr Gewicht legt FEUERBACH auf den *Rechtsgrund* der Strafzufügung. Der Staat, dem der Schutz aller Rechte obliege, habe das "Recht, rechtswidrige Handlungen durch sinnliche Übel zu bedingen"[84]. Eine solche Bedingung stelle die notwendige Verknüpfung einer rechtswidrigen Handlung mit einer Strafe dar. Da der Straftäter wisse, daß auf seine rechtswidrige Handlung zwingend ein Übel folge, willige er durch die Begehung der Tat in die Zufügung dieses Übels ein.[85] FEUERBACH vergleicht den staatlichen Strafanspruch mit dem Anspruch aus einem Vertrag. Wenn der Straftäter sicher um die Bedingung der strafbaren Handlung wisse, so müsse er entweder in diese Bedingung einwilligen, oder er müsse die strafbare Handlung unterlassen.[86]

---

79 Hierzu und zum folgenden *Feuerbach*, Anti-Hobbes, S. 226; *ders.*, Revision I, S. 50 ff., 285 f.; *ders.*, Lehrbuch, 1. Aufl., § 18.

80 *Feuerbach*, Revision I, S. 54 f.

81 *Feuerbach*, Lehrbuch, 1. Aufl., § 20; *ders.*, Revision I, S. 60; auf S. 90 Anm., spricht *Feuerbach* von der abschreckenden Wirkung der Strafzufügung als "Nebenzweck"; eine Gleichstellung von Androhung und Zufügung als Sicherungsmittel gegen potentielle Straftäter findet sich in: Strafe als Sicherungsmittel, S. 94; vgl. zum Ganzen auch *Naucke*, Kant und die psychologische Zwangstheorie Feuerbachs, S. 53.

82 *Feuerbach*, Anti-Hobbes, S. 210.

83 Ebenso *Eb. Schmidt*, Einführung, S. 241.

84 *Feuerbach*, Revision I, S. 53.

85 *Feuerbach*, Anti-Hobbes, S. 222 f.; *ders.*, Revision I, S. 54.

86 *Feuerbach*, Anti-Hobbes, S. 223.

Diese Rechtfertigung der Strafzufügung hat FEUERBACH seinerzeit heftige Kritik eingebracht. So sah er sich dem Einwand KLEINs ausgesetzt, der Straftäter willige keineswegs in die Strafzufügung ein, sondern gebe vielmehr einen entgegengesetzten Willen zu erkennen, indem er aus Furcht vor Strafe die strafbare Handlung heimlich unternehme.[87] Unter dem Eindruck dieser Kritik wandelte FEUERBACH seine Auffassung zum Rechtsgrund der Strafzufügung dahingehend ab, daß das Recht zur Zufügung der angedrohten Strafe nicht auf einer wirklichen Einwilligung des Straftäters in die Strafzufügung beruhe, *"sondern auf der rechtlichen Notwendigkeit von Seiten des Verbrechers*, (der Rechtspflicht) *sich der Strafe zu unterziehen*."[88] Diese Notwendigkeit, sich der Strafe zu unterziehen, begründet FEUERBACH mit dem Satz, daß jeder dazu berechtigt sei, jede Handlung, die der andere nicht begehen darf, willkürlich mit einer Bedingung zu versehen; folge aus der Nichterfüllung jener Bedingung eine Rechtsverletzung, so resultiere daraus für den anderen die Pflicht zur Erfüllung der Bedingung, "weil Recht und Bedingung einander korrespondieren"[89].

In FEUERBACHs psychologischer Zwangstheorie steht deutlich der Aspekt der Straf*androhung* im Vordergrund, während der Aspekt der Straf*zufügung* nur von sekundärer Bedeutung ist. Mit der Vorstellung, daß der Sinn des Strafgesetzes allein in der Abschreckung durch gesetzliche Strafandrohung liegt, werden kriminalpolitische Nützlichkeitserwägungen auf der einen Seite und liberalrechtsstaatliche Grundsätze wie dem, daß der Mensch nicht als Mittel zum Zweck benutzt werden darf, und dem, daß der Staat sich nicht zum "Zuchtmeister" über seine Büger erheben darf, miteinander verbunden.[90]

III. Strafe als Folge der Verletzung eines durch den Staatszweck bestimmten Gesetzes

Seine gesamten Ausführungen zur psychologischen Zwangstheorie bettet FEUERBACH in die Frage nach dem Begriff der Strafe ein. Nach der Erläuterung von Zweck und Rechtsgrund jeweils der Strafandrohung und der Strafzufügung gelangt er zu folgender Definition:

> "Der Begriff der Strafe wäre also folgender: *sie ist ein vom Staate, wegen einer begangenen Rechtsverletzung zugefügtes, durch ein Strafgesetz vorher angedrohtes sinnliches Übel.*"[91]

Die Strafe wird demnach einzig und allein wegen einer begangenen rechtswidrigen Handlung zugefügt: "malum passionis ob malum actionis".[92] Insoweit

87 *Klein*, zit. bei *Feuerbach*, Strafe als Sicherungsmittel, S. 98.
88 *Feuerbach*, Strafe als Sicherungsmittel, S. 100.
89 *Feuerbach*, ebenda, S. 101; zu *Feuerbach*s Begründung der Strafzufügung vgl. auch *Elvers*, Die Bedeutung des Satzes nulla poena sine lege, S. 30 ff., der eine Begründung der Strafzufügung, ausgehend von dem subjektiven Strafrecht des Staates, für entbehrlich hält.
90 Zutreffend *Lüderssen*, Art. Feuerbach, in: HRG, Bd. 2, Sp. 1118, 1120.
91 *Feuerbach*, Revision I, S. 56; ähnlich auch *ders.*, Lehrbuch, 1. Aufl., § 19.

bewegt sich FEUERBACH durchaus in der Terminologie der absoluten Straftheorien seiner Zeit.

Warum FEUERBACHs straftheoretische Erwägungen als *relative* Straftheorie gelten, zeigt sich bei der Heranziehung des von FEUERBACH so genannten "höchste(n) Prinzip(s) des peinlichen Rechts":

> "Jede rechtliche Strafe im Staat ist die rechtliche Folge eines durch die Notwendigkeit der Erhaltung äußerer Rechte begründeten und eine Rechtsverletzung mit einem sinnlichen Übel bedrohenden Gesetzes."[93]

Ihren Grund findet die Strafe in der Notwendigkeit der Erhaltung äußerer Rechte und damit in der Notwendigkeit der Erhaltung des Staatszwecks.[94] Diese Festlegung entspricht dem Motiv aller relativen Straftheorien, wonach der Zweck der Grund der Strafe ist.[95] Dadurch, daß FEUERBACH einerseits ausschließlich auf die Gesetzesverletzung abstellt, andererseits den Rechtsgrund der gesetzlichen Strafandrohung in der Notwendigkeit der Verhinderung von Rechtsverletzungen sieht, hat die Strafe "absoluten, durch Nützlichkeitserwägungen nicht zu beeinflussenden Vergeltungscharakter" und steht darüber hinaus im Zeichen kriminalpolitischer Zweckmäßigkeitserwägungen.[96]

Unabdingbare Voraussetzung für staatliche Strafe ist für FEUERBACH, neben dem Vorliegen einer Rechtsverletzung[97], das Vorliegen einer gesetzlichen Strafandrohung: nulla poena sine lege[98]. Dem positiven Gesetz wurde durch FEUERBACHs psychologische Zwangstheorie somit zu einer starken Autorität verholfen: für FEUERBACH ist das Strafgesetz der Ausgangs- und Endpunkt aller straftheoretischen Überlegungen.[99] Das Wesen des Strafrechts wird bedingt durch gesetztes Recht. Insofern vollzieht FEUERBACH eine deutliche Trennung von der historischen Rechtsschule.[100] Zwar erkennt auch FEUERBACH die historische Bedingtheit des Gesetzes an[101]; im Unterschied zur historischen Rechtsschule akzeptiert er jedoch ausschließlich das gesetzte Recht als gültige Rechtsquelle. Gewohnheitsrecht und Brauchtum scheiden mithin als Rechtsquellen aus. Die Überlegung, daß nur ein geschriebenes Gesetz die intendierte

---

92 *Feuerbach*, Revision I, S. 5.
93 *Feuerbach*, Lehrbuch, 1. Aufl., § 23.
94 *Feuerbach*, Kritik des Kleinschrodischen Entwurfs II, S. 5.
95 *Naucke*, Kant und die psychologische Zwangstheorie Feuerbachs, S. 50, der darauf hinweist, daß sich eine deutlichere Umschreibung des Prinzips aller relativen Straftheorien (Zweck = Grund der Strafe) als bei *Feuerbach* schwerlich finden lassen werde.
96 *Grünhut*, zit. bei *E. Wolf*, Feuerbach, in: ders., Große Rechtsdenker, S. 543, 560.
97 Dazu unten S. 35 ff..
98 *Feuerbach*, Lehrbuch, 1. Aufl., § 24; ohne die lateinische Formel: Revision I, S. 63 ff..
99 *Feuerbach*, Revision I, S. 88 Anm..
100 *Feuerbach*, Einige Worte über historische Rechtsgelehrsamkeit, in: Kleine Schriften, S. 133, 143 f.: "Die Geschichte erklärt, wie etwas nach und nach *geworden*; wie und was dieses etwas gegenwärtig *sei*, lehrt die Geschichte nicht. Was der Geschichte angehört ist schon dem Leben abgestorben. Oder ist etwa das Recht, welches die geschichtliche Rechtswissenschaft lehrt wirklich das volkstümliche, lebende?".
101 Vgl. dazu unten S. 57 ff..

von der Begehung von Straftaten abhaltende Wirkung haben könne, steht ganz im Zeichen der Verbrechensbekämpfung. Rechtsgrund der Strafe ist die Verhinderung von Rechtsverletzungen überhaupt zum Schutze der wechselseitigen Freiheit. FEUERBACH gewinnt den Rechtsgrund der Strafe folglich aus dem Zweck der Strafe und unterwirft die Bestimmung des Rechtsgrunds der Strafe somit einer kriminalpolitischen Konzeption.[102] So hat das Postulat der Gesetzesgebundenheit im Strafrecht seinen Grund in den kriminalpolitischen Überlegungen, daß nur geschriebene Gesetze eine wirksame Abschreckung von der Begehung von Straftaten gewährleisten könnten. FEUERBACH hatte also mit seiner Forderung nach positiven Gesetzen deutlich das Ziel der Verbrechensbekämpfung vor Augen.[103] Aber die auf das geschriebene Gesetz gestützte Strafrechtskonzeption entsprach auch der im Rahmen der staatstheoretischen Ausführungen aufgestellten Forderung nach einer Freiheitsschutz gewährenden strikten Begrenzung staatlicher Gewalt.[104] Daß Dreh- und Angelpunkt der psychologischen Zwangstheorie das positive Gesetz ist, bedeutet die Fortschreibung der staatstheoretischen Ausführungen auf dem Gebiet des Strafrechts. Das Prinzip der Gesetzesgebundenheit des Strafrechts ist somit - um es nochmals zu unterstreichen - nicht allein als Folge der psychologischen Zwangstheorie zu verstehen, sondern dadurch, daß diese selbst in den staatstheoretischen Überlegungen wurzelt, das Ergebnis der übergreifenden Vorstellung vom Staat als einer freiheitsordnenden und -schützenden Institution[105] und damit das Ergebnis grundlegender rechtspolitischer Überzeugungen.[106]

IV. Die vier Einzelprinzipien des Nulla-poena-Grundsatzes

Nach FEUERBACHs Straftheorie - die im Zusammenhang mit der Staatstheorie zu sehen ist - muß das Strafgesetz in zweierlei Weise Wirkung zeigen: es muß zum einen motivierend im Hinblick auf die Unterlassung strafbarer Handlungen wirken und zum anderen dem Bürger Schutz vor staatlicher Willkür in der Strafrechtspflege gewährleisten. Aus diesen beiden Prämissen lassen sich Bestimmtheitsgebot, Rückwirkungsverbot, Verbot strafbegründenden Gewohnheitsrechts und Analogieverbot als die vier Einzelprinzipien der Gesetzesgebundenheit im Strafrecht ableiten.

---

102 In dieser Richtung auch *Elvers*, Die Bedeutung des Satzes nulla poena sine lege, S. 24.

103 *E. Wolf*, P.J.A. Feuerbach, in: ders., Große Rechtsdenker, S. 343, 553, nennt daher zutreffend den Nulla-poena-Satz *Feuerbach*s "kriminalpoltitischen Leitgedanken".

104 Vgl. auch *Grünhut*, Feuerbach und das Problem der strafrechtlichen Zurechnung, S. 23; ebenso *Hartmann*, Grundanschauungen, S. 64; ausführlich in diesem Sinne auch *Schreiber*, Gesetz und Richter, S. 110 ff..

105 In diesem Sinne auch *Kipper*, J.P.A. Feuerbach, S. 29.

106 *Grünhut*, Feuerbach und das Problem der strafrechtlichen Zurechnung, S. 23; insoweit ist es auch zutreffend, wenn *Hartmann*, Grundanschauungen, S. 64, das Strafrechtsprogramm *Feuerbach*s als "die strafrechtliche Konkretisierung der politischen Grundanschauungen Feuerbachs" bezeichnet; in diesem Sinne auch *Eb. Schmidt*, Einführung, S. 239.

1. Bestimmtheitsgebot

Damit dem Strafgesetz die Funktion der "Belehrung und Schreckung des Volks"[107] zukommt, muß es hinreichend bestimmt sein. "Die Bestimmtheit der gesetzlichen Voraussetzungen ist die Grundbedingung jeder Gesetzgebung, weil sie die Grundbedingung aller Gewißheit ist."[108] Damit die gesetzliche Strafandrohung psychologische Zwangswirkung entfalten kann, ist es notwendig, dem potentiellen Täter das unter Strafe gestellte Verhalten sowie die damit zwingend verknüpften Rechtsfolgen genau vor Augen zu führen. Das Strafgesetz muß seine Gegenstände durch "bestimmte, erschöpfende Begriffe und durch allgemein umfassende Regeln"[109] beschreiben. Es ist erforderlich, diejenigen Handlungen, die unterlassen werden sollen, genau zu bestimmen, da der Einzelne nur von einer bestimmten Handlung Abstand nehmen kann. Auch die Rechtsfolgenseite muß hinreichend bestimmt sein, da willkürliche Strafen zum einen keine abschreckende Wirkung zeigen[110], zum anderen aber auch die als Rechtsgrund für die Strafzufügung erforderliche Bedingung nicht konkret umreißen.

Der FEUERBACH'schen Forderung nach Bestimmtheit der Strafgesetze wird die Einschätzung jedoch nicht gerecht, daß FEUERBACH den einzigen Grund für das Bestimmtheitsgebot darin gesehen habe, daß ein unbestimmtes Gesetz zur Abschreckung nicht geeignet sei.[111] Diese Einschätzung zuzugeben hieße zu verkennen, daß FEUERBACHs Straftheorie von seinen staatstheoretischen Anschauungen durchdrungen ist. Die Funktion des Strafgesetzes liegt nicht allein in der Abschreckung der Bürger, sondern darüberhinaus auch in dem Schutz des Bürgers vor staatlicher Willkür. Im Interesse des Willkürschutzes darf es nicht im Ermessen des Richters liegen, strafbare Handlungen zu bestimmen, sondern die als strafbar geltenden Handlungen müssen umfassend durch vollständige Gesetze bestimmt sein.[112] Auch die Bindung des Richters an konkret bestimmte Rechts*folgen* dient dem Schutz des Einzelnen vor staatlicher Machtausübung.[113] Die Forderung nach Bestimmtheit der Strafgesetze entspricht folglich der Forderung nach einer konkret bestimmten Grenzziehung für die individuelle Freiheitssphäre zugunsten der Bewahrung einer Freiheit vom Staat. Die exakte Umschreibung der einzelnen Verbrechen wird somit bei FEUERBACH als

---

107 *Feuerbach*, Kritik des Kleinschrodischen Entwurfs I, S. 7.

108 *Feuerbach*, Kritik des Kleinschrodischen Entwurfs III, S. 11; den Maximen der Klarheit, Bestimmtheit und Präzision der Gesetzes entsprach es auch, daß *Feuerbach* in Bezug auf das Bayerische Strafgesetzbuch von 1813 immer wieder die "Nutzlosigkeit" eines Kommentars bzw. sog. "Motive" zum Strafgesetzbuch betonte; vgl. *Feuerbach*, Gutachtliche Erinnerungen, in: Biographischer Nachlaß I, S. 237 ff..

109 *Feuerbach*, Kritik des Kleinschrodischen Entwurfs I, S. 10 f..

110 *Feuerbach*, Kritik des Kleinschrodischen Entwurfs III, S. 117 f.; *ders.*, Revision I, S. 135 f..

111 So aber ausdrücklich *J. Bohnert*, Bestimmtheitsgrundsatz, S. 13, mit dem Hinweis, daß der Begriff des "Rechtsstaats" in *Feuerbach*s Straftheorie nicht vorkomme, seine Straftheorie vielmehr zu diesem in einem Spannungsverhältnis stehe.

112 *Feuerbach*, Kritik des Kleinschrodischen Entwurfs I, S. 5.

113 *Feuerbach*, ebenda, S. 117 f..

"Aufgabe der Grenzbereinigung"[114] aufgefaßt. Die rechtsstaatliche Komponente des Bestimmtheitsgebots läßt sich mithin kaum verkennen.

2. Rückwirkungsverbot und Verbot strafbegründenden Gewohnheitsrechts

Aus dem Begriff der Strafe ergibt sich, daß das sinnliche Übel als die Bedingung der rechtswidrigen Tat *vorher* angedroht sein muß. "Jedes vorhandene Strafgesetz kann nur für den Fall gegeben sein, wo es als Strafgesetz wirksam sein kann, wo die physische Möglichkeit seiner Wirksamkeit zur Verhinderung der Tat begründet ist."[115] Das Strafgesetz ermöglicht die Verhinderung strafbarer Handlungen nur dann, wenn es seine abschreckende Wirkung *vor* der Begehung der rechtswidrigen Tat entfalten kann. Der Strafgesetzgeber darf demzufolge bisher vom Gesetz nicht erfaßte Fälle nur für die Zukunft regeln.[116] Das Rückwirkungsverbot ergibt sich ferner auch aus der von FEUERBACH postulierten Rechtspflicht des Straftäters, sich der Strafe zu unterziehen: da die Rechtspflicht des Straftäters an die Nichterfüllung der an ein bestimmtes Verhalten geknüpften Bedingung gekoppelt ist, kann die Rechtspflicht nur dann entstehen, wenn das Verhalten *vorher* mit eben dieser Bedingung versehen ist.[117]

Zum Verbot strafbegründenden Gewohnheitsrechts äußert sich FEUERBACH nicht ausdrücklich. Dieses ergibt sich aber aus dem grundsätzlichen Abstellen auf positive Rechtssätze. FEUERBACH rückt das positive Gesetz insbesondere im Zusammenhang mit der Frage nach dem Verhältnis zwischen Gesetzgebung und Rechtswissenschaft[118] in den Vordergrund und betont, daß die Rechtswissenschaft allein an die Vorgaben des Gesetzgebers gebunden sei, da es einzig dem Gesetzgeber zukomme, über die Gegenstände der Strafbarkeit zu entscheiden.[119] Daraus, daß FEUERBACH dem positiven Gesetz absoluten Vorrang einräumt, folgt der Ausschluß von strafbegründendem Gewohnheitsrecht. Die Verwerfung des Gewohnheitsrechts ist ebenfalls eine Konsequenz des Strebens nach Schutz vor staatlicher Willkür: Sicherheit vor staatlicher Willkür in der Strafrechtspflege vermag allein das geschriebene, den Erfahrungskenntnissen zugängliche Gesetz zu vermitteln. Schließlich sprechen dieselben Gründe, aus

---

114 *Radbruch*, Drei Strafrechtslehrbücher, in: Rosenfeld-FS, S. 7, 8.

115 *Feuerbach*, Revision II, S. 40.

116 *Feuerbach*, Kritik des Kleinschrodischen Entwurfs II, S. 35.

117 So auch *Schreiber*, Gesetz und Richter, S. 108, der allerdings an der Einwilligungsvariante als Rechtsgrund der Strafzufügung festhält.

118 Ausführlich zu diesem Verhältnis *Feuerbach*, Über Philosophie und Empirie, S. 68 ff.; "Empirie" meint in diesem Zusammenhang die positiven Gesetzesbestimmungen. Zu der Idee eines "empirischen Naturrechts" vgl. *Lüderssen*, Einleitung zu Feuerbach/Mittermaier, Theorie der Erfahrung in der Rechtswissenschaft des 19. Jahrhunderts, S. 7, 17 ff.. Daß der Begriff vom "empirischen Naturrecht" irreführend ist, wird unten S. 61 ff. zu sehen sein.

119 *Feuerbach*, Revision I, S. 178 ff.; *ders*., Revision II, S. 33; zu dem daraus folgenden Ausschluß des Gewohnheitsrechts vgl. auch *Schreiber*, Gesetz und Richter, S. 109.

denen zur Wirksamkeit der Strafdrohung das Strafgesetz *vor* der Tat bestehen muß, auch für das Verbot strafbegründenden Gewohnheitsrechts: die Strafandrohung muß in einem geschriebenen Gesetz enthalten sein, da Naturrechtssätze oder Gewohnheitsrecht für den Bürger nicht hinreichend konkret und damit nicht motivierend im Hinblick auf die Unterlassung der Straftat wirken können.

3. Analogieverbot

Schließlich muß im Interesse des Willkürschutzes auch die analoge Anwendung von Strafvorschriften auf von diesen nicht erfaßte Fälle untersagt sein. FEUERBACH sieht es als ausschließliche Aufgabe des Gesetzgebers an, Strafbares von Nicht-Strafbarem zu trennen. Der Richter ist der Gesetzgebung untergeordnet und deshalb bloß "Diener und Interpret" des Gesetzes.[120] Die analoge Anwendung von Strafvorschriften zuzulassen hieße, so FEUERBACH, "der Willkür Tor und Tür öffnen".[121]

> "Aus welchem Rechtsgrund will man den Untertan büßen lassen, was der Gesetzgeber verschuldet hat? Der unverbrüchliche Grundsatz der strafenden Gerechtigkeit (lautet; die Verf.): nur da ist Strafe, wo ein Verbrechen ist, nur da ist ein Verbrechen, wo eine Handlung unter Strafe verboten ist. (...) Ist aber eine Handlung unter Strafe verboten, wenn von ihr das Gesetz weder durch den allgemeinen Begriff, noch in specie spricht, wenn auf sie nicht die gesetzlich angegebenen Begriffe der Verbrechen anwendbar sind? Nein; und daraus folgt, daß ein vorkommender unbenannter Fall dem *Gesetzgeber* zwar die Verbindlichkeit gibt, den Fehler für die Zunkunft zu verbessern und die entdeckten Lücken aufzufüllen, nicht aber dem *Richter* das Recht, so zu tun, als wenn keine Lücke da wäre und dieselbe durch schwankende Analogie künstlich zu verbergen."[122]

Das Analogieverbot erfährt seine Begründung nicht nur unter dem Gesichtspunkt des Willkürschutzes, sondern auch unter dem Aspekt der abschreckenden Wirkung des Strafgesetzes. Das Strafgesetz kann in Bezug auf nicht von ihm erfaßte Fälle die mit einer notwendigen Strafe bedingten Verhaltensweisen nicht erkennbar machen und insofern auch keine abschreckende Wirkung entfalten. Die ausdehnende Anwendung von Strafgesetzen auf nicht erfaßte Fälle widerspricht somit dem Zweck des Strafgesetzes und, da dieses seinen Rechtsgrund mit dem Zweck verliert[123], auch dem Rechtsgrund desselben.[124]

FEUERBACH geht grundsätzlich von der Vollständigkeit der Gesetzgebung aus.[125] Vollständigkeit ist hier nicht in dem Sinne zu verstehen, daß die Strafgesetze alle denkbaren strafwürdigen Handlungen erfassen, sondern bedeutet

120 *Feuerbach*, Revision I, S. 243; vgl. auch *ders.*, Revision I, Einleitung S. XXV.
121 *Feuerbach*, Kritik des Kleinschrodischen Entwurfs II, S. 26.
122 *Feuerbach*, ebenda, S. 34 f..
123 Vgl. *Feuerbach*, Revision II, S. 39.
124 Vgl. auch *Schreiber*, Gesetz und Richter, S. 110.
125 Zum Begriff der Vollständigkeit in diesem Zusammenhang vgl. auch *Elvers*, Die Bedeutung des Satzes nulla poena sine lege, S. 36.

allein die Ausschließlichkeit der Strafgesetze, Strafbarkeit zu begründen. FEUERBACH war sich sehr wohl bewußt, daß das Strafgesetz lückenhaft sein könnte, und daß ein Strafgesetzbuch für Fortentwicklung und Ergänzung offen sein müsse.[126] Die Schließung eventueller Lücken im Gesetz sollte aber nicht durch analoge Anwendung von Gesetzen durch die Richter, sondern durch eine sog. Gesetzeskommission vorgenommen werden. Diese Gesetzeskommission, durch den "Oberherrn" zur Wahrnehmung der Gesetzgebungsaufgabe autorisiert, sollte aus einem "Kollegium rechtskundiger Männer, vertraut mit den vorhandenen Gesetzen und mit den Grundsätzen der Gesetzgebung" bestehen, das als "Wächter der Gesetze und fortdauernd wirkendes Organ ihrer Vervollkommnung" fungieren sollte.[127] Im Falle des Auffindens einer Gesetzeslücke sollte der Richter Mitteilung an die Gesetzeskommission machen, und diese würde dann das Gesetz als "höchste Auslegerin" interpretieren.[128]

FEUERBACH bezeichnet den Rechtsgelehrten als den "Mittler zwischen dem Gesetzgeber auf der einen, und dem bürgerlichen Richter auf der andern Seite"[129] und weist ihm auch die Rolle des "Stellvertreters des Gesetzgebers"[130] zu. Indes ist dies nicht dahingehend zu verstehen, daß der Rechtsgelehrte strafgesetzliche Lücken auffüllen soll.[131] Dagegen spricht schon das dauernde Beharren FEUERBACHs auf der Gebundenheit an die Willkür des Gesetzgebers.[132] FEUERBACH will auch den Rechtsgelehrten als "Diener des Positivgesetzes" verstanden wissen[133], nicht umsonst spricht er von der Rechtswissenschaft als der *positiven* Rechtswissenschaft. Wenn er es auch als Auftrag der Rechtsgelehrten betrachtet, Bereiche, die der Bestimmung durch positive Gesetze enthoben sind, aufzuspüren und zu bestimmen, was vom Gesetzgeber unbestimmt gelassen worden ist[134], dann heißt dies nur, daß die Rechtswissenschaft allgemeine Lehren entwickeln darf. Diesen kann jedoch keine absolute Geltungskraft

---

126 Zu dem Bekenntnis der kriminalpolitischen Bestimmbarkeit der Strafgesetze vgl. unten S. 48 f..

127 *Feuerbach*, Kritik des Kleinschrodischen Entwurfs II, S. 27 ff..

128 *Feuerbach*, ebenda, S. 29; ausdrücklich lehnt *Feuerbach* es ab, daß der Oberherr selbst die Funktion der höchsten Auslegung übernehme, da dagegen die gleichen Gründe sprächen wie gegen die Kabinettsjustiz.

129 *Feuerbach*, Über Philosophie und Empirie, S. 30 f..

130 *Feuerbach*, ebenda, S. 83.

131 So aber wohl die Ansicht von *Kipper*, J.P.A. Feuerbach, S. 54, der seine Auffassung noch durch einen Vergleich zu der Regelung des Art. 1 Abs. II und III des Schweizer Zivilgesetzbuchs unterstreichen zu können glaubt, die folgenden Inhalt hat: "Kann dem Gesetz keine Vorschrift entnommen werden, so soll der Richter nach Gewohnheitsrecht und, wo auch ein solches fehlt, nach der Regel entscheiden, die er als Gesetzgeber aufstellen würde. Er folgt dabei bewährter Lehre und Überlieferung." Daß dieser Vergleich die Sache nicht trifft, zeigt sich schon daran, daß es sich bei der zitierten Stelle um eine Vorschrift des Zivilrechts handelt, wo Analogie und Gewohnheitsrecht durchaus zugelassen sind, es hier jedoch um die Festlegung des strafrechtlichen Analogieverbotes geht.

132 Vgl. nur *Feuerbach*, Revision II, S. 33 Anm. **.

133 *Feuerbach*, Über Philosophie und Empirie, S. 31.

134 *Feuerbach*, ebenda, S. 83; aus der Tatsache, daß es manche Bereiche der Bestimmung durch positive Gesetze nicht zugänglich sind, schließt *Feuerbach* auf die Notwendigkeit eines Allgemeinen Teils im Strafrecht; vgl. ebenda, Anm. *.

zukommen, "weil nicht der Mund des Gesetzgebers sie geheiligt hat"[135]. Das positive Gesetz genießt bei FEUERBACH absoluten Vorrang. Die Rechtswissenschaft hat nur insofern eine gewisse Selbständigkeit gegenüber dem positiven Recht, als ihr "Stoff" zwar die positiven Gesetze selbst sind[136], ihre "Form" aber, also die genaue Bestimmung rechtlicher Begriffe, der innere Zusammenhang der Rechtssätze und der systematische Zusammenhang der Rechtslehren[137], allein der Rechtswissenschaft obliegt.[138] Diese Unabhängigkeit erfährt aber wiederum eine Begrenzung durch die Gesetzgebung, indem die Darstellung der "Form" von den Erklärungen des Gesetzgebers abhängig ist; der Rechtsgelehrte ist an das gebunden, "*wovon* er (der Gesetzgeber; die Verf.) sprach und *woran* er dachte".[139]

> "Ein Untertan, der gegen ein Gesetz sich auflehnt, heißt *Rebell*; ein Richter, der es umgeht, der an ihm dreht und deutelt, weil es, so wie es ist, nicht in die Form seiner Philosopheme paßt, ist ein *Falsarius*, und der philosophische Rechtsgelehrte nach dem Bild, das ich oben von ihm entwarf (wonach dieser nicht die Darstellung des durch *positive Gesetze* gestalteten Rechts als seine Aufgabe ansieht, sondern die Bestimmung des Rechts von der Philosophie her unternimmt; die Verf.), weiter nichts als der *Gehülfe* für sein Verbrechen."[140]

Nicht den Rechtsgelehrten, sondern der Gesetzeskommission - die freilich auch mit Rechtsgelehrten besetzt sein konnte, sich aber eben durch die Autorisierung zur Gesetzgebung durch den Oberherrn auszeichnete - sollte die Aufgabe der Vervollkommnung der Gesetze, also mit anderen Worten die Schließung von Gesetzeslücken zukommen.[141]

Das Betätigungsfeld der Gesetzeskommission sollte jedoch erst eröffnet sein, wenn die Auslegungsmöglichkeiten des Richters erschöpft sind. Wenn FEUERBACH den Richter streng an das Gesetz gebunden wissen wollte, so ging es ihm nicht darum, dem Richter jegliche Auslegung des Gesetzes zu verbieten und diesen strikt auf den Buchstaben des Gesetzes zu verweisen.[142] Der Richter sollte also keine bloße "Gesetzmaschine"[143], kein richterlicher Subsumtionsau-

---

135 *Feuerbach*, ebenda, S. 84.
136 *Feuerbach*, ebenda, S. 34 ff..
137 *Feuerbach*, ebenda, S. 50.
138 Zu der Unterscheidung zwischen "Stoff" und "Form" der positiven Rechtswissenschaft bei *Feuerbach* vgl. *Naucke*, Vorwort zum Neudruck von P.J.A. Feuerbach, Über Philosophie und Empirie in ihrem Verhältnis zur positiven Wissenschaft, S. V, XVI ff..
139 *Feuerbach*, Über Philosophie und Empirie, S. 56.
140 *Feuerbach*, ebenda, S. 31 f..
141 *Feuerbach*, Kritik des Kleinschrodischen Entwurfs II, S. 28.
142 Insofern distanziert sich *Feuerbach* ausdrücklich von der Auffassung *Beccaria*s, Abhandlung über Verbrechen und Strafen I, S. 84, 82, wonach der Richter streng an den Wortlaut des Gesetzes gebunden sein soll; vgl. *Feuerbach*, Kritik des Kleinschrodischen Entwurfs II, S. 19 ff., ferner *ders*., Revision I, S. 259 Anm. *, wo *Feuerbach Beccaria*s Ansicht als "italienischen Witz" bezeichnet; auch von der Auffassung *Montesquieu*s, Vom Geist der Gesetze, Bd. 1, S. 225, der die Richter nur als "Mund, der die Worte des Gesetzes ausspricht, willenlose Wesen" betrachtet, weicht *Feuerbach* somit deutlich ab.
143 *Feuerbach*, Kritik des Kleinschrodischen Entwurfs II, S. 20.

tomat[144] sein, denn "wer ihn (den Richter; die Verf.) bloß an den Buchstaben verweist, hebt das Gesetz seinem Wesen nach auf, um es dem Scheine nach zu sichern"[145].

> "Das Gesetz ist der *Wille* des Gesetzgebers, niedergelegt in Worte. Jener Wille ist das eigentliche Gesetz, diese Worte sind der Körper, in welchem es erscheint. Die Worte ohne Rücksicht auf den Willen sind der *Buchstab* des Gesetzes; der Wille, so ferne er durch Worte ausgedrückt werden sollte, ist der Sinn des Gesetzes, und diesen Sinn darstellen heißt *auslegen, interpretieren.*"[146]

Diese Auslegung hat nach dem Sprachgebrauch und nach dem Zusammenhang der Worte und der Sätze zu erfolgen[147], immer unter der Grenzziehung des gesetzgeberischen Willens. FEUERBACH läßt somit - in der heutigen Terminologie - Wortlaut-, systematische und subjektive Auslegung zu. Allein die teleologische Auslegung kommt bei FEUERBACH noch nicht vor. Die strikte Bindung des Richters an das Gesetz zugunsten des Schutzes vor richterlicher Willkür sieht FEUERBACH durch die Bindung an den Willen des Gesetzgebers gewahrt.

C. Gesetzes- und Straftatbegriff bei FEUERBACH - kriminalpolitische Restriktion durch vor-positive Bestimmungen

Angesichts der Verabsolutierung des positiven Gesetzes in der Lehre FEUERBACHs ließe sich der Eindruck gewinnen, daß darin ein "maßloses Vertrauen zum Gesetzgeber" stecke und das geschriebene Gesetz nur eine relative Sicherheit gegen staatliche Willkür bieten könne.[148] In der Tat wäre im Hinblick auf das Streben nach Willkürschutz nicht viel gewonnen, wenn es allein in der Macht des Gesetzgebers stünde, durch den Erlaß neuer Strafandrohungen das Strafrecht beliebig zu erweitern. Die Gegenstände der Strafandrohungen wären "Ausflüsse der Politik des Staates".[149] Träfe diese Einschätzung zu, so wäre FEUERBACH als Begründer des ausschließlichen Positivismus im Strafrecht anzusehen, wonach allein der Gesetzgeber nach freiem Ermessen über die Gegenstände des Strafschutzes entscheidet.[150] Ob diese Bewertung der Person FEUERBACHs gerecht wird, soll im folgenden anhand von Gesetzes- und Straftatbegriff bei FEUERBACH untersucht werden.

---

144 Zu der an der Wende vom 18. zum 19. Jahrhundert verbreiteten Auffassung vom Richter als Subsumtionsautomaten vgl. *Ogorek*, Richterkönig oder Subsumtionsautomat?, S. 39 ff.; ferner *dies.*, De l'Esprit des légendes, in: RJ 2 (1983), S. 277, 281 ff..

145 *Feuerbach*, Kritik des Kleinschrodischen Entwurfs II, S. 22.

146 *Feuerbach*, ebenda S. 21 f..

147 *Feuerbach*, ebenda, S. 23.

148 So der Einwand von *Elvers*, Die Bedeutung des Satzes nulla poena sine lege, S. 26 ff..

149 *Elvers*, ebenda, S. 28; *Elvers* bezeichnet es als einen Fehler der *Feuerbach*'schen Theorie, daß *Feuerbach* keine Beschränkung für die Aufstellung von Strafdrohungen aufgestellt habe.

150 So die Ansicht von *Maier-Weigt*, Der materiale Rechts- und Verbrechensbegriff, S. 88 ff..

I. Das Strafgesetz als kategorische, kriminalpolitisch bestimmbare Strafbarkeitserklärung

FEUERBACH definiert das Strafgesetz als "eine kategorische (d.i. eine unbedingte und durch sich selbst gültige) *Erklärung von der rechtlichen Notwendigkeit der Verknüpfung eines sinnlichen Übels mit einer rechtswidrigen Handlung*".[151] Daraus leitet FEUERBACH folgende Rechtssätze ab:

> "*1) Das Strafgesetz ist gültig für alle in demselben enthaltenen Fälle*; wo also die Merkmale der Bedingung, an welche die Strafe geknüpft ist, in concreto vorhanden sind, da muß auch die rechtliche Folge damit verknüpft werden.
> 2) *Das Strafgesetz ist gültig durch sich selbst für alle Fälle*. Seine Gültigkeit und Anwendbarkeit hängt nicht von der Übereinstimmung desselben mit andern außer ihm gelegenen Prinzipien ab. Daraus folgt denn
> 3) *Das Strafgesetz braucht, um für die besondern Fälle gültig zu sein, nicht erst unter höhere Prinzipien subsumiert werden; sondern man darf nur unter das Strafgesetz subsumieren*. Das bestimmte Strafgesetz ist also *allein* die Regel für das Urteil und nichts ist Regel für die Gültigkeit und Anwendbarkeit dieses Strafgesetzes selbst."[152]

Daß das Strafgesetz ein kategorisches Gesetz sein müsse, ergibt sich aus dem ihm zugrundeliegenden Zweck: für eine abschreckende Wirkung muß das Strafgesetz das die rechtswidrige Handlung bedingende Übel "als *wirkliches, gewiß erfolgendes* Übel"[153] vorstellen. Kategorisch ist das Gesetz also insofern, als es die Strafe unbedingt androht und damit den Richter unbedingt dazu zwingt, die Strafe in jedem Fall zu verhängen. Dieser Gesetzesbegriff läßt das Bestreben nach Eindämmung der *Richter*willkür erkennen, enthält jedoch keinen Hinweis darauf, wie der staatlichen Willkür auf dem Gebiet der *Gesetzgebung* begegnet werden könnte. Die aus dem Gesetzesbegriff resultierenden Rechtssätze sagen nichts darüber aus, nach welchen Kriterien der Gesetzgeber die Gesetze zu formen hat. Deutlich ist das Bekenntnis FEUERBACHs zur kriminalpolitischen Bestimmbarkeit des Strafgesetzes:

> "So wie der Menschheit überhaupt die große Aufgabe vorgelegt ist, nicht stille zu stehn auf dem Punkt, auf dem sie einmal steht, sondern fortzuschreiten zum Bessern und von dem Bessern zur Vollendung, so soll auch der Staat und die Gesetzgebung in ihm, als ein Endliches und Unvollkommenes sich immer annähern dem unendlichen Ziel. Ein Gesetzgeber, der es bei den vorhandenen Gesetzen unverändert läßt, gleicht, wie Plato sehr schön bemerkt, einem unverständigen Arzte, der eine Zeitlang von seinem Kranken abwesend sein muß und daher die Vorschriften, die er ihm zu geben hat ihm zur Erinnerung niederschreibt, der aber, nachdem er unvermutet wieder zurückgekommen ist, und die Umstände des Kranken

---

151 *Feuerbach*, Revision I, S. 146 f.; auch *ders*., Lehrbuch, 1. Aufl., § 81.

152 *Feuerbach*, Revision I, S. 147 f..

153 *Feuerbach*, ebenda, S. 141; *Feuerbach* verweist hier in einer Fußnote auf die Auffassung Kants vom Gesetz als kategorischen Imperativ; zu den Unterschieden zwischen der kategorischen Bestrafung bei *Feuerbach* und dem kategorischen Imperativ bei *Kant* vgl. *Naucke*, Kant und die psychologische Zwangstheorie Feuerbachs, S. 81 ff.; *ders*., Über den Einfluß Kants, in: Blühdorn/Ritter, Philosophie und Rechtswissenschaft, S. 27, 35 f..

> verändert findet, es doch für gewagt hält, andere zu geben und bei den ersten bleibt, weil er sie doch nun einmal gegeben hat."[154]

FEUERBACH betont, daß ein Strafgesetz, will es wirksam sein, zeitgemäß sein müsse und damit von historischen Bedingungen abhängig sei. Die Aufstellung von Strafandrohungen müsse sich gesellschaftlichen Veränderungen anpassen. Damit erkennt er den Zusammenhang zwischen Strafrecht und Kulturentwicklung an. Die Rechtmäßigkeit einer Strafandrohung ist nach der Auffassung FEUERBACHs durch ihre Zweckmäßigkeit bedingt.[155] Die Zweckmäßigkeit allein kann jedoch keine Restriktion der gesetzgeberischen Befugnisse liefern. Der Gesetzesbegriff FEUERBACHs ist somit sehr weit gefaßt, so daß sich der Eindruck einer rein positivistischen Strafrechtsbegründung zunächst erhält.

II. Kriminalpolitische Restriktionen

Jedoch kann FEUERBACH nicht unterstellt werden, er habe jede zur Abschreckung - denn das ist ja der Zweck der gesetzlichen Strafandrohung - geeignete gesetzliche Strafandrohung für zulässig erachtet und als Gegenstand der gesetzlichen Strafandrohung jedes politische Interesse anerkannt. FEUERBACH hat vielmehr die Gefahr unbegrenzten Präventionsstrebens erkannt - ein durchaus realistischer Gesichtspunkt seiner Theorie[156] - und seine Gesetzgebungslehre mit Begrenzungen versehen.

1. Die Bindung an das "Vernunftgesetz"

Eine Beschränkung der Gesetzgebungsbefugnisse findet sich in der Aussage FEUERBACHs, daß die Gegenstände der gesetzlichen Normierung nicht erst durch den Gesetzgeber bestimmt werden sollten. Vielmehr sei der Inhalt der Positivgesetze durch das Vernunftrecht, welches gleichbedeutend mit dem Naturrecht ist[157], vorgegeben:

> "Jedes Positivgesetz im Staat, sobald es rechtliche Bestimmungen zu seinem Gegenstande hat, soll freilich kein anderes Prinzip seines Daseins haben, als das Prinzip der Rechte, welches da war durch Vernunft, ehe noch Staaten wurden. Durch Positivgesetze soll nur (...) das *Vernunftrecht* selbst als ein positives Recht dargestellt und die übersinnliche Erkenntnis desselben in eine sinnliche (Erfahrungs-)Erkenntnis verwandelt werden. (...) Mithin ist jede positive Gesetzgebung und jeder Fortschritt ihrer Verbesserung nur ein

---

154 *Feuerbach*, Über Philosophie und Empirie, S. 88 ff.; ähnlich *ders.*, Kritik des Kleinschrodischen Entwurfs II, S. 28.

155 *Feuerbach*, Revision II, S. 39.

156 Dazu auch *Naucke*, Von Feuerbach zu Mittermaier, in: Küper (Hrsg.), C. J. A. Mittermaier, S. 91, 103.

157 Zu dieser Gleichsetzung vgl. *Feuerbach*, Über die einzig möglichen Beweisgründe, in: Haney (Hrsg.), Naturrecht und positives Recht, S. 7, 11 Anm. *.

> Versuch und Fortschritt in der Darstellung und Realisierung des Vernunftgesetzes der Gerechtigkeit (...)."[158]

Inhalt des Positivgesetzes sollte folglich nur das "ausser den Grenzen der Gesetzgebung selbst" liegende Recht sein.[159] Damit ist der Gesetzesbegriff vorpositiv bestimmt. Der Gesetzgeber sollte weder der "Zerstörer des natürlichen Rechts" noch der "Schöpfer von neuen Rechten" sein, sondern ausschließlich der "höchste Interpret des Rechtsgesetzes".[160] Seine Gültigkeit leite das Gesetz indes aus der "Autorität der Erklärung" ab.[161] Diese postulierte Bindung des Gesetzgebers an das vor-positive Vernunftgesetz zeigt, daß FEUERBACH gerade keinem Positivismus im modernen Sinne anhing, der die Bestimmung der strafrechtlichen Inhalte allein dem Willen des Gesetzgebers überlassen wollte.[162] Positives Recht ist bei FEUERBACH vielmehr gleichbedeutend mit positiviertem Vernunftrecht.

2. Der Straftatbegriff - Bindung des Gesetzgebers an das Rechtsverletzungserfordernis

Nicht nur die Bindung an das Vernunftgesetz sollte verhindern, daß das Strafgesetz jeglichen kriminalpolitischen Intentionen zugänglich ist. Darüberhinaus lieferte FEUERBACH eine Beschränkung durch den von ihm vertretenen Straftatbegriff.

Aufgabe des Gesetzgebers sollte es sein, "die Rechtsverhältnisse durch positive Normen (zu) bestimmen, die wechselseitigen Rechte und Verbindlichkeiten (zu) fixieren, Grenzen für das Mein und Dein fest(zu)setzen."[163] Das positive Strafgesetz sollte also neben der Begrenzung staatlicher Eingriffsbefugnisse auch der Begrenzung der Freiheitssphären der Bürger untereinander dienen. FEUERBACH geht auch hier wieder von dem Gerechtigkeitsprinzip aus, daß die Freiheit des einen nicht der Freiheit des anderen widersprechen darf. Wer die Grenzen der eigenen rechtlichen Freiheit überschreitet, begeht eine Rechtsverletzung.[164] Solche Rechtsverletzungen sind grundsätzlich auch außerhalb des Staates möglich, aber erst *im* Staat, "wo der Bürger durch eine einem Strafgesetz unterworfene Rechtsverletzung, den Wechselvertrag zwischen ihm und

158 *Feuerbach*, Über Philosophie und Empirie, S. 25 ff..
159 *Feuerbach*, ebenda, S. 53. Zu dem sich daraus ergebenden Versuch *Feuerbach*s, dem positiven Recht eine systematische Einheit zu verleihen, vgl. *Baldus*, Die Einheit der Rechtsordnung, S. 27.
160 *Feuerbach*, ebenda, S. 26.
161 *Feuerbach*, ebenda, S. 27.
162 So zutreffend *Schreiber*, Gesetz und Richter, S. 111, gegen die gegenteilige Auffassung von *Elvers*, Die Bedeutung des Satzes nulla poena sine lege, S. 27 f.; mißverständlich insofern auch *E. Wolf*, P.J.A. Feuerbach, in: ders., Große Rechtsdenker, S. 543, 556, sich selbst korrigierend ebenda, S. 561.
163 *Feuerbach*, Über Philosophie und Empirie, S. 52.
164 *Feuerbach*, Lehrbuch, 14. Aufl., § 21.

dem Staat bricht", können sie Straftaten sein.[165] Als Verbrechen im engeren Sinne, das auch als crimen bezeichnet wird, gilt nach FEUERBACH somit die Verletzung der "unmittelbar durch den Gesellschaftsvertrag begründeten Verbindlichkeiten des Bürgers", durch die die "*ursprünglichen* Rechte des Staates oder des Bürgers verletzt" werden.[166] Zentrales Element des Straftatbegriffs bei FEUERBACH ist somit die Verletzung von Rechten entweder des Einzelnen (Privatverbrechen) oder des Staates als juristischer Person (Staatsverbrechen).[167] Nicht Erhaltung der Sittlichkeit, sondern Rechtsschutz ist die Aufgabe der staatlichen Zwangsgewalt. Damit ist zugleich festgelegt, daß nicht jedes staatliche Interesse, sondern nur ursprüngliche Rechte Gegenstand einer Straftat sein können. Wichtig ist die Hervorhebung FEUERBACHs, daß es sich um *"ursprüngliche"* Rechte handeln muß. Damit wird der Straftatbegriff auf ohnehin außerhalb des Gesetzes bestehende natürliche, also angeborene Rechte beschränkt, so daß der Rechtsverletzung ein vor-positiver Gehalt zukommt.[168] Insofern hat die Rechtsverletzungslehre eine Konkretisierung der oben angeführten Bindung an das Vernunftgesetz zum Gegenstand.

Der Inhalt der Rechtsverletzungslehre läßt sich am besten vom Rechtsbegriff FEUERBACHs her verstehen. FEUERBACH vertrat einen selbständigen Rechtsbegriff, d.h. er betrachtete das Recht als von der Moral unabhängig; das Recht war für ihn nicht "Tochter", sondern "Schwester" der Moral.[169] Während die Moral natürliche Pflichten und das vom Sittengesetz bestimmte Erlaubtsein zum Gegenstand habe, seien diese Gegenstände vom Recht gerade ausgenommen.[170] Immer den rechtlichen Zustand als den Zustand vor Augen, in dem die Freiheit des einen mit der Freiheit des anderen zu größtmöglicher Freiheit verbunden ist, dachte FEUERBACH das Recht nicht im objektiven Sinne als Norm, sondern im subjektiven Sinne als Befugnis.[171] Die Freiheit jedes Einzelnen sei durch die Ausübung der Freiheit des jeweils Anderen gefährdet. Darum verleihe das *Recht* dem Einzelnen die Möglichkeit, Dritten zum Schutz der eigenen Freiheit Zwang entgegenzusetzen. Das subjektive Recht meint bei FEUERBACH somit "ein von der Vernunft um des Sittengesetzes willen bestimmtes Erlaubtsein des

165 *Feuerbach*, Lehrbuch, 1. Aufl., § 26.
166 *Feuerbach*, ebenda, § 27.
167 Zu dieser Unterscheidung vgl. *Feuerbach*, Lehrbuch, 14. Aufl., § 23; instruktiv zur Rechtsverletzungslehre *Feuerbachs*: *Oehler*, Legalordnung, S. 138 f..
168 Dazu auch *Frommel*,Präventionsmodelle, S. 153; *Günther*, Von der Rechts- zur Pflichtverletzung, in: Institut für Kriminalwissenschaften Frankfurt a. M. (Hrsg.), Vom unmöglichen Zustand des Strafrechts, S. 445 ff..
169 *Feuerbach*, Kritik des natürlichen Rechts, S. 305; *Feuerbach* wandte sich gegen die seinerzeit vertretene absolute oder relative Deduktion des Rechts aus dem Sittengesetz, vgl. ebenda, S. 95 ff., 145; vgl. dazu auch *Haney*, P.J.A. Feuerbach, in: ders. (Hrsg.), Naturrecht und positives Recht, S. 284, 299 ff..
170 *Feuerbach*, ebenda, S. 35; zur strikten Trennung von Recht und Moral in Bezug auf das Strafrecht vgl. *ders.*, Revision I, S. 24 ff.; *ders.*, Revision II, S. 118 ff..
171 Vgl. *Grünhut*, Anselm von Feuerbach, S. 15; *Oehler*, Legalordnung, S. 138; zum Begriff der Verletzung subjektiver Rechte vor Feuerbach vgl. *Sina*, Dogmengeschichte, S. 10 Anm. 31.

Zwangs"[172]. Zusammenfassend läßt sich somit sagen, daß Recht nach der Auffassung FEUERBACHs ein "durch die Vernunft sanktioniertes, mit der Möglichkeit des Zwangs versehenes Dürfen"[173] ist. Das subjektive Recht sollte der Ermöglichung sittlicher Freiheit dienen.[174] Auch die Rechtsverletzungslehre FEUERBACHs spiegelt somit - wie schon die im "Anti-Hobbes" niedergelegte Staatsauffassung - die rechtspolitische Forderung der Aufklärung wider, wonach der Einzelne nicht mehr nur als dem Herrscher absolut unterworfener Untertan, sondern als selbständige, mit eigenen Rechten und Pflichten ausgestattete Person im Staat gedacht wurde.

Das Rechtsverletzungskriterium ergibt sich als zwingende Folge aus dem Staatsbild der klassischen Rechtsstaatslehre, wonach sich die Rolle des Staates in der Rechts- bzw. Freiheitssicherung seiner Bürger erschöpft. Vom Standpunkt des Staatszwecks der Freiheitssicherung aus dürfen nur solche Handlungen Gegenstand der staatlichen Zwangsgewalt sein, die diesem Staatszweck zuwiderlaufen. Seiner Aufgabe, die Rechte seiner Mitglieder zu sichern, kommt der Staat dadurch nach, daß er bestimmte rechtsverletzende Verhaltensweisen als Straftaten bestimmt.[175] Allein in dieser Aufgabe liegt seine Befugnis, nur daraus leitet sich - wie gesehen - auch der Rechtsgrund der gesetzlichen Strafandrohung her. Die Sicherheit der Bürger - so die als exemplarisch anzusehende Auffassung V. HUMBOLDTs - wird jedoch nur durch Handlungen gestört, die *widerrechtlich* in die Sphäre des Einzelnen eingreifen.[176] Folgerichtig formuliert V. HUMBOLDT als höchsten Grundsatz des Strafrechts:

> "Eins der vorzüglichsten Mittel zur Erhaltung der Sicherheit ist die Bestrafung der Übertreter der Gesetze des Staats. Der Staat darf jede Handlung mit einer Strafe belegen, welche die Rechte des Bürgers kränkt, und insofern er selbst allein aus diesem Gesichtspunkt Gesetze anordnet, jede, wodurch eines seiner Gesetze übertreten wird."[177]

Aus dem auf dem klassischen Rechtsstaatsgedanken beruhenden Rechtsverletzungselement des Straftatbegriffs ergibt sich, daß Gegenstand einer strafgesetzlichen Vorschrift nur ein Verhalten sein kann, das den natürlichen Rechten des Einzelnen oder des Staates zuwiderläuft oder zu einer Gefährdung derselben führt, ein Verhalten, das allein das Sittengesetz verletzt, hingegen von der Strafgewalt ausgenommen ist. So führt FEUERBACH als "Grund für die Ausübung der Kriminalgewalt des Staats" "die Gefahr einer möglichen Verletzung der Rechte des Staats oder seiner Bürger" an.[178] Das Strafgesetz bestehe somit

---

172 *Feuerbach*, Kritik des natürlichen Rechts, S. 259; zur Begründung des Rechts als Zwangsreoht vgl. ausführlich ebenda, S. 45 ff.. Neu an der Auffassung *Feuerbach*s ist die aus der strikten Trennung von Recht und Moral fließende Begrenzung des Naturrechts auf subjektive Rechte, indem nur Befugnissen rechtlicher Charakter zugeschrieben, Pflichten dagegen ausschließlich dem Gebiet der Moral zugeordnet werden; vgl. dazu *Lüderssen*, Art. Feuerbach, in: HRG Bd. 1, Sp. 1118, 1119.

173 So zutreffend *v. Bubnoff*, Handlungsbegriff, S. 19.

174 Vgl. *E. Wolf*, P.J.A. Feuerbach, in: ders., Große Rechtsdenker, S. 543, 550.

175 *Feuerbach*, Revision I, S. 31, 65.

176 *v. Humboldt*, Grenzen der Wirksamkeit des Staats, S. 99.

177 *v. Humboldt*, ebenda, S. 145.

178 *Feuerbach*, Kritik des Kleinschrodischen Entwurfs I, S. 66

"wegen der Notwendigkeit der Erhaltung äußerer Rechte"[179], und bestrafen sollte der Staat "allein die Gefährlichkeit und Schädlichkeit der Tat (für den rechtlichen Zustand)"[180]. Zwar positiviert letztlich der Gesetzgeber, was als Rechtsverletzung gilt und was nicht,[181] durch den Staatszweck der Freiheitssicherung ist ihm jedoch eine inhaltliche Restriktion vorgegeben. Er ist moralisch eingebunden in die Wertordnung der Vernunftphilosophie.

FEUERBACH hatte mit dem Element der Rechtsverletzung seiner Lehre einen klar bestimmten - vor-positiv begründeten - Straftatbegriff zugrunde gelegt, der geeignet war, durch Beschränkung des Strafgesetzgebers Schutz des Einzelnen gegen staatliche Willkür zu gewährleisten.[182] Seine Ausführungen zu den positiven Gesetzen sind nicht als Ergebnis einer Betrachtung, sondern als "Postulat der Theorie"[183] zu verstehen. In ihnen liegt die Reaktion auf die wuchernde Strafgesetzgebung des absolutistischen Polizeistaats des 18. Jahrhunderts[184], in dem es gerade keine eng begrenzten, in der Zahl niedrig gehaltenen Tatbestände gab. Während das polizeistaatliche Strafrecht auf eine bevormundende Erfassung der Täterpersönlichkeit, also nicht auf die Begrenzung staatlichen Eingreifens gerichtet war, mußte es das Ziel des FEUERBACH'schen auf der Idee des Liberalismus beruhenden Strafrechtskonzepts sein, staatliche Eingriffsbefugnisse durch eine eng begrenzte Strafgesetzgebung auf ein Minimum zu reduzieren. In der Rechtsverletzungslehre liegt mithin das Bekenntnis zu einer liberal-restriktiven Strafgesetzgebung. Sie ist als kriminalpolitischer Leitgedanke anzusehen, der geeignet ist, a priori festzulegen, was des Strafschutzes bedarf und was nicht.

Wenn FEUERBACH somit sagt, daß sowohl Rechtsanwender als auch die Rechtswissenschaft an die "Willkür des Gesetzgebers" gebunden sind[185], so bedeutet dies nicht, daß der Gesetzgeber durch nichts in der Aufstellung seiner

---

179 *Feuerbach*, Lehrbuch, 1. Aufl., §§ 23.

180 *Feuerbach*, Revision I, S. 66, "Gefährlichkeit" und "Schädlichkeit" sind für *Feuerbach* in seiner Abgrenzung zwischen Recht und Moral die Gegenbegriffe zu "Pflichtwidrigkeit" und "Sünde".

181 Insoweit zutreffend *Maier-Weigt*, Der materiale Rechts- und Verbrechensbegriff, S. 89; *Maier-Weigt* zieht daraus jedoch den Schluß, daß *Feuerbach* der Ansicht gewesen sei, daß der Gesetzgeber auch Nicht-Rechtsverletzungen zum Gegenstand von Straftaten erheben dürfe, S. 90, und verweist dabei auf *Feuerbach*, Revision II, S. 14; dabei verkennt er jedoch, daß *Feuerbach* an besagter Stelle die strikte Bindung des Richters an das Gesetz mit der Konsequenz behandelt, daß er den Richter auch für den Fall, daß der Gesetzgeber eine Nicht-Rechtsverletzung einem Strafgesetz unterworfen hat, an das Gesetz gebunden wissen will. Daraus folgt jedoch keineswegs, daß *Feuerbach* dem Gesetzgeber grundsätzlich die Befugnis zugestehen wollte, nach Belieben auch Nicht-Rechtsverletzungen mit einer Strafandrohung zu versehen.

182 Zutreffend *Sina*, Dogmengeschichte, S. 11, der *Feuerbach*s Verbrechensbegriff als "Erfolg der aufgeklärten Wissenschaft und des liberalen Gedankens" wertet.

183 In Bezug auf das Bestimmtheitsgebot *J. Bohnert*, Bestimmtheitsgrundsatz, S. 17.

184 *Schubert*, Feuerbachs Entwurf, S. 41.

185 *Feuerbach*, Revision II, S. 33 mit Anm. **.

Strafandrohungen beschränkt ist[186], sondern allein, daß es ausschließlich dem Gesetzgeber obliegt, die Strafandrohungen festzulegen, diese Festlegung aber prinzipiell durch den Zweck des Staates und den darauf beruhenden Rechtsgrund der Strafandrohung sowie durch das Vernunftgesetz beschränkt wird. Als Strafgesetz gilt nach FEUERBACH nicht jedes vom Gesetzgeber positivierte Gesetz, sondern nur das Gesetz, das der Abwehr von Straftaten zum Schutz der äußeren Freiheit innerhalb des Staates und durch den Staat dient.[187] Das Gesetzlichkeitsprinzip forderte nach alledem nicht nur eine bestimmte Form staatlichen Handelns auf dem Gebiet des Strafrechts, sondern reduzierte den Bereich der strafenden Gewalt auch auf bestimmte Inhalte.[188] Diese Inhalte lagen außerhalb des Präventionsgedankens und sollten somit ein von kriminalpolitischen Zielsetzungen freies Strafgesetz gewährleisten.[189] Das Strafgesetz sollte das Ergebnis einer Orientierung an vor-positivem Vernunftrecht sein, und nicht das Ergebnis eines politischen Prozesses.

III. Die Polizeiübertretungen und die Kategorie der "vagen Verbrechen" - Korrekturen der Rechtsverletzungslehre aus kriminalpolitischen Erwägungen?

FEUERBACH hat sich jedoch nicht auf diese seine Rechtsverletzungelehre beschränkt. Fälle, in denen eine Rechtsverletzung nicht vorlag oder zumindest zweifelhaft war, wurden entweder als Vergehen oder Polizeiübertretungen der Verfolgung durch die Polizei überlassen oder der Kategorie der sog. "vagen Verbrechen" zugeordnet. In dem Nebeneinander von Straftaten und Polizeivergehen und in den "vagen Verbrechen" wurde bisweilen ein "logischer Fehler" gesehen und Kritik dahingehend geübt, daß FEUERBACH das Prinzip der Rechtsverletzung nur scheinbar befolgt habe, indem er Verhaltensweisen, die zwar keine Rechtsverletzung beinhalteten, aber dennoch strafwürdig eschienen, nicht etwa straflos gelassen, sondern als Polizeivergehen klassifiziert habe.[190]

---

186 Diese Auffassung scheint der Kritik *Elvers*, Die Bedeutung des Satzes nulla poena sine lege, S. 28, zugrundezuliegen.

187 *Naucke*, Zu Feuerbachs Straftatbegriff, in: Feuerbach-Gedenkkonferenz, S. 479, 483.

188 Sehr treffend ist somit die Gleichsetzung von Straf*gesetzlichkeit* und Straf*gerechtigkeit* ; vgl. *Naucke*, Aushöhlung der strafrechtlichen Gesetzlichkeit, in: Inst. f. Kriminalwissenschaften Frankfurt a. M. (Hrsg.), Vom unmöglichen Zustand des Strafrechts, S. 483, 485 f..

189 In diesem Sinne auch *Naucke*, Von Feuerbach zu Mittermaier, in: Küper (Hrsg.), C.J.A. Mittermaier, S. 91, 103.

190 So *Sina*, Dogmengeschichte, S. 10 Anm. 32 und S. 18 m.w.N.; ebenso *Hassemer*, Theorie und Soziologie, S. 36; *O. Hohmann*, Das Rechtsgut der Umweltdelikte, S. 11 Anm. 1; vgl. auch *Moos*, Verbrechensbegriff in Österreich, S. 212, der in den Polizeidelikten einen Bereich sieht, in dem sich "der absolutistische Wohlfahrtsstaat in untergeordneten Bereichen fortsetzen durfte". Zu einfach erscheint es, diese Kritik mit einem Verweis auf die "politischen Randbedingungen eines aufgeklärten absolutistischen Staates" zurückzuweisen und in der Kategorie der Polizeivergehen lediglich eine "zeitbedingte 'Inkonsequenz'" zu sehen; so aber *Frommel*, Präventionsmodelle, S. 152 Anm. 44.

Als Polizeiübertretung bezeichnet FEUERBACH die Verletzung von erst durch Polizeigesetze begründeten Verbindlichkeiten gegen den Staat, durch die "nur das Recht des Staats, für ein bestimmtes gegebenes Polizeigesetz Gehorsam zu fordern, verletzt" wird.[191] Gegenstand der Polizeigesetze sind somit nicht subjektive Rechte, sondern bloße Gehorsamspflichten gegenüber dem Staat. Während nur die Verletzung der äußeren Freiheit, also schwere Straftaten als Verbrechen behandelt werden sollten, sollte alles, was die Freiheit des Einzelnen und des Staates nicht erschüttert, von der Strafgewalt ausgenommen sein und nur als Polizeivergehen geahndet werden.[192]

Zwar verzichtet FEUERBACH in Bezug auf die Polizeivergehen nicht völlig auf das Erfordernis einer Rechtsverletzung. So unterscheidet er im Zusammenhang mit der Abgrenzung zwischen Staatsverbrechen und Polizeivergehen zwischen "absolut-notwendigen" und "bedingt-notwendigen" Rechten. Während erstere unmittelbar durch den Staatsvertrag begründet und somit a priori Rechte des Staates sind, finden letztere zwar ebenfalls durch den Staatsvertrag ihre Begründung, bedürfen zu ihrer Wirksamkeit aber eines staatlichen Aktes.[193] FEUERBACH wahrt also auch in Bezug auf die Polizeivergehen die Rechtsverletzungsterminologie.

Die Abweichung FEUERBACHs von der Rechtsverletzungslehre liegt jedoch darin, daß das Rechtsverletzungskriterium im Bereich der Polizeivergehen nicht im Sinne seiner oben gezeigten vor-positiven Bedeutung gebraucht wird.

> "Insoferne der Staat berechtigt ist, durch *Polizeigesetze* auf seinen Zweck *mittelbar* hinzuwirken und durch diese an sich nicht rechtswidrige Handlungen zu verbieten, sofern gibt es *besondere Rechte des Staats auf Unterlassung dieser speziell verbotenen Handlungen*, die den Untertanen ursprünglich rechtlich möglich waren."[194]

Charakteristisch für die Polizeiübertretungen ist somit, daß sie Verhaltensweisen zum Gegenstand haben, die ursprünglich keine Rechtsverletzung beinhalten, also umgekehrt gerade die erlaubte Ausübung eines Rechts bedeuten und zu einer Rechtsverletzung erst durch die staatliche Bestimmung als Polizeivergehen werden. Es ist der Staat - und nicht das Vernunftgesetz -, der in seiner obrigkeitlichen Funktion die Gehorsamspflichten seiner Untertanen festlegt. Durch den Verzicht des vor-positiven Kriteriums wird die den Gesetzgeber beschränkende und damit die bürgerliche Freiheit schützende Funktion, die gerade die Rechtsverletzungslehre im Bereich des Straftatbegriffs hat, für den Bereich der Polizeivergehen aufgegeben.

Jedoch wäre es verfrüht, daraus zu schließen, daß FEUERBACH dem Gesetzgeber im Bereich der Polizeivergehen unbeschränkte Gesetzgebungsbefugnis ein-

---

191 *Feuerbach*, Lehrbuch, 1. Aufl., § 27.
192 Vgl. dazu auch *Naucke*, Zu Feuerbachs Straftatbegriff, in: Feuerbach-Gedenkkonferenz, S. 479, 483.
193 *Feuerbach*, Revision II, S. 220 ff..
194 *Feuerbach*, Lehrbuch, 14. Aufl., § 22.

räumen wollte. Zwar haben die Polizeivergehen keine *unmittelbare* Beeinträchtigung des Staatszwecks zum Gegenstand, wohl aber eine *mittelbare*; d.h. Polizeivergehen beziehen sich nur auf Handlungen, die die bessere Erreichung des Staatszwecks hindern und damit nur einem Hilfszweck des Staates zuwiderlaufen[195]. Von einer mittelbaren Beeinträchtigung des Staatszwecks ist nur dann auszugehen, wenn durch ein Verhalten die rechtliche Sicherheit und Ordnung gefährdet ist.[196] Begrenzung erhält die Polizeigesetzgebungsgewalt somit durch die Staatszwecklehre.[197] Nicht allen vom Staat für gut befundenen Zielsetzungen ist die Polizeigesetzgebung zugänglich, sondern eben nur denjenigen, die das Ziel der Freiheitsverwirklichung zu fördern geeignet sind. Während es bei der Strafgesetzgebung um die Verhinderung von Rechts*verletzungen* geht, erstreckt sich die Polizeigesetzgebung auf die Verhinderung von Rechts*gefährdungen*.[198] Im Bereich der Polizeiübertretungen findet sich somit zwar eine Abweichung von der Rechtsverletzungslehre als vor-positives Kriterium, kriminalpolitische Zielsetzungen erfahren jedoch durch die Ausrichtung am liberalen Staatszweck ihre Grenzen.

Anders hingegen bei den sog. "vagen" Verbrechen, bei denen es auf das Vorliegen einer wirklichen Rechtsverletzung nicht ankommen sollte.[199] Diese Gruppe von Straftaten umfaßt diejenigen Verhaltensweisen, die FEUERBACH unter dem Gesichtspunkt der Rechtsverletzung nicht eindeutig zuordnen konnte.[200] Unter den "vagen" Verbrechen finden sich Delikte wie Aussetzung, Abtreibung, Unfruchtbarmachung, Landfriedensbruch, Fälschung und Betrug, wozu auch Meineid und Grenzverrückung sowie Falschverdächtigung zählten. Hierbei handelt es sich um Verhaltensweisen, deren Strafwürdigkeit FEUERBACH anerkannte und wohl auch gewahrt wissen wollte. In letzter Konsequenz seiner Rechtsverletzungslehre hätte FEUERBACH Delikte, die keine eindeutige Rechtsverletzung zum Gegenstand hatten, jedoch straflos lassen müssen. In der Kategorie der "vagen" Verbrechen muß somit ein Zurückweichen FEUERBACHs vor den letzten Konsequenzen seiner Rechtsverletzungslehre zugunsten kriminalpolitischer Erwägungen gesehen werden.

---

195 *Feuerbach*, Revision II, S. 221.

196 Art. 2 Abs. 4 BayStGB von 1813.

197 So zutreffend *Amelung*, Rechtsgüterschutz, S. 34 Anm. 52.

198 *Amelung*, Rechtsgüterschutz, S. 34.

199 *Feuerbach*, Lehrbuch, 14. Aufl., § 388: "Die vagen Verbrechen teilen sich in *formelle* und *materielle*. Jene fordern zum Tatbestande weder einen bestimmten Gegenstand, noch einen bestimmten gesetzwidrigen Erfolg, noch einen gesetzlich bestimmten Zweck der Person, und werden bloß durch die Form der Handlung selbst zur Übertretung; diese fordern zwar einen bestimmten Gegenstand, aber die Verletzung selbst ist nicht bestimmt, indem die in denselben begriffene Übertretung bald eine wirkliche Rechtsverletzung ist, bald nicht, und selbst in jenem Falle die Verletzung verschiedener Rechte in dem Begriff des Verbrechens enthalten ist." Vgl.auch schon *ders.*, Lehrbuch, 1. Aufl., § 427.

200 Vgl. die kritische Anmerkung *Mittermaier*s in *Feuerbach*, Lehrbuch, 14. Aufl., § 161 Note I.

D. Das Gesetzlichkeitsprinzip vor dem Hintergrund der praktischen juristischen Tätigkeit FEUERBACHs - resignierende Einschränkung des Gesetzlichkeitsprinzips unter dem Druck des Zeitgeistes?

Für ein umfassendes Bild des Gesetzlichkeitsprinzips bei FEUERBACH genügt es jedoch nicht, allein die theoretischen Ausführungen des berühmten Juristen heranzuziehen. Vielmehr ist zwischen den Auffassungen des Rechtsgelehrten FEUERBACH aus den Jahren 1796 bis 1805[201] einerseits und den Auffassungen des Gesetzgebers und Richters FEUERBACH aus den Jahren nach 1805[202] zu differenzieren.[203] Obwohl in der FEUERBACH-Literatur immer wieder darauf hingewiesen wird, daß FEUERBACH nicht nur als Rechtsgelehrter theoretischer, sondern auch als Gesetzgeber und Richter praktischer Jurist war[204], werden in Bezug auf das Gesetzlichkeitsprinzip nur die Schriften des Rechtsgelehrten FEUERBACH herangezogen. Da jedoch FEUERBACHs Anschauungen zu seiner Zeit als Praktiker gleichsam als "praktische Probe"[205] für die in den Jahren seiner Lehrtätigkeit aufgestellte Theorie der Gesetzesgebundenheit im Strafrecht dienen können, bietet es sich an, gerade auch die späteren Schriften FEUERBACHs auf ihren Gehalt zum Gesetzlichkeitsprinzip hin zu untersuchen. Es stellt sich die Frage, welche Haltung FEUERBACH zu dem Grundsatz "nulla poena sine lege" und den damit verbundenen kriminalpolitischen Restriktionen im Bereich des Gesetzesbegriffs in seiner Rolle als juristischer Praktiker einnahm.

---

201 Als Rechtsgelehrter war *Feuerbach* zunächst in Jena tätig, wo er anfangs Philosophie studierte und darin auch eine Promotion erhielt, dann zum juristischen Studium überging, während dessen er bereits den "Anti-Hobbes" schrieb und veröffentlichte, und schließlich im Jahre 1800 als außerordentlicher Professor verpflichtet wurde. Zu den Jenaer Schriften zählen unter anderem die zweibändige "Revision" sowie die erste Auflage des Lehrbuchs. Seine Lehrtätigkeit führte *Feuerbach* 1801 von Jena nach Kiel, wo er die "Kritik des Kleinschrodischen Entwurfs" verfaßte, und von dort nach Landshut (1804), wo er die Antrittsrede "Über Philosophie und Empirie" hielt. Zu den biographischen Daten Feuerbachs vgl. die Übersicht bei *Radbruch*, P.J.A. Feuerbach, S. 210 ff..

202 *Feuerbach*s akademische Tätigkeit fand im Jahre 1805 anläßlich eines auf persönliche Konflikte mit dem "ebenso klugen wie intriganten, so ehrgeizigen wie mißgünstigen Juristen" (*Eb. Schmidt*, Einführung, S. 233) *Gönner* zurückzuführenden Eklats in einer Doktorprüfung an der Universität Landshut ein plötzliches Ende; danach wurde *Feuerbach* in das Ministerial-Justiz- und Polizeidepartment nach München berufen, wo er den Entwurf zum Bayerischen Strafgesetzbuch von 1813 erarbeitete. 1814 wurde er als Zweiter Präsident des Appellationsgerichts nach Bamberg versetzt und kam schließlich im Jahre 1817 als Erster Präsident des Appellationsgerichts nach Ansbach, wo er bis zu seinem Lebensende 1833 blieb. Zur richterlichen Tätigkeit *Feuerbach*s vgl. *Haney*, Paul Johann Anselm Feuerbach als Richter, in: OLG Jena-FS, S. 59 ff..

203 Zu der Notwendigkeit einer Unterscheidung zwischen dem "frühen" und dem "späten" Feuerbach vgl. auch *Naucke*, P. J. A. Feuerbach, in: ZStW 87 (1975), S. 861 ff.; ebenso *Schubert*, Feuerbachs Entwurf, S. 209.

204 In der Biographie *Radbruch*s, P.J.A. Feuerbach, nehmen die Jahre von 1805 bis zum Ende 1833, also die Jahre, in denen Feuerbach praktischer Jurist war, mehr als die Hälfte des Buches ein; auch *Kipper*, J.P.A. Feuerbach, widmet den praktischen Jahren Feuerbachs den weitaus größeren Teil seiner Darstellung.

205 *Naucke*, P.J.A. Feuerbach, in: ZStW 83 (1975), S. 861, 866.

Euphorisch begann FEUERBACH im Jahre 1805 seine Tätigkeit als praktischer Jurist im Justizdepartement in München, zuversichtlich, seine "Ideen in das Reich der Wirklichkeit" einführen zu können.[206] Doch schon bald erkannte er, daß der Verwirklichung seiner Ideen Zwänge von außen auferlegt wurden:

> "Der Schriftsteller lehrt, der Staatsmann handelt; jener sagt, was geschehen *soll*, dieser muß sich überdies mit Bescheidenheit fragen, was denn auch geschehen *kann*? Jener macht seine Aufgaben sich selbst, und löst sie ungestört an seinem Schreibtische mit göttlicher Freiheit, diesem wird seine Aufgabe, stehe er auch noch so hoch, meistens von Außen gegeben, und das Äußere bannt seine göttliche Freiheit in menschliche Schranken. Wer sich da sagen darf: ich habe getan, was ich *konnte*! hat wenigstens redlich seinen Beruf erfüllt."[207]

Inwieweit ihm die Realisierung der eigenen theoretischen Ausführungen gelang, oder inwieweit angesichts der praktischen Tätigkeit FEUERBACHs bei diesem eine "wachsende Neigung, seine theoretischen Aussagen der sozialen Wirklichkeit anzupassen"[208], ja vielleicht auch eine resignierende Einschränkung des Gesetzlichkeitsprinzips festzustellen ist, soll Gegenstand der folgenden Abschnitte sein.

I. Abschwächung der strengen Bindung des Richters an das Gesetz?

Ursprünglich war FEUERBACH von einem tiefen Mißtrauen gegenüber den Richtern geprägt.[209] Diesem Mißtrauen entsprach die Forderung nach einer strengen Bindung des Richters an das Gesetz. Vor dem Hintergrund des strengen Rechtsstaatsgedankens und des gegen polizeistaatliche Bevormundung gerichteten politischen Liberalismus war die Forderung nach einer strengen Bindung an das Gesetz zwingende Folge.[210] An diese Forderung knüpfen zunächst FEUERBACHs strikte Anforderungen an die Gesetzgebung an. Die vornehmlichste Aufgabe des Gesetzgebers sollte es sein, daß er "die Gesetze über die Willkür seiner Richter erhebe".[211] Zwar sollte der Richter nicht an den Wortlaut des Gesetzes gebunden[212], aber durch fest umrissene, am Tatprinzip orientierte Tatbestände sollte der Ermessensspielraum des Richters von vorn-

206 *Feuerbach*, Brief an seinen Vater vom April 1805, in: Biographischer Nachlaß, S. 103, 104.

207 *Feuerbach*, Ueber den Wilddiebstahl, in: Themis oder Beiträge zur Gesetzgebung, S. 136 Anm.; auch in Ansehung des Bayerischen Strafgesetzbuches von 1813 stellt *Feuerbach*, Gutachtliche Erinnerungen, in: Biographischer Nachlaß I, S. 237, 239 f., fest: "Manches erhielt in dem Geschäft der wirklichen Gesetzgebung eine andere Gestalt, als es in dem Gebiet der reinen Theorie hatte".

208 *E. Wolf*, P.J.A. Feuerbach, in: ders., Große Rechtsdenker, S. 543, 576.

209 Beispielhaft *Feuerbach*, Kritik des Kleinschrodischen Entwurfs III, S. 19: "Was (...) der richterlichen Willkür anheim gegeben wird, das ist hingegeben dem ewigen Zweifel der absoluten Ungewißheit, so wie dadurch hingegeben ist die Gerechtigkeit der Blindheit des Zufalls oder der Niederträchtigkeit eines bösen Willens."

210 *Schubert*, Feuerbachs Entwurf, S. 117.

211 *Feuerbach*, Kritik des Kleinschrodischen Entwurfs II, S. 18.

212 Siehe dazu bereits oben S. 46 f.

herein begrenzt sein.[213] An diesen grundsätzlichen Prinzipien der Gesetzgebung hat FEUERBACH auch später, insbesondere im Rahmen der Ausgestaltung des Bayerischen Strafgesetzbuchs von 1813, festgehalten, indem er viel Wert auf die "genaue Bestimmung aller Begriffe, welche den Gegenstand der Strafgesetze ausmachen"[214], legte. Ferner ergänzte FEUERBACH die Gesetzesgebundenheit des Richters um den Aspekt der Selbständigkeit und Unabhängigkeit:

> "Der Richter empfängt, gleich dem Manne der Verwaltung, aus des Königs Hand sein Amt - aber ein Amt, das die Pflicht auf sich hat, keinem andern Herrn zu dienen als der Gerechtigkeit, keinem andern Willen zu gehorchen als dem Willen des Gesetzes."[215]

Die Unabhängigkeit des Richters galt neben der Gesetzesbindung als Garant der bürgerlichen Freiheit.[216] Die Schranken der Ermessensfreiheit sollten dem Richter allein durch das Gesetz auferlegt werden. Hierbei wird auch deutlich, daß FEUERBACH bei dem Begriff der Gerechtigkeit nicht an ein über dem positiven Gesetz stehendes Recht, dem der Richter außerdem verpflichtet sein könnte, sondern an Gerechtigkeit im Sinne von Gesetzesgerechtigkeit dachte.

Was die Feststellung des Vorliegens eines strafbaren Verhaltens anbelangt, so fehlt zwar in den frühen Auflagen des Lehrbuchs und auch im Strafgesetzbuch von 1813 eine verbindliche Anleitung zur Gesetzesanwendung durch die Gerichtspraxis. Daraus läßt sich jedoch noch nicht schließen, daß FEUERBACH zu wenig Sorgfalt auf die Verwirklichung der strengen Bindung der Gerichte an die gesetzlichen Schranken verwendet habe.[217] Vielmehr hat FEUERBACH es keineswegs an Ausführungen hinsichtlich der Anwendung des Gesetzes durch den Richter fehlen lassen. Wie bereits gesehen[218], hat FEUERBACH versucht, das richterliche Ermessen durch die Bindung an bestimmte Auslegungsmethoden zu beschränken. Dabei entsprach insbesondere auch die feste Bindung des Richters an den Willen des Gesetzgebers der Forderung nach einer Reduzierung der richterlichen Ermessensfreiheit. Daß das von ihm inspirierte Strafgesetzbuch von 1813 keinerlei Vorschriften hinsichtlich einer verbindlichen Anleitung der Gerichtspraxis enthielt, dürfte FEUERBACH im Rahmen seiner praktischen richterlichen Tätigkeit in Bamberg und später in Ansbach selbst als Mangel empfunden haben. Nur so läßt es sich erklären, daß FEUERBACH in dem als Revision des Strafgesetzbuchs von 1813 ausgearbeiteten Strafgesetzentwurf von 1824[219] eigens einen Abschnitt "Von der Auslegung der Strafgesetze"

---

213 Zu den Anforderungen an die Tatbestandsbildung im einzelnen vgl. *Hartmann*, Grundanschauungen, S. 196 ff.

214 *Feuerbach*, Geist des Strafgesetzbuchs von 1813, in: Biographischer Nachlaß I, S. 212, 216.

215 *Feuerbach*, Die hohe Würde des Richteramts, in: Kleine Schriften, S. 123, 128.

216 Vgl. dazu *Simon*, Die Unabhängigkeit des Richters, S. 3 ff..

217 So aber *Naucke*, P.J.A. Feuerbach, in: ZStW 83 (1975), S. 861, 882.

218 Siehe oben S. 32.

219 Wortlaut abgedruckt als Anhang bei *Schubert*, Feuerbachs Entwurf, S. 229 ff.; im Jahre 1824 wurde *Feuerbach* vom damaligen bayerischen Justizminister *Zentner* beauftragt, das Strafgesetzbuch von 1813, dessen geistiger Vater er war, zu überarbeiten und einen neuen Entwurf vorzulegen. Als innerhalb weniger Monate *Feuerbach*s Arbeiten an dem Entwurf bereits so weit gediehen waren, daß er diesen hätte vorlegen können, wurde

vorsah.[220] Die Verwirklichung der Bindung des Richters an die Tatbestände des Gesetzbuchs war demzufolge für FEUERBACH nach wie vor von größter Wichtigkeit.

Anders jedoch auf der Rechtsfolgenseite. Die Konsequenz zum einen aus der psychologischen Zwangstheorie und zum anderen aus dem rechtspolitischen Bestreben nach einer Beschränkung des richterlichen Ermessens war die Forderung nach der Androhung konkreter Strafen.[221] Bereits in seinen frühen Schriften erkennt FEUERBACH jedoch die - einer strengen Bindung des Richters an das Gesetz widersprechende - Möglichkeit eines unbestimmten Gesetzes an.[222] Als hinreichend bestimmt erachtet FEUERBACH auch das sog. unbestimmte Strafgesetz, das mittels eines Minimums und eines Maximums einen hinreichend konkreten Strafrahmen enthalte. Bereits im Rahmen seiner "Kritik am Kleinschrodischen Entwurf" von 1804 bemängelt FEUERBACH, daß von der Möglichkeit des unbestimmten Strafgesetzes zu wenig Gebrauch gemacht worden sei.[223] Während hier jedoch von dem unbestimmten Strafgesetz als einem "notwendigen Übel" die Rede ist[224], tritt FEUERBACH später, in einer Äußerung über das Bayerische Strafgesetzbuch von 1813, wesentlich beherzter für eine Lockerung allzu strenger Bindung des Richters an das Gesetz ein: "Eine Gesetzgebung, welche auf bleibende Anwendbarkeit Anspruch macht, (...) darf keine richterliche Willkür begünstigen oder möglich machen, muß aber dem vernünftigen richterlichen Ermessen innerhalb bestimmter Grenzen die gehörige Freiheit lassen."[225] FEUERBACH befürwortet hier die Verbindung der "strengen Gesetzmäßigkeit der Bestrafung" mit der "angemessenen Freiheit des richterlichen Urteils".[226] Im Bayerischen Strafgesetzbuch von 1813, aber auch im Strafgesetzentwurf von 1824 finden sich in der Mehrzahl relativ bestimmte Strafgesetze mit einem dem richterlichen Ermessen Raum lassenden Strafrahmen. Relativ bestimmte Strafgesetze sieht FEUERBACH für diejenigen Delikte vor, bei denen sich der Grad der Strafbarkeit "in den Hauptmomenten beträchtlich verändern kann"[227].

Der auf diese Weise dem Richter zugebilligte Ermessensspielraum müsse jedoch durch differenzierte Strafzumessungsregeln beschränkt werden. Solche

---

ihm von *Zentner* nahegelegt, den amtlichen Auftrag unerwähnt zu lassen und den Entwurf als eigene Privatarbeit darzustellen. Darüber war *Feuerbach* so gekränkt, daß er den Entwurf nicht zuendebrachte, die Unterlagen dazu teilweise vernichtete und auf späteres Anfragen die Existenz des Entwurfs leugnete. Vgl. dazu *Schubert*, ebenda, S. 15 f..

220 Vgl. Art. 7 ff. im ersten Hauptstück des ersten Buches.

221 Vgl. *Feuerbach*, Revision I, S. 132 ff., insbes. S. 136; *ders.*, Kritik des Kleinschrodischen Entwurfs III, S. 117 f..

222 *Feuerbach*, Lehrbuch, 1. Aufl., §§ 85 f..

223 *Feuerbach*, Kritik des Kleinschrodischen Entwurfs III, S. 118 ff..

224 *Feuerbach*, ebenda, S. 125.

225 *Feuerbach*, Geist des Strafgesetzbuchs von 1813, in: Biographischer Nachlaß I, S. 212, 215.

226 *Feuerbach*, ebenda, S. 212, 219.

227 *Feuerbach*, Kritik des Kleinschrodischen Entwurfs III, S. 118.

Strafzumessungsregeln müsse der Gesetzgeber festschreiben und dürften nicht der Willkür des Richters überlassen werden.[228] Sowohl im Bayerischen Strafgesetzbuch von 1813[229] als auch im Strafgesetzentwurf von 1824[230] finden sich dementsprechend Strafzumessungsregeln: das Maß der Strafe ist zum einen nach der "Beschaffenheit der zu bestrafenden Handlung an und für sich" und zum anderen nach der "Größe der Gesetzwidrigkeit des Willens" zu bestimmen.[231] Die Strafzumessungsgründe werden somit in objektive und subjektive unterteilt. Bereits in der "Revision" fordert FEUERBACH, daß der Richter sich bei der Strafzumessung zu fragen habe, welche Strafe der Gesetzgeber für Straftaten der konkret vorliegenden Art angedroht haben würde.[232] Da der Gesetzgeber bei der Aufstellung von Strafandrohungen unter Zugrundelegung des Zwecks der Strafandrohung nach deren Abschreckungswirkung zu fragen hat, wäre es konsequent, wenn auch der Richter sein Strafmaß nach der individuellen Abschreckungswirkung beim Täter festlegen würde. Diesen Schluß zieht FEUERBACH allerdings nicht. Als Maßprinzip sei vielmehr die "Gefahr für den rechtlichen Zustand", die von Handlungen der konkret vorliegenden Art ausgeht, zugrundezulegen.[233] Damit ist keine individualisierende, sondern eine generalisierende Betrachtungsweise gewählt.

Die Verwendung relativ bestimmter Strafgesetze entspricht der im Hinblick auf die praktische richterliche Tätigkeit gewonnenen Erkenntnis, daß absolut bestimmte Strafgesetze oft der Einzelfallgerechtigkeit Rechnung zu tragen nicht geeignet sind.[234] Zwar liegt darin eine Abweichung von dem Postulat der strengen Bindung des Richters an das Gesetz, eine Abweichung, die als Kompromiß mit den praktischen Gegebenheiten zu werten ist; aber indem FEUERBACH an einem generalisierenden Maßstab festhält, bleibt der Strafgewalt der Zugriff auf die ethische Persönlichkeit des Täters versperrt.

II. Anerkennung der Politisierung strafgesetzlicher Inhalte

1. Über die Abhängigkeit des Vernunftgesetzes vom Zeitgeist

Während der Rechtsgelehrte FEUERBACH das Vernunftgesetz als den Leitfaden des Gesetzgebers proklamierte, mußte der Praktiker FEUERBACH bald die nur beschränkte Tauglichkeit des Vernunftgesetzes zur Bestimmung strafgesetzlicher Inhalte erkennen. Schon in seinen theoretischen Schriften finden sich

228 *Feuerbach*, Kritik des Kleinschrodischen Entwurfs II, S. 296 f..
229 Art. 90 ff..
230 Art. 1 ff. im fünften Hauptstück des ersten Buches des Strafgesetzentwurfs von 1824; vgl. dazu die Ausführungen bei *Schubert*, Feuerbachs Entwurf, S. 112 ff..
231 Art. 90 Bayerisches StGB von 1813.
232 *Feuerbach*, Revision II, S. 442.
233 *Feuerbach*, ebenda, S. 205.
234 Vgl. *Feuerbach*, Geist des Strafgesetzbuchs von 1813, in: Biographischer Nachlaß I, S. 212, 215.

Hinweise darauf, daß die ausschließliche Orientierung am Vernunftgesetz für die Jurisprudenz nicht fruchtbar sein könne:

> "Denn ich bin der Meinung (...), die Jurisprudenz könne zu gar nichts Gutem kommen, wenn sie nicht wenigstens zur Linken von der vernünftigen Philosophie, zur Rechten von der verständigen reinen Empirie geführt werde, sie müsse ohnausbleiblich ohne die letzte in eine Art von Tollheit, und ohne die erste in eine Art von Dummheit geraten."[235]

Der Rechtsgelehrte - und zwar der philosophische Rechtsgelehrte - solle der Lehrer des Gesetzgebers sein.[236] An konkreten Ausführungen darüber, wie der Gesetzgeber den Inhalt des Vernunftgesetzes für die Wirklichkeit fruchtbar machen sollte, fehlt es jedoch in den theoretischen Schriften. Nach der praktischen Vorstellung FEUERBACHs mußte das Vernunftgesetz Humanität, Gerechtigkeit und Zweckmäßigkeit gewährleisten.[237] Gerade letztere jedoch bestimmt sich nach dem jeweils herrschenden Zeitgeist. In Ansehung der Abschaffung der Tortur in Bayern stellt FEUERBACH ausdrücklich fest, daß es darum gehe, zweckwidrige Mittel durch zweckmäßige zu ersetzen[238], und in Bezug auf die Einführung der Todesstrafe in Bayern betont er, daß "die gemeine Volksmeinung (...) bei der Kriminalgesetzgebung immer möglichst geschont werden muß"[239]. Das Vernunftgesetz wird demnach nicht mehr als vor dem Zeitgeist liegend, sondern als durchaus vom Zeitgeist abhängig betrachtet. Welch beschränkte Tauglichkeit zur kriminalpolitischen Restriktion FEUERBACH dem Vernunftgesetz schließlich beimißt, wird an einer Feststellung deutlich, die er zum Ende seiner beruflichen Laufbahn äußerte. Ausgehend von seinem höchsten Rechtsprinzip, daß jeder seine Freiheit nur insoweit betätigen darf, als sein Freiheitsgebrauch mit dem des jeweils anderen zusammen bestehen kann, fragt er:

> "Aber was gibt und schafft diese Formel? Sie selbst für sich allein wenig oder nichts; Bedeutung und wahren Inhalt gewinnt sie erst durch das, was man von außen in sie hineinlegt. Und fürwahr, dieses Behältnis ist geräumig genug: dasselbe läßt sich mit edlen Metallen wie mit Staub und Steinen füllen und ist diesen wie jenen bequem."[240]

---

235 *Feuerbach*, Civilistische Versuche, Vorrede.

236 *Feuerbach*, Über Philosophie und Empirie, S. 92.

237 *Naucke*, P.J.A. Feuerbach, in: ZStW 83 (1975), S. 861, 884.

238 *Feuerbach*, Brief an den Minister Montgelas bei Uebersendung des Antrags zur Aufhebung der Tortur, in: Biographischer Nachlaß I, S. 138 f..

239 *Feuerbach*, Vortrag, die künftig einzuführende Todesstrafe betreffend, in: Biographischer Nachlaß I, S. 232, 233; welche Bedeutsamkeit *Feuerbach* der Beachtung des Zeitgeistes beimaß, zeigt sich auch an folgender im Rahmen der politischen Schrift "Über die Unterdrückung und Wiederbefreiung Europens, in: Kleine Schriften, S. 1, 5, gemachten Äußerung: "Durch nichts ist von jeher größeres Unheil über Menschen und Staaten gebracht worden, als durch dieses Nichtkennen oder Verkennen des Geistes der Zeit, durch das Mißverstehen der Zeichen, in denen der Weltgeist sich der Gegenwart ankündigt, durch den Unglauben selbst an die Wunder, in welchen er jedem sehenden Auge sein Wesen unzweideutig offenbart."

240 *Feuerbach*, Idee und Nothwendigkeit einer Universaljurisprudenz, in: Biographischer Nachlaß II, S. 378, 388.

Allein die Vorgabc, daß durch das Gesetz die Freiheitssphären begrenzt werden sollten, hält FEUERBACH für wenig konkret, da "alles juridisch-recht ist, was der gleichen äußern Freiheit anderer nicht widerspricht" und damit "alles bis zu dieser Linie hinaus Mögliche Inhalt oder Gegenstand möglicher und wirklicher Rechte" sein könne.[241] FEUERBACH geht sogar so weit, daß er den Begriff der Rechtssphäre als "ohne allen bestimmten Inhalt, ein durchaus leerer Raum" bezeichnet.[242] Damit leugnet er gerade die - in theoretischer Hinsicht als wesentlich vorgestellte - Eignung des Vernunftgesetzes, den Gesetzgeber hinsichtlich strafgesetzlicher Inhalte zu binden und damit das Strafgesetz von kriminalpolitischen Zweckmäßigkeitserwägungen freizuhalten.

Die Anerkennung der Zeitgeistabhängigkeit des Vernunftgesetzes ist jedoch nicht als ein tatsächlicher Gesinnungswandel FEUERBACHs zu verstehen, sondern als Abkehr von der Auffassung eines abstrakten Vernunftrechts hin zu einer wirklichkeitsnahen Begründung desselben. Ursprünglich betont FEUERBACH, daß das Recht nicht aus der Erfahrung abgeleitet werden dürfe, und erteilt somit dem Empirismus eine deutliche Absage:

> "Die Erfahrung kann keine Rechte geben, das, was sie uns liefert, muß nach dem Recht, nicht das Recht nach den Datis der Erfahrung beurteilt werden. Das Recht kann nicht nach dem bestimmt werden, was geschieht, sondern nach dem, was geschehen darf, und dieses *Dürfen* muß aus Prinzipien, die vor aller Erfahrung vorhanden und von ihr ganz unabhängig sind, hergeleitet werden."[243]

Später, unter dem Einfluß der eigenen Gesetzgebungsarbeiten, schreibt FEUERBACH:

> "Aus dem, *was* geworden und *wie* es geworden, erkennen wir das Werdende und dieses sagt uns, was wir handelnd sollen und dürfen."[244]

In diesem Worten liegt zwar eine erfahrungsgesättigte Auffassung darüber, wie das Recht zu erkennen sei. Eine Annäherung an die Konzeptionen der historischen Rechtsschule kann darin jedoch nicht gesehen werden.[245] Denn nach wie vor hält FEUERBACH entgegen der historischen Rechtsschule an der ausschließlichen Rechtsquelle des positiven Rechts fest. Auch kann nicht behauptet werden, FEUERBACH habe in seinen späteren Jahren "im Empirismus neue wissenschaftliche Anregung" gefunden.[246] FEUERBACHs theoretische Ausführungen werden zwar mit kriminalpolitischen Erfahrungen angereichert, dem Empi-

---

241 *Feuerbach*, ebenda, S. 378, 389.
242 *Feuerbach*, ebenda.
243 *Feuerbach*, Über die einzig möglichen Beweisgründe, in: Haney (Hrsg.), Naturrecht und positives Recht, S. 7, 12.
244 *Feuerbach*, Über die Unterdrückung und Wiederbefreiung Europens, in: Kleine Schriften, S. 1, 3.
245 Anders die Ansicht von *E. Wolf*, P.J.A. Feuerbach, in: ders., Große Rechtsdenker, S. 543, 575.
246 So aber *E. Wolf*, ebenda, S.543, 550 f..

rismus im wissenschaftstheoretischen Sinne[247] redet FEUERBACH damit jedoch nicht das Wort. Es sind tatsächliche, eigene Erfahrungen[248], und nicht Statistiken entnommene Daten, die FEUERBACH für sein strafrechtliches Denken fruchtbar macht. Er wendet sich keiner flachen empirischen Begründung des Naturrechts zu[249], sondern das Naturrecht bleibt ein außerhalb der Erfahrung liegender Gegenstand, den zu erkennen persönliche Erfahrungen zu Hilfe genommen werden.

Ein leichter Bedeutungsschwund des Nulla-poena-Prinzips deutet sich vor dem Hintergrund des nun als zeitgeistbedingt erkannten Vernunftgesetzes dennoch an: die Bindung der strafgesetzgebenden Gewalt an vor-positive Inhalte wird nicht mehr absolut, sondern durch die Einbeziehung politischer Erfahrungen relativ gefaßt. Unabdingbar bleibt nur noch die Form des Gesetzes, das jedoch vielen Inhalten zugänglich ist.[250] Die sich schon im Bereich der "vagen Verbrechen" andeutende Anpassung an den Druck zeitgeistbedingter, kriminalpolitischer Zielsetzungen[251] hat mithin auch das Prinzip der Gesetzesgebundenheit im Strafrecht und damit die Grundfeste der FEUERBACH'schen Strafrechtsdoktrin erfaßt.

2. Durchbrechung der Rechtsverletzungslehre

Auch die Rechtsverletzungslehre erfährt im Rahmen der praktischen Tätigkeit FEUERBACHs ihre Modifikationen. Entsprechend dem Grundsatz, daß Gegenstand des Strafrechts nicht unsittliches oder unmoralisches, sondern allein rechtsverletztendes Verhalten sein sollte, sind die Religions- und Sittlichkeitsdelikte im Lehrbuch als Polizeiübertretungen behandelt. Auch im Bayerischen Strafgesetzbuch von 1813 finden sich keine Straftaten gegen Religion und Sittlichkeit - es sei denn, sie beinhalten eine Rechtsverletzung. Diese sollten in einem eigenen Polizei-Strafgesetzbuch erfaßt werden.[252] Die Religions- und

---

247 Zu dem Erfordernis, politische Erfahrung und wissenschaftliche Empirie zu unterscheiden, vgl. *Naucke*, Von Feuerbach zu Mittermaier, in: Küper (Hrsg.), C.J.A. Mittermaier, S. 91, 106 Anm. 66.

248 Vor dem Hintergrund dieser Erfahrungen entstehen auch die beiden kriminalpsychologischen Untersuchungen *Feuerbach*s "Aktenmäßige Darstellung merkwürdiger Verbrechen" und "Kaspar Hauser. Beispiel eines Verbrechens am Seelenleben des Menschen".

249 So zutreffend *Haney*, P.J.A. Feuerbach, in: ders. (Hrsg.), Naturrecht und positives Recht, S. 284, 303.

250 In diesem Sinne auch *Naucke*, P.J.A. Feuerbach, in: ZStW 83 (1975), S. 861, 886 f..

251 Vgl. die Ausführungen hinsichtlich der "vagen" Verbrechen oben S. 41.

252 Vgl. *Anmerkungen* zum Strafgesetzbuche für das Königreich Baiern I, S. 24 f.; allgemein zu den Sittlichkeitsdelikten heißt es in den *Anmerkungen* zum Strafgesetzbuche für das Königreich Baiern II, S. 59 f.: "So lange der Mensch durch unzüchtige Handlungen nur die inneren Pflichten gegen sich selbst, die Gebote der Moral überschreitet, ohne die Rechte eines Andern dadurch zu verletzen, ist von denselben im gegenwärtigen Gesetzbuche nichts bestimmt worden; Selbstbefleckung, Sodomie außerehelicher freiwilliger Beischlaf sind schwere Überschreitungen der moralischen Gebote, aber zur Sphäre der äußern Gesetzgebung gehören sie nicht als Sünde, sondern soweit dadurch

Sittlichkeitsdelikte waren damit zwar nicht als Straftaten klassifiziert, sie sollten aber auch nicht straflos gelassen werden. Wie bereits gesehen, mußten die Polizeiübertretungen nach der theoretischen Grundlegung FEUERBACHs zumindest eine mittelbare Beeinträchtigung des Staatszwecks beinhalten.[253] V. HUMBOLDT, um ihn nochmals als Vertreter des klassischen liberalen Rechtsstaatsgedankens sprechen zu lassen, zog aus seiner Staatsauffassung den Schluß, daß "keins der sogenannten fleischlichen Verbrechen (die Notzucht ausgenommen), sie möchten ein Ärgernis geben oder nicht, (...) bestraft werden" dürfe.[254] Dem strengen Rechtsstaatsgedanken hätte mithin die Straflosigkeit der reinen Sittlichkeitsdelikte entsprochen. Zu dieser Konsequenz konnte sich FEUERBACH offenbar nicht durchringen. Zwar macht er in theoretischer Hinsicht detaillierte Ausführungen über das Erfordernis einer mittelbaren Staatszweckgefährdung, eine Überprüfung der einzelnen Religions- und Sittlichkeitsdelikte auf eine tatsächliche mittelbare Staatszweckbeeintächtigung hin nimmt er jedoch nicht vor; vielmehr werden die Sittlichkeitsdelikte der Aufklärung, die ursprünglich im Zeichen des Wohlfahrtsgedankens des absolutistischen Polizeistaats entstanden waren, einfach mit der neuen Etikette der Polizeiübertretungen versehen.[255] Ein tatsächlicher Anwendungsfall des Prinzips der Rechtsgefährdung stellen die Sittlichkeitsdelikte somit nicht dar. Hier findet eine allgemeine Gleichsetzung der Verletzung des Sittengesetzes mit einer Gefährdung der Sicherheit und Ordnung der subjektiven Rechte statt.[256] Da es sich bei den Religions- und Sittlichkeitsdelikten um Sittenverstöße handelte, die allgemein als sanktionswürdig angesehen wurden, wagte es FEUERBACH nicht, diese aus dem Bereich staatlicher Sanktion herauszunehmen. Wie kriminalpolitisch FEUERBACH in diesem Bereich dachte, zeigt die Behandlung der Homosexualität in seinem *Lehrbuch*[257]: als Grund, warum die Homosexualität dem Polizei-Strafrecht unterworfen wird, nennt FEUERBACH den "hohe(n) Grad von Verworfenheit". Es sind Strafwürdigkeitserwägungen, von denen FEUERBACH sich leiten läßt.

Aber auch den Grundsatz, daß strafrechtliche Sanktionen nur an rechtsverletzende Verhaltensweisen anknüpfen dürfen, hat FEUERBACH nur in eingeschränkter, an praktischen Bedürfnissen orientierter Form eingehalten:

> "Unter jenen eigentlichen Polizeiübertretungen stehen diejenigen in naher Verwandtschaft mit den Verbrechen, welche als *unsittliche* Handlungen bestraft werden. Sie haben mit den Verbrechen das gemein, daß sie gleich diesen den Gesetzen der Moral und der Religion zuwider sind, und von beiden eben so wohl, wenn auch nicht durchgängig in gleichem Grade, verdammt werden, wie diejenigen Übertretungen des Sittengesetzes, welche

---

die Rechte Anderer verletzt werden." Zu dem projektierten Polizei-Strafgesetzbuch vgl. bereits *Feuerbach*, Kritik des Kleinschrodischen Entwurfs I, S. 16.

253 Siehe dazu bereits oben S. 55 f..

254 *v. Humboldt*, Grenzen der Wirksamkeit des Staats, S. 128.

255 So die zutreffende Feststellung *Amelungs*, Rechtsgüterschutz, S. 36; die Polizeiübertretungen finden sich bei *Feuerbach* im Lehrbuch, 14. Aufl., in den §§ 449 ff..

256 *Amelung*, ebenda, S. 37.

257 *Feuerbach*, Lehrbuch, 14. Aufl., § 467; "Sodomie im weiteren Sinne" bedeutet im heutigen Sprachgebrauch Homosexualität.

zugleich äußere Gesetze des Rechts verletzen. Verschiedene solcher unsittlichen Handlungen sind sogar von der öffentlichen Meinung mit tieferer Verachtung oder weit größerem Abscheu bestraft als manches eigentliche Verbrechen. Und eben darum wird der Gesetzgeber - will er nicht das allgemeine sittliche Gefühl empören, will er nicht in seinem eignen Gesetzbuche sich selbst dem Volke als Beschützer des groben verworfenen Lasters hinstellen (...) - er wird eben deswegen sich sogar verpflichtet halten, Unsittlichkeiten der gröberen Art (...), wenn gleich die Gesetze des äußeren Rechts dadurch nicht verletzt werden, keineswegs als bloße Bagatellen der Polizei zur Ahndung zu überlassen, sondern dieselben den Verbrechen gleich zu stellen, ihnen in dem Kriminalgesetzbuch selbst ihren schicklichen Platz einzuräumen und dieselben zur Bestrafung den ordentlichen Gerichten zu überweisen."[258]

Das Strafbedürfnis der Bevölkerung wird hier in den Vordergrund gestellt und von der Rechtsverletzungslehre insoweit abgerückt, als ausnahmsweise auch ein Sittenverstoß Gegenstand strafgesetzlicher Regelung sein kann. Schon im Bayerischen Strafgesetzbuch von 1813 finden sich im Bereich der Sittlichkeitsdelikte unsittliche, aber nicht rechtsverletzende Handlungen. Als Beispiel sei hier der "Inzest unter Geschwistern" (Art. 207 Bayerisches StGB von 1813) angeführt.[259] Als Strafgrund des Inzests wird die "Reinigkeit der Sitten in den Familien" genannt[260]. Zwar weicht das Bayerische Strafgesetzbuch von 1813 insoweit ausdrücklich[261] von dem zugrundeliegenden FEUERBACH'schen Entwurf von 1810 ab, jedoch hat FEUERBACH die Strafbarkeit des Inzests unter Geschwistern im Strafgesetzentwurf von 1824 nicht nur übernommen, sondern auch noch mit einer gegenüber der Regelung des Strafgesetzbuchs verschärften Strafandrohung versehen sowie auf das strafbarkeitseinschränkende Merkmal der Ehelichkeit der Geschwister verzichtet.[262] FEUERBACH erkennt damit die "Reinigkeit der Sitten in den Familien" als Strafgrund an, was faktisch jedoch zu einer Aufgabe des Rechtsverletzungsdogmas führt. Eine weitere Durchbrechung des Rechtsverletzungserfordernisses im Bereich der Sittlichkeitsdelikte findet sich im Strafgesetzentwurf von 1824 durch die Einführung der Strafbarkeit von Homosexualität und Sodomie im engeren Sinne.[263]

Auch im Hinblick auf die Religionsdelikte wird von dem Erfordernis einer Rechtsverletzung abgewichen: Im Strafgesetzentwurf von 1824 wird die Strafbarkeit der Herabwürdigung der Religion unter dem Deckmantel der Amtsehrenbeleidigung wieder eingeführt[264]; ferner wird auch nicht mehr allein der

258 *Feuerbach*, Über die Polizeistrafgesetzgebung überhaupt, in: Biographischer Nachlaß II, S. 353 f..
259 Weitere Beispiele bei *Schubert*, Feuerbachs Entwurf, S. 34 ff..
260 *Anmerkungen* zum Strafgesetzbuche für das Königreich Baiern II, S. 92.
261 Ebenda.
262 Vgl. Art. 17 im sechsten Hauptstück des zweiten Teils des Entwurfs von 1824; dazu auch *Schubert*, Feuerbachs Entwurf, S. 39 f..
263 Art. 19 im sechsten Hauptstück des zweiten Teils des Entwurfs von 1824.
264 Vgl. dazu auch *Schubert*, Feuerbachs Entwurf, S. 37.

Frieden unter den Religionsparteien, sondern die Religionspartei selbst mit strafrechtlichem Schutz versehen[265].

Dieser praktisch vollzogene Abschied von der Rechtsverletzungslehre läßt erkennen, daß sich FEUERBACH zur Durchführung seiner theoretischen Anforderungen an den Gesetzgeber bis zur letzten Konsequenz nicht in der Lage sah, wollte er nicht bestimmte, von ihm für strafwürdig angesehene Bereiche straflos lassen. In der Aufnahme von religionswidrigen und unsittlichen Handlungen in das Strafgesetzbuch liegt das Zugeständnis FEUERBACHs, daß diese auf fest verankerten, als sanktionswürdig empfundenen Normen basieren, deren Nichtbeachtung im Strafgesetzbuch dieses in Widerspruch zu den grundlegenden religiösen und sittlichen Empfindungen der Bürger treten lassen würde.[266] Die Durchbrechung der Rechtsverletzungslehre bedeutet damit die Umsetzung der Erkenntnis, daß "die gemeine Volksmeinung (...) bei der Kriminalgesetzgebung immer möglichst geschont"[267] werden müsse, und ist die Konsequenz der kriminalpolitischen Überlegung, daß ein Strafgesetz, will es wirksame Abschreckung gewährleisten, allgemein anerkannt, d.h. von den sittlichen und rechtlichen Grundüberzeugungen der Staatsbürgergemeinschaft getragen sein muß.

Das Verlassen des Rechtsverletzungserfordernisses bedeutet jedoch Ausdehnung des kriminellen Bereichs und damit Ausdehnung der staatlichen Macht im Bereich der Strafgesetzgebung auf Kosten der individuellen Freiheit. Abschwächend kann die Durchbrechung der Rechtsverletzungslehre zwar dahingehend interpretiert werden, daß in den zwanziger Jahren des 19. Jahrhunderts der Schutz der individuellen Freiheit vor obrigkeitlichen, gesetzgeberischen Übergriffen nicht mehr als so dringlich empfunden wurde wie zu Beginn des 19. Jahrhunderts, da durch die Verfassungsurkunde für das Königreich Bayern seit 1818 für das Zustandekommen von freiheits- und eigentumsbeschränkenden Gesetzen die Zustimmung der Ständeversammlung vorausgesetzt wurde.[268] Der Liberalismus mag sein Interesse auf das Problem des Schutzes vor der Aburteilung im summarischen Verfahren vor der Polizei verlagert haben.[269] Nicht verkannt werden kann jedoch, daß sich bei FEUERBACH mit der Durchbrechung der Rechtsverletzungslehre - wenn auch nicht ausdrücklich - ein sichtbarer Wandel im Bereich der Gesetzgebungslehre andeutet: das Strafgesetz wird nicht mehr als das Ergebnis einer ausschließlichen Orientierung an der dem Gesetzgeber vorgegebenen Vernunft gesehen, sondern als das Ergebnis eines politischen Prozesses. FEUERBACH fühlte sich im Rahmen seiner Arbeiten zum

---

265 Art. 22 im zweiten Hauptstück des zweiten Teils des Entwurfs von 1824.

266 Ähnlich *Schubert*, Feuerbachs Entwurf, S. 42 f..

267 *Feuerbach*, Vortrag, die künftig einzuführende Todesstrafe betreffend, in: Biographischer Nachlaß I, S. 232, 233.

268 So *Schubert*, Feuerbachs Entwurf, S. 43 f.; Tit. VII, § 2 der Bayerischen Verfassung von 1818 lautet: "Ohne den Beirat und die Zustimmung der Stände des Königreichs kann kein allgemeines neues Gesetz, welches die Freiheit der Person und das Eigentum der Staatsangehörigen betrifft, erlassen, noch ein schon bestehendes abgeändert, authentisch erläutert oder aufgehoben werden."

269 So die Ansicht von *Schubert*, ebenda, S. 44.

Bayerischen Strafgesetzbuch von 1813 von den politischen Meinungen im Justizdepartement abhängig: "manche einzelne Bestimmung, die aus den wissenschaftlichen Ansichten des Redakteurs hervorging, erhielt nicht die Billigung der vereinigten Sektionen oder des Geheimen Rats".[270] Selbst oder gerade wenn das Zustandekommen eines Strafgesetzes von der Zustimmung der Ständeversammlung abhängt, dann ist der Inhalt das Ergebnis kriminalpolitischer Überlegungen, das Strafgesetz wird zum Gegenstand einer politischen Mehrheit.

E. Zusammenfassung

Die vier Einzelprinzipien des Gesetzlichkeitsprinzips resultieren direkt aus den straftheoretischen Ausführungen FEUERBACHs, ja sie stellen die Wirksamkeitsbedingung für die von FEUERBACH vertretene psychologische Zwangstheorie dar. Nur ein geschriebenes, bestimmtes, nicht rückwirkendes, den Richter unbedingt bindendes Gesetz vermag der psychologischen Zwangstheorie Überzeugungskraft zu verleihen. Es ist die Gesetzesgebundenheit im Strafrecht, die nach der Auffasssung FEUERBACHs für die staatliche Verbrechensbekämpfung Effizienz zu gewährleisten vermag. FEUERBACH stellt das Gesetzlichkeitsprinzip demzufolge in eine unmittelbare Beziehung zur Kriminalpolitik.

Die strafbegrenzende und damit freiheitsschaffende und -sichernde Funktion - insbesondere unter Berücksichtigung der kriminalpolitischen Restriktionen im Bereich der Gesetzgebungslehre - erhält das Gesetzlichkeitsprinzip nicht aus dem am Präventionsgedanken orientierten Verbrechensbekämpfungskonzept, sondern ist allein vor dem Hintergrund der staatstheoretischen Grundlegungen FEUERBACHs, die der rechtspolitischen Überzeugung des die Emanzipation des deutschen Bürgertums anstrebenden Frühliberalismus entsprechen, ersichtlich. Der Staat ist Freiheits- bzw. Rechtsschutzanstalt, innerhalb derer durch positive Gesetze sowohl die Freiheitssphären der Bürger untereinander als auch die Freiheit des Bürgers vom Staat festgelegt werden. Die Eingriffsbefugnisse des Staates im Wege eines ius puniendi sind demnach allein durch Gesetze und allein unter der Voraussetzung einer Rechtsverletzung begründbar.

Das Gesetzlichkeitsprinzip mit seinen wesentlichen Elementen der Bindung an das Vernunftgesetz und der Rechtsverletzungslehre war jedoch nur eine theoretisch gesicherte Erkenntnis. FEUERBACH sah sich zu Abstrichen unter dem Druck zeitgeistbedingter Strafbedürfnisse veranlaßt. Im folgenden wird zu zeigen sein, daß der Praktiker FEUERBACH mit der Relativierung des Vernunftgesetzes als Leitstern für Gesetzesinhalte und mit den Durchbrechungen seiner Rechtsverletzungslehre einen grundlegenden Wandel der Bedeutung des Gesetzlichkeitsprinzip angedeutet hat. FEUERBACH entkam - wenn auch ausdrücklich nur in dem kleinen Bereich der Sittlichkeits- und Religionsdelikte -

270 *Feuerbach*, Gutachtliche Erinnerungen, in: Biographischer Nachlaß I, S. 237, 240.

einer Politisierung strafgesetzlicher Inhalte nicht. Dies legt den Schluß nahe, daß FEUERBACH in dem theoretisch - nicht nur formal, sondern auch inhaltlich - als absolute Strafbegrenzung gedachten Gesetzlichkeitsprinzip letztlich eine rechtsstaatliche Utopie sehen mußte.

Kapitel 2

FRANZ VON LISZT und das Gesetzlichkeitsprinzip

A. Textexegese: LISZTs Rekurs auf das Gesetzlichkeitsprinzip

Bevor auf das Gesamtwerk LISZTs zurückgegriffen wird, sollen die verschiedenen Textstellen, die sich mit der Gesetzesgebundenheit im Strafrecht befassen, zusammengetragen und auf ihren jeweiligen Textzusammenhang hin untersucht werden. Wenn in der LISZT-Literatur auf die Magna-charta-Formel zurückgegriffen wird, dann geschieht dies demgegenüber zumeist in der Weise, daß diese aus der jeweiligen Abhandlung und damit aus dem Gesamtwerk LISZTs herausgegriffen und isoliert dargestellt wird.[1] Da LISZT jedoch nicht müde geworden ist, in den unterschiedlichsten Zusammenhängen auf das Gesetzlichkeitsprinzip zurückzugreifen, ist es erforderlich, zunächst zu untersuchen, in welchen Zusammenhängen genau LISZT die Magna-charta-Formel anführt. Es wird insbesondere zu fragen sein, inwieweit sich bereits aus den jeweiligen Textzusammenhängen Zweifel an der heute herrschenden Interpretation der LISZT'schen Magna-charta-Formel ergeben. Dabei sollen nicht nur Widersprüche und Fragen aufgeworfen werden, die sich innerhalb der LISZT-Texte selbst ergeben. Der Textinterpretation soll vor allem die bei FEUERBACH aufgefundene Bedeutung der Strafgesetzlichkeit zugrundegelegt werden, um auf diesem Wege herauszuarbeiten, ob LISZT genau an dieser FEUERBACH'schen Strafgesetzlichkeit festhalten wollte, oder ob die unmittelbaren Äußerungen LISZTs zum Gesetzlichkeitsprinzip nicht vielmehr Hinweise auf eine "modifizierte" Strafgesetzlichkeit enthalten, die eine Neuinterpretation der Magna-charta-Formel notwendig werden ließe.

Bei der Zusammenstellung der Textstellen wird zunächst das Lehrbuch als das für den Strafrechtslehrer LISZT zentrale Werk in seinen verschiedenen Auflagen[2] herangezogen (I.). Hinsichtlich der übrigen Veröffentlichungen wird im wesentlichen in chronologischer Reihenfolge vorgegangen. Aus der zeitlichen Abfolge der Abhandlungen, in denen sich LISZT mit dem Gesetzlichkeitsprinzip

---

1 Zitiert wird dabei entweder *v. Liszt*, Die deterministischen Gegner der Zweckstrafe, in: AuV II, S. 25, 60, oder *v. Liszt*, Über den Einfluß der soziologischen und anthropologischen Forschungen, in: AuV II, S. 75, 80; vgl. nur *Georgakis*, Geistesgeschichtliche Studien, S. 56; *Eb. Schmidt*, Feuerbach und v. Liszt, in: Mschr. f. Kriminalbiologie und Strafrechtsreform 1942, S. 205, 213; *ders.*, Einführung, S. 363 f.; *Radbruch*, Franz v. Liszt, in: ders., Elegantiae iuris criminalis, S. 208, 225; *Mangakis*, Über die Wirksamkeit des Satzes "nulla poena sine lege", in: ZStW 81 (1969), S. 996, 999; *Grünwald*, Bedeutung und Begründung des Satzes "nulla poena sine lege", in: ZStW 76 (1964), S. 1, 11; *Roxin*, Kriminalpolitik und Strafrechtssystem, S. 1; *Schreiber*, Gesetz und Richter, S. 179; *Schünemann*, Nulla poena sine lege?, S. 1; *Frommel*, Präventionsmodelle, S. 78.

2 Es werden nur diejenigen Auflagen herangezogen, die *Liszt* selbst bearbeitet hat, also nicht die nach seinem Tode von *Eb. Schmidt* fortgeführten.

befaßt, ergibt sich, daß LISZT dem Gesetzlichkeitsprinzip keine gleichbleibend große Bedeutung beigemessen hat. Während das Dogma der Gesetzesgebundenheit im Strafrecht zu Beginn der wissenschaftlichen Tätigkeit LISZTs in den achtziger Jahren von eher untergeordneter Bedeutung war (dazu II.), finden sich in den neunziger Jahren grundlegende Ausführungen in Gestalt der Magna-charta-Formel (dazu III.), welche LISZT bis zum Ende seiner wissenschaftlichen Tätigkeit beibehalten hat (dazu IV.).

I. Das Gesetzlichkeitsprinzip im LISZT'schen Lehrbuch

1. Das Strafgesetz als alleinige Quelle des Strafrechts

Ein Blick durch das erstmals im Jahre 1881 erschienene *Lehrbuch des Deutschen Strafrechts* ist zunächst unter dem Aspekt der Bedeutung des Gesetzlichkeitsprinzips bei LISZT wenig ergiebig: LISZT ordnet das Gesetzlichkeitsprinzip in seinem *Lehrbuch* lediglich in seinen historischen Abriß und in seine Rechtsquellenlehre ein.[3] In den frühen Auflagen des *Lehrbuch*s weist LISZT demgemäß schlicht darauf hin, daß der Satz "nullum crimen, nulla poena sine lege" die "bleibende Frucht" des Kampfes der Aufklärungsliteratur gegen richterliche Willkür sei.[4] Nicht anders verhält es sich bei der Einordnung in die Rechtsquellenlehre[5]: LISZT stellt fest, daß das Strafgesetz die einzige Quelle des Strafrechts sei und die heutige Strafgesetzgebung von ihrer Vollständigkeit und Ausschließlichkeit ausgehe. Mehr habe der Nullum-crimen-Grundsatz nicht zu besagen.[6] Dieser Standpunkt sei eventuell tadelns- und bedauernswert, könne aber nicht hinweggeleugnet werden.[7] Davon, daß die Gesetzesgebundenheit im Strafrecht notwendige Freiheitsschutzgarantie sei, ist bei LISZT nicht die Rede. LISZT greift das Gesetzlichkeitsprinzip in der Art eines distanzierten Beobachters auf, ohne es seiner eigenen Auffassung vom Strafrecht zuzuführen. Für LISZT handelt es sich bei dem Gesetzlichkeitsprinzip offensichtlich zunächst um ein vorgefundenes Dogma der Aufklärungszeit, das anzutasten nicht in Frage kommt. LISZT schien ein näheres Eingehen auf die Strafgesetzlichkeit nicht für erforderlich zu halten. Verwunderlich ist dies insofern, als BINDING ebenfalls in den achtziger Jahren des 19. Jahrhunderts in seinem *Handbuch des Strafrechts* zum Feldzug gegen die "Tyrannei" des Gesetzlichkeitsprinzips aufgerufen hatte[8], so daß dieses gerade nicht als unangefochtenes Dogma gelten konnte.

---

3 Vgl. *Liszt*, Lehrbuch, 1. Aufl., S. 24 f.; 2. Aufl., S. 49, 69 f.; 3. Aufl., S. 57, 80; in den späteren Auflagen findet sich die ausdrückliche Einordnung des "nullum crimen sine lege" nicht mehr im historischen Abriß, sondern nur noch bei der Rechtsquellenlehre; vgl. *Liszt*, Lehrbuch, 5. Aufl., S. 81; 9. Aufl., S. 82; 14./15. Aufl., S. 87; 20. Aufl., S. 96.

4 *Liszt*, Lehrbuch, 2. Aufl., S. 49; 3. Aufl., S. 57.

5 *Liszt*, Lehrbuch, 2. Aufl., S. 69 f.; 3. Aufl., S. 80.

6 *Liszt*, Lehrbuch, 1. Aufl., S. 25.

7 Dieser Zusatz findet sich nur in der zweiten Auflage des Lehrbuchs.

8 *Binding*, Handbuch, S. 17. *Binding* bekämpfte das Gesetzlichkeitsprinzip zwar stets, versuchte aber, es aus Achtung vor dem Gesetzgeber, der es in §§ 1, 2 RStGB positiviert hatte, seinem System anzupassen. Die Bezeichnung des Strafgesetzes als die magna

Hätte LISZT nicht, wenn ihm tatsächlich so viel an den rechtsstaatlich-liberalen Errungenschaften des 19. Jahrhunderts gelegen war, in einer so zentralen Publikation wie der des Lehrbuchs als engagierter Verfechter der Strafgesetzlichkeit auftreten müssen?

2. Die Einzelprinzipien der Strafgesetzlichkeit

Zur Klärung der Frage, ob der erste Eindruck einer nur oberflächlichen Behandlung des Gesetzlichkeitsprinzips im LISZT'schen Lehrbuch trügt oder ob sich LISZT nicht doch eingehender mit Begründung und Tragweite der Strafgesetzlichkeit beschäftigt hat, soll ferner untersucht werden, inwieweit LISZT sich mit den Einzelprinzipien der Strafgesetzlichkeit - Bestimmtheitsgebot, Rückwirkungsverbot, Verbot strafbegründenden Gewohnheitsrechts sowie Analogieverbot - befaßt hat.

a. Bestimmtheitsgebot

Die Durchsicht des LISZT'schen Lehrbuchs in seinen frühen Auflagen unter dem Gesichtspunkt des Bestimmtheitsgebots ist ernüchternd: im Sachregister findet sich das Stichwort "Bestimmtheit" nicht[9], und auch im Zusammenhang mit dem Gesetz als der Quelle des Strafrechts wird, soweit ersichtlich, nicht auf das Bestimmtheitserfordernis als Maßgabe für den Gesetzgeber eingegangen. Das Bestimmtheitsgebot spielt mithin zunächst im Lehrbuch, wo in erster Linie Ausführungen zu den generellen Anforderungen an die Strafgesetzgebung geboten wären, keine Rolle.

In den späten Auflagen seines Lehrbuchs allerdings weist LISZT darauf hin, daß nur das Verhalten strafbar sei, welches „einem der im Gesetze genau umschriebenen und ausschließend aufgezählten Tatbestände entspricht"[10], und daß die Strafrechtssätze "an das Vorliegen eines bestimmten Tatbestandes (die Begehung einer genau umschriebenen Handlung) den Eintritt einer bestimmten Rechtsfolge (der Strafe)" knüpfen[11]. LISZT nimmt hier ausdrücklich[12] Bezug auf

charta des Verbrechers hält *Binding* für eine "Rechtsblasphemie", denn ein Staat, der dem Straftäter eine magna charta verleihe, könne nur ein Verbrecherstaat sein (Grundriß, S. 192). Der Staat erlasse die Gesetze nicht des Straftäters wegen, sondern um seiner selbst willen, weil er das Bedürfnis empfinde, die Rechte und Pflichten des Staates gegenüber dem Normverletzer ein für allemal festzulegen (ebenda; Handbuch, S. 236 ff.). Vgl. zu *Bindings* Deutung des Gesetzlichkeitsprinzips *Rauch*, Die klassische Strafrechtslehre, S. 37.

9 Dieser Mangel setzt sich von der 1. bis zur 21./22. Aufl. fort. Auffallend ist dies insofern, als die Stichworte "Gewohnheitsrecht", "Analogie" und "Rückwirkung" im Sachregister jeweils genannt werden.

10 *Liszt*, Lehrbuch, 21./22. Aufl., S. 182; ähnlich 18. Aufl., S. 195; 20. Aufl., S. 122.

11 *Liszt*, Lehrbuch, 21./22. Aufl., S. 84.

BELINGs Lehre der "Tatbestandstypizität"[13]. Damit ist jedoch nur gesagt, daß das staatliche Eingreifen im Wege der Strafgewalt an das Vorliegen einer Straftat gebunden ist. Eine kritische Würdigung einzelner Reichsstrafgesetze - die keineswegs alle von unbezweifelbarer rechtsstaatlicher Bestimmtheit waren[14] - unter dem Gesichtspunkt tatbestandlicher Bestimmtheit fehlt völlig. Insgesamt kommt damit dem Bestimmtheitsgebot im LISZT'schen Lehrbuch offensichtlich nur untergeordnete Bedeutung zu.

b. Rückwirkungsverbot und Verbot strafbegründenden Gewohnheitsrechts

Im Zusammenhang mit der zeitlichen Geltung von Strafrechtssätzen betont LISZT, daß diese nur auf die während ihrer Geltungsdauer entstandenen Tatbestände angewendet werden dürfen und somit weder nachwirkende noch rückwirkende Kraft entfalten.[15] Daraus folge unmittelbar die in § 2 Abs. 1 RStGB[16] festgelegte Regel, daß die Strafrechtssätze nur Anwendung finden auf die *während*, nicht auf die *vor* oder *nach* ihrer Geltung begangenen Handlungen. Damit ist die Anerkennung des Rückwirkungsverbotes ausgesprochen.[17]

LISZT geht ferner von dem Grundsatz aus, daß das geschriebene Recht die einzige Quelle des Strafrechts sei.[18] Die gegenwärtige Strafgesetzgebung gehe von ihrer Vollständigkeit aus und leite daraus ihren Anspruch auf Ausschließlichkeit ab. Diese Auffassung begründe sich aus der staatsrechtlichen Aufgabenzuweisung: seit der Aufklärung komme dem Strafrichter nur die Aufgabe der Verkündung des Gesetzes, also der Rechts*anwendung*, nicht jedoch der Rechts*schöpfung* zu. Daraus folge, daß der Gerichtsgebrauch und damit das Gewohnheitsrecht, welches sich nur in diesem äußern könne, nicht als Rechtsquelle zu dienen vermöge.

---

12 *Liszt*, Lehrbuch 18. Aufl., S. 195; 20. Aufl., S. 122 Anm. 4.

13 *Beling*, Die Lehre vom Verbrechen, S. 20 ff., insbes. S. 24.

14 Als Paradebeispiel für eine unter rechtsstaatlichen Bestimmtheitserfordernissen bedenkliche Vorschrift sei hier das Sozialistengesetz vom 21. Oktober 1878 (RGBl. 1878, S. 351 ff.) genannt. Zu *Liszts* Haltung zum Sozialistengesetz vgl. unten S. 145 ff..

15 *Liszt*, Lehrbuch, 1. Aufl., S. 48 f.; 5. Aufl., S. 101; 9. Aufl., S. 89; 14./15. Aufl., S. 94; 21./22. Aufl., S. 88.

16 RGBl. 1871, S. 128 ff.. § 2 Abs. 1 RStGB hatte folgenden Wortlaut: "Eine Handlung kann nur dann mit einer Strafe belegt werden, wenn diese Strafe gesetzlich bestimmt war, bevor die Handlung begangen wurde."

17 *Liszt* distanziert sich hier von *Binding*, Normen I, S. 173, der der Auffassung war, daß nicht das Gesetz zur Zeit der Tat, sondern zur Zeit des Urteils zu gelten habe. Dieser Schluß beruht auf der von *Binding* vorgenommenen Umdeutung des Gesetzlichkeitsprinzips (s. dazu unten Fn. 560): Werde das Strafgesetz als Festlegung von Strafrechten und -pflichten des Staates aufgefaßt, dann könne nicht das zur Tatzeit geltende Strafgesetz maßgebend sein, da nur der Staat darüber zu befinden habe, wie er mit dem Delinquenten verfahren möchte. Das Rückwirkungsverbot sei damit sachlich verfehlt.

18 Hierzu und zum folgenden *Liszt*, Lehrbuch, 1. Aufl., S. 24 f.; 5. Aufl., S. 81 f.; 9. Aufl., S. 82 f.; 14./15. Aufl., S. 87 f.; 21./22. Aufl., S. 84 f..

Weitere Ausführungen finden sich zum Rückwirkungsverbot sowie zum Verbot strafbegründenden Gewohnheitsrechts im LISZT'schen Lehrbuch nicht. Das Rückwirkungsverbot wird angesichts der Regelung des § 2 Abs. 1 RStGB als gültig anerkannt, das Verbot strafbegründenden Gewohnheitsrechts allein aus der historisch gegebenen Aufgabenzuweisung zwischen Gesetzgebung und Rechtsprechung abgeleitet. Davon, daß beide Einzelprinzipien im Interesse eines auf Willkürschutz und Vorausberechenbarkeit ausgelegten rechtsstaatlich-liberalen Strafrechts unentbehrlich sind, ist nicht die Rede. Ebenso wie die Nennung des Nullum-crimen-Grundsatzes wie die Wiedergabe einer gelernten Überlieferung klingt, referiert LISZT auch über die Einzelprinzipien des Rückwirkungsverbots und des Verbot strafbegründenden Gewohnheitsrechts: es handelt sich jeweils um ein historisches Erbe, um mehr nicht.

c. Analogieverbot

Im Rahmen der Rechtsquellenlehre, wonach nur geschriebenes Recht strafrechtliche Rechtsquelle sein kann, legt LISZT nicht nur fest, daß weder Gewohnheit noch Gerichtsgebrauch Recht zu schaffen vermögen, sondern auch, daß der Wissenschaft grundsätzlich keine Recht schaffende Kraft zukomme. Ihr stehe lediglich die Auslegung der Rechtssätze zu. Begrenzt werde dieses Recht zur Auslegung durch das Analogieverbot.[19] Hinsichtlich des Begriffs der Analogie unterscheidet LISZT zunächst - in den späteren Auflagen des Lehrbuchs fehlt diese Unterscheidung[20] - zwischen *Gesetzes-Analogie* und *Rechts-Analogie*. Die Gesetzes-Analogie, bei der durch begriffliche Abstraktion zwar bereits vorhandene, aber nicht unmittelbar und ausdrücklich ausgesprochene Rechtssätze gewonnen werden, sei unbeschränkt zulässig. Die Rechts-Analogie hingegen, durch die ein neuer, von dem Grundgedanken des Gesetzgebers zwar mitumfaßter, aber weder unmittelbar noch mittelbar ausgesprochener Rechtssatz geschaffen, d.h. eine Gesetzeslücke ausgefüllt werde, müsse unbedingt ausgeschlossen sein. Jedoch habe der Gesetzgeber mehrfach der Wissenschaft die Klärung wichtiger Fragen - z. B. der Begriffe von Vorsatz oder Schuld - überlassen und ihr daher "mittelbar die Aufstellung von Rechtssätzen übertragen".[21] Werde die Wissenschaft hier gleichsam Recht schaffend tätig, handle sie "nomine delegato" und fülle "das Blankett aus, dessen verbindliche Kraft auf dem Willen des Gesetzgebers ruht".[22] Überhaupt werde auf dem Gesamtgebiet der allgemeinen Lehren die Auslegung nicht durch das Analogieverbot beschränkt.[23] Dieses beziehe sich ausschließlich auf die Aufstellung von Tatbeständen und Strafdrohungen.

---

19 Dazu und zum folgenden *Liszt*, Lehrbuch, 1. Aufl., S. 25; 2. Aufl., S. 70 f.; 3. Aufl., S. 81.

20 *Liszt*, Lehrbuch, 9. Aufl, S. 83; 21./22. Aufl., S. 86.

21 *Listz*, Lehrbuch, 2. Aufl., S. 71; 3. Aufl, S. 82. Als Beispiel nennt *Liszt* hier die Kontroverse über die Strafbarkeit des untauglichen Versuchs, für den sich weder ausdrücklich noch stillschweigend eine Regelung finde.

22 *Liszt*, Lehrbuch, 2. Aufl., S. 71; 3. Aufl., S. 82.

23 *Liszt*, Lehrbuch, 21./22. Aufl., S. 86.

Das Analogieverbot wird mithin von LISZT grundsätzlich anerkannt.[24] Aber auch hier ist nicht die Rede von der Notwendigkeit des Willkürschutzes in einem rechtsstaatlich-liberalen Strafrecht. Das Analogieverbot ist vielmehr - wie schon das Verbot strafbegründenden Gewohnheitsrechts - eine Folge der seit der Aufklärung geltenden staatsrechtlichen Aufgabenzuweisung, nach der der Richter als "Verkünder des Gesetzes" allein zur Rechts*anwendung*, nicht aber zur Rechts*schöpfung* berufen ist.[25] Die Anerkennung des Analogieverbots ist damit als Konsequenz der positivistischen Haltung LISZTs zu werten: weil dem Richter im Wege staatsrechtlicher Bestimmung nur die Rechtsanwendung obliegt und dementsprechend § 2 Abs. 1 RStGB das Analogieverbot ausspricht, ist dem Richter die analoge Anwendung von Strafrechtssätzen zu versagen.

Insgesamt läßt sich somit feststellen, daß LISZTs Aussagen zu den Einzelprinzipien des Gesetzlichkeitsprinzips nicht den Eindruck einer ernsthaften Befassung erwecken. Die Einzelprinzipien der Gesetzesgebundenheit im Strafrecht machen im Gesamtwerk LISZTs durch die weitgehende Beschränkung auf wenige Zeilen im Lehrbuch einen verschwindend geringen Teil aus. Mit Begründung und Tragweite der Strafgesetzlichkeit oder gar mit deren Unentbehrlichkeit für eine an liberal-rechtsstaatlichen Grundsätzen ausgerichteten Strafrechtspflege befaßt sich LISZT nicht eingehend. Es bleibt bei der sich bereits oben andeutenden Erkenntnis: LISZTs Ausführungen zur Strafgesetzlichkeit und deren Einzelprinzipien gleichen einer mehr oder weniger unbeteiligten Wiedergabe, keineswegs jedoch wie eine engagierte Verteidigung der liberal-rechtsstaatlichen Errungenschaften des 19. Jahrhunderts.

---

24 Auch hier setzt sich *Liszt* in deutlichen Gegensatz zu *Binding*, Handbuch, S. 27, der betont, daß der Richter nicht der Sklave des Gesetzgebers sei, sondern daß das Strafgesetz als "den Richter berechtigender oder verpflichtender Rechtssatz" aufzufassen sei. Es sei die Aufgabe des Richters, in freier Auslegung und analoger Anwendung der Gesetze die Reichweite der Strafrechte zu ermitteln. Das Analogieverbot wird von *Binding*, Grundriß AT, S. 68 f., verworfen und als "Entdeckung latenten Rechts" hochgepriesen. Zu diesem Einbruch in die Strafgesetzlichkeit vgl. *Naucke*, Aushöhlung der strafrechtlichen Gesetzlichkeit, in: Inst. f. Kriminalwissenschaften Frankfurt a. M. (Hrsg.), Vom unmöglichen Zustand des Strafrechts, S. 483, 487 f.. - *Binding*s Ablehnung des Analogieverbots liegt eine eindeutige Bevorzugung von Strafverfolgungsinteressen gegenüber den Interessen des Individuums zugrunde. *Binding*, Handbuch, S. 28, wörtlich: "Es ist bei unserer traditionellen Schonung des Delinquenten nur natürlich, daß bei diesem Konflikt zwischen den Interessen der Gemeinheit und des Einzelnen letzterer den Sieg davonträgt. Wer indessen Verständnis für das Verbrecherleben und dafür besitzt, daß die Gesetzgebung demselben nicht in alle Schlupfwinkel zu folgen vermag, wer empfindet, was es heißt, schwere Mißtaten bloß in Ermangelung des Gesetzesbuchstabens straflos zu lassen, der muß dem Richter die Verurteilung auf Grund der Analogie nicht nur freigeben, sondern sie von ihm fordern."

25 *Liszt*, Lehrbuch, 2. Aufl., S. 70; 3. Aufl., S. 80; 9. Aufl., S. 82 f.; 21./22. Aufl., S. 85.

II. Die randständige Bedeutung des Gesetzlichkeitsprinzips in den frühen Jahren (1882-1889)[26]

In den frühen Jahren seiner wissenschaftlichen Tätigkeit geht LISZT auch in seinen Abhandlungen und Vorträgen nicht explizit auf das Dogma der Gesetzesgebundenheit im Strafrecht ein. Selbst in seinem berühmtesten Werk, dem sog. "Marburger Programm aus dem Jahre 1882[27], das als der Inbegriff des strafrechtstheoretischen und kriminalpolitischen Programms LISZTs gilt, findet das Gesetzlichkeitsprinzip keine Erwähnung. Das "Marburger Programm" behandelt in erster Linie die zur Verbrechensbekämpfung wirksame Ausgestaltung der Strafe. Zwar ist auch von der Selbstbeschränkung der Strafgewalt, wodurch diese zum Strafrecht werde, die Rede[28]; den Gedanken der Selbstbeschränkung leitet LISZT jedoch nicht aus der Notwendigkeit der bürgerlichen Freiheit her. Die Selbstbeschränkung ergebe sich vielmehr aus der Ausrichtung der Strafgewalt am Zweckgedanken, d.h. der staatlichen Strafgewalt stehe nur die zweckmäßige Strafe zu. Der Gedanke der zu schützenden Freiheit des einzelnen Bürgers wird mit keinem Wort erwähnt. Da sich gerade in dieser programmatischen und damit grundlegenden Abhandlung kein Hinweis auf die Strafgesetzlichkeit als das Kennzeichen eines rechtsstaatlich-liberalen Strafrechtsdenkens findet, muß es verwundern, daß die liberale Rechtsstaatlichkeit im Denken LISZTs von der heute überwiegenden Auffassung für zweifelsfrei gegeben erachtet wird. Liegt doch der Schluß nahe, daß ein Strafrechtslehrer, der den Schutz der bürgerlichen Freiheit als eine der obersten Aufgaben des Strafrechts einstufte, diesen in einer programmatischen Antrittsvorlesung nicht außer acht gelassen hätte.

Feststellen läßt sich somit zunächst, daß LISZT - außer der eher distanzierten Erwähnung in den ersten Auflagen seines Lehrbuchs - in den ersten Jahren seiner strafrechtswissenschaftlichen Tätigkeit dem Gesetzlichkeitsprinzip keine Aufmerksamkeit schenkte und dieses somit im Gesamtwerk LISZTs über einen beachtlichen Zeitraum hin ein Schattendasein führt.

---

26 In der Zeit von 1882 bis 1889 lehrte *Liszt* an der Universität Marburg. Er habilitierte sich im Jahre 1875 in Graz. 1879 kam er auf sein erstes Ordinariat nach Gießen, von wo aus er 1882 einem Ruf nach Marburg folgte. Zu den biographischen Daten *Liszt*s vgl. *Eb. Schmidt*, Einführung, S. 357 ff..

27 Bei dem sog. "Marburger Programm" handelt es sich um *Liszt*s Antrittsvorlesung an der Marburger Universität; *Liszt*, Der Zweckgedanke im Strafrecht, in: AuV I, S. 126 ff.. Ausführlich dazu unten S. 85 ff..

28 *Liszt*, ebenda, S. 150.

III. Grundlegende Ausführungen zum Gesetzlichkeitsprinzip - die Magna-charta-Formel (1889-1899)[29]

Ein gründlicher Rekurs auf das Gesetzlichkeitsprinzip findet sich in den Abhandlungen LISZTS, soweit ersichtlich, erstmalig erst elf Jahre nach dem Erscheinen des "Marburger Programms".[30] Im Jahre 1893 befaßt sich LISZT in drei Abhandlungen mit der Strafgesetzlichkeit.

In seinem Aufsatz "Die deterministischen Gegner der Zweckstrafe"[31], in dem er sich gegen die an den Ansichten und Bestrebungen der - im Jahre 1889 von ihm mitbegründeten - Internationalen Kriminalistischen Vereinigung (I.K.V.)[32] von MERKEL[33] und MITTELSTÄDT[34] geübte Kritik wendet, greift LISZT den Gegensatz zwischen klassischer und moderner Strafrechtsauffassung auf. Während die klassische Strafrechtslehre den *Erfolg* der Tat als das maßgebende Moment betrachte, stütze sich die neue Strafrechtslehre auf die *Gesinnung des Täters*.[35] Unter dem Gesichtspunkt "Schutzstrafe und persönliche Freiheit" äußert sich LISZT zu dem Einwand, daß die Begehung einer Straftat, wenn tatsächlich allein die Gesinnung des Täters das ausschlaggebende Moment sei, nicht erst abgewartet werden müsse.[36] Würde diese Schlußfolgerung gezogen, so LISZT, dann wäre "in der Tat für das Straf*recht* die letzte Stunde gekommen".[37] Durch die Ersetzung des Strafgesetzbuchs durch den einzigen Satz "Jeder gemeingefährliche Mensch ist im Interesse der Gesamtheit unschädlich zu machen" würde an die Stelle der Strafrechtspflege die "soziale Hygiene" treten. Entschieden fährt LISZT jedoch fort, daß er jene Folgerung *nicht* ziehe, fügt indes hinzu, daß er sie aber nicht für absurd halte.[38] Als Grund dafür, warum er besagte Schlußfolgerung nicht zieht führt LISZT an:

> "*Strafrecht ist* (ich darf wohl meine alte Fassung hier in Erinnerung rufen[39]) *die rechtlich begrenzte Strafgewalt des Staates.* Rechtlich begrenzt nach Voraussetzung und Inhalt; rechtlich begrenzt im Interesse der individuellen Freiheit. Nullum crimen sine lege, nulla poena sine lege. Diese beiden Sätze sind das Bollwerk des Staatsbürgers gegenüber der staatlichen Allgewalt:

---

29 Der als zweiter Abschnitt gewählte Zeitraum umfaßt die Zeit der Lehrtätigkeit *Liszt*s an der Hallenser Universität.

30 So auch *Radbruch*, Franz v. Liszt in: ders., Elegantiae iuris criminalis, S. 208, 225 Anm. 38, hin.

31 *Liszt*, in: AuV II, S. 25 ff..

32 Die I.K.V. wurde von *Liszt* zusammen mit dem Belgier *Prins* und dem Holländer *van Hamel* gegründet. Von ihr ging eine internationale Reformbewegung aus, für die besonders die kriminalpolitischen Ideen *Liszt*s ausschlaggebend wurden. Vgl. dazu *Eb. Schmidt*, Einführung, S. 359 f.

33 *A. Merkel*, Vergeltungsidee und Zweckgedanke im Strafrecht.

34 *Mittelstädt*, Schuld und Strafe, in: GS 46 (1892), S. 237 ff., 387 ff. und GS 47 (1893), S. 1 ff..

35 *Liszt*, Die deterministischen Gegner der Zweckstrafe, in: AuV II, S. 25, 56 f..

36 *Liszt*, ebenda, S. 58.

37 *Liszt*, ebenda, S. 59.

38 *Liszt*, ebenda.

39 *Liszt* verweist hier auf seine Ausführungen in seinem "Marburger Programm", Zweckgedanke, in: AuV I, S. 126 ff..

sie schützen den Einzelnen gegen die rücksichtslose Macht der Mehrheit, gegen den Leviathan. So paradox es klingt: das Strafgesetzbuch ist die magna charta des Verbrechers. Es verbrieft ihm das Recht, nur unter den gesetzlichen Voraussetzungen und nur innerhalb der gesetzlichen Grenzen gestraft zu werden."[40]

Diese Beteuerung relativiert sich, wenn man bedenkt, daß LISZT dem Bestimmtheitsgebot in seinem Lehrbuch bis dahin keinerlei Aufmerksamkeit widmete Wiederum betont LISZT, daß diese Sätze das Erbe des Aufklärungszeitalters und für dessen liberalen Individualismus eine Selbstverständlichkeit gewesen seien. Diese Selbstverständlichkeit sieht LISZT gefährdet:

> "Aber das heranwachsende sozialistische Geschlecht, das die gemeinsamen Interessen schärfer betont als seine Vorgänger, für dessen Ohren das Wort 'Freiheit' einen archaistischen Klang gewonnen hat, rüttelt an diesen Grundlagen."[41]

Dennoch zeigt sich LISZT optimistisch.

> "Die Strafgewalt auch des sozialistischen Staates *wird* gesetzlich begrenzt bleiben nach Voraussetzung und Inhalt. Die Strafgesetzbücher werden nicht ersetzt werden durch den einzigen Paragraphen: 'Der Gemeingefährliche wird unschädlich gemacht'."[42]

Sicher ist sich LISZT jedoch nicht. Er glaubt es, und er hofft es. Er hofft es "im Interesse der persönlichen Freiheit, die (er) nicht schutzlos der "sozialen Hygiene" preisgeben mag".[43]

Soweit klingen LISZTs Ausführungen wie eine Verteidigung der individuellen Freiheit gegen staatliche Übergriffe. Doch die Forderung nach Schutz der individuellen Freiheit erfährt sogleich eine gewichtige Bedeutungseinschränkung:

> "Aber freilich: Freiheit ist ein relativer Begriff, und in politischen Fragen gibt es keine durch die Logik unverrückbar gezogenen Grenzen. Die *Voraussetzungen* für den Eintritt der staatlichen Strafgewalt, also die Verbrechensbegriffe, können weiter und enger bestimmt werden (...). Die Forderung nach einer Umgestaltung der Strafgesetzgebung schließt das doppelte Anerkenntnis in sich: 1) daß wir auch in Zukunft eine Strafrechtspflege brauchen; 2) daß unser geltendes Recht der Umgestaltung bedarf. Dafür, daß diese Umgestaltung im Sinne einer schärferen Betonung der gemeinsamen Interessen erfolgen wird, bürgt die gesamte Entwicklung der letzten Jahrzehnte."[44]

Bei FEUERBACH war der Begriff der Freiheit ein absoluter. Die individuelle Freiheit war ein dem Staat vorgegebener und damit diesen von außen her begrenzender Begriff. LISZT deutet den Begriff der Freiheit zu einem relativen Begriff um. Die individuelle Freiheit ist dem Staat nicht vorgegeben, sondern wird vom Staat überhaupt erst definiert. Für das Gebiet des Strafrechts bedeutet

---

40 *Liszt*, Die deterministischen Gegner der Zweckstrafe, in: AuV II, S. 25, 60.
41 *Liszt*, ebenda.
42 *Liszt*, ebenda, S. 61.
43 *Liszt*, ebenda.
44 *Liszt*, ebenda, S. 62.

dies, daß der Staat selbst die Voraussetzungen festlegt, unter denen er im Wege des Strafrechts in die individuelle Freiheit eingreift. Wenn die staatliche Politik, genauer: die Kriminalpolitik, die Verbrechensbegriffe und damit das Strafrecht festlegt, dann ist die Strafgesetzlichkeit als Schutz der bürgerlichen Freiheit im oben dargelegten Sinne zweifelhaft geworden. LISZT ahnt diesen Widerspruch, räumt ihn jedoch nicht ein, sondern versucht vielmehr, das Verhältnis zwischen Strafrecht und Kriminalpolitik zu klären. Der angedeutete Widerspruch verschärft sich indes. LISZT schreibt der Kriminalpolitik die Aufgabe zu, "die Fälle genau zu umschreiben, in welchen der Schutz durch die staatliche Strafe einzutreten hat".[45] Die Kriminalpolitik bestimme somit die Ausgestaltung des Strafgesetzbuchs, während die Feststellung der Voraussetzungen für das Eingreifen der staatlichen Gewalt unter Beachtung des Satzes "nullum crimen sine lege" ein "ausschließlich *richterlicher*, nach *Rechtsgrundsätzen* erfolgender Akt" sei, von dem die Kriminalpolitik gänzlich ausgeschlossen sei.[46]

In einem zweiten Beitrag aus dem Jahre 1893 mit dem Titel "Über den Einfluß der soziologischen und anthropologischen Forschungen auf die Grundbegriffe des Strafrechts"[47] greift LISZT das Dogma der Gesetzesgebundenheit im Strafrecht erneut auf. LISZT beginnt mit fast despektierlichen Ausführungen über die Strafrechtswissenschaft, die als solche gar keine Wissenschaft sei, sondern eine "Kunst", deren Aufgabe sich "in der logischen Verknüpfung der Begriffe" erschöpfe.[48] LISZT stellt die Überlegung an, ob das Strafrecht, "jenes veraltete Gebäude verwickelter *Begriffe*", noch weiter "mit abergläubischer Scheu" betrachtet werden solle oder ob nicht besser "mit frischem Mute die morsch gewordenen Mauern niederzubrechen" seien.[49] Ferner wird der "Wust von Lehrbüchern und Handbüchern, von Kommentaren und Monographien, von Streitfragen und Gerichtsentscheidungen" beklagt, der durch die Ersetzung des Strafgesetzbuchs durch den einzigen Paragraphen "Jeder gemeingefährliche Mensch ist im Interesse der Gesamtheit so lange als nötig unschädlich zu machen" hinweggefegt werden könnte.[50] Dennoch sieht LISZT den Fortbestand des Strafgesetzbuchs gesichert und betont erneut:

> "Nach meiner Meinung ist, so paradox es klingen mag, *das Strafgesetzbuch die magna charta des Verbrechers*. Es schützt nicht die Rechtsordnung, nicht die Gesamtheit, sondern den gegen diese sich auflehnenden Einzelnen. Es verbrieft ihm das Recht, nur unter den gesetzlichen Voraussetzungen und nur innerhalb der gesetzlichen Grenzen bestraft zu werden. Der Doppelsatz: nullum crimen sine lege, nulla poena sine lege - ist das Bollwerk des Staatsbürgers gegenüber der staatlichen Allgewalt, gegenüber der rücksichtslosen Macht der Mehrheit, gegenüber dem 'Leviathan'. Ich habe seit Jahren das Strafrecht gekennzeichnet als 'die *rechtlich begrenzte* Straf-

45 *Liszt*, ebenda, S. 68 f..
46 *Liszt*, ebenda, S. 69.
47 *Liszt*, in: AuV II, S. 75 ff..
48 *Liszt*, ebenda, S. 78.
49 *Liszt*, ebenda, S. 79.
50 *Liszt*, ebenda, S. 80.

> gewalt des Staates'. Ich kann auch jetzt sagen: *das Strafrecht ist die unübersteigbare Schranke der Kriminalpolitik.* Und es wird und soll das bleiben, was es heute ist."[51]

Es fällt zunächst auf, wie LISZT mit den Begriffen Straf*recht* und Straf*gesetz* jongliert. Scheinbar handelt es sich für ihn um beliebig auswechselbare Begriffe. Wenn aber das Straf*gesetz* mit dem Straf*recht* gleichgesetzt wird, wenn also das Straf*gesetz* als Produkt kriminalpolitischer Bestimmungen das Straf*recht* ist, dann erscheint es fraglich, wie das Strafrecht eine "unübersteigbare Schranke der Kriminalpolitik" sein soll. Die Kriminalpolitik würde sich ihre Schranke selbst setzen.[52] Ferner bezeichnet LISZT die Begrenzung der Kriminalpolitik durch das Strafgesetz nicht als zwingende Voraussetzung eines gerechten Strafrechts, sondern als Paradoxon.[53] Schließlich betont LISZT nicht den Schutz des einzelnen Staatsbürgers vor Übergriffen der Staatsgewalt, sondern den Schutz des sich gegen die Rechtsordnung *auflehnenden* Einzelnen, also des Straftäters. Das Strafgesetz wird damit auf die magna charta des Straftäters reduziert.[54]

Zur Präzisierung der Magna-charta-Formel führt LISZT weiter an:

> "Im Straf*recht* verteidigen wir die individuelle Freiheit gegenüber den Interessen der Gesamtheit. Nicht wer 'gemeingefährlich' ist, sondern nur, wer ganz bestimmte, im Gesetze genau bezeichnete gemeingefährliche Handlungen begangen hat, verfällt der Staatsgewalt. Das ist der Sinn des Satzes nullum *crimen* sine lege. Und wer aus diesem Grunde der Staatsgewalt verfällt, der ist nicht vogelfrei, nicht recht- und schutzlos; sondern auch das Übel, das ihn treffen kann, ist gesetzlich ein für allemal bestimmt. Das ist der Sinn des Satzes: nulla *poena* sine lege. So bleiben auch für den Kriminalpolitiker der Zukunft die Begriffe: *Verbrechen* und *Strafe* unantastbar bestehen."[55]

LISZT scheint die Bürgerschutzfunktion der Gesetzesgebundenheit im Strafrecht zu betonen. Doch auch hier: was wie eine Verteidigung der individuellen Freiheit gegenüber staatlichen Übergriffen klingt, gleicht eher der Überlieferung eines als Überbleibsel des Geistes der Aufklärung und der französischen Revolution vorgefundenen geschichtlichen Dogmas.[56]

---

51 *Liszt*, ebenda.

52 Vgl. zu diesem Widerspruch auch *Naucke*, Gesetzlichkeit und Kriminalpolitik, in: JuS 1989, S. 862, 864; *ders.*, Marburger Programm, in: ZStW 94 (1982), S. 525, 541, ist der Ansicht, daß es keinen Hinweis darauf gebe, daß *Liszt* mit Straf*recht* etwas anderes gemeint habe als das Straf*gesetzbuch*, ja daß das Marburger Programm es geradezu verbiete, "unter Strafrecht etwas anderes zu verstehen als die zeitabhängigen positiven Regeln des StGB". Ausdrücklich anders *Hassemer*, Einführung, S. 197, der der Auffassung ist, daß *Liszt* bewußt von Straf*recht* und nicht von Straf*gesetz* spreche.

53 So bereits *Naucke*, Marburger Programm, in: ZStW 94 (1982), S. 525, 541.

54 Diese Reduktion hebt auch *Naucke*, Gesetzlichkeit und Kriminalpolitik, in: JuS 1989, S. 862, 864, hervor; vgl. auch *ders.*, Art. Franz von Liszt, in: HRG, Bd. 3, Sp. 11, 13.

55 *Liszt*, Über den Einfluß der soziologischen und anthropologischen Forschungen, in: AuV II, S. 75, 81.

56 Ausdrücklich *Liszt*, ebenda.

LISZT stellt jedoch Veränderungen im Geist der Zeit fest und sieht das Postulat der festen Begrenzung der staatlichen Gewalt angesichts der hereinbrechenden sozialistischen Strömung, die nicht mehr in erster Linie vom liberalen Individualismus ausgeht, gefährdet.[57] Trotz der Gefahren für ein individualistisches Strafrechtsdenken begrüßt LISZT diese Strömung, und er "würde sie selbst dann begrüßen, wenn sie das Strafgesetzbuch samt seinen Erklärern und Anwendern hinwegspülen sollte".[58] Er zeigt sich jedoch gewiß, daß dies nicht der Fall sein werde, denn:

> "Aber eben darum, weil er (der sozialistische Staat; die Verf.) die Interessen der Gesamtheit schärfer betont als wir es heute tun, weil er intensiver, zielbewußter und rücksichtsloser gegen den sich auflehnenden Einzelnen vorgehen muß, wird er um so genauer die Voraussetzungen feststellen müssen, unter welchen der Einzelne der Gesamtheit verfällt, und die Grenzen bestimmen müssen, bis zu welcher die Einbuße an Rechtsschutz gehen darf. Die Begriffe *Verbrechen* und *Strafe* werden trotz aller Wandlungen unseres Rechtslebens unentbehrlich bleiben, und mit ihnen das Strafrecht."[59]

LISZT spricht wiederholt von den *Begriffen* Verbrechen und Strafe. Wenige Zeilen später zeigt sich auch, daß er tatsächlich nur Begriffe meint, Begriffe, die mit verschiedenen Inhalten gefüllt werden können. Er weist darauf hin, daß die "beiden Begriffe 'Verbrechen' und 'Strafe' infolge unserer soziologischen Betrachtung und Auffassung der Kriminalität eine tiefgreifende *wissenschaftliche* Umgestaltung erfahren haben".[60] Aber gerade der Umgestaltung des Verbrechensbegriffs, d.h. der Erhebung neuer Inhalte zum Gegenstand strafrechtlichen Schutzes, ist die Gefahr inhärent, das Strafrecht auf Kosten der Freiheit des einzelnen Bürgers beliebig auszudehnen. Zwar zeigt sich LISZT gewiß, daß die Strafgesetzbücher und mit ihnen der Besondere Teil, in dem die Voraussetzungen für staatliches Eingreifen festgelegt werden, bleiben werden, "aber gar mancher formalistische Ballast, gar manche feine juristische Unterscheidung kann und wird dabei über Bord geworfen werden".[61] LISZT schlägt eine Vereinfachung der Verbrechenstatbestände vor sowie die Ersetzung der meisten Qualifikationen durch erweiterte Strafrahmen.[62] Indes: welche Relevanz soll in diesem Zusammenhang dem Bestimmtheitsgebot zukommen? Differenzierte Tatbestandsmerkmale sind Barrieren für einen ausschließlich an Effektivität ausgerichteten Gebrauch strafrechtlicher Mittel. Die Vereinfachung der Verbrechenstatbestände hat hingegen den Zweck, die Strafbarkeit eines Verhaltens vom Gesetzeswortlaut unabhängig zu machen - für ein liberales Strafrechtsdenken eine Umöglichkeit. In dem Bestreben nach einer Vereinfachung des Strafgesetzbuchs liegt das Bestreben nach einer Beschneidung individueller Freiheitsrechte zugunsten der Interessen der Allgemeinheit.[63]

---

57 *Liszt*, ebenda.
58 *Liszt*, ebenda, S. 81.
59 *Liszt*, ebenda, S. 82.
60 *Liszt*, ebenda.
61 *Liszt*, ebenda, S. 87.
62 *Liszt*, ebenda, S. 87 f..
63 So auch *Baurmann*, Kriminalpolitik ohne Maß, in: Liszt der Vernunft, Kriminalsoziologische Bibliographie, 1984, Heft 42, S. 54, 66.

Ferner setzt sich LISZT für die Orientierung des Strafmaßes an der Gesinnung, nicht an der Tat des Täters ein.[64] Die Abhandlung gipfelt in der Befürwortung des "unbestimmten Strafurteils", bei dem der Richter die Strafdauer überhaupt nicht bestimmt, diese sich vielmehr nach der Erreichung des Strafzwecks richten soll.[65] LISZT nimmt damit das "nulla poena sine lege" auf der Rechtsfolgenseite aus dem Gesetzlichkeitsprinzip aus und reduziert dieses auf "nullum crimen sine lege".[66] Mit dieser Reduktion wird jedoch das Gesetzlichkeitsprinzip, das gerade im Kampf gegen staatliche Willkür - auch auf der Rechtsfolgenseite - errungen worden war, um eine wesentliche freiheitsschützende Funktion beschnitten.

Die dritte Abhandlung aus dem Jahre 1893, in der LISZT das Gesetzlichkeitsprinzip heranzieht, befaßt sich mit den Forderungen der Kriminalpolitik anhand des Vorentwurfs eines schweizerischen Strafgesetzbuchs.[67] LISZT greift gerade den schweizerischen Vorentwurf heraus, weil er darin die "wahre Aufgabe des Strafgesetzgebers so scharf erfaßt, so zielbewußt und doch gemäßigt durchgeführt" sieht.[68] Als "wahre" Aufgabe des Strafgesetzgebers sei das Bemühen anzusehen, "der Rechtsordnung in der Strafe und den ihr verwandten Maßregeln die Mittel zur wirksamen Bekämpfung des Verbrechens an die Hand zu geben".[69] Die Aufgabe des Strafgesetzgebers hat sich somit gewandelt: es ist mit der Schaffung eines Strafgesetzbuchs nicht mehr in erster Linie das Strafrecht als Bürgerschutzrecht, sondern vornehmlich als Verbrechensbekämpfungsinstrument zu errichten. LISZT würdigt den schweizerischen Vorentwurf folglich unter dem Gesichtspunkt der Tauglichkeit des Strafgesetzbuchs zur Verwirklichung kriminalpolitischer Ziele, und betont damit auch den Gegensatz zur "klassischen" Strafrechtsauffassung.

> "Zielbewußte Bekämpfung des Verbrechens: das ist unser Losungswort. Scharfe Trennung des Rechts von der Politik: das ist der erste Glaubenssatz der 'klassischen' Gegner."[70]

Die Kriminalpolitik ist für LISZT Leitgedanke der Strafgesetzgebung. In diesem Zusammenhang taucht wiederum - fast schon phrasenhaft - die Magna-charta-Formel auf:

> "Über das Verhältnis des Strafrechts zur Kriminalpolitik habe ich mich mehr als einmal an anderen Orten ausgesprochen; ich kann und will hier

---

64 *Liszt*, Über den Einfluß der soziologischen und anthropologischen Forschungen, in: AuV II, S. 75, 88 f..

65 *Liszt*, ebenda, S. 91 ff..

66 Eine solche Rückwirkung der Straftheorie auf den Gehalt des Gesetzlichkeitsprinzips räumt auch *Schreiber*, Gesetz und Richter, S. 179 f., ein, indem er feststellt, daß die rechtliche Qualifikation der Tat hinter die antisoziale Bedeutung des einzelnen Täters zurücktrete.

67 *Liszt*, Die Forderungen der Kriminalpolitik, in: AuV II, S. 94 ff..

68 *Liszt*, ebenda, S. 94.

69 *Liszt*, ebenda, S. 94.

70 *Liszt*, ebenda, S. 99.

> nicht darauf zurückkommen. Mir ist das Strafgesetzbuch, um mich selbst zu wiederholen, 'das Bollwerk der individuellen Freiheit, die magna charta des Verbrechers'. Nach Voraussetzung und Inhalt ist die staatliche Strafgewalt beschränkt; und sie soll es bleiben. Ihre Voraussetzung ist das mit begrifflicher Schärfe umgrenzte *Verbrechen*; ihr Inhalt die nach Quantität und Qualität vom Gesetze bemessene *Strafe*. Wir wollen keine allmächtige 'soziale Hygiene', die den gemeingefährlichen Menschen einfach unschädlich macht. Das Straf*recht* ist uns die unübersteigbare Schranke der Kriminal*politik*. (...)
> Legislative Technik und die juristische Kunst der Begriffsbestimmung sind also dem Rechtsstaate unentbehrlich; sie allein schützen die Freiheit des Einzelnen vor der Willkür der Gesamtheit."[71]

Wie widersprüchlich es ist, wenn LISZT zunächst die Verbrechensbekämpfung als kriminalpolitisches Leitmotiv der Strafgesetzgebung hervorhebt, dann jedoch das Straf*gesetz* - welches er mit dem Straf*recht* gleichsetzt[72] - als die "unübersteigbare Schranke der Kriminalpolitik" bezeichnet, ist schon bei der ersten zur Begründung der Magna-charta-Formel angeführten Textstelle[73] augenscheinlich geworden. Der Widerspruch setzt sich folglich fort.

Es nimmt Wunder, daß LISZT, nachdem er die ersten achtzehn Jahre seiner wissenschaftlichen Tätigkeit der Strafgesetzlichkeit in seinen Abhandlungen und Vorträgen keinerlei Aufmerksamkeit schenkte, sich im Jahre 1893 gleich dreimal damit befaßt. Es ist der Frage nachzugehen, worin der Grund für dieses plötzliche Interesse zu sehen ist. Die Vermutung liegt nahe, daß LISZT sich durch die anstehende Strafrechtsreform[74] und den damit aufkommenden Schulenstreit zu einer Stellungnahme zum Gesetzlichkeitsprinzip herausgefordert fühlen mußte. Durch seine Lehren fand LISZT nicht nur eine begeisterte Anhängerschaft, die sich als die moderne Strafrechtsschule um ihn gruppierte, sondern sah sich auch von Anfang an vehementer Kritik ausgesetzt, insbesondere von denjenigen, die an den rechtsstaatlich-liberalen Leitmotiven des 19. Jahrhunderts unumstößlich festhalten wollten.[75] Für die klassische Strafrechtsschule

---

71 *Liszt*, ebenda, S. 102.

72 Vgl. dazu schon oben S. 81.

73 Siehe oben S. 78 ff..

74 Um die Wende vom 19. zum 20. Jahrhundert war die Notwendigkeit einer Reform des RStGB so allgemein anerkannt, daß eine solche mit der Einsetzung von Gesetzgebungskommissionen in amtliche Bahnen gelenkt wurde. Von 1906 bis 1930 wurden insgesamt sieben Vorentwürfe erarbeitet, die eine Totalreform des Strafrechts zum Gegenstand hatten, von denen jedoch keiner eine Mehrheit finden konnte. Mit den Ereignissen des Jahres 1933 fand die Strafrechtsreform ihr Ende, und der Niedergang der deutschen Strafrechtspflege sollte seinen Lauf nehmen. Vgl. zum Verlauf der Strafrechtsreform *Eb. Schmidt*, Einführung, S. 394 ff..

75 Zu den verschiedenen Standpunkten im Schulenstreit um die Jahrhundertwende vgl. eingehend die Arbeit von *C. Bohnert*, Straftheorie und Staatsverständnis im Schulenstreit. Die Trennung zwischen "klassischer" und "moderner" Strafrechtsschule ist so eindeutig zwar nicht festzulegen; vgl. dazu *Naucke*, Aushöhlung der strafrechtlichen Gesetzlichkeit, in: Inst. f. Kriminalwissenschaften Frankfurt a. M. (Hrsg.), Vom unmöglichen Zustand des Strafrechts, S. 483, 488 Anm. 18 m.w.N.. Diese Frage kann hier

war die Strafgesetzlichkeit, die in erster Linie als magna charta des Bürgers, nicht nur des Straftäters aufgefaßt wurde[76], zwingende Voraussetzung für ein an Freiheit und Gleichheit orientiertes Strafrecht. Die plötzliche Befassung mit der strafrechtlichen Gesetzlichkeit liest sich wie eine Konzession an die sich gegen LISZT formierende klassische Strafrechtsschule. Sie mag von dem Bewußtsein geleitet worden sein, daß sich eine konsensfähige Strafrechtsreform nur über das Festhalten an der "altehrwürdigen Überlieferung" der Strafgesetzlichkeit erreichen lassen werde. Später betont LISZT immer wieder ausdrücklich seine Kompromißbereitschaft: während die Wissenschaft keine Kompromisse kenne, könne der Gesetzgeber ohne Kompromisse gar nicht arbeiten[77], die Umgestaltung der Strafgesetzgebung, die er anstrebe, sei ohne Kompromisse nicht zu erreichen[78]. Er räumt sogar den Verzicht auf "Folgerichtigkeit in der Durchführung des prinzipiellen Standpunktes" ein.[79] Dem Ziel, eine Brücke zur gegnerischen Seite zu schlagen, entsprach auch die Aufnahme des Gedankens der Zweispurigkeit im Bereich der strafrechtlichen Sanktionen.[80]

Schließlich sind auch die späteren Ausführung LISZTs zur tatbestandlichen Bestimmtheit vor dem Hintergrund dieser zunehmenden Kompromißbereitschaft zu verstehen. In einer Abhandlung zum Vorentwurf eines schweizerischen Strafgesetzbuchs wird "das mit begrifflicher Schärfe umgrenzte Verbrechen" als die die staatliche Strafgewalt begrenzende Voraussetzung hervorgehoben.[81] Ebenfalls auf das Erfordernis einer "möglichst scharfe(n) Abgrenzung der einzelnen Tatbestände" durch eine "möglichst klare Erfassung des Rechtsgutes, dessen Schutz die Strafdrohung bezweckt, und eine möglichst genaue Umschreibung des Angriffes, gegen welchen das Rechtsgut geschützt werden soll" wird in einem Gutachten über die Revision des Strafgesetzbuchs hingewiesen.[82] Gerade in der letztgenannten Abhandlung hebt LISZT immer wieder hervor, daß ein künftiges Strafgesetzbuch ohne eine Annäherung zwischen den Anhängern der sich gegenüberstehenden Strafrechtsauffassungen nicht geschaffen werden könne, er zu einem Kompromisse aber durchaus bereit sei, solange nicht nur die

---

jedoch dahinstehen, da allein entscheidend ist, daß *Liszt* selbst sich in diesen Gegensatz gestellt sah; vgl. *Liszt*, Die Forderungen der Kriminalpolitik, in: AuV II, S. 94, 99. Bereits 1881 spricht *Liszt* in einem Brief an *Jhering* vom "Schulstreit der Kriminalisten, richtiger (..) (vom) Streit zwischen Schule und Leben", Brief an *Jhering* vom 15. Oktober 1881.

76 Vgl. *Hoegel*, Die Einteilung der Verbrecher in Klassen, in: Birkmeyer/Nagler (Hrsg.), Kritische Beiträge I, Heft 2, S. 39.

77 *Liszt*, Revision des Strafgesetzbuchs, in: AuV II, S. 356, 370; seine Kompromißbereitschaft ferner betonend ebenda, S. 381, 401; *ders.*, Die strafrechtliche Zurechnungsfähigkeit, in: AuV II, S. 214, 225; *ders.*, Das gewerbsmäßige Verbrechen, in: AuV II, S. 308, 329 f.; *ders.*, Lehrbuch, 14./15. Aufl., S. 85, 86. Zur Kompromißfreudigkeit *Liszts* vgl. auch *Birkmeyer*, Was läßt v. Liszt vom Strafrecht übrig?, S. 38 ff..

78 *Liszt*, Die deterministischen Gegner der Zweckstrafe, in: AuV II, S. 25, 72.

79 *Liszt*, Revision des Strafgesetzbuchs, in: AuV II, S. 356, 408.

80 *Liszt*, Die deterministischen Gegner der Zweckstrafe, in: AuV II, S. 25, 71 f.; vgl. dazu auch *Jescheck*, Grundfragen der Dogmatik und Kriminalpolitik, in: ZStW 93 (1981), S. 3, 46.

81 *Liszt*, ebenda, S. 102.

82 *Liszt*, Revision des Strafgesetzbuchs, in: AuV II, S. 356, 391.

gegnerische Auffassung einseitig zum Ausdruck komme.[83] Die Betonung der strafgesetzlichen Bestimmtheit erscheint nicht als zentrale Forderung in LISZTs Gesamtkonzeption, sondern lediglich als Zugeständnis, um die von allen Seiten in der Strafrechtswissenschaft für erforderlich gehaltene Strafrechtsreform nicht zu gefährden.

Die Erklärung für LISZTs Bereitschaft zu Abstrichen an der eigenen Strafrechtsauffassung zugunsten einer erfolgreichen Strafrechtsreform ist in seinem Interesse an der aktiven Teilnahme nicht nur an der wissenschaftlichen Vorbereitung, sondern auch an der praktischen Durchführung der Strafrechtsreform zu finden. Eine solche Teilnahme muß LISZT sehr am Herzen gelegen haben. Andernfalls hätte er sich als Reaktion darauf, daß er nicht in die für die amtliche Reformarbeit eingesetzten Kommissionen berufen wurde - was er als Affront empfunden haben dürfte[84] - nicht die Erarbeitung eines Gegenentwurfs zur Aufgabe gemacht.[85] Wie FEUERBACH sich anläßlich seiner gesetzgeberischen Tätigkeit zu Abstrichen von seinem theoretischen Konzept der Strafgesetzlichkeit zugunsten kriminalpolitischer Erwägungen gezwungen gesehen hatte, so hielt LISZT offenbar umgekehrt im Hinblick auf ein praktisches Wirken Abstriche von seinen kriminalpolitischen Vorstellungen für unumgänglich. Die einsetzende Mäßigung der eigenen kriminalpolitischen Auffassungen[86] hatte rechtspolitisch-taktische Gründe.[87] So ist die jähe Befassung LISZTs mit der Strafgesetzlichkeit in Form der Magna-charta-Formel ein Signal für seine Kompromißbereitschaft im Interesse einer Einigung in der Frage um die Schaffung eines neuen Strafgesetzbuchs. Die Frage, ob dahinter tatsächlich eine liberal-rechtsstaatliche Überzeugung stand, ist deshalb keineswegs zweifelsfrei zu beantworten.

Ausdrücklich im Zusammenhang mit Gesetzgebungsarbeiten, allerdings auf dem Gebiet des Zivilrechts, kommt es wenige Jahre später, 1898, zu einer weiteren Ausführung zum Gesetzlichkeitsprinzip. In der Abhandlung "Die Deliktsobligationen im System des Bürgerlichen Gesetzbuchs" befaßt sich LISZT unter anderem mit dem einheitlichen Deliktsbegriff für das Privat- und für das Strafrecht. Sowohl im Strafrecht als auch im Zivilrecht sei Delikt "jede schuldhafte, rechtswidrige Verletzung fremder rechtlich geschützter Interessen".[88] Anders als das Strafrecht bedürfe das Privatrecht einer Spezialisierung der Tatbestände nicht. Als Grund dafür führt LISZT an:

83 *Liszt*, Revision des Strafgesetzbuchs, in: AuV II, S. 356, 364.

84 Schließlich war er kurz zuvor durch die Berufung nach Berlin auf den *Berner*'schen Lehrstuhl an den Sitz der Reichsregierung gelangt.

85 An diesem Gegenentwurf, der 1911 fertiggestellt war, arbeitete er zusammen mit *Goldschmidt* und *Kahl*. Vgl. dazu *Eb. Schmidt*, Einführung, S. 361 f.

86 Vgl. auch *Liszt*, Die deterministischen Gegner der Zweckstrafe, in: AuV II, S. 25, 61; *ders*., Die strafrechtliche Zurechnungsfähigkeit, in: AuV II, S. 214, 229.

87 Auch *Jelowik*, Zur Geschichte der Strafrechtsreform in der Weimarer Republik, S. 3, konstatiert *Liszt* eine "taktisch bedingte Kompromißbereitschaft".

88 *Liszt*, Deliktsobligationen, S. 4.

"Der Satz 'nullum crimen sine lege' soll die Freiheit des einzelnen Staatsbürgers schützen gegenüber der Allgewalt des Staates. In diesem Sinne habe ich das Strafgesetz bezeichnet als die magna charta des Verbrechers.(...) Wer die Geschichte des Strafrechts kennt, weiß, daß jener Satz etwas anderes bedeutet als eine Redensart. Der schrankenlosen Willkür gegenüber, die das entartete gemeine Strafrecht den Richtern in die Hand gespielt hatte, war die feste Umgrenzung der verbrecherischen Tatbestände in der Tat das wichtigste Mittel, um Leben, Ehre, Freiheit, Vermögen des Einzelnen eines Verbrechens angeklagten Staatsbürgers gegenüber der strafenden Allgewalt des Staates zu schützen. Die Strafgesetzgebung des 19. Jahrhunderts hat denn auch fast ihre gesamte schöpferische Kraft verbraucht, um die Begriffsmerkmale der einzelnen mit Strafe bedrohten Handlungen immer schärfer und feiner herauszuarbeiten. Und wer die Rechtsprechung unserer Tage verfolgt hat, der weiß auch, wie wichtig jene Umgrenzung der Deliktstatbestände auch im heutigen Strafrechte noch ist. Es wird genügen, wenn ich an den "groben Unfug" erinnere und an die schrankenlose Ausdehnung, die diesem Begriffe durch unsere Strafgerichte gegeben worden ist, um die Bedeutung des Satzes: nullum crimen sine lege als einer Schutzwehr für die bürgerliche Freiheit ins lebendige Gedächtnis zurückzurufen. (...)
Im Privatrecht fallen diese Bedenken hinweg. Hier steht der Einzelne nicht der Staatsgewalt, sondern einem andern Einzelnen gegenüber. Die im Richter verkörperte Staatsgewalt hat keinen Anlaß, den einen vor dem andern zu bevorzugen."[89]

LISZT betont die freiheitsverkürzende Eigenschaft des Strafrechts gegenüber dem Privatrecht. In diesem Zusammenhang bedeutet ihm die Gesetzesgebundenheit ein Charakteristikum gegenüber dem Privatrecht. Er weist ausdrücklich auf die Gefahren für die bürgerliche Freiheit, die von einem willkürlichen, insbesondere den Gleichheitssatz verletzenden Gebrauch strafrechtlicher Mittel ausgehen. Gleichzeitig schwingt jedoch in der Feststellung, daß die Strafgesetzgebung des 19. Jahrhunderts "fast ihre gesamte schöpferische Kraft verbraucht" habe, die Kritik mit, daß die Strafgesetzgebung des 19. Jahrhunderts es mit der Ausdifferenzierung deliktischer Tatbestände übertrieben habe. Eine Freiheitsschutz gewährende Strafgesetzgebung muß jedoch gerade die Ausdifferenzierung der Deliktstatbestände besonders im Auge haben. Sicherlich hält LISZT die feste Umgrenzung der Tatbestände auch im ausgehenden 19. Jahrhundert noch für eine wichtige Aufgabe der Strafgesetzgebung; jedoch darf sie ihre schöpferische Kraft nicht allein darauf konzentrieren. Es muß Raum bleiben für eine wirksame Verbrechensbekämpfung. Auch hier wird erneut deutlich: nicht Bürgerschutz durch möglichst ausdifferenzierte Tatbestände, sondern Verbrechensbekämpfung ist das vornehmliche Ziel der modernen Strafgesetzgebung.

89 *Liszt*, ebenda, S. 4 f..

IV. Die Fortschreibung des Gesetzlichkeitsprinzips (1899-1919)[90]

Nach den grundlegenden Ausarbeitungen in den neunziger Jahren greift LISZT in seinen späten Jahren immer wieder auf das Gesetzlichkeitsprinzip zurück. Die Zusammenhänge, in denen LISZT auf die Strafgesetzlichkeit rekurriert, lassen sich - abweichend von der bisherigen chronologischen Reihenfolge - unter zwei Aspekten zusammenfassen: zum einen erscheint das Gesetzlichkeitsprinzip im Zusammenhang mit Äußerungen zur Strafrechtsreform (dazu 1.) und zum anderen in der Frage nach dem Zusammenhang zwischen Strafgesetzgebung und Kriminalsoziologie (dazu 2.).

1. Gesetzlichkeitsprinzip und Strafrechtsreform

Im Gutachten für den 20. deutschen Juristentag im Jahre 1902 mit dem Titel "Nach welchen Grundsätzen ist die Revision des Strafgesetzbuchs in Aussicht zu nehmen?"[91] befaßt sich LISZT wiederholt mit der Umgestaltung der Strafgesetzgebung. Als besonders wichtigen Grundsatz für diese Umgestaltung sieht LISZT den "ausgiebige(n) Schutz der Rechtsordnung gegenüber der heutigen Gestaltung des gewerbsmäßigen wie des nichtgewerbsmäßigen Verbrechens" an.[92] Hinsichtlich des Umfangs der Strafrechtsreform schlägt LISZT zunächst die Streichung sämtlicher Polizeidelikte aus dem Strafgesetzbuch vor; ungeachtet des Fehlens einer einheitlichen Bestimmung des Begriffs des Polizeidelikts könne die Entscheidung darüber, ob ein Tatbestand als kriminelles Unrecht aufzufassen und damit in das Strafgesetzbuch aufzunehmen sei oder nicht, dem Strafgesetzgeber überlassen bleiben.[93] Kriterien für die Bestimmung des kriminellen Unrechts stellt LISZT nicht auf. Da er aber das politische Gremium des Reichstages als Gesetzgeber vor Augen hatte, überläßt er die Bestimmung kriminellen Unrechts im einzelnen dem politischen Prozeß der Reichstagsgesetzgebung.

Als zweites Ziel, so fährt LISZT fort, habe das Strafgesetzbuch das gesamte kriminelle Unrecht zu umfassen, denn nur ein vollständiges Gesetzbuch könne einen Überblick darüber vermitteln, "ob das Gesetzbuch *dem heutigen Rechtsbewußtsein des deutschen Volkes* wirklich entspricht; ob es alles mit Strafe bedroht, was uns strafwürdig erscheint, und ob es nicht da oder dort mit kriminellen Strafen belegt, was nach unserer Rechtsüberzeugung eine solche nicht verdient (...). Soll das Strafgesetzbuch erziehend wirken, so muß es vollständig sein".[94] Deutlich wird hier der interventionistische Charakter, den LISZT dem Strafrecht beimißt: Strafgesetzgebung soll der Erziehung der Bürger dienen.

---

90 Von 1899 bis 1916 lehrte Liszt an der Universität Berlin. Danach lebte er zurückgezogen in Seeheim an der Bergstraße, wo er am 21. Juni 1919 verstarb.
91 In: AuV II, S. 356 ff..
92 *Liszt*, ebenda, S. 362.
93 *Liszt*, ebenda, S. 374.
94 *Liszt*, ebenda, S. 376.

Als legislativen Leitgedanken, so LISZT weiter, müsse der Gesetzgeber im Auge behalten, daß bei der Bestimmung von Strafart und -maß der Schwerpunkt auf die innere Gesinnung des Täters, und nicht auf den äußeren Erfolg der Tat gelegt werde.

> "Daß an dem Grundsatz nullum crimen sine lege nicht gerüttelt werden soll, ist oft von mir und von andern ausgesprochen worden. Ob das Festhalten an diesem Grundsatz von uns wissenschaftlich gerechtfertigt werden kann oder nicht, ist wenigstens für den Gesetzgeber durchaus gleichgültig. (...) Wir verlangen eine möglichst scharfe Abgrenzung der einzelnen Tatbestände, an welche die Rechtsfolge der Strafe sich knüpfen soll. Wir verlangen zu diesem Zwecke eine möglichst klare Erfassung des Rechtsgutes, dessen Schutz die Strafdrohung bezweckt, und eine möglichst genaue Umschreibung des Angriffes, gegen welchen das Rechtsgut geschützt werden soll. Aber wir wenden uns gegen die von *Lammasch, Stooß* und anderen vertretene Ansicht, nach welcher die wichtigste Aufgabe des Strafgesetzgebers in der feinsten Differenzierung der Deliktstatbestände nach allen möglichen *objektiven* Unterschieden gegeben wäre. Demgegenüber verlangen wir die möglichste Differenzierung nach der Persönlichkeit des Täters, genauer gesprochen, nach den Intensitätsgraden seiner verbrecherischen Gesinnung."[95]

In der übertriebenen Bewertung des äußeren Erfolges der Tat und in der Nichtberücksichtigung der inneren Gesinnung des Täters liege der Grundfehler des RStGB. Aber gerade das Tatprinzip war ein fester Bestandteil eines Willkürschutz gewährleistenden liberalen Strafrechts, wie es FEUERBACH formuliert hatte. Die Aufgabe des Tatprinzips zugunsten eines Täterprinzips führt zum Verlust der Gleichheitsgarantie der Strafgesetzlichkeit. Durch die Forderung nach einem Täterprinzip wird die Beseitigung einer wichtigen Grenze, die einer auf Effektivität ausgerichteten Kriminalpolitik durch das Tatprinzip gezogen war, befürwortet.[96]

Ein weiterer Aufsatz mit dem Titel "Die 'Sichernden Maßnahmen' in den drei neuen Strafgesetzentwürfen" aus dem Jahre 1909/1910[97] befaßt sich mit dem Problem der Sicherungsmaßregeln, die als weiteres strafrechtliches Mittel neben die Strafe treten sollten. LISZT hebt, ausgehend von dem Gedanken, daß der Zweck der Schöpfer des Rechts sei[98], hervor, daß die Frage nach dem Zweck der Strafe gleichbedeutend sei mit der Frage nach ihrer gesellschaftlichen Funktion.[99] Aufgabe des Strafgesetzgebers sei es, "die vom Verbrechen abhaltende general- und spezialprävenierende Wirkung der Strafe so auszunützen, daß der Zweck: Schutz der Rechtsordnung mit möglichster Sicherheit

95 *Liszt*, ebenda, S. 390.
96 Dieses Bedenken macht auch *Baurmann*, Kriminalpolitik ohne Maß, in: Liszt der Vernunft, Kriminalsoziologische Bibliographie 1984, Heft 42, S. 53, 59, geltend.
97 In: Arch. f. Rechts- und Wirtschaftsphilosophie 3 (1909/1910), S. 610 ff..
98 *Liszt* greift hier den Grundgedanken aus *Jhering*s "Zweck im Recht" auf; dazu eingehend unten S. 120 ff..
99 *Liszt*, ebenda, S. 611.

erreicht werden kann".[100] Auch die sichernde Maßnahme sei ausgerichtet auf diesen Schutz der Rechtsordnung bzw. der Gesellschaft.[101] Da bei der sichernden Maßnahme jedoch der Schutz der Gesellschaft zulasten der individuellen Freiheit der Vorrang eingeräumt werde, gerate das Schutzbedürfnis der Gesellschaft und das Prinzip der individuellen Freiheit offen in Konflikt mit dem Prinzip der individuellen Freiheit.[102] In diesem Zusammenhang stellt LISZT die Frage:

> "Führt der Begriff der Gemeingefährlichkeit, das état dangereux nicht dahin, daß der Einzelne schutzlos der staatlichen Willkür preisgegeben wird? Solange der Eintritt der Schutzmaßregel durch die Begehung einer strafbaren Handlung bedingt ist, tritt diese Gefahr in den Hintergrund: denn die Strafgesetzgebung ist nun einmal die magna charta des Verbrechers. Aber wenn diese durch das Gesetz festumschriebene Voraussetzung wegfällt, geraten wir dann nicht ins Uferlose? Hat es eine gewissenlose Staatsgewalt nicht in der Hand, einen unbequemen politischen Gegner für gemeingefährlich erklären und für immer hinter den Mauern einer Verwahrungsanstalt verschwinden zu lassen?"[103]

Um dieser Gefahr vorzubeugen, sei die sichernde Maßnahme in das Strafrecht aufgenommen worden.

> "Nicht weil sie ihrem innersten Wesen nach hierher gehört; sondern einmal, weil gerade in der Strafrechtspflege das Bedürfnis nach solchen Maßnahmen zuerst fühlbar geworden ist; dann aber, weil gerade das Strafgesetzbuch und das Strafverfahren dem Angeschuldigten heute noch die beste Gewähr gegen Willkür der Verwaltung bieten."[104]

Abgesehen von der Problematik der Täterorientierung im Bereich der sichernden Maßnahmen[105], werden Willkürschutz und Rechtssicherheit zunächst verteidigt gegen reines Effektivitätsdenken. LISZT fährt jedoch fort:

> "Aber diese Regelung kann unmöglich als endgültige Lösung des Problems betrachtet werden. Die fortschreitende Entwicklung wird dahin führen, die sichernde Maßnahme aus der Verbindung mit dem Strafrecht zu befreien und sie in einer Reihe von Sondergesetzen auf eine breitere Grundlage zu stellen".[106]

Während LISZT gerade noch betont hatte, daß es die Verbindung mit dem Strafrecht sei, die den Einzelnen vor willkürlicher Verhängung der sichernden Maßnahmen durch die Verwaltung schütze, tritt dieser Gesichtspunkt nun völlig in den Hintergrund. Grund dafür sind auch hier Effektivitätsgesichtspunkte: zum Schutz der Gesellschaft ist es weit wirkungsvoller, wenn die sichernden Maßnahmen von den engen Fesseln des Strafrechts - insbesondere der Gesetzesgebundenheit - befreit werden. Mit dieser Forderung wird die Vorstellung von der

100 *Liszt*, ebenda, S. 612.
101 *Liszt*, ebenda, S. 613 ff..
102 *Liszt*, ebenda, S. 618.
103 *Liszt*, ebenda, S. 618 f..
104 *Liszt*, ebenda, S. 619.
105 Siehe dazu bereits oben S. 89.
106 *Liszt*, Die "Sichernden Maßnahmen", in: Arch. f. Rechts- und Wirtschaftsphilosophie 3 (1909/1910), S. 610. 619.

eingriffsbegrenzenden Funktion des Strafrechts - auch die sichernden Maßnahmen sind, wenn sie auch nicht die Bezeichnung "Strafe" tragen, freiheitsverkürzende Maßnahmen - für den Bereich der Sicherungsmaßregeln vollständig aufgegeben.

In seiner Abhandlung "Strafrechtsreform"[107] aus dem Jahre 1911 geht LISZT nochmals im Zusammenhang mit der Strafrechtsreform auf das Gesetzlichkeitsprinzip ein. Auch hier befaßt sich LISZT mit der Aufgabe der Strafgesetzgebung im späten 19. Jahrhundert. LISZT geht von der Feststellung aus, daß das RStGB von 1871 schon in dem Zeitpunkt, als es in Kraft trat, völlig veraltet gewesen sei. Der Gesetzgebung des ausgehenden 18. und beginnenden 19. Jahrhunderts sei die Aufgabe zugekommen, die aufklärerischen Ideen in ein Gesetzgebungswerk umzusetzen. "Daher das für diese Periode kennzeichnende Streben, die Freiheit des Staatsbürgers gegen die Willkür des beamteten Strafrichters zu schützen".[108]

> "Nullum crimen sine lege, nulla poena sine lege: Das ist der Grundgedanke des Rechtsstaates, übertragen auf das Gebiet des Strafrechts.
> Dieser Grundgedanke wird nicht wieder verlorengehen, so lange der Rechtsstaat besteht. Es ist die Aufgabe des modernen Staates, ihn zielbewußt durchzuführen und die zahlreichen noch vorhandenen *Überbleibsel des alten polizeistaatlichen Systems* abzustoßen. Aber seine Aufgabe wird durch diese eine Forderung nicht erschöpft. *Der Rechtsstaat* der Gegenwart ist zugleich *Kulturstaat* und als solcher *Verwaltungsstaat.* Auf der festen Grundlage und innerhalb der Schranken des Rechts verwaltet, schützt und mehrt er die Kulturgüter des Volkes.
> Damit hat sich aber die Auffassung von den Aufgaben des Strafrechts geändert. Nach wie vor soll das Strafgesetzbuch die magna charta des Verbrechers sein: aber innerhalb der so der Staatsgewalt gesteckten Grenzen fällt der Strafe die weitere Aufgabe zu, die Kulturgüter des Volkes, wie sie durch die Rechtsordnung anerkannt sind, gegen die Angriffe des Verbrechers zu schützen".[109]

LISZT stellt die beiden Staatsauffassungen vom liberalen Rechtsstaat und vom modernen Verwaltungsstaat gegenüber. Dabei vertritt er die Auffassung, daß der Staat nicht mehr nur, wie die Vertreter des liberalen Rechtsstaats verlangen, die Freiheit seiner einzelnen Staatsbürger schütze, sondern diese Betrachtungsweise einer überindividualistischen Auffassung vom Staat, wonach der Staat nicht mehr nur die Freiheit des Einzelnen, sondern die Kulturgüter des Volkes bewahre, weichen müsse. Eine solche überindividualistische Anschauung verlangt jedoch ein autoritäres, interventionistisches Staatshandeln, das einer liberalen Betrachtungsweise gerade entgegensteht. Einen Abschnitt weiter umschreibt LISZT den Schulenstreit als den "Kampf zwischen den Vertretern des altliberalen 'Nichts-als-Rechtsstaates' und den Vorkämpfern des von *sozial-*

---

107 In: Handbuch der Politik, Bd. 3, hier zit. nach der 3. Aufl., S. 202 ff..
108 *Liszt*, ebenda, S. 203.
109 *Liszt*, ebenda.

politischen Forderungen erfüllten und bewegten Verwaltungsstaates".[110] Die Gesetzesgebundenheit war indes gerade eine Forderung des "Nichts-als-Rechtsstaats". Mit seiner Auffassung vom modernen Verwaltungsstaat distanziert sich LISZT somit nicht nur vom liberalen Individualismus, sondern auch von der Strafgesetzlichkeit in seiner Funktion als Bürgerschutz und Inhaltsschranke.

Im Rahmen einer Versammlung der Landesgruppe Deutsches Reich der Internationalen Kriminalistischen Vereinigung im Jahre 1912 hält LISZT ein Referat über die Arbeiten der zur Schaffung eines neuen Strafgesetzbuchs eingesetzten Kommission.[111] LISZT verzeichnet einen Wandel der strafrechtlichen Grundanschauungen: während eineinhalb Jahrzehnte zuvor die Auseinandersetzung zwischen der klassischen und der modernen Schule noch so gewesen sei, daß die Verwirklichung der Forderungen der modernen Schule noch in weiter Ferne schien, werde die Kommission jetzt ein Strafgesetzbuch ausarbeiten, das alle wesentlichen Forderungen der modernen Schule verwirkliche.[112] Zur Erklärung dieses Wandels der strafrechtlichen Grundanschauungen greift LISZT den engen Zusammenhang mit dem Wandel der "Anschauungen über den Staat selbst, über die Aufgaben des Staates, über die Stellung der Staatsgewalt zur Freiheit des einzelnen Bürgers" auf.

> "Aus dem *Rechtsstaat*, dem Nichts-als-Rechtsstaat, der sich damit begnügt hat oder wenigstens damit begnügen wollte, dem freien Spiel der Kräfte den ruhigen Ablauf zu sichern; aus diesem Rechtsstaat, der, um die Kantsche Formel anzuwenden, lediglich dafür sorgen wollte, daß die Willkür des Einen mit der Willkür des Andern nach einem allgemeinen Gesetz der Freiheit zusammen bestehen könne, hat sich im Laufe der Jahrzehnte *der moderne Verwaltungsstaat* entwickelt, der durch bewußte Zwecksetzung eingreift in das freie Spiel der Kräfte, eingreift, um auf der einen Seite den Schwachen gegenüber dem Überstarken zu schützen, um auf der andern Seite die Interessen der Gesamtheit gegenüber dem Übermut des Einzelnen wahrzunehmen."[113]

Diese geistige Strömung, aus der die Sozialpolitik hervorgegangen sei, habe im Strafrecht das Augenmerk auf die Kriminalpolitik gelenkt und damit den Sieg der modernen über die klassische Strafrechtsschule eingeleitet.

> "Denn der klassischen Schule, von Beccaria angefangen bis auf Binding und von Birkmeyer, war es ja allein darauf angekommen, die Freiheit des einzelnen Staatsbürgers gegenüber der Übermacht des Staates zu schützen. *Sie* (Hervorhebung durch die Verf.) hat als ihren Grundgedanken den Satz: nullum crimen sine lege, nulla poena sine lege aufgestellt (...). *Unsere moderne strafrechtliche Schule erscheint als Übertragung wirtschaftlicher und politischer Gedanken und Forderungen auf unser spezielles Arbeitsgebiet.* Sie fordert (...) bewußte Zwecksetzung von seiten des Staates, ein bewußtes

---

110 *Liszt*, ebenda.
111 *Liszt*, in: Mitt. der I. K. V., Bd. 19 (1912), S. 376 ff..
112 *Liszt*, ebenda, S. 376.
113 *Liszt*, ebenda, S. 377 f..

> Eingreifen in das freie Spiel der Kräfte; sie stellt an den Staat das Verlangen, den Einzelnen, solange es möglich ist, zu schützen, zu heben, wieder anzupassen an die in raschem Flusse sich ändernden gesellschaftlichen Verhältnisse, und die Gesamtheit zu schützen, wenn es nötig ist, gegen den Einzelnen, der anpassungsunfähig ist, indem man ihn aus der Gesellschaft ausscheidet."[114]

LISZT zieht den Schluß, daß die klassische Schule auf dem Gebiet des Strafrechts mit der klassischen Schule auf dem Gebiet des politischen Altliberalismus niedergehen mußte. Aber: wenn LISZT das Gesetzlichkeitsprinzip so ausdrücklich als Grundgedanken der klassischen Schule darstellt, distanziert er sich von diesem dann nicht durch die Glorifizierung des Sieges der modernen Schule über die klassische Schule? LISZT betont, daß es der modernen Schule im Gegensatz zur klassischen Schule nicht mehr ausschließlich darauf ankomme, die Freiheit des einzelnen Staatsbürgers gegenüber der staatlichen Allgewalt zu schützen, sondern im Wege des Strafrechts lenkend und gestaltend in gesellschaftliche Prozesse einzugreifen. Dies kann jedoch nur bedeuten, daß das Strafgesetz nicht mehr ein Mittel der Grenzbereinigung darstellt, sondern als staatliches Interventionsinstrument aufgefaßt wird. Wandelt sich jedoch das Strafrecht vom Grenzbereinigungsinstrument zum staatlichen Interventionsinstrument, dann bedeutet dies angesichts der Vielgestaltigkeit und der raschen Wandelbarkeit gesellschaftlicher Prozesse, daß das Strafgesetz vielen Inhalten zugänglich gemacht werden muß. Die Strafgesetzlichkeit reduziert sich auf die Bedeutung einer Formschranke; die Strafgewalt an bestimmte Inhalte zu binden, vermag sie indes nicht mehr.

2. Gesetzlichkeitsprinzip und Kriminalsoziologie

In einem Vortrag im Jahre 1902[115], in dem sich LISZT mit den gesellschaftlichen Faktoren der Kriminalität und mit der Bedeutung der Kriminalsoziologie für die Strafrechtspflege befaßt, greift LISZT wiederum das Verhältnis der modernen zur klassischen Strafrechtsschule auf: zusätzlich zu Auf- und Ausbau der Strafrechtsdogmatik, worin die klassische Schule ihre einzige Aufgabe erblicke, komme es der modernen Schule auf die Erforschung der Verbrechensursachen, also "die Gewinnung einer wissenschaftlichen Aetiologie der Kriminalität" an.[116] Zu der Aufgabe des Ausbaus des strafrechtsdogmatischen Systems und zum Zusammenhang zwischen Kriminalsoziologie und Strafrecht führt LISZT aus:

> "Aber an den Grundmauern des Systems wollen wir nicht rütteln (...). Ausdrücklich möchte ich es zur Vermeidung von Mißverständnissen aussprechen: ich halte die Behauptung für einen folgenschweren Irrtum, daß die Kriminalsoziologie berufen sei, an die Stelle des Strafrechts zu treten. Solange wir bestrebt sind, die Freiheit des einzelnen Staatsbürgers vor der

114 *Liszt*, ebenda, S. 378 f..
115 *Liszt*, Die gesellschaftlichen Faktoren der Kriminalität, in: AuV II, S. 432 ff..
116 *Liszt*, ebenda, S. 433.

> schrankenlosen Willkür der Staatsgewalt zu schützen, solange wir an dem Satze 'nullum crimen sine lege, nulla poena sine lege' festhalten, ebenso lange wird auch die strenge Kunst einer nach festen wissenschaftlichen Grundsätzen operierenden Gesetzesauslegung ihre hochpolitische Bedeutung behalten. Ich brauche an dieser Stelle nur an die Rechtsprechung unserer deutschen Gerichte über den groben Unfug zu erinnern, und die große Gefahr einer durch technisch-juristisch festumgrenzte Begriffe nicht gebundenen Handhabung des Strafgesetzes dürfte uns allen in voller Klarheit entgegentreten. Als vor wenigen Jahren das deutsche Reichsgericht es ablehnte, die Entziehung elektrischer Arbeit als Sachentziehung nach dem Diebstahlsparagraphen zu bestrafen, da mochten wohl die Kurzsichtigen über diese Buchstabenjurisprudenz spotten: wer politisch zu denken vermag, der war wohl darüber sich klar, daß gerade in dieser dogmatischen Gebundenheit des Strafrichters eines der wichtigsten Bollwerke der bürgerlichen Freiheit uns gegeben ist."[117]

Aus dem Zusammenspiel der beiden genannten Aufgaben der Strafrechtswissenschaft - Strafrechtsdogmatik und Erforschung der Verbrechensursachen - egebe sich zum einen die Forderung an die Wissenschaft, ihre Untersuchungen über die Kriminalität an die normale Lebensführung der einzelnen gesellschaftlichen Gruppen anzuknüpfen. Eine zweite Forderung richte sich unmittelbar an den Gesetzgeber:

> "Als Politiker muß er (der Gesetzgeber; die Verf.) sich darüber klar sein, daß seine Aufgabe niemals darin bestehen kann, den großen Entwicklungsströmungen entgegenzutreten, die zu einer gegebenen Zeit das gesellschaftliche Leben beherrschen. Ebensogut könnte er versuchen, den Lauf eines großen Stromes zu hemmen oder dessen Wasser aufwärts zu führen. Er kann dafür Sorge tragen, daß der Strom in ein ruhiges Bett geleitet werde; er soll auf Mittel und Wege sinnen, damit die unaufhaltbare Bewegung langsam, gleichmäßig und ohne zu große Erschütterungen, sowie unter möglichster Schonung der in den Hintergrund gedrängten gesellschaftlichen Gruppen vor sich geht: er kann die vorhandene Bewegung regeln, er kann ihr aber nicht die Richtung vorzeichnen. Als Kriminalpolitiker aber hat er eine doppelte Aufgabe. Er hat die Schwächeren zu schützen, so lange es irgend möglich ist, damit sie im Kampfe ums Dasein nicht unterliegen. Er hat aber überall dort, wo Hilfe nicht mehr möglich ist, dafür Sorge zu tragen, daß die für das gesellschaftliche Zusammenleben mit seinen jeweiligen Anforderungen völlig ungeeigneten Elemente ausgeschieden werden. (...) Das Wohl der Gesamtheit, wie die Fürsorge für den Einzelnen, verlangt gebieterisch das Eingreifen der Staatsgewalt. Ohne jede Schwäche, aber auch ohne unnötige Härte hat der Gesetzgeber selbst die Ausscheidung zu vollziehen."[118]

LISZT spricht es wiederum deutlich aus: der Strafgesetzgeber ist Kriminalpolitiker und legt als solcher das Strafrecht fest. Die Auffassung, daß die Ausgestaltung des Strafgesetzbuchs das Ergebnis kriminalpolitischer Überlegungen des Gesetzgebers sein soll, - diese Auffassung hatte er neun Jahre zuvor deutlich gemacht[119] - hat sich als fester Bestandteil in der LISZT'schen Strafrechtsauf-

117 *Liszt*, ebenda, S. 434 f..
118 *Liszt*, ebenda, S. 446.
119 Vgl. dazu oben S. 80.

fassung verankert. Die kriminalpolitische Aufgabe des Strafgesetzgebers wird zum einen in der Fürsorge für den Einzelnen und das Wohl der Gesamtheit gesehen und zum anderen in der künstlichen Selektion gesellschaftsuntauglicher Individuen. Erneut wird offenkundig: die Regelung gesellschaftlicher Prozesse und damit staatliche Intervention lösen als Fundament des Strafrechts den Freiheitsschutzgedanken ab. Es erscheint jedoch fraglich, ob fürsorge- und wohlfahrtsstaatliches Handeln auf der einen Seite und an der Freiheit des Einzelnen orientiertes Handeln auf der anderen Seite miteinander vereinbar sind. Die Vorstellung von der künstlichen Selektion durch die Maßnahmen der Strafrechtspflege mutet widersprüchlich zu freiheitlichem Strafrechtsdenken an.

In einem Vortrag über den "Entwicklungsgedanke(n) im Strafrecht", gehalten 1909[120], stützt LISZT seine Ausführungen auf die wissenschaftliche Hypothese der Evolutionstheorie. Evolutionstheorie wird hier im Sinne der "Selektionstheorie: Auslese durch den Kampf ums Dasein" verstanden, als "die ausscheidende Auslese der Untüchtigen und die erhaltende und zugleich vervollkommnende Auslese der Tüchtigen".[121] Neben oder anstelle der natürlichen Selektion habe der Staat die Möglichkeit, die künstliche Auslese zu setzen. In diesem Sinne sei die soziale Funktion der Strafe zu verstehen: während ursprünglich die Strafe nichts anderes gewesen sei als die "Ausstoßung aus der Gesellschaft", sei sie allmählich zur "zweckbewußten Ausscheidung des Verbrechers aus der Gesellschaft" bzw. zu dessen Anpassung an die Gesellschaft geworden.[122] Die künstliche Selektion sei "ein Akt der *Staatsverwaltung*, im Verfassungsstaate also ein *gesetzlich geregelter* Akt der Staatsverwaltung".[123]

> "Die Voraussetzungen, die gegeben sein müssen, damit er (der Akt der Staatsverwaltung; die Verf.) eintreten kann; das Verfahren, in der er beschlossen wird; die Grundsätze, nach denen er vollzogen wird; vor allem sein Inhalt nach Art und Maß: Das alles wird durch Staatsgesetz bestimmt. Der Satz: nullum crimen, nulla poena sine lege gilt nicht nur für die Strafe, sondern für alle Arten der bewußten Selektion durch die Gesellschaft. (...) An welcher Stelle das Gesetz Halt zu machen hat vor der Freiheit des Einzelnen, darüber kann man verschiedener Ansicht sein: *daß* die Staatsgewalt und *daß* das richterliche Ermessen an gesetzliche Schranken gebunden sein müssen, wird niemand von uns bestreiten.
> Und je intensiver der Eingriff in die individuelle Freiheit ist, den wir durch ausscheidende und anpassende Strafe oder andere Sicherungs- und Erziehungsmaßregeln vollziehen, um so sorgfältiger wird die Voraussetzung, wird Art und Maß dieses Eingriffs im Gesetze umgrenzt sein müssen."[124]

Erneut taucht der Gedanke der bloß relativen Freiheit auf. Das Strafrecht bietet nur relativen Freiheitsschutz, wenn es im Belieben des Staates steht, das Gesetz und damit die Strafgewalt zulasten der Freiheit des Einzelnen auszudehnen. Mit

120 In: Mitt. der I. K. V., Bd. 16 (1909), S. 497 ff..
121 *Liszt*, ebenda, S. 498.
122 *Liszt*, ebenda, S. 499 f..
123 *Liszt*, ebenda, S. 500.
124 *Liszt*, ebenda, S. 501.

der Feststellung, daß Staatsgewalt und richterliches Ermessen an Gesetze gebunden und bei intensiven Freiheitseingriffen diese Gesetze möglichst differenziert ausgestaltet sein müssen, ist nicht mehr gewonnen, als daß sich Strafbefugnis immer nur aus geschriebenem Gesetz ergeben kann. Damit wird jedoch die Strafgesetzlichkeit von einer Inhaltsschranke auf eine Formschranke reduziert, Formschranke in dem Sinne, daß die Strafgesetzlichkeit nur noch aufgeschriebene Strafbefugnis bedeutet. Offen läßt LISZT zudem die Frage, welche Anforderungen an das staatliche Gesetz zu stellen sind. Es bleibt ungeklärt, ob es sich um ein parlamentarisches Gesetz handeln muß, oder ob Verordnungen und Erlasse genügen. Wäre letzteres der Fall, dann wäre das Gesetzlichkeitsprinzip nicht einmal als Formschranke gewahrt.

V. Ergebnis der Textexegese

Entgegen der vordergründigen Plausibilität der heute herrschenden Interpretation der Magna-charta-Formel weist die Zusammenstellung der verschiedenen Zusammenhänge, in denen LISZT auf das Gesetzlichkeitsprinzip zurückgreift, auf Fragen und Widersprüche hin.

Zunächst zeigt sich, daß sich im LISZT'schen Lehrbuch wenig Ergiebiges zur Strafgesetzlichkeit finden läßt. Eine ernsthafte Befassung mit dem Gesetzlichkeitsprinzip setzt erst mit der aufkommenden Kompromißbereitschaft LISZTs angesichts der anstehenden Strafrechtsreform ein.

In seinen Ausführungen zur Strafgesetzlichkeit geht LISZT von einem gegenüber FEUERBACH relativierten Freiheitbegriff und darauf aufbauend auch von einem modifizierten Staatsbild aus. LISZT löst sich vom Individualismus und wendet sich einer überindividualistischen Betrachtungsweise zu. Die Verabsolutierung des modernen Verwaltungsstaates gegenüber dem "Nichts-als-Rechtsstaat" und die gleichzeitige Betonung, daß das Gesetzlichkeitsprinzip das Produkt dieses "Nichts-als-Rechtsstaats" und der auf diesem aufbauenden klassischen Strafrechtsschule sei, kommen einer ausdrücklichen Distanzierung von der Strafgesetzlichkeit in ihrer ursprünglichen, im liberal-rechtsstaatlichen Denken des 19. Jahrhunderts verwurzelten Bedeutung als Bürgerschutz und Inhaltsschranke gleich. Selektion und Anpassung des Straftäters an die Gesellschaft werden als Aufgaben des Strafrechts gefaßt, zu deren Verwirklichung Vereinfachung des Strafgesetzbuchs auf der Tatbestandsseite sowie Täterorientierung und unbestimmte Verurteilung auf der Rechtsfolgenseite für erforderlich gehalten werden. Das Postulat der Effektivitätssteigerung des Strafrechts tritt an die Stelle des Freiheitsschutzgedankens. Dementsprechend wird von einer vor-positiven Begründung des Strafrechts Abstand genommen, Strafrecht und Strafgesetz werden gleichgesetzt und damit eine unauflösbare Verschränkung von Strafrecht und Kriminalpolitik bescheinigt. Wie das Strafrecht als Produkt der Kriminalpolitik diese beschränken können soll, wird zweifelhaft. Steht die Ausstoßung oder Anpassung des Einzelnen auf dem Programm der Strafrechtspflege gerät darüberhinaus der Ausspruch, daß das Strafgesetz die magna charta des Verbrechers sei, in den Verdacht, ein bloßes Lippenbekenntnis zu sein.

Die Textexegese bezog sich auf die Aussagen LISZTs zum Gesetzlichkeitsprinzip im engen Bezugsrahmen des jeweiligen Textes. Im folgenden sollen die Aussagen zum Gesetzlichkeitsprinzip in das Gesamtwerk LISZTs eingeordnet werden, um zu klären, ob sich die angedeuteten Widersprüche auflösen lassen oder im Gegenteil weiter verschärfen. Im Zentrum werden dabei das straftheoretische und kriminalpolitische Konzept sowie die Staatsauffassung LISZTs stehen. Aber auch die Strafrechtsdogmatik LISZTs soll miteinbezogen werden, da diese in der heute herrschenden LISZT-Literatur stets als Beweis für das Festhalten an der Strafgesetzlichkeit gewertet wird.

B. Die Magna-charta-Formel und der Zweckgedanke im Strafrecht

Die Textexegese hat gezeigt, daß in der für das straftheoretische und kriminalpolitische Denken LISZTs grundlegenden Schrift des "Marburger Programms" die Magna-charta-Formel nicht angeführt wird. Diese Tatsache führt zu der Frage, ob das Gesetzlichkeitsprinzip mit dem strafrechtlichen Programm LISZTs zu vereinbaren oder für dieses disfunktional ist. Bevor der Inhalt des "Marburger Programms" im einzelnen rekonstruiert wird (II.), soll zunächst der wissenschaftstheoretische Standort LISZTs geklärt werden (I.). Auf die Frage der Disfunktionalität der Magna-charta-Formel wird erst in einem dritten Schritt eingegangen werden (III.).

I. Wissenschaftstheoretischer Akzentwechsel - empirische statt metaphysische Begründung von Strafrecht und Kriminalpolitik

Bei der Rekonstruktion des FEUERBACH'schen Gesetzlichkeitsprinzips wurde deutlich, daß FEUERBACHs Ausführungen zur Strafgesetzlichkeit maßgeblich durch seine Staatszwecklehre geleitet wurden. Für seine Straftheorie und für sein kriminalpolitisches Programm setzte FEUERBACH bei seinem Staatsmodell an. Dem Vorgehen FEUERBACHs folgend, wurde im Rahmen dieser Arbeit zunächst nach den staatstheoretischen Verankerungen des Gesetzlichkeitsprinzips gefragt, bevor auf die Funktion des Gesetzlichkeitsprinzips für das straftheoretische und kriminalpolitische Konzept eingegangen wurde. Dabei wurde deutlich, daß die Kriminalpolitik bei FEUERBACH schon per definitionem durch das Staatszweckmodell der Rechtsschutzanstalt begrenzt war.

Für die Frage, welchen Stellenwert das Gesetzlichkeitsprinzip im LISZT'schen Gesamtwerk hat, soll von diesem Vorgehen abgewichen, d.h. es soll nicht mit LISZTs Staatsbild begonnen werden, sondern der Zugang zum Werke LISZTs soll direkt über die Straftheorie erfolgen. Diese Abweichung gegenüber FEUERBACH hat ihren Grund in LISZTs eigener wissenschaftlicher Methode. Ein ausgeprägtes Staatszweckmodell, für das ein passendes Strafrechtskonzept entwickelt wird, findet sich bei LISZT in der Form, wie es bei FEUERBACH vorhanden ist, nicht. LISZTs Straftheorie ist nicht das zwingend aus einem Staatsideal fließende Resultat. Strafrecht und Kriminalpolitik werden vielmehr als selbständige Bereiche definiert, deren Begründung allein in der Notwendigkeit der Verbrechensbekämpfung liegt. Damit steckt nicht die Staatstheorie den Bereich strafrechtlichen und insbesondere kriminalpolitischen Denkens ab, die Kriminalpolitik wird also nicht an sich bereits vor dem Hintergrund des Staatszweckmodells eingeschränkt, sondern gewinnt ihre Orientierung ausschließlich an der aus der gesellschaftlichen Realität fließenden Notwendigkeit. Diese Umkehrung des Begründungsvorgehens erklärt sich daraus, daß LISZT sich zu staatstheoretischen Grundlegungen nur vereinzelt und insbesondere erst ca. zwanzig Jahre nach dem Erscheinen des "Marburger Programms" - die Mehrzahl der Ausführungen zu einem Staatsmodell stammen aus der Zeit nach 1900 - äußert. Die Staatszwecklehre ist nicht notwendige Voraussetzung zur Legitimierung der Strafzwecklehre, sondern dient lediglich zur Absicherung der eigenen strafrechtlichen Anschauungen. Zwar spricht LISZT davon, daß das Vordringen der modernen Strafrechtsschule "*nur die Reflexwirkung unserer geänderten Auffassung über das Wesen und die Aufgaben des Staates uns darstellt*"[125], dies ändert jedoch nichts daran, daß er seine Straftheorie und seine kriminalpolitischen Forderungen zunächst ohne staatstheoretische Vorgaben entwickelt hat.

Dieses gegenüber FEUERBACH abweichende Vorgehen LISZTs ist Ausdruck eines sich in der zweiten Hälfte des 19. Jahrhunderts vollziehenden "wissenschaftstheoretischen Akzentwechsels"[126]. Grob skizziert läßt sich sagen, daß im Laufe der zweiten Hälfte des 19. Jahrhunderts an die Stelle der deduktiven Methode in der Strafrechtswissenschaft, nach der es in erster Linie darauf ankam, das Recht aus transpositiven Prinzipien abzuleiten und damit das Strafrecht auf den Boden einer philosophischen Legitimation zu stellen, die induktive Methode trat.[127] Als Wortführer dieser induktiven Methode trat A. MERKEL[128] - einer der führenden Köpfe der Wiener Rechtslehre, als LISZT sein Studium an der Universität Wien absolvierte[129] - ins Blickfeld. A. MERKEL

125 *Liszt*, in: Mitteilungen der I.K.V., Bd. 19, S. 378.

126 In Bezug auf *A. Merkel* vgl. *Dornseifer*, Rechtstheorie und Strafrechtsdogmatik Adolf Merkels, S. 43.

127 Zur Induktion in der Rechtswissenschaft vgl. auch *Radbruch*, Franz v. Liszt, in: ders., Elegantiae iuris criminalis, S. 208, 217.

128 Zu Leben und Werk *A. Merkels* vgl. *Eb. Schmidt*, Einführung, S. 310 ff..

129 Die Wiener Rechtslehre zur Zeit *Liszts*, für die der soziale Positivismus kennzeichnend ist, wurde neben *A. Merkel* von *Unger*, *Jhering* und *Glaser* geprägt. *Liszt* studierte von 1869 bis 1873 in Wien. Seine späteren Werke sind in wesentlichen Zügen von der Wiener Rechtslehre dieser Zeit geprägt. Insbesondere für das Verhältnis *Liszt* - *Jhering*

sah in der Rechtswissenschaft eine induktiv systematisierende Wissenschaft des positiven Rechts.[130] Nach dieser Auffassung sollte für eine außerhalb des Rechts stehende, diesem als Quelle und Maßstab dienende Philosophie kein Raum mehr sein.[131] Das Recht sollte nicht aus überpositiven Idealen abgeleitet, sondern die Welt sollte allein aus sich heraus und das "Soll" nur als Konsequenz des "Ist" begriffen werden.[132] Die Philosophie wurde umgedeutet in eine allgemeine Rechtslehre, deren Aufgabe in der "voraussetzungslose(n) Bearbeitung der in System gebrachten Begriffe" bestehen sollte.[133] Diese allgemeine Rechtslehre liegt auf der Linie einer "anti-naturrechtlichen Forschungshaltung", mit der eine Verabsolutierung der rein positivistischen Betrachtungsweise einhergeht.[134] Die von Erfolg gekrönten naturwissenschaftlichen Forschungen ließen anschaulich werden, wie gewinnbringend es ist, das Gegebene, sprich das Positive zu erfassen und zu erkennen. Der Strafrechtswissenschaft wird das Streben nach diesem Ideal dadurch erleichtert, daß sie sich mit den positiven Bestimmungen des Reichsstrafgesetzbuchs von 1871, dem ersten reichseinheitlichen Strafrechtskodifikationswerk seit der Carolina von 1532, zu befassen hat. Die Rechtswissenschaft wird als Wirklichkeitswissenschaft aufgefaßt, deren Methode die ursächlich erklärende ist. Damit verliert sie ihr bisheriges Hauptthema: die Frage nach der letzten Legitimation des positiven Rechts.[135]

Das traditionelle Bild von der positivistischen Richtung in der Rechtswissenschaft hat in der Zwischenzeit im Hinblick auf die Rechtsanwendungsseite be-

---

wird dies unten, S. 120 ff., noch zu zeigen sein. Zur Wiener Rechtslehre vgl. *Moos*, Der Verbrechensbegriff in Österreich, S. 417 ff..

130 *A. Merkel*, Über das Verhältnis der Rechtsphilosophie zur "positiven" Rechtswissenschaft, in: Gesammelte Abhandlungen I, S. 291, 307 ff.; dazu *Frommel*, Die Rolle der Erfahrungswissenschaften, in: Liszt der Vernunft, Kriminalsoziologische Bibliographie 1984, Heft 42, S. 36, 41; zu *A. Merkels* Lehren vgl. *Dornseifer*, Rechtstheorie und Strafrechtsdogmatik Adolf Merkels.

131 *A. Merkel*, ebenda, S. 319.

132 *A. Merkel*, ebenda.

133 *A. Merkel*, ebenda, S. 306; dazu *Moos*, Der Verbrechensbegriff in Österreich, S. 417 f.; *Frommel*, Die Rolle der Erfahrungswissenschaften, in: Liszt der Vernunft, Kriminalsoziologische Bibliographie 1984, Heft 42, S. 36, 41. Zu dem Versuch *A. Merkels*, eine Einheit des Rechts durch eine Allgemeine Rechtslehre zu begründen, vgl. *Baldus*, Die Einheit der Rechtsordnung, S. 89 ff..

134 *Dornseifer*, Rechtstheorie und Strafrechtsdogmatik Adolf Merkels, S. 43; diese Entwicklung gipfelt in den markigen Worten *Bergbohms*, Jurisprudenz und Rechtsphilosophie, S. 118: "*Es muß (...) das Unkraut Naturrecht in welcher Form und Verhüllung es auch auftreten möge, offen oder verschämt, ausgerottet werden, schonungslos, mit Stumpf und Stiel.* Mögen die Leute sich unter Recht denken, was sie wollen, und an ein Recht glauben, so hoch und himmlisch als sie es sich irgend vorstellen können. Aber von allem, was sich Jurisprudenz, Rechtslehre, Rechtsphilosophie nennt und auf Wissenschaftlichkeit Anspruch erhebt, ist jeder Gedanke daran, daß etwas Recht sein könne, ohne positives Recht zu sein, und das Recht betreffen könnte, ohne im wirklichen Recht Bestätigung zu finden, auf das entschiedenste fernzuhalten."

135 *Lange*, Das Menschenbild des Positivismus, in: ZStW 81 (1969), S. 446, 558 f. unter Berufung auf *Wieacker*, Privatrechtsgeschichte, S. 562 f..

deutende Korrekturen erfahren.[136] Auf diese näher einzugehen erübrigt sich vorliegend, da die Frage im Mittelpunkt steht, inwiefern sich eine rein positivistische Betrachtungsweise bei LISZT niedergeschlagen hat, und darüberhinaus nicht der Anwendungs-, sondern der Grundlagendiskurs von übergeordnetem Interesse ist.

LISZTs wissenschaftliches Arbeiten wurde maßgeblich von der wissenschaftstheoretischen Gestalt der induktiven Methode MERKELs geprägt.[137] LISZT wörtlich:

> "Ich war im allgemeinen Teile bemüht, die Methode durchzuführen, welche ich für die allein richtige halte: die höheren und allgemeineren Begriffe aus den positivrechtlich gegebenen, niedereren und besonderen zu entwickeln. Das ist keine Ablehnung der Philosophie, sondern nur die Anwendung dessen, was sie uns lehrt. (...) Ich bin eben der Überzeugung, daß nur an den einzelnen Verbrechen die allgemeinen Begriffe mit Erfolg gelehrt und gelernt werden können, und daß das Überwuchern des allgemeinen Teils in Lehrbüchern und akademischen Vorträgen wesentlich Schuld trägt an der Zerfahrenheit unsrer Wissenschaft."[138]

Mittels einer "ruhige(n), gewissenhafte(n) Beobachtung der Tatsachen, wie sie das Leben uns gibt", sowie einer "nüchterne(n) Beurteilung der Zweckmäßigkeitsfrage" seien die anstehenden Probleme zu lösen.[139] Speziell zur Methode der Strafrechtswissenschaft äußert sich LISZT wie folgt:

> "Eine *philosophische Betrachtung* aber, die sich nicht damit begnügt, die Rechtfertigung der Strafe in ihrer Notwendigkeit für die Aufrechterhaltung der Rechtsordnung und damit des ganzen gesellschaftlichen Lebens selbst zu erblicken, die vielmehr jenseits von Staat und Recht im Absoluten nach dem festen Punkt sucht, auf den sie den stolzen Bau einer apriorischen Strafrechtswissenschaft stützen möchte, eine solche Betrachtung lehne ich schlankweg ab. Sie fällt hinaus aus dem Gebiet der Strafrechtswissenschaft, der Rechtswissenschaft, der Wissenschaft überhaupt. (...) Jenseits des Gebietes der Wissenschaft liegt das Gebiet des *Glaubens*. Wer sich bemüht, im Sinne der *Kant*schen Erkenntniskritik die beiden Gebiete reinlich voneinander zu scheiden, der leugnet damit nicht, daß die beiden Gebiete unabhängig voneinander bestehen. Und wenn es unmöglich ist, daß durch echte wissenschaftliche Erkenntnis jemals unser Glaube gefährdet würde, so sollte es ebenso undenkbar sein, daß die wissenschaftliche Erkenntnis durch den Glauben, sei es Förderung, sei es Hemmung erfahren könnte. Was hinter Raum und Zeit unserem blöden Blick verborgen ist, das können, das sollen wir glauben, hoffen, lieben; aber wir können es nicht wissenschaftlich erkennen. Jeder Übergriff aus jenen Gebieten in das Gebiet wissenschaftlicher Erkenntnis muß mit größter Schärfe zurückgewiesen

---

136 Vgl. die beiden einschlägigen Arbeiten aus den Jahren 1986 und 1989 von *Ogorek*, Richterkönig oder Subsumtionsautomat?, und *Falk*, Ein Gelehrter wie Windscheid.

137 Zum Einfluß *A. Merkels* auf *Liszt* vgl. *Moos*, F. v. Liszt als Österreicher, in: ZStW 81 (1969), S. 660, 665 f..

138 *Liszt*, Vorwort zur 2. Aufl. des Lehrbuchs, S. IV f.. Für eine Ablösung der Rechtsphilosophie durch eine Allgemeine Rechtslehre vgl. bereits *Liszt*, Lehrbuch, 1. Aufl., S. 16.

139 *Liszt*, Die Gefängnisarbeit, S. 19 f..

werden. Metaphysische Spekulation, mag sie sich auch in das Gewand einer der beliebten 'absoluten Strafrechtstheorien' kleiden, hat mit der Wissenschaft und daher auch mit der Strafrechtswissenschaft nichts zu tun."[140]

Das klare Bekenntnis LISZTs zur Induktion als einzig zulässige wissenschaftliche Methode wird auch in seinen späteren Ausführungen zum "richtigen Recht" deutlich, wonach aus dem Seienden das Sein-Sollende abzuleiten sei: Nur aus dem Erkennen des Seienden als geschichtlich Gewordenes ergebe sich das Sein-Sollende.[141] Strafrechtliche Grundlagenprobleme werden zu Gegenständen einer allgemeinen Rechtslehre, die induktiv aus den Regelungen des geltenden Rechts gebildet wird.[142] Durch den historischen Bezug stellt sich LISZTs Vorgehen als die Annahme der normativen Kraft des Faktischen (JELLINEK) dar.[143]

LISZTs Wissenschaftsbegriff und seine daraus folgende Haltung zur Strafrechtswissenschaft leitet sich aus diesem rein positivistischen Wissenschaftsideal her.[144] Die Wissenschaft untersuche, so LISZT, "sinnfällige Erscheinungen in ihrem gesetzmäßigen Zusammenhange".[145] Das Strafrecht sei der "Inbegriff derjenigen Rechtsregeln, durch welche die Strafe als Rechtsfolge an das Verbrechen als Tatbestand geknüpft wird".[146] Da die Strafrechtswissenschaft die systematische Zusammenfassung und Entwicklung dieser Rechtsregeln zum Gegenstand habe und sich somit in der logischen Verknüpfung der strafrechtlichen Begriffe erschöpfe, könne man sie nicht als Wissenschaft, sondern allenfalls als Kunst bezeichnen.[147] Eine wissenschaftliche Aufgabe habe die Strafrechtswissenschaft nur insofern, als ihr die kausale Erklärung von Verbrechen und Strafe im Wege naturwissenschaftlicher Methode obliege.[148] Die dem

---

140 *Liszt*, Aufgaben und Methode der Strafrechtswissenschaft, in: AuV II, S. 284, 297.

141 *Liszt*, Das "richtige Recht", in: ZStW 26 (1906), S. 553, 556, 557. Diese These hat *Liszt* zahlreiche kritische Reaktionen seiner Schüler eingebracht, vgl. insbesondere *Radbruch*, Literaturbericht Rechtsphilosophie, in: ZStW 28 (1908), S. 251; *Kantorowicz*, Probleme der Strafrechtsvergleichung, in: Mschr. f. Kriminalpsychologie und Strafrechtsreform 4 (1907/1908), S. 65 ff.. Ausgelöst wurde die Debatte um das "richtige Recht" durch *Stammler*s Schrift "Die Lehre vom richtigen Rechte" aus dem Jahre 1902, auf die auch *Liszt* ausdrücklich Bezug nimmt (S. 554); vgl. zur gesamten Diskussion *Frommel*, Präventionsmodelle, S. 183 ff., 185 ff..

142 *Frommel*, Die Rolle der Erfahrungswissenschaften, in: Liszt der Vernunft, Kriminalsoziologische Bibliographie 1984, Heft 42, S. 36, 41.

143 So *Ostendorf*, Von der Rache zur Zweckstrafe, S. 13.

144 Zum positivistischen Gehalt des Strafrechtssystems *Liszt*s vgl. insbesondere *Welzel*, Naturalismus und Wertphilosophie, S. 22 ff..

145 *Liszt*, Über den Einfluß der soziologischen und anthropologischen Forschungen, in: AuV II, S. 75, 77.

146 *Liszt*, ebenda, S. 77; *Liszt*, Lehrbuch, 3. Aufl., S. 1; gemeint ist das Strafrecht im objektiven Sinne in Abgrenzung zum Strafrecht im subjektiven Sinne, welches das Recht zu strafen umfasse, ebenda, Anm. 1.

147 *Liszt*, Über den Einfluß der soziologischen und anthropologischen Forschungen, in: AuV II, S. 75, 77 f..

148 *Liszt*, Aufgaben und Methode der Strafrechtswissenschaft, in: AuV II, S. 284, 289 f.. Neben der wissenschaftlichen Aufgabe weist *Liszt* der Strafrechtswissenschaft eine pädagogische sowie eine kriminal-politische Aufgabe zu: In pädagogischer Hinsicht müsse die Strafrechtswissenschaft dem künftigen kriminalistischen Praktiker zum einen "die Fülle der Rechtssätze nach logisch-juristischer Methode übermitteln" und zum

Strafrecht zugrundeliegenden Naturgesetze sollten aufgezeigt und erforscht werden, die Rechtswissenschaft sollte mit naturwissenschaftlicher Methode verfahren.[149] Auch die Kriminalpolitik könne nur insofern der Wissenschaft zugeordnet werden, als ihre soziologische Grundlage gemeint sei. Die wissenschaftliche Erkenntnis der Verbrechensursachen trete in den Dienst der Verbrechensbekämpfung und diene somit als Mittel zum Zweck. Die Kriminalpolitik sei mithin als "*angewandte* Wissenschaft" aufzufassen.[150]

Durch die Ableitung der Rechtssätze aus dem Gegebenen wird die metajuristische Begründung des Strafrechts abgelöst. Die Legitimationsfrage wird in Form der empirischen Notwendigkeit des Strafrechts neu gestellt.[151] Schon der Titel des "Marburger Programms" "Der Zweckgedanke im Strafrecht" impliziert deutlich, daß für das Strafrecht der Zweckgedanke maßgeblich sein, eine metaphysische Begründung hingegen keine Berücksichtigung finden soll.[152] Es geht nicht um eine außerrechtliche Begründung des Strafrechts als eines staatlichen Eingriffsinstruments, sondern um die empirische Ausgestaltung der Strafe. LISZT stellt die Legitimationsfrage "in Form einer politisch zu leistenden Effektivitätssteigerung" durch umfassende Reformen im kriminal- und sozialpolitischen Bereich.[153] Damit ist das Strafrecht in erster Linie politisierender Gestaltung zugänglich gemacht worden. Rechtswissenschaft bedeutet hier "wissenschaftlich betriebene Rechtspolitik" mit einer Zuweisung eines relativen Ermessensspielraums an den Gesetzgeber.[154] Damit wird an die Rechtswissenschaft der Anspruch politischer Flexibilität, d.h. einer erweiterten Anpassungsfähigkeit unter den Gesichtspunkten einer Effektivitätssteigerung

---

anderen - darauf legt *Liszt* besonderen Wert - auch die praktisch technische Feststellung des Tatbestandes, auf den die Rechtssätze angewandt werden sollen, nahebringen (ebenda, S. 285 f.). Die kriminal-politische Aufgabe der Strafrechtswissenschaft bestehe darin, daß sie dem Strafgesetzgeber "Lehrmeisterin", d.h. "zuverlässige Beraterin und Führerin im Kampf gegen das Verbrechen" sei, wobei sie sich auf die kausale Erforschung von Verbrechen und Strafe stütze (ebenda, S. 293 f.).

149 Über den Einfluß naturwissenschaftlicher Theoreme und Methoden auf die Jurisprudenz, insbesondere auf die Fragen der Entstehung und Geltung des Rechts in der zweiten Hälfte des 19. Jahrhunderts vgl. *Kiesow*, Das Naturgesetz des Rechts, demnächst zur Veröffentlichung; *Kiesow* geht der Frage der Naturwissenschaftlichkeit der Jurisprudenz am Beispiel des juristischen Praktikers *Albert Hermann Post* nach. Zu den naturwissenschaftlichen Einflüssen auf die Jurisprudenz in der ersten Hälfte des 19. Jahrhunderts vgl. *Herberger*, Beziehungen zwischen Naturwissenschaft und Jurisprudenz, in: Berichte zur Wissenschaftsgeschichte 6 (1983), S. 79 ff..

150 *Liszt*, Über den Einfluß der soziologischen und anthropologischen Forschungen, in: AuV II, S. 75, 79.

151 Vgl. auch *Naucke*, Marburger Programm, in: ZStW 94 (1982), S. 525, 533 f..; darin liegt ein wesentliches Element des modernen Strafrechts, das durch die Abwendung von metaphysischen Konzepten und die Hinwendung zur empirischen Methodologie, durch Folgenorientierung sowie durch Favorisierung präventiver Konzepte gekennzeichnet ist. Vgl. dazu *Hassemer*, Produktverantwortung im modernen Strafrecht, S. 1 f..

152 Ebenso *Georgakis*, Geistesgeschichtliche Studien, S. 22.

153 *Frommel*, Die Rolle der Erfahrungswissenschaften, in: Liszt der Vernunft, Kriminalsoziologische Bibliographie 1984, Heft 42, S. 36, 41.

154 *Frommel*, ebenda; zur daraus folgenden Dispositionsbefugnis des Gesetzgebers vgl. unten S. 127 ff..

des Strafrechts, herangetragen. War in FEUERBACHS theoretischem Modell das Strafrecht mit seiner ausschließlichen Aufgabe der Freiheitssicherung noch durch politische Unabhängigkeit gekennzeichnet, wird es bei LISZT zu einer an den Bedürfnissen der Zeit ausgerichteten und damit deren Wandlungen unterworfenen politisch zweckbestimmten Institution. Welche Flexibilitätsanforderungen die politische Ausrichtung an das Strafrecht stellen wird, wird noch zu zeigen sein.[155] Hier nur so viel: die Ausrichtung des Strafrechts auf Effektivität und Anpassungsfähigkeit macht es möglich, ein straftheoretisches und kriminalpolitisches Programm ohne eine Orientierung an außerstrafrechtlichen Prinzipien, wie einer philosophisch begründeten Staatszwecklehre, zu entwerfen; ja, die Loslösung von staatstheoretischen Vorgaben ist sogar zwingend, will das effektivitätsorientierte Strafrecht sich nicht durch einen vorher gesteckten Bezugsrahmen die Hände binden und damit eine Einbuße an Flexibilität hinnehmen.

II. "Der Zweckgedanke im Strafrecht" - LISZTs straftheoretisches und kriminalpolitisches Programm

Zur Klärung der Frage, welche Rolle der Magna-charta-Formel im Hinblick auf die straftheoretische und kriminalpolitische Konzeption LISZTs spielt, ist zunächst eine eingehende Rekonstruktion dieser Konzeption erforderlich.[156] Die Darstellung folgt im wesentlichen LISZTs programmatischer Schrift des "Marburger Programms"[157]. Darüberhinaus wird die Aufsatzreihe "Kriminalpolitische Aufgaben" aus den Jahren 1889 bis 1892[158] herangezogen, da diese die Konkretisierungen der im "Marburger Programm" nur in Grundzügen umrissenen kriminalpolitischen Forderungen LISZTs enthält.

1. Das Wesen der Strafe - entwicklungstheoretische Begründung

Nachdem die Auffassung von der Strafe als Vergeltung über mehrere Jahrzehnte unbestritten die Strafrechtswissenschaft des 19. Jahrhunderts beherrscht hatte, brach angesichts einer allgemeinen Unzufriedenheit mit den praktischen Ergebnissen der Strafrechtspflege der Streit um die Rechtfertigung der Strafe

155 Siehe unten S. 108 ff..

156 Zum kurzen Überblick über das kriminalpolitischen Programm *Liszt*s vgl. auch *Bockelmann*, Franz von Liszt und die kriminalpolitische Konzeption des allgemeinen Teils, in: ZStW 81 (1969), S. 597, 599 ff..

157 *Liszt*, Zweckgedanke, in: AuV I, S. 126 ff. Weitere Ausgaben: *Liszt*, Der Zweckgedanke im Strafrecht, in: ZStW 3 (1882), S. 1 ff.; *Liszt*, Der Zweckgedanke im Strafrecht, in: E. Wolf (Hrsg.), Deutsches Rechtsdenken, Heft 6, 1943 (gekürzte Ausgabe); *Ostendorf* (Hrsg.), Von der Rache zur Zweckstrafe, 1982.

158 in: AuV I, S. 290 ff..

erneut auf.[159] LISZT greift diesen Streit auf und entwickelt seine Lehre von der Strafe als zweckbewußtem Rechtsgüterschutz. Seine im "Marburger Programm" niedergelegte Straftheorie zielt sowohl auf die "*Umgrenzung der vom Staat mit Strafe zu bedrohenden Handlungen*" als auch auf die Festlegung von Inhalt und Umfang der Strafe.[160] Dabei geht es LISZT nicht nur um die Frage nach Rechtsgrund und Zielen der Strafe, sondern auch um die kriminalpolitisch motivierte Frage nach den Ursachen des Verbrechens.

Der Erörterung des Wesens der Strafe legt LISZT einen evolutionstheoretischen Ansatz zugrunde, indem er auf die geschichtliche Entwicklung des Wesens der Strafe rekurriert. Der Entwicklungsgedanke, der in LISZTs Ausführungen zum Wesen der Strafe den Mittelpunkt bildet, basiert seinerseits auf dem Entwicklungsbegriff MERKELS.[161] Kennzeichen dieses Entwicklungsbegriffs ist die Annahme der Gesetzmäßigkeit alles geschichtlich Gewordenen.[162] Charakteristisch dafür sind die Elemente der Veränderlichkeit, der Kontinuität sowie der Vererbung.[163] Unter Entwicklung als ursächliche Verknüpfung ist hier nicht eine rein zeitliche Abfolge zu verstehen, sondern ein Fortschreiten hin zum Zweckmäßigen.[164] Damit werden kausale und teleologische Betrachtungsweisen miteinander verknüpft[165], der Entwicklungsbegriff wird folglich als Wertbegriff gefaßt. LISZT sieht in der Konstatierung der Entwicklungsrichtungen der Strafe "die einzig denkbare wissenschaftliche Grundlage für menschliche Zwecksetzung, für zielbewußtes Eingreifen des Gesetzgebers" und damit den einzigen Weg zum Aufbau einer effektiven Kriminalpolitik.[166]

Ausgehend von diesem Entwicklungsgedanken betrachtet LISZT das, was sich ihm heute als Strafrecht darstellt, als das Resultat einer Entwicklung, die sich in drei Schritten vollzogen habe: am Anfang habe die "Strafe als Triebhandlung"

---

159 Auslöser der erneuten Debatte war *Mittelstädt*, der in seiner Schrift "Gegen die Freiheitsstrafen" aus dem Jahre 1879 zum entschiedenen Kampf für ein effektiveres Strafrechtssystem aufrief. *Frommel*, Die Rolle der Erfahrungswissenschaften, in: Liszt der Vernunft, Kriminalsoziologische Bibliographie 1984, Heft 42, S. 36, ist der Auffassung, daß zur Zeit des "Marburger Programms" der Streit um die Legitimation der Strafe nicht mehr und auch noch nicht wieder aktuell gewesen sei. Dagegen spricht jedoch, daß *Liszt* selbst seine eigenen Auffassung zu Wesen und Aufgabe der Strafe in diesen Streit einordnete. Vgl. *Liszt*, Zweckgedanke, in: AuV I, S. 126 ff..

160 *Liszt*, Zweckgedanke, in AuV I, S. 126.

161 Eine ausdrückliche Bezugnahme *Liszt*s auf *A. Merkel* findet sich erst spät bei *Liszt*, Das "richtige Recht", in: ZStW 27 (1907), S. 91, 92; zum Einfluß des *Merkel*'schen Entwicklungsbegriffs auf die Lehren *Liszt*s vgl. *Georgakis*, Geistesgeschichtliche Studien, S. 15. Der Einfluß *Merkel*s auf *Liszt* war somit ein zweifacher; vgl. bereits oben S. 98 ff..

162 *A. Merkel*, Begriff der Entwicklung, in: Zschr. f. Privat- und Öffentliches Recht 4 (1877), S. 1, 3.

163 *A. Merkel*, Begriff der Entwicklung, in: Zschr. f. Privat- und Öffentliches Recht 3 (1876), S. 625, 628; Hervorhebung verdient, daß *Merkel* den Entwicklungsbegriff nicht auf *Darwin*, sondern auf *Savigny* zurückführt.

164 *Liszt*, Entwicklungsgedanke, in: Mitt. d. I.K.V., Bd. 16, S. 197, 498.

165 Zutreffend *C. Bohnert*, Straftheorien und Staatsverständnis im Schulenstreit, S. 18 f..

166 *Liszt*, Das "richtige Recht", in: ZStW 27 (1907), S. 91, 95 ff.; dazu auch *Georgakis*, Geistesgeschichtliche Studien, S. 15.

gestanden, die sich über die "Objektivierung der Strafe" hin zur "Strafe als zweckbewußte(m) Rechtsgüterschutz"[167] entwickelt habe.

a. Die Strafe als Triebhandlung

Als Ausgangspunkt für die geschichtliche Entwicklung des Wesens der Strafe greift LISZT die Urform der Strafe auf. Ursprünglich, d.h. in den Anfängen der menschlichen Kulturentwicklung sei die Strafe "*blinde, instinktmäßige, triebartige, durch die Zweckvorstellung nicht bestimmte* Reaktion der Gesellschaft gegen äußere Störungen der Lebensbedingungen des Einzelnen wie der vorhandenen Gruppen von Einzelindividuen" gewesen.[168] Die Qualifikation der Urform der Strafe als Triebhandlung beinhaltet somit nichts anderes, als daß sie als nicht durch den Zweckgedanken bestimmt betrachtet wird. Aber nicht nur im negativen, sondern auch im positiven Sinne spricht LISZT von der Strafe als Triebhandlung, indem er sie als "Ausfluß des *Strebens nach Selbstbehauptung des Individuums*, nach individueller *Selbst*erhaltung"[169] bezeichnet. Da der Mensch jedoch als politisches Wesen in die Welt trete, trage die als Ausfluß des Selbsterhaltungstriebes erscheinende Strafe von Beginn an sozialen Charakter und stelle die "*soziale* Reaktion gegen *soziale* Störungen" dar.[170] Angesichts dieser Gemeinschaftsbezogenheit der Strafe diene sie nicht nur der *Selbst*erhaltung des Individuums, sondern sei als "Ausfluß des Arterhaltungstriebes"[171] zu verstehen.

Mit dem Abstellen auf den Selbst- bzw. Arterhaltungstrieb konkretisiert LISZT den entwicklungstheoretischen Ansatz hin zu einer Selektionstheorie darwinistischer Prägung[172], die die "Auslese durch den Kampf ums Dasein", genauer: "die ausscheidende Auslese der Untüchtigen und die erhaltende und zugleich vervollkommnende Auslese der Tüchtigen" zum Gegenstand hat.[173] Diese Selektionstheorie stellt sich als die Übertragung des von *Darwin*[174] für die tie-

167 So die Überschriften der Abschnitte II., III. und V., *Liszt*, Zweckgedanke, in: AuV I, S. 126, 133, 145, 163.

168 *Liszt*, ebenda, S. 132, 134.

169 *Liszt*, ebenda, S. 135; ähnlich bereits *Liszt*, Lehrbuch, 1. Aufl., S. 14.

170 *Liszt*, Zweckgedanke, in: AuV I, S. 126, 135.

171 *Liszt*, ebenda, S. 138.

172 Die darwinistische Prägung der Auffassung *Liszt*s zeigt sich aus dem zustimmenden Verweis *Liszt*s, ebenda, S. 136 Anm. 1, auf *G.H. Schneider*, einem Vertreter der darwinistischen Entwicklungstheorie.

173 *Liszt*, Entwicklungstheorie, in: Mitt. d. I.K.V., Bd. 16, S. 497, 498; *ders.*, Gesellschaftliche Faktoren, in: AuV II, S. 433, 446.

174 *Darwin*, Über die Entstehung der Arten durch natürliche Zuchtwahl. *Darwin*s revolutionäre, den Glauben an den biblischen Schöpfungsakt erschütternde Aussagen zur biologischen Entwicklung stehen im Zeichen des Hochblüte der Naturwissenschaften im 19. Jahrhundert und eröffneten den Weg hin zu einer rechtlichen Zweckperspektive, die in *Jhering*s "Kampf ums Recht" (1872) in den Rang einer Rechtstheorie erhoben wurde. Zur Beeinflussung *Jhering*s durch den Darwinismus vgl. *Pleister*, Persönlichkeit, Wille und Freiheit im Werke Jherings, S. 358 ff.. Dazu näher unten S. 120 ff..

rische und pflanzliche Lebenswelt begründeten Kampfprinzips auf das Gebiet des Strafrechts dar.[175] Neben die natürliche[176] Auslese trete die künstliche, zweckbewußte Auslese, die in der "Ausscheidung der untüchtigen Glieder der Gesellschaft, Anpassung der weniger tüchtigen, Ausbildung der tüchtigen zu noch tüchtigeren" bestehe.[177] Die Strafe stehe im Zeichen dieser künstlichen Selektion und zeige in der zweckbewußten Ausscheidung des Straftäters bzw. in der Anpassung des Straftäters an die Gesellschaft ihre soziale Funktion.[178]

Zur Stützung der Hypothese von dem uranfänglichen sozialen Charakter der Strafe zieht LISZT drei Formen der primitiven Strafe heran. Die erste Form der primitiven Strafe sei die Blutrache gewesen. Diese sei nicht als Privatstrafe, sondern als Familien- oder Geschlechterrache aufzufassen, die ursprünglich als Fehde zweier Geschlechter erscheine[179] und damit Gemeinschaftsbezogenheit aufweise. Deutlicheren sozialen Charakter zeige die Friedloslegung als die zweite Form der primitiven Strafe, die in der "Ausstoßung aus der Gemeinschaft der Friedensgenossen" bestanden habe.[180] Unverkennbar sei der soziale Charakter der Strafe schließlich in der obrigkeitlichen Strafe, die von LISZT mißverständlich als "staatliche Strafe" bezeichnet wird[181] als der dritten Form der primitiven Strafe, die als Fortsetzung von Blutrache und Friedloslegung mit der Entwicklung der Geschlechtsgemeinschaft und der Friedensgenossenschaft zum Staat entstanden sei.[182]

Von der Feststellung, daß die Strafe in ihrer ursprünglichen Form nichts anderes als eine Triebhandlung mit sozialer Ausprägung sei, geht LISZT zu der Frage nach dem Verhältnis zwischen Strafe und Ethik über. Die Strafe sei nicht Ausdruck eines sittlichen Wert*urteils*, sondern als Trieb*handlung* etwas wesentlich anderes als dieses.[183] Die Strafe als Triebhandlung mit sozialem Charakter könne nur von Individuen, nicht aber durch die Menschheit als solche verhängt werden, während jedoch die Ethik gerade das "Gesetz der Menschheit" sei.[184] Ferner liege die Strafe in ihrer Urform vor der Geschichte der Menschheit

175 Hier zeigt sich also deutlich, daß *Liszt*s Strafrechtslehre stark unter dem Einfluß naturwissenschaftlicher und, auf diese aufbauend, sozialdarwinistischer Lehren stand. Zum Sozialdarwinismus vgl. *Wehler*, Sozialdarwinismus im expandierenden Industriestaat, in: ders., Krisenherde des Kaiserreichs, S. 281 ff.; *ders.*, Das Deutsche Kaiserreich, S. 179 ff..

176 Zu ihr vgl. auch *Liszt*, Kriminalität der Jugendlichen, in: AuV II, S. 331, 340 f., wo *Liszt* von "Minderwertigen" spricht, die "teils durch ihren Schwachsinn, teils durch körperliche Gebrechen aller Art, vielfach durch geistige und körperliche Schwächen hinter dem Durchschnitt zurückbleiben und daher dem Kampf ums Dasein nicht gewachsen sind." Hier werde "durch die von der Natur selbst vollzogene Selektion das Aussterben der Verbrechergenerationen gesichert".

177 *Liszt*, Entwicklungsgedanke, in: Mitt. d. I.K.V., Bd. 16, S. 497, 499.

178 *Liszt*, ebenda.

179 *Liszt*, Zweckgedanke, in: AuV I, S. 126, 138 f..

180 *Liszt*, ebenda, S. 139

181 Vgl. dazu *C. Bohnert*, Straftheorien und Staatsverständnis im Schulenstreit, S. 11.

182 *Liszt*, Zweckgedanke, in: AuV I, S. 126, 139 f..

183 *Liszt*, ebenda, S. 140, 142.

184 *Liszt*, ebenda, S. 142 f..

und damit auch *vor* der Ethik, da sich diese erst als "Produkt der Geschichte der Menschheit" entwickelt habe.[185] Die Strafe als Triebhandlung habe schließlich auch *vor* dem Recht bestanden, da im Recht der Zweckgedanke liege[186], die Strafe als Triebhandlung jedoch vom Zweckgedanken unabhängig sei.[187] Aufgrund dieses Wesensunterschiedes zwischen Strafe und Ethik könne die Strafe kein sittliches Werturteil des Strafenden sein.

b. Objektivierung der Strafe und Heranziehung des Zweckgedankens

Im Fortgang der Entwicklung der Strafe habe ein Übergang der Funktion des Strafens von am sozialen Konflikt beteiligten Gruppen oder Individuen auf unbeteiligte und damit unbefangen urteilende Organe stattgefunden. LISZT nennt diesen Vorgang "Objektivierung der Strafe" oder, gleichbedeutend, "Verstaatlichung der Strafe", welche durch die ausschließliche Strafverfolgung von Amts wegen eingetreten sei.[188] Die staatliche Strafe sei gekennzeichnet durch den Übergang der Strafbefugnisse.[189]

Die Objektivierung der Strafe ermögliche es, die "*Lebensbedingungen* der staatlichen Gemeinschaft und der in ihr befaßten Einzelnen, gegen welche das Verbrechen sich richtet", zu erkennen. Indem diese Lebensbedingungen zu Rechtsgütern erklärt werden, werde "eine erste Selbstbeschränkung der staatlichen Strafgewalt" erreicht.[190] Ferner ermögliche die Erfassung der Rechtsgüter eine genauere Betrachtung des Verbrechens und dadurch die Ausbildung der einzelnen Verbrechenstatbestände. Anhand dieser könnten diejenigen Verbrechensmerkmale, welche bei jedem Verbrechen gegeben seien, abstrahiert werden und in einem allgemeinen Teil des Strafrechts zusammengefaßt werden.[191] Selbstbeschränkung des Staates werde durch - aus der Kodifizierung des Strafrechts sich ergebende - zunehmende Formalisierung der Strafgewalt und wachsende Abstraktion vom konkreten Fall erreicht.[192]

Darüberhinaus werde der Strafe durch die Objektivierung Maß und Ziel verliehen. Dem Trieb wohne die Tendenz zu ungezügelter und ungestümer Reaktion inne und die primitive Strafe sei daher stets auf die Vernichtung der Rechtsgüter des Straftäters gerichtet gewesen. Das der Strafe durch die Objektivierung gesetzte Ziel, die Lebensbedingungen der staatlichen Gemeinschaft zu schützen, führe zu einer Zügelung der Strafsanktion, indem sie sich anstelle der Vernich-

---

185 *Liszt*, ebenda, S. 143.

186 Hier greift *Liszt* ausdrücklich *Jherings* Grundgedanken des Zwecks im Recht auf. Inwieweit *Liszts* "Zweckgedanke im Strafrecht" eine Rezeption von *Jherings* "Zweck im Recht" darstellt, dazu unten S. 101 ff..

187 *Liszt*, Zweckgedanke, in: AuV I, S. 126, 144.

188 *Liszt*, ebenda, S. 146.

189 Zutreffend *C. Bohnert*, Straftheorien und Staatsverständnis im Schulenstreit, S. 20.

190 *Liszt*, Zweckgedanke, in: AuV I, S. 126, 147.

191 *Liszt*, ebenda, S. 147 f..

192 Vgl. dazu auch *C. Bohnert*, Straftheorien und Staatsverständnis im Schulenstreit, S. 21.

tung der Rechtsgüter des Straftäters mit einer Schmälerung derselben begnüge.[193]

Schließlich ermögliche die Objektivierung "die *Einsicht in die Wirkungen der Strafe*", indem sie erkannt werde als "Mittel zum Schutze der Rechtsordnung"; die Wirkung der Strafe werde als deren Zweck erachtet und damit werde die Strafe an den Zweckgedanken angepaßt und "in den Dienst des Rechtsgüterschutzes gestellt".[194]

> "So hat die Objektivierung der Strafe dahin geführt, daß sowohl die *Voraussetzungen* des Eintritts als auch *Inhalt und Umfang* der als Strafe erscheinenden Reaktion *bestimmt und dem Zweckgedanken untergeordnet werden.*"[195]

Durch die Heranziehung des Zweckgedankens habe sich die Strafe von der Triebhandlung zur Willenshandlung fortentwickelt, indem der Trieb dem Zweck untergeordnet werde.[196]

Als Ergebnis seiner Betrachtungen faßt LISZT zusammen:

> "Durch Selbstbeschränkung ist die Straf*gewalt* zum Straf*recht* (ius puniendi), durch Aufnahme des Zweckgedankens die *blinde zügellose Reaktion* zur *Rechtsstrafe*, die *Trieb*handlung zur *Willens*handlung geworden. Die Staatsgewalt hat das Schwert der Gerechtigkeit in die Hand genommen, um die Rechtsordnung zu schützen gegen den Frevler, der an ihr sich vergreift."[197]

LISZT selbst bezeichnet seine Straftheorie als "Vereinigungstheorie". Dabei meint er nicht eine Vereinigungstheorie in dem Sinne, daß mehrere Strafzwecke einfach nebeneinander gestellt und addiert werden, wie sie beispielsweise von MERKEL[198], BERNER[199] oder SCHÜTZE[200] vertreten wurden.[201] Vereinigungstheorie ist hier vielmehr dahingehend zu verstehen, daß durch den Verweis auf die historische Entwicklung die Vereinbarkeit von absoluter und relativer Begründung der Strafe aufgezeigt werden soll. LISZTs Straftheorie hebt den absoluten, da vom Zweckgedanken unabhängigen Ursprung der Strafe hervor und wendet sich damit gegen die relativen Straftheorien. Darüberhinaus setzt sie sich die Fortentwicklung der Strafe durch die Orientierung am Zweckgedanken zum Ziel und lehnt damit die absoluten Straftheorien ab, die jede zweckrationalistische Ausrichtung der Strafe kategorisch ablehnen.[202] Durch den Ent-

193 *Liszt*, Zweckgedanke, in: AuV I, S. 126, 148 f..
194 *Liszt*, ebenda, S. 149; *ders.*, Lehrbuch, 2. Aufl., S. 6. Zum *Liszt*'schen Rechtsgüterschutzgedanken ausführlich unten S. 142 ff..
195 *Liszt*, Zweckgedanke, in: AuV I, S. 126, 150.
196 *Liszt*, ebenda, S. 145.
197 *Liszt*, ebenda, S. 150.
198 *A. Merkel*, Lehrbuch, S. 188 ff..
199 *Berner*, Lehrbuch, 15. Aufl., S. 6 ff..
200 *Schütze*, Lehrbuch, 2. Aufl., S. 60 ff..
201 Zur Eigenartigkeit des *Liszt*'schen Vereinigungstheorie vgl. auch *Georgakis*, Geistesgeschichtliche Studien, S. 24.
202 *Liszt*, Zweckgedanke, in: AuV I, S. 126, 132 f.

wicklungsgedanken werden sowohl absolutes als auch relatives Moment als geschichtliche Elemente betrachtet und synoptisch miteinander gekoppelt.

2. Notwendigkeit und Zweckmäßigkeit als Maß der Strafe

Ob es eine metaphysische *Begründung* der Strafe gibt, läßt LISZT offen, allerdings verwirft er ausdrücklich jede "metaphysische Spekulation" im Bereich der *Ausgestaltung* der Strafe.[203] Das Maß der Strafe könne nicht aus metaphysischen Grundlegungen der Strafe hergeleitet werden[204], sondern ergebe sich allein aus dem Zweckgedanken.[205] Da die Aufgabe des Strafrechts im Rechtsgüterschutz bestehe, sei die Strafe als "*Schutz*strafe" aufzufassen.[206] Daraus ergebe sich zwingend, daß im jeweiligen Falle nach Art und Umfang diejenige Strafe verhängt werden müsse, welche zum "Schutz der Rechtsgüterwelt" erforderlich sei. Die Strafe rechtfertige sich einzig und allein aus ihrer Notwendigkeit[207]:

> "*Die richtige, d.h. die gerechte Strafe ist die notwendige Strafe*. Gerechtigkeit im Strafrecht ist die Erhaltung des durch den Zweckgedanken erforderten Strafmaßes. Wie die Rechtsstrafe als Selbstbeschränkung der Strafgewalt durch die Objektivierung entstanden ist, so erhält sie ihre höchste Vollkommenheit durch die Vervollkommnung der Objektivierung. *Das völlige Gebundensein der Strafgewalt durch den Zweckgedanken ist das Ideal der strafenden Gerechtigkeit.*
> *Nur die notwendige Strafe ist gerecht*. Die Strafe ist uns Mittel zum Zweck. Der Zweckgedanke aber verlangt Anpassung des Mittels an den Zweck und möglichste Sparsamkeit in seiner Verwendung. Diese Forderung gilt ganz besonders der Strafe gegenüber; denn sie ist ein zweischneidiges Schwert: Rechtsgüter*schutz* durch Rechtsgüter*verletzung*. Es läßt sich eine schwerere Versündigung gegen den Zweckgedanken gar nicht denken als verschwenderische Verwendung der Strafe, als die Vernichtung der körperlichen, ethischen, nationalökonomischen Existenz eines Mitbürgers, wo diese nicht unabweislich durch die Bedürfnisse der Rechtsordnung gefordert wird. So ist die Herrschaft des Zweckgedankens der sicherste Schutz der individuellen Freiheit gegen jene grausamen Strafarten früherer Zeiten (...)."[208]

---

203 *Liszt*, Zweckgedanke, in: AuV I, S. 126, 133

204 In diesem Aspekt liegt der Haupteinwand *Liszt*s gegen alle absoluten Straftheorien.

205 *Liszt*, Zweckgedanke, in: AuV I, S. 126, 153, 157; *Liszt* zieht hier *Fichte*s Auffassung der Strafe als Bestätigung seiner eigenen These heran; dieses historische Zitat geht indessen fehl, da *Liszt* die naturrechtliche Basis, auf der *Fichte*s Straflehre beruht, verkennt und *Fichte*s Strafauffassung, die unter dem Zeichen des Talionsgedanken steht, in eine präventive Straflehre umdeutet. Dazu ausführlich *C. Bohnert*, Straftheorien und Staatsverständnis, S. 26 ff.. Eingehend zu *Fichte*s Straflehre vgl. *Zaczyk*, Das Strafrecht in der Rechtslehre J. G. Fichtes.

206 *Liszt*, Zweckgedanke, in: AuV I, S. 126, 152.

207 Dazu auch *Specht*, Strafzweck bei Feuerbach und Liszt, S. 19.

208 *Liszt*, Zweckgedanke, in: AuV I, S. 126, 161; dieses ökonomische Maßprinzip hat bei *Wahlberg*, Das Prinzip der Individualisierung, S. 99, seine Vorformulierung gefunden:

Der Zweckgedanke stelle nicht nur das für die Entwicklung der Strafe hin zu deren Objektivierung ausschlaggebende Moment dar, sondern auch für die Bestimmung des Maßprinzips der Strafe.[209] Hier ist für LISZT der Zweckgedanke in zweierlei Hinsicht von Bedeutung[210]: zum einen bestimme er Art und Maß der Strafe, zum anderen biete er Schutz gegen übermäßige, nicht notwendige und damit nicht gerechtfertigte Strafe. Mit der Ausrichtung der Strafe an ihrer Notwendigkeit will LISZT das bisher für die Strafzumessung als wesentlich erachtete Schuldprinzip durch den Verhältnismäßigkeitsgrundsatz ersetzt wissen.[211] Dabei sollen, wie LISZT später präzisiert, Strafe und Sozialgefährlichkeit des Täters ins Verhältnis gesetzt werden.[212]

Mit dieser Ansicht wendet sich LISZT gegen die herrschende Auffassung seiner Zeit, wonach die Strafe *Vergeltungs*strafe sein soll. Die Anhänger der Vergeltungsstrafe hätten, so LISZT, das Maßprinzip der Strafe entweder nach dem Talionsprinzip oder nach der Idee der proportionalen Gerechtigkeit zu bestimmen versucht. Das Talionsprinzip - sei es als Prinzip spezifischer Gleichheit (KANT) oder als Prinzip der Wertgleichheit (HEGEL) verstanden - stelle den gescheiterten Versuch dar, das Prinzip des Strafmaßes aus dem Prinzip der Strafe abzuleiten. Es erschöpfe sich in seiner geschichtlichen Bedeutung als "Schranke zügelloser Reaktion" und als "Symbolisierung der Vergeltung".[213] Die Idee der proportionalen Gerechtigkeit, wonach das jeweils schwerere Verbrechen auch mit einer schwereren Strafe gegenüber dem geringeren Verbrechen versehen werden müsse, sei an sich bereits abhängig von einem bestehenden Strafensystem, sage aber nichts darüber aus, woher jenes zu nehmen

---

zur inhaltlichen Differenz zu *Liszt* vgl. *C. Bohnert*, Straftheorien und Staatsverständnis im Schulenstreit, S. 46 f..

209 Es geht *Liszt* um den Zweckgedanken im *Strafrecht* und nicht, wie die Ansicht *Freund*s, Zweckgedanke im Strafrecht?, in: GA 1995, S. 4 f., glauben machen möchte, um den Zweckgedanken in einem erst noch zu schaffenden *Maßregelrecht*. *Freund*, der es an einem Beleg aus dem *Liszt*'schen Werk gänzlich fehlen läßt, verkennt vollständig, daß die spätere Aufnahme des Zweckgedankens in das der Doppelspurigkeit des Strafrechts zuzuordnende Maßregelrecht eine Konzession an die klassische Strafrechtsschule im Rahmen des Schulenstreits bedeutete. In der Auseinandersetzung um die Schaffung eines neuen Strafgesetzbuchs war es *Liszt* letztlich gleichgültig, ob die strafrechtlichen Sicherungsmaßnahmen als "Maßregeln" oder als "Strafe" bezeichnet werden würden (*Liszt*, Revision des Strafgesetzbuchs, in: AuV II, S. 356, 368). Er nannte die Differenzierung zwischen Strafe und Sicherungsmaßregel einen Streit um Worte (*Liszt*, Das gewerbsmäßige Verbrechen, in: AuV II, S. 308; *ders.*, Die deterministischen Gegner der Zweckstrafe, in: AuV II, S. 25, 72; *ders.*, Die Zukunft des Strafrechts, in: AuV II, S. 1, 19). Ursprünglich war *Liszt* aber ausschließlich an einer Zweckorientierung der *Strafe* gelegen. Warum sonst hätte er sein "Marburger Programm" mit dem Titel der "Zweckgedanke im *Strafrecht*" versehen sollen?! Nur um der praktischen Durchsetzbarkeit willen läßt er sich auf die Trennung von Strafe und Maßregel ein (in: *Aschrott/Liszt*, Die Reform des Reichsstrafgesetzbuchs I, S. 399).

210 Vgl. dazu auch *Georgakis*, Geistesgeschichtliche Studien, S. 29.

211 *Ostendorf*, Franz von Liszt als Kriminalpolitiker, in: Liszt der Vernunft, Kriminalsoziologische Bibliographie 1984, Heft 42, S. 1, 16.

212 *Liszt*, E.F. Klein und die unbestimmte Verurteilung, in: AuV II, S. 133, 139.

213 *Liszt*, Zweckgedanke, in: AuV I, S. 126, 153 f..

sei.[214] Ferner stellt LISZT die Frage, wie denn die relative Schwere eines Verbrechens zu bestimmen sei. Seit FEUERBACH werde die Schwere des Verbrechens aus der objektiven und subjektiven Gefährlichkeit desselben abgeleitet. Die objektive Gefährlichkeit bestimme sich nach der Wichtigkeit der verletzten oder gefährdeten Rechte, während für die subjektive Gefährlichkeit die Willensrichtung des Täters ausschlaggebend sei. Gerade das Kriterium der subjektiven Gefährlichkeit stecke jedoch voller Unwägbarkeiten. So sei nicht geklärt, ob die Willensrichtung im Augenblick der Tat oder die generelle Willensrichtung gemeint sei, ob bestraft werde, was jemand getan habe oder was jemand sei, oder ob die Tat oder der Täter Gegenstand des Urteils sein solle.[215] In seiner Auseinandersetzung mit den Anhängern der Vergeltungsstrafe kommt LISZT schließlich zu dem Schluß, daß die Meinungsverschiedenheit auf einem Fehlschlusse beruhe:

> "Tat und Täter sind keine Gegensätze, wie der verhängnisvolle juristische Irrtum annimmt, sondern *die Tat ist des Täters.*"[216]

Vergolten werden könne nur eine konkrete Tat, die ihrerseits untrennbar mit der Person des Täters verbunden sei. Die Anhänger der Vergeltungsstrafe, so LISZT weiter, bestimmen die Strafe abstrakt nach dem Verbrechensbegriffe für die "von keinem begangene Tat". Jedoch werde nicht der Begriff bestraft, sondern der Täter, so daß sich auch das Maß der Strafe nicht nach dem Verbrechensbegriff, sondern nur nach der Tat des Täters richten könne.[217] Damit kommt LISZT zu dem Ergebnis, daß die Vergeltungsstrafe Schutzstrafe sein müsse.[218]

> "Oder weiter gefaßt: *Repression und Prävention sind keine Gegensätze.* Schwimme ich, *weil* ich ins Wasser gefallen bin oder *damit* ich nicht ertrinke? Nehme ich Medizin, *weil* ich krank bin oder *damit* ich gesund werde? Ziehen wir den Grenzkordon, *weil* im Nachbarlande Epidemie herrscht oder *damit* wir von ihr verschont bleiben? Stütze ich das Haus, *weil* es baufällig ist oder *damit* es nicht einstürzt?"[219]

Zwischen dem "quia peccatum" der Vergeltungsstrafe und dem "ne peccetur" der Schutzstrafe bestehe kein Unterschied, vielmehr sei die Strafe "*Prävention durch Repression*".[220] Auch hier wird wiederum der Vereinigungscharakter der LISZT'schen Strafzwecklehre deutlich.

214 *Liszt*, ebenda, S. 157.
215 *Liszt*, ebenda, S. 159.
216 *Liszt*, ebenda, S. 175.
217 Vgl. auch *Liszt*, Kriminalpolitische Aufgaben, in: AuV I, S. 290, 330.
218 *Liszt*, Zweckgedanke, in: AuV I, S. 126, 174, 175.
219 *Liszt*, ebenda, S. 175 f..
220 *Liszt*, ebenda, S. 176.

3. Die kriminalpolitischen Forderungen der Besserung, Abschreckung und Unschädlichmachung

An seine Ausführungen über Entwicklung und Wesen der Strafe knüpft LISZT ein kriminalpolitisches Konzept der Verbrechensbekämpfung an.

Zunächst betrachtet LISZT die Kriminalpolitik als einen selbständigen Zweig der Strafrechtswissenschaft, den er dem Strafrecht im engeren Sinne sowie der Kriminal-Biologie und der Kriminal-Soziologie entgegensetzt: Aufgabe der Kriminalpolitik sei weder die logische Verknüpfung der Begriffe noch die Untersuchung der Ursachen des Verbrechens, sondern die "klare Erfassung und die bewußte Durchführung des *Zweckgedankens* im Rechte".[221] Später jedoch werden die Zweige der Kriminal-Biologie und der Kriminal-Soziologie der Kriminalpolitik zugewiesen, da eine wirksame Verbrechensbekämpfung ohne genaue Kenntnis der Ursachen des Verbrechens und der Wirkungen der Strafe nicht denkbar sei.[222] Kriminalpolitik wird demnach bestimmt als die "*systematische, auf die wissenschaftliche Untersuchung des Verbrechens in Erscheinung und Ursachen sowie der Strafe in Anwendung und Wirkung gestützte Darstellung derjenigen Grundsätze, nach welchen der Kampf der Rechtsordnung gegen das Verbrechen durch die Strafe und die ihr verwandten staatlichen Einrichtungen geführt wird oder geführt werden soll*".[223] Während die wissenschaftliche Aufgabe der Straf*rechts*wissenschaft[224] nur die rechtliche Erfassung von Verbrechen und Strafe betreffe[225], gehe es in der Kriminalpolitik um die Erforschung der Ursachen des Verbrechens und der tatsächlichen Wirkungen der Strafe.[226] Wer die "Verbrecherwelt" bekämpfen wolle, müsse diese kennen.[227] Eben dafür sei deren wissenschaftliche Untersuchung erforderlich.[228] Der Kriminalist dürfe nicht nur Jurist sein, sondern müsse auch mit dem Forschungsstand von Kriminal-Biologie und Kriminal-Soziologie vertraut sein.[229]

---

221 *Liszt*, Lehrbuch, 3. Aufl., S. 4.

222 *Liszt*, Kriminalpolitische Aufgaben, in: AuV I, S. 290, 291.

223 *Liszt*, Lehrbuch, 5. Aufl., S. 4; ähnlich *ders.*, Kriminalpolitische Aufgaben, in: AuV I, S. 290, 292.

224 Zu den verschiedenen Aufgaben der Strafrechtswissenschaft vgl. oben Fn. 148.

225 *Liszt*, Kriminalpolitische Aufgaben, in: AuV I, S. 290, 293.

226 Da der Begriff der Strafrechtswissenschaft per se die Kriminalpolitik nicht mit einschließe, wählt *Liszt* den Terminus "*gesamte* Strafrechtswissenschaft"; deshalb nennt er die von ihm im Jahre 1881 mitbegründete Zeitschrift "Zeitschrift für die gesamte Strafrechtswissenschaft". Vgl. *Liszt*, Kriminalpolitische Aufgaben, in: AuV I, S. 290, 293 f.; *ders.*, Lehrbuch, 3. Aufl., S. 5 Anm. 6.

227 *Liszt*, Kriminalpolitische Aufgaben, in: AuV I, S. 290, S. 297; ebenso *ders.*, Die Zukunft des Strafrechts, in: AuV II, S. 1, 3.

228 Erste Ansätze zur methodischen Erforschung der tatsächlichen Seite des Verbrechens finden sich bereits bei *Feuerbach*, der insbesondere in seiner "Aktenmäßigen Darstellung merkwürdiger Verbrechen" eine leidenschaftliche Anteilnahme des Kriminalisten an den Schicksalen der in das Verbrechen verwickelten Menschen zeigt.

229 *Liszt*, Kriminalpolitische Aufgaben, in: AuV I, S. 290, 295. Manchen Mangel in der Strafrechtspflege seiner Zeit führt *Liszt* auf die rein juristische Ausbildung der theoretischen und praktischen Juristen zurück. Deutlich kommt dies in seiner Marburger Rektoratsrede über die "Reform des Juristischen Studiums in Preußen" vom 17. Oktober

Unter Kriminal-Biologie sei die "*wissenschaftliche Untersuchung der körperlichen und geistigen Eigenart des Verbrechers und die Feststellung der in dieser gelegenen Bedingungen des Verbrechens*" zu verstehen.[230] Damit ist die Kriminal-Biologie auf die Erforschung der Ursachen des Verbrechens im Hinblick auf den einzelnen Täter gerichtet. Als führend auf dem Gebiet der Kriminal-Biologie galt zur Zeit LISZTs die italienische Schule unter der Führung von LOMBROSO.[231] LISZT hebt zwar hervor, daß LOMBROSOs"Untersuchungen und Anschauungen bis auf den heutigen Tag ihre Zugkraft bewährt" hätten[232], distanziert sich aber im einzelnen von dessen Thesen zur biologische Eigenartigkeit des Straftäters.[233] Den bleibenden Wert der Untersuchungen LOMBROSOs sieht LISZT darin, daß er der Strafrechtswissenschaft bewußt gemacht habe, daß der Mensch und nicht der Begriff, also der Täter und nicht die Tat bestraft werde.[234]

Die komplexe Erscheinung des Verbrechens könne indes nicht einseitig durch eine rein biologische Betrachtung erfaßt werden, sondern hinzukommen müsse die Erfassung des Verbrechens als Erscheinung des gesellschaftlichen Lebens.

1886, S. 20, zum Ausdruck: "Die *Strafrechtspflege* stellt neue und wesentlich andere Anforderungen an Richter, Staatsanwalt, Verteidiger. Soll sie ihre hohe und schwere Aufgabe erfüllen, die Rechtsgenossen und zwar die Gesamtheit derselben wie jeden Einzelnen zu schützen gegen verbrecherische Angriffe, so ist für die an ihr Beteiligten eine dürftige Kenntnis der Strafgesetze, eine gewisse formalistische Gewandtheit in Auslegung und Anwendung der Rechtsnormen in keiner Weise genügend. Der strafrechtliche Praktiker muß in der Seele des Verbrechers wie in einem offenen Buche lesen können; er muß genau bekannt sein mit all' den dunklen Seiten des gesellschaftlichen Lebens, bewandert mit der eigentümlichen, fast ständisch geschlossenen Gestaltung des berufsmäßigen Verbrechertums; er muß die Strafe erkannt haben als eines der staatlichen Sicherungsmittel, das neben gar manchem andern der planmäßigen und zielbewußten Bekämpfung des Verbrechens zu dienen bestimmt ist. Psychologie und Psychiatrie, Kriminalstatistik und die weitverzweigten Gebiete des Gefängniswesens müssen ihm durchaus geläufig sein, soll er nicht zeitlebens ein Stümper bleiben, der wahrhaftig vor dem Geschworenen nichts voraus hat als etwas Routine."

230 *Liszt*, Kriminalpolitische Aufgaben, in: AuV I, S. 290, 296.

231 *Lombroso* war als Mediziner in Turin tätig und erregte mit seinen Untersuchungen über die Eigenarten des straffälligen Menschen viel Aufsehen. 1878 veröffentlichte er sein Werk "L'uomo delinquente", in dem er die These aufstellte, daß der Straftäter eine naturwissenschaftlich erfaßbare Spezies des Menschen sei, daß es also einen geborenen Straftäter gebe, der sich durch dem Mediziner äußerlich erkennbare Merkmale auszeichne. Vebrechensbekämpfung schien angesichts dieser Untersuchungen im Wege einer speziellen Behandlung des Straftäters möglich. Den Lehren *Lombroso*s schlossen sich die beiden Italiener *Ferri* und *Garofalo* an, die die "anthropologische Schule" begründeten. Vgl. dazu *Eb. Schmidt*, Einführung, S. 366. Eine prägnante Zusammenfassung der Lehren *Lombrosos* findet sich bei *Liszt*, Kriminalpolitische Aufgaben, in: AuV I, S. 290, 305.

232 *Liszt*, Kriminalpolitische Aufgaben, in: AuV I, S. 290, 302.

233 *Liszt* lehnt eine rein biologische Begründung des Verbrechens, d.h. eine Ableitung des Verbrechens allein aus der physischen und psychischen Eigenart des Straftäters ab. Die Festlegung eines einheitlichen Straftätertyps betrachtet er als Unmöglichkeit. Deutlich *Liszt*, Kriminalpolitische Aufgaben, in: AuV I, S. 290, 303 ff. und 308 ff.; ähnlich *ders.*, Die Zukunft des Strafrechts, in: AuV II, S. 1, 8 ff.; zu *Liszt*s Gegnerschaft gegen *Lombroso* vgl. *Eb. Schmidt*, Einführung, S. 370 f..

234 *Liszt*, Kriminalpolitische Aufgaben, in: AuV I, S. 290, 307.

Dies sei die Aufgabe der Kriminal-Soziologie. Aber nicht nur das Verbrechen als soziale Erscheinung, sondern auch die Strafe in ihrer sozialen Funktion ist Forschungsgegenstand der Kriminal-Soziologie.[235] Als Kriminal-Soziologie bezeichnet LISZT mithin die "*wissenschaftliche Untersuchung des Verbrechens als einer eigenartigen Erscheinung des gesellschaftlichen Lebens und die darauf gestützte Klarlegung der sozialen Bedingungen des Verbrechens*".[236] Ihre Methode sei keine andere "als die allen wahren Wissenschaften gemeinsame: die unbefangene, methodische Beobachtung gegebener Tatsachen".[237] Die Kriminal-Soziologie umfasse somit sowohl die systematische *Einzel*beobachtung als auch die systematische *Massen*beobachtung, durch die die Kriminalität kausal erklärt werden solle. Letztere werde im Hinblick auf Verbrechen und Strafe als "*Kriminalstatistik*" bezeichnet.[238] Es sei Aufgabe der Kriminalstatistik - als beschreibende und erklärende Wissenschaft[239] - die sozialen und individuellen Bedingungen des Verbrechens darzulegen.

Auf die Ergebnisse der Kriminalstatistik baut LISZT seine Überlegungen zu den Zwecken der Strafe auf.[240] Aus der preußischen Kriminalstatistik von 1880/81 ergebe sich, daß die Mehrheit der Gefängnisinsassen Rückfällige und daß die Mehrheit der Rückfälligen unverbesserliche Straftäter seien. Die Rückfallstatistik sei somit der juristische Ausdruck des Gewohnheitsverbrechertums, in dem LISZT das drängendste Problem der Strafrechtspflege sieht.[241] Aus dieser Tatsache folgert LISZT, daß die gegenwärtige Behandlung der Rückfälligen falsch sei, ja daß es "einfach widersinnig" sei, "solche Leute in Zellengefängnissen um teures Geld bessern zu wollen".[242] Für diese Falschbehandlung macht er die Ausrichtung der Strafe am Vergeltungsgedanken verantwortlich.[243] In erster Linie müsse die Ausgestaltung der Strafe auf eine Verringerung der Rückfälligenziffern gerichtet sein, indem sie die gewohnheitsmäßige Begehung von Straftaten bekämpfe. Aufschluß darüber, welche Straftaten gewohnheitsmäßig begangen zu werden pflegen, sei ebenfalls durch die Kriminalstati-

---

235 *Liszt*, Lehrbuch, 2. Aufl., S. 3 f. und S. 5 f.; *Liszt* spricht insofern auch von "Poenologie", vgl. *Liszt*, Aufgaben und Methode der Strafrechtswissenschaft, in: AuV II, S. 284, 293.

236 *Liszt*, Kriminalpolitische Aufgaben, in: AuV I, S. 290, 312.

237 *Liszt*, Über den Einfluß der soziologischen und anthropologischen Forschungen, in: AuV II, S. 75, 78.

238 *Liszt*, Kriminalpolitische Aufgaben, in: AuV I, S. 290, 316; *ders*., Zweckgedanke, in: AuV I, S. 126, 162; später kritisch zum Umgang mit der Kriminalstatistik in der Praxis *ders*., Zur Vorbereitung eines Strafgesetzentwurfs, in: AuV II, S. 411, 419 ff..

239 *Liszt*, Zur Vorbereitung eines Strafgesetzentwurfs, in: AuV II, S. 411, 412.

240 Hervorzuheben ist hier, daß es *Liszt* im folgenden weniger um den Zweckgedanken im Straf*recht* geht als vielmehr um den Zweck der Straf*sanktion*. Daran zeigt sich, daß *Liszt* sein Hauptanliegen in der Umgestaltung der strafrechtlichen Sanktion sah. Dazu auch *Lekschas/Ewald*, Die Widersprüchlichkeit des Liszt'schen Konzepts, in: Liszt der Vernunft, Kriminalsoziologische Bibliographie 1984, Heft 42, S. 80, 89.

241 *Liszt*, Zweckgedanke, in: AuV I, S. 126, 167; als Bezugsquellen dient *Liszt* vor allem die *Statistik der zum Ressort des königlich preußischen Ministeriums des Innern gehörenden Straf- und Gefangenanstalten* pro 1/4 1880/81.

242 *Liszt*, Zweckgedanke, in: AuV I, S. 126, 168 f..

243 *Liszt*, ebenda, S. 168.

stik, welche ihrerseits durch die Kriminal-Biologie unterstützt werde, zu erlangen.[244] Nach den bisherigen Ergebnissen seien Eigentums- und gewisse Sittlichkeitsdelikte, genauer: Diebstahl, Hehlerei, Raub, Erpressung, Betrug, Brandstiftung, Sachbeschädigung, gewaltsame Unzucht und Unzucht gegen Kinder zu den Gewohnheitsverbrechen zu rechnen; Ergänzungen und Berichtigungen dieser Liste seien jederzeit möglich.[245]

Hingewandt zum Ziel der Bekämpfung des Gewohnheitsverbrechertums unter der Prämisse des zweckbewußten Rechtsgüterschutzes, gelangt LISZT zu einer Konkretisierung der Strafzwecke. Die Strafzwecke seien anhand einer Orientierung an den Wirkungen der Strafe zu ermitteln. Strafe wirke entweder als "indirekter, mittelbarer, psychologischer Zwang" oder als "direkter, unmittelbarer, mechanischer Zwang".[246] Als psychologischer Zwang - LISZT nennt diese Form des Zwangs auch "Motivation" - führe die Strafe zu einer "künstliche(n) Anpassung des Verbrechers an die Gesellschaft" durch "*Besserung*" oder "*Abschreckung*".[247] Angepaßt werde der Straftäter im Falle der Besserung durch die "Einpflanzung und Kräftigung altruistischer, sozialer Motive" und im Falle der Abschreckung durch die "Einpflanzung und Kräftigung egoistischer, aber in der Wirkung mit den altruistischen zusammenfallender Motive". Als mechanischer Zwang - den LISZT auch als "Gewalt" bezeichnet - bezwecke die Strafe die "*künstliche Selektion* des sozial untauglichen Individuums", indem der Straftäter dauernd oder vorübergehend unschädlich gemacht werde durch "Ausstoßung aus der Gesellschaft" oder durch "Internierung in derselben".[248] Hinsichtlich der Wirkungen der Strafe faßt LISZT zusammen:

> "*Besserung, Abschreckung, Unschädlichmachung: das sind demnach die unmittelbaren Wirkungen der Strafe*; die in ihr liegenden Triebkräfte, durch welche sie den *Schutz der Rechtsgüter* bewirkt."[249]

Neben diesen Hauptwirkungen erkennt LISZT auch "Reflexwirkungen" der Strafe an[250]: hierher rechnet er nicht nur die abschreckende Wirkung der Strafe auf die Allgemeinheit, sondern auch den Effekt der Stärkung sozialer Motive in anderen Personen sowie die Wirkung der Genugtuung beim Verletzten. Diese Reflexwirkungen der Strafe hält LISZT jedoch für zweitrangig und daher im Rahmen seiner Ausführungen für vernachlässigenswert.[251]

---

244 *Liszt*, ebenda, S. 169.
245 *Liszt*, ebenda, S. 169 f..
246 *Liszt*, ebenda, S. 163, 164; vgl. auch *ders.*, Lehrbuch, 1. Aufl., S. 3.
247 Auch zum folgenden *Liszt*, Zweckgedanke, in: AuV I, S. 126, 163.
248 *Liszt*, ebenda, S. 164.
249 Liszt, ebenda; wortgleich *Liszt*, Lehrbuch, 2. Aufl., S. 7.
250 *Liszt*, Zweckgedanke, in: AuV I, S. 126, 164, insbes. Anm. 3.
251 Obwohl *Liszt*, ebenda, S. 147, die Kodifikation des Strafrechts unter dem Aspekt der Selbstbeschränkung der Strafe für unentbehrlich hält, sich damit also auf die Argumentation *Feuerbach*s bezieht, spielt die von *Feuerbach* daraus gefolgerte Generalprävention auf der Seite der Strafandrohung kaum eine Rolle. Zum generalpräventiven Element in *Liszt*s Straftheorie vgl. *Müller*, Generalprävention, S. 349 f.; *Frisch*, Marburger Programm, in: ZStW 94 (1982), S. 565, 566.

Zur Erzielung der Wirkungen der Strafe eigne sich am besten die Freiheitsstrafe, der LISZT im Strafensystem allererste Priorität einräumt, da sie wie keine andere Strafart den Vorteil habe, "allen Strafzwecken sich anzuschmiegen".[252] Grundgedanke der Freiheitsstrafe sei die Gewöhnung des "arbeitsfähigen, aber arbeitsscheuen" Menschen an regelmäßige Arbeit, der dadurch wieder "zu einem brauchbaren Gliede der menschlichen Gesellschaft gemacht werden soll"; das Wesen der Freiheitsstrafe bestehe somit im "organisierte(n) Arbeitszwang".[253] Die Freiheitsstrafe werde in Form der Zuchthaus- oder Gefängnisstrafe vollstreckt, wobei die Zuchthausstrafe die schärfere Form sei.[254] Insbesondere die lebenslange Zuchthausstrafe sei das geeignete Mittel zur Unschädlichmachung der Unverbesserlichen.[255]

Den drei Strafformen der Abschreckung, Besserung und Unschädlichmachung ordnet LISZT drei Kategorien von Straftätern zu, die er als Ergebnis aus den kriminal-soziologischen Forschungen ableitet.[256]

Die Strafe in ihrer Wirkung als *Abschreckung* betreffe die Gelegenheitstäter, die von LISZT als "nicht besserungsbedürftige Verbrecher" einstuft werden.[257] Die Strafe erschöpfe sich für den Gelegenheitstäter in einer Denkzettelfunktion und solle ihm eindringliche Warnung sein.[258] Die Abschreckungsstrafe erfasse alle diejenigen Straftaten, für die eine gewohnheitsmäßige Begehung durch die Kriminalstatistik nicht ausgewiesen sei. Als Abschreckung sollten Freiheitsstrafen von mindestens sechs Wochen bis zu maximal zehn Jahren sowie Geldstrafen vorgesehen werden. Hinter der Forderung, daß die Freiheitsstrafe mindestens sechs Wochen betragen müsse, steht LISZTs eindeutige Absage an die kurzzeitige Freiheitsstrafe, der er erst später deutlichen Ausdruck verleiht.[259] Aus der Kriminalstatistik ergebe sich die Vorherrschaft der kurzzeitigen

---

252 *Liszt*, Zweckgedanke, in: AuV I, S. 126, 164 f.. Zu *Liszt*s Stellung zur Freiheitsstrafe vgl. *Jescheck*, Die Freiheitsstrafe bei Franz von Liszt, in: 375 Jahre Rechtswissenschaft in Gießen, S. 17, 21 ff..

253 *Liszt*, Die Gefängnisarbeit, S. 5; das Ziel der Wiedereingliederung in die Gemeinschaft entspricht dem heutigen Vollzugsziel der §§ 2 Satz 1, 3 Abs. 3 StVollzG.

254 Die Unterscheidung zwischen Zuchthaus- und Gefängnisstrafe hält *Liszt*, Kriminalpolitische Aufgaben, in: AuV I, S. 290, 399, für eine der wichtigsten Forderungen der Kriminalpolitik. Kriterien für diese seien die Orte der Vollstreckung, das jeweilige Mindestmaß der Strafe sowie die für die Zuchthausstrafe spezifische entehrende Wirkung, ebenda, S. 400 ff..

255 *Liszt*, ebenda, S. 405.

256 *Liszt*, Lehrbuch, 2. Aufl., S. 5 insbes. Anm. 5.

257 *Liszt*, Zweckgedanke, in: AuV I, S. 126, 166. Die Unterscheidung zwischen Gelegenheits- und Gewohnheitsverbrechen übernimmt *Liszt*, als das bleibende Verdienst *Wahlbergs*; vgl. ebenda, S. 166 Anm. 1; *ders.*, Lehrbuch, 2. Aufl., S. 5 Anm. 5; vgl. auch die Bezugsquelle *Wahlberg*, Das gewohnheitsmäßige Verbrechen, in: Kleine Schriften I, S. 136 ff.; *ders.*, Das Gelegenheitsverbrechen, in: Kleine Schriften III, S. 55 ff.. Zum Einfluß *Wahlbergs* auf *Liszt* vgl. *Moos*, F. v. Liszt als Österreicher, in: ZStW 81 (1969), S. 660, 667 ff..

258 Auch zum folgenden *Liszt*, ebenda, S. 172 f..

259 *Liszt*, Der italienische Strafgesetzentwurf, in: AuV I, S. 252, 266; *ders.*, Kriminalpolitische Aufgaben, in: AuV I, S. 290, 340 ff., 388 f.; ferner *ders.*, Die Reform der Freiheitsstrafe, in: AuV I, S. 511, 514 ff..

Freiheitsstrafe.[260] Diese sei jedoch nicht nur nutzlos, sondern angesichts der "entsittlichenden Wirkung" in den kleinen Gerichtsgefängnissen eine "Strafe, die das Verbrechen fördert".[261] LISZT sieht auch in der kurzzeitigen Freiheitsstrafe eine Folge der absoluten Straftheorie, die "letzte und reifste Frucht der 'vergeltenden Gerechtigkeit'".[262] An die Stelle der kurzzeitigen Freiheitsstrafe müsse, so schlägt LISZT vor, bei Tätern, die zum ersten Mal zu einer Freiheitsstrafe verurteilt werden, die Möglichkeit der Aussetzung der Strafvollstreckung treten.[263] Durch die Aussetzung der Strafvollstreckung solle dem Verurteilten noch einmal sein Schicksal in die eigene Hand gelegt und ihm ein "kräftige(r) und anhaltende(r) Ansporn" zu einer rechtmäßigen Lebensführung gegeben werden.[264] Die Strafe werde dann nur vollstreckt, wenn der Täter während der Aussetzungszeit erneut straffällig werde.[265]

Den Anwendungsbereich für die *Besserungsstrafe* sieht LISZT bei den "besserungsfähigen und besserungsbedürftigen Verbrechern".[266] Bei diesen handele es sich um "Anfänger auf der Verbrecherlaufbahn", um "durch vererbte oder erworbene Anlagen zum Verbrechen hinneigende, aber noch nicht rettungslos verlorene Individuen", aus denen das Gewohnheitsverbrechertum seinen Nachwuchs beziehe.[267] Für diese sei "*anhaltende* Zucht" erforderlich, so daß die Freiheitsstrafe nicht unter einem Jahr betragen dürfe. Das Maximum solle fünf Jahre betragen. Bei der ersten und zweiten Begehung einer in der Kriminalstatistik als dem Gewohnheitsverbrechertum zuzuordnenden Straftat habe das Gericht auf die "*Abgabe in eine Besserungsanstalt*" zu erkennen, in der "Arbeit und Elementarunterricht (..) als Mittel zur Stärkung der Widerstandskraft zur Anwendung zu bringen" seien. Nach jedem Jahr könne der Auf-

260 *Liszt*, Kriminalpolitische Aufgaben, in: AuV I, S. 290, 346.
261 *Liszt*, ebenda, S. 347, 353. *Liszt* betont ausdrücklich, daß er die kurzzeitige Freiheitsstrafe nicht ablehne, weil sie zu hart sei, sondern weil sie nutzlos und schädlich sei, S. 384. Es müsse vermieden werden, daß "durch die Vollstreckung einer Freiheitsstrafe von wenigen Tagen oder Wochen der noch nicht völlig verdorbene Verurteilte von Rechtswegen und auf Staatskosten zum berufsmäßigen Verbrecher ausgebildet werde; vgl. *Liszt*, Die Reform der Freiheitsstrafe, in: AuV I, S. 511, 524. Zu der schädlichen Wirkung der kurzzeitigen Freiheitsstrafe, welche regelmäßig Freiheitsentziehung ohne Arbeitszwang sei, vgl. auch *Liszt*, Die Gefängnisarbeit, S. 6, wo *Liszt* die kurzzeitige Freiheitsstrafe als die "Hochschule des Verbrechertums" bezeichnet.
262 *Liszt*, Kriminalpolitische Aufgaben, in: AuV I, S. 290, 353.
263 Damit kommt eine Aussetzung der Strafvollstreckung für Rückfällige selbstredend nicht in Betracht, *Liszt*, ebenda, S. 391. Die Verschiebung der Strafzumessung von der Gefängnisstrafe zur Geldstrafe, die um die Jahrhundertwende einsetzte, wird immer wieder auf *Liszts* Kritik an der kurzzeitigen Freiheitsstrafe zurückgeführt; vgl. jüngst wieder *Stapenhorst*, Die Entwicklung des Verhältnisses von Geldstrafe zu Freiheitsstrafe seit 1882, S. 38 m.w.N.. Dies ist insofern nicht ganz genau, als *Liszt* die kurzzeitige Freiheitsstrafe nicht durch Geldstrafe, sondern durch Aussetzung der Strafvollstreckung ersetzt wissen wollte.
264 *Liszt*, Die Reform der Freiheitsstrafe, in: AuV I, S. 511, 524.
265 *Liszt*, Kriminalpolitische Aufgaben, in: AuV I, S. 290, 388 f..
266 *Liszt*, Zweckgedanke, in: AuV I, S. 126, 166.
267 Dazu und zum folgenden *Liszt*, ebenda, S. 171 f..

sichtsrat[268] an das Landgericht den Antrag auf Entlassung der mutmaßlich gebesserten Häftlinge stellen. Nach der Entlassung eines Häftlings werde dieser für dieselbe Zeit, die er in der Strafanstalt verbracht habe, unter Polizeiaufsicht gestellt.

Die Strafe als *Unschädlichmachung* schließlich will LISZT für die "nicht besserungsfähigen Verbrecher", also für die Gewohnheitsverbrecher, vorgesehen wissen.[269]

> "*Gegen die Unverbesserlichen muß die Gesellschaft sich schützen*; und da wir köpfen und hängen nicht wollen und deportieren nicht können, so bleibt nur die *Einsperrung auf Lebenszeit* (bzw. auf unbestimmte Zeit)."[270]

Oder deutlicher:

> "*Die Sicherung der Gesellschaft verlangt, daß diese antisozialen Elemente in die Unmöglichkeit versetzt werden, der Gesellschaft zu schaden.* Da es wohl ausgeschlossen ist, daß wir die sämtlichen Mitglieder des Verbrechergewerbes hängen oder köpfen, und da die Deportation aus den verschiedensten hier nicht interessierenden Gründen für sie nicht in Frage kommen kann, so bleibt nichts übrig, als *Ausscheidung aus der Gesellschaft durch Freiheitsentziehung.* (...) Nach der von mir wiederholt ausgesprochenen, auch heute noch festgehaltenen Ansicht ist eine grundsätzliche bis zum Lebensende fortdauernde Einschließung das einzig richtige."[271]

Bei der dritten Verurteilung wegen eines nach der Kriminalstatistik als dem Gewohnheitsverbrechertum zuzuordnenden Verbrechens habe das Gericht auf "Einschließung auf unbestimmte Zeit" in Zucht- und Arbeitshäusern zu erkennen.[272] Die Strafe habe in "Strafknechtschaft" "mit strengstem Arbeitszwang und möglichster Ausnutzung der Arbeitskraft" zu bestehen, bei der die Prügelstrafe als Disziplinarstrafe unentbehrlich sei; hinzu müsse der obligatorische und dauernde Verlust der bürgerlichen Ehrenrechte treten, um "den unbedingt

---

268 Die Aufsichtsräte, von denen *Liszt* hier spricht, sollten diejenigen Behörden sein, "welche zur endgültigen Festsetzung der Strafdauer berufen werden könnten" (*Liszt*, Kriminalpolitische Aufgaben, in: AuV I, S. 290, 334). Zwar noch nicht ausführlich im "Marburger Programm" - deshalb bleibt hier die Behandlung des unbestimmten Strafurteils zunächst unberücksichtigt - wohl aber in den "Kriminalpolitischen Aufgaben" formuliert *Liszt* die "wenigstens teilweise Beseitigung der richterlichen Strafzumessung" als eine der "wichtigsten Aufgaben, welche die Kriminalpolitik unserer Tage uns stellt", deren Lösung eine "siegreiche Bekämpfung des Verbrechens fördern und verbürgen" würde (ebenda, S. 333). Anstelle des Richters sollten "zweckentsprechend zusammengesetzte Aufsichtsräte oder Strafvollzugsämter" die Strafdauer festsetzen. Dazu ausführlich unten S. 177 ff..

269 *Liszt*, Zweckgedanke, in: AuV I, S. 126, 166; *ders.*, Das gewerbsmäßige Verbrechen, in: AuV II, S. 308, 327.

270 *Liszt*, Zweckgedanke, in: AuV I, S. 126, 169.

271 *Liszt*, Das gewerbsmäßige Verbrechen, in: AuV II, S. 308, 327; diese Äußerung stammt aus dem Jahre 1900, womit widerlegt wäre, daß *Liszt* die Forderung nach Unschädlichmachung der Unverbesserlichen nur in seinen stürmischen, frühen Jahren erhoben habe; so die Ansicht von *Radbruch*, Franz v. Liszt, in: ders., Elegantiae iuris criminalis, S. 208, 229. Die Äußerung hier ist nicht weniger schroff als die eben zitierte aus dem Jahre 1882.

272 Hierzu und zum folgenden *Liszt*, Zweckgedanke, in: AuV I, S. 126, 170.

entehrenden Charakter der Strafe" deutlich hervortreten zu lassen. Dem Verbrecher brauche nicht jegliche Hoffnung auf Rückkehr in die bürgerliche Gemeinschaft genommen werden, da Irrtümer des Richters nie ausgeschlossen werden könnten; eine Entlassung aus der "Strafknechtschaft" müsse jedoch eine seltene Ausnahme bleiben, so daß die Hoffnung auf eine solche nur eine ganz entfernte sein dürfe. Alle fünf Jahre könne ein Antrag auf Entlassung durch den Aufsichtsrat an das Landgericht gestellt werden. Nach der Entlassung sei die Übergabe an die für die Besserungsstrafe zuständigen Besserungsanstalten anzuordnen, wobei schlechtes Gebaren die Zurückführung in das Zucht- oder Arbeitshaus zur Folge habe.

Zusammengefaßt läßt sich LISZTs kriminalpolitisches Programm auf die Formel bringen: "wirksame Bekämpfung des gewerbsmäßigen Verbrechertums durch Beseitigung der verderblichen kurzzeitigen Freiheisstrafen und durch lebenslängliche Einsperrung der unverbesserlichen Gewohnheitsverbrecher".[273] Das straftheoretische und kriminalpolitische Konzept LISZTs stellt den Versuch dar, die als Schutzstrafe ausgestaltete, der Entwicklung der Kriminalität angepaßte staatliche Sanktion unter dem Gesichtspunkt des gesellschaftlichen Nutzens zu legitimieren.[274]

III. Das Gesetzlichkeitsprinzip als Paradoxon eines zweckrationalistischen Strafrechts

LISZT faßte es als paradox auf, im Strafgesetz die magna charta des Straftäters zu sehen. Die Interpretation des FEUERBACH'schen Gesetzlichkeitsprinzips hat indes gezeigt, daß die Funktion der Strafgesetzlichkeit gerade darin bestand, sowohl dem Bürger als auch dem Straftäter Schutz vor staatlicher Willkür zu gewährleisten und rechtliche Gleichbehandlung zu garantieren. Auf der Basis des FEUERBACH'schen Strafrechtsdenkens war es keineswegs folgewidrig, sondern zwingend, im Strafgesetz ein Schutzschild zugunsten der individuellen Freiheit zu sehen. Mithin stellt sich die Frage, warum LISZT die Schutzfunktion des Strafgesetzes als ein Paradoxon auffaßte. Wäre die Aufhebung des Gesetzlichkeitsprinzips die folgerichtige Forderung aus dem "Marburger Programm" gewesen? Dieser Frage soll zunächst abstrakt anhand der Schlußfolgerungen, die JHERING, auf dessen Auffassungen das "Marburger Programm" Bezug nimmt[275], aus seiner zweckrationalistischen Rechtsauffassung für das Postulat der Strafgesetzlichkeit zog (1.), sodann aber konkret anhand der Auffassungen LISZTs zu den Ausgestaltungen von Tatbestands- und Rechtsfolgenseite der Straftat (2. und 3.) nachgegangen werden.

---

273 *Liszt*, Lehrbuch, 3. Aufl., S. 26.
274 So zutreffend *Westphalen*, Karl Binding, S. 282.
275 Zum Einfluß *Jherings* auf *Liszt* vgl. auch *Hurwicz*, Rudolf von Ihering und die deutsche Rechtswissenschaft, S. 105 ff.; *Wieacker*, Rudolf von Jhering, S. 49 f.; ferner *Baratta*, Über Jherings Bedeutung für die Strafrechtswissenschaft, in: Wieacker/Wollschläger (Hrsg.), Jherings Erbe, S. 17 ff..

1. LISZTs "Zweckgedanke im Strafrecht" als Rezeption von JHERINGs "Zweck im Recht" - Konsequenzen für die Strafgesetzlichkeit

a. JHERING als Begründer des Zweckgedankens

Der Titel "Der Zweckgedanke im Strafrecht", mit dem LISZT das "Marburger Programm" überschrieb, impliziert die Übertragung von JHERINGs "Zweck im Recht"[276] auf das spezielle Gebiet des Strafrechts. JHERING[277] selbst, bei dem LISZT in seiner Wiener Studienzeit von 1869 bis 1873 einen Großteil seiner Vorlesungsstunden belegte[278], betrachtete LISZT als einen Vertreter seiner Lehren im strafrechtlichen Bereich: in einem Brief vom 22. Februar 1882 schrieb JHERING an LISZT, daß dieser "ganz berufen sein werde, die von ihm (JHERING; die Verf.) vertretene Grundanschauung und Richtung auf dem Gebiete des Criminalrechts mit Erfolg durchzuführen."[279] LISZT leistete diesem Auftrag Folge, indem er ausdrücklich darauf hinwies, daß mit der Frage nach dem Zweck im Recht die moderne Richtung in der Strafrechtswissenschaft entstanden sei, und der JHERING'schen Lehre somit befruchtende Wirkung auf das Strafrecht bescheinigte.[280] Er sah die Strafrechtswissenschaft durch JHERINGs Theorie "in ihren tiefsten Grundfesten" berührt und fand im "Zweck im Recht" eine "Darstellung, welche uns Kriminalisten den Boden ebnet, auf welchem wir die Detailarbeiten ausführen können."[281] Daß JHERINGs Lehren tatsächlich bei LISZT auf fruchtbaren Boden gefallen waren, belegen schließlich die zahlreichen Wortzitate und Bezugnahmen im "Marburger Programm".

Der Grundgedanke, von dem JHERING ausgeht, hat zum Inhalt, daß der Zweck der "Schöpfer des gesamten Rechts" sei und damit die "Grundlage des ganzen Rechtssystems" bilde.[282] Nach dem "Zweckgesetz" gebe es "kein Wollen (...),

---

276 *Jhering*, Der Zweck im Recht I. Es wird hier bewußt nur Bd. 1 und dieser nach der 1. Aufl. zitiert, da nur der erste Band *vor* dem "Marburger Programm" erschienen war.

277 Die Literatur zu Leben und Werk *Jhering*s ist abundant. Vgl. nur aus den neueren Beiträgen *Behrends* (Hrsg.), Privatrecht heute und Jherings evolutionäres Rechtsdenken; *Pleister*, Persönlichkeit, Wille und Freiheit im Werke Jherings; *Wieacker*, Rudolf v. Jhering, in: ZRG RA 86 (1969), S. 1 ff.; *Falk*, Von Dienern des Staates und von anderen Richtern, demnächst zur Veröffentlichung in: Gouron/Mayali/Schioppa/Simon (Hrsg.), Europäische und Amerikanische Richterbilder, hier zit. nach dem Manuskript S. 18 ff.; alle m.w.N..

278 Vgl. dazu *Moos*, Franz von Liszt als Österreicher, in: ZStW 81 (1969), S. 660, 664 f..

279 Zit. bei *Radbruch*, Franz v. Liszt, in: ders., Elegantiae iuris criminalis, S. 208, 215 Fn. 19.

280 *Liszt*, Die "Sichernden Maßnahmen", in: Arch. f. Rechts- und Wirtschaftsphilosophie 3 (1909/1910), S. 610, 611.

281 *Liszt*, Brief an Jhering vom 19. Februar 1882. In einem weiteren Brief an Jhering vom 30. November 1882 schrieb *Liszt*: "(...) Wenn ich auch hoffen durfte, Ihre Billigung zu finden - da es ja doch Ihr Gedanke war, den ich auf meinem Felde durchführte -, so gereicht es mir doch zu hoher Befriedigung und wahrer Freude zu wissen, daß Sie der Durchführung Anwendung zollen. Ich lasse den "Zweckgedanken" nicht mehr aus den Augen (...)". Der Briefnachlaß *Liszt*s befindet sich in der Handschriftensammlung, Sammlung Darmstaedter, der Staatsbibliothek Preußischer Kulturbesitz in Berlin.

282 *Jhering*, Der Zweck im Recht I, 1. Aufl., S. VI. Zum Rechtsbegriff bei *Jhering* vgl. *Moos*, Verbrechensbegriff, S. 419 ff..

keine Handlung ohne Zweck".[283] Die Vorstellung von einem menschlichen Handeln allein aufgrund eines Selbsterhaltungs- oder Arterhaltungstriebs verwirft JHERING ausdrücklich.[284] Als Grundlagen des menschlichen Handelns nennt er egoistische und soziale Zwecke. In erster Linie handle jeder in Verfolgung seiner eigenen Interessen; da diese jedoch letzten Endes "convergierend in demselben Endpunkt zusammentreffen", werde das menschliche Zusammenleben in Staat und Gesellschaft möglich: "die Koinzidenz ihrer (der Menschen; die Verf.) Interessen mit dem allgemeinen Zweck bewirkt, daß, indem jeder sich bloß für sich bemüht, er zugleich für den Zweck tätig wird".[285] "Das Infusorium ist der Egoismus - ausschließlich sich selber lebend, baut er die Welt."[286] Zu den sozialen Zwecken, also den Zwecken der Gemeinschaft, führt JHERING aus, daß das Interesse, das die sozialen Zwecke verfolgten, nicht in diesen selbst begründet liege, sondern darin, in welcher Art und Weise das Einzelwesen durch Gesellschaft und Staat zu ihrer Verwirklichung herangezogen werde.[287] Zur Verwirklichung der sozialen Zwecke bedienten sich Staat und Gesellschaft des Mittels der Gewalt bzw. des Zwangs.[288] Das "System der durch *Zwang* gesicherten *sozialen Zwecke*" sei das Recht.[289] Das Recht gehe als eine höhere Entwicklungsform der Gewalt aus dieser hervor, es sei das Ergebnis der Selbstbindung der Gewalt an feste Regeln.[290] Es diene der Gewalt "wie der Kompaß dem Steuermann"[291] und sei "nichts anderes als der Niederschlag der Erfahrung in Bezug auf die richtige Verwendung der Gewalt"[292]. Dies wird schließlich dahingehend konkretisiert, daß das Recht "die zweiseitig verbindende Kraft des Gesetzes, die eigene Unterordnung der Staatsgewalt unter die von ihr selbst erlassenen Gesetze" sei.[293] Die Selbstbeschränkung der Gewalt ergebe sich aus einer Orientierung nicht an der Menschlichkeit, sondern an der Politik.[294] "Alleinige Quelle des Rechts" sei der Staat.[295] Die staatspositivistische Prägung des JHERING'schen Rechtsbegriffs mit ihrer Möglichkeit eines fatalen Mißbrauchs tritt hier deutlich zu Tage.[296] Auffallend ist, daß sich JHERING mit seiner Unterscheidung zwischen egoistischen und sozialen Zwecken mit einer rein formalen Definition des Zweckbegriffs begnügt. Die schwierige inhaltliche Festlegung dessen, was als im Wege des Rechts durchsetzbar gelten kann und was nicht, vertagt JHERING. Ursprünglich hatte er vor, in Kapitel 10 und 11 seines Werkes über den "Zweck

283 *Jhering*, Der Zweck im Recht I, 1. Aufl., S. 4 f..
284 *Jhering*, ebenda, S. 29.
285 *Jhering*, ebenda, S. 42.
286 *Jhering*, ebenda, S. 52.
287 *Jhering*, ebenda, S. 65.
288 *Jhering*, ebenda, S. 50.
289 *Jhering*, ebenda, S. 240.
290 *Jhering*, ebenda, S. 251 f..
291 *Jhering*, ebenda, S. 252.
292 *Jhering*, ebenda, S. 254.
293 *Jhering*, ebenda, S. 344.
294 *Jhering*, ebenda, S. 249.
295 *Jhering*, ebenda, S. 319.
296 Vgl. hierzu kritisch auch *Moos*, Verbrechensbegriff, S. 421.

im Recht" die Begriffe des Interesses und des Zweckes zu klären.[297] "Der Zweck im Recht" endet jedoch mit Kapitel 9, Kapitel 10 und 11 wurden nicht geschrieben, so daß JHERING letztlich eine inhaltliche Bestimmung des Zweckbegriffs schuldig blieb.[298]

Speziell zur Zwecksetzung und Selbstbeschränkung im Strafrecht führt JHERING aus, daß dieses nicht auf dem "Gedanke(n) eines der Gesellschaft durch Gott auferlegten Strafrichteramtes" oder auf dem "ethische(n) Postulat der Notwendigkeit der Vergeltung" beruhe; die Strafgewalt obliege der Gesellschaft vielmehr nur unter dem Gesichtspunkt "der Sicherung der Gesellschaft, ihres Bestandes und ihrer Lebenszwecke."[299] Als Zweck des Strafrechts ist somit der Schutz der Lebensbedingungen der Gesellschaft ausgesprochen und der Vergeltungslehre eine eindeutige Absage erteilt. Die Legitimation des Strafrechts - wie des Rechts überhaupt[300] - wird aus der Natur abgeleitet. Die Strafen der Natur seien Schmerz, Gesundheitsbeeinträchtigung, sogar Tod; der Staat verhänge dementsprechend Freiheits-, Geld- und Ehrenstrafen: "die Natur wirft denjenigen, der sich gegen sie vergangen hat, aufs Bett, der Staat wirft ihn ins Gefängnis."[301] Auch hier ist somit eine naturwissenschaftliche Prägung der Rechtsauffassung nicht zu übersehen.[302]

Die Übereinstimmungen zwischen dem LISZT'schen "Zweckgedanke(n) im Strafrecht" und den hier kurz skizzierten Grundgedanken von JHERINGs "Zweck im Recht" sind offensichtlich. Einer gesonderten Hervorhebung der Parallelitäten bedarf es nicht. Allein in den Ausgangspunkten bestehen deutliche Unterschiede: während LISZT von der Urform der Strafe als Triebhandlung ausgeht und als den maßgeblichen Trieb ganz nach darwinistischem Prinzip die Selbst- bzw. Arterhaltung ansieht, verwirft JHERING den Gedanken der reinen Triebhandlung und damit auch die Idee der Selbst- bzw. Arterhaltung. Zwar gesteht auch er ein, daß "in der ganzen Schöpfung (..) der Stärkere auf Kosten des Schwächeren" lebe[303], d.h. auch hier wird ein darwinistisches Modell zugrunde gelegt; aber als selbständige Grundlage menschlichen Handelns erkennt er den Selbsterhaltungstrieb nicht an. Die "Erhaltung und Behauptung des eigenen Lebens" wird von JHERING nur als *Zweck* des rechtlichen Zwangs anerkannt.[304] Die Gegensätzlichkeit der Ausgangspunkte wiegt LISZT mit dem Hinweis darauf auf, daß die Triebhandlung, wie er sie verstehe, vor der Erfahrung, und da diese die Quelle des Rechts sei, auch vor dem Recht liege; erst in ihrer objektivierten Form beruhe die Strafe auf der Erfahrung, und als Rechtsstrafe nehme sie den Zweckgedanken in sich auf. Damit würden sich seine und die

297 *Jhering*, Der Zweck im Recht I, S. 66.
298 Die mehrfache Überarbeitung der Bände 1 und 2 lassen darauf schließen, daß *Jhering* die Kapitel 10 und 11 nicht "zufällig" nicht geschrieben hat.
299 *Jhering*, ebenda, S. 363 f..
300 Vgl. *Jhering*, ebenda, S. 50.
301 *Jhering*, ebenda, S. 51.
302 Zum Einfluß der Naturwissenschaften auf *Jhering*s Rechtsdenken vgl. *Wieacker*, Privatrechtsgeschichte, S. 432 mit Anm. 7.
303 *Jhering*, Der Zweck im Recht I, 1. Aufl., S. 243.
304 *Jhering*, ebenda.

Auffassung JHERINGS nicht ausschließen, sondern vielmehr gegenseitig ergänzen und bestätigen.[305]

Insgesamt ist das "Marburger Programm" als eine Zusammenfassung derjenigen Motive zu verstehen, mit denen JHERING die Entwicklung des kriminalpolitischen Denkens beeinflußt hat.[306]

b. Die Gesetzesgebundenheit als Widerspruch zum Zweckgedanken

In dem hier interessierenden Kontext ist zu fragen, welche Konsequenzen JHERING aus seinem zweckrationalistischen Rechtsdenken für das liberal-rechtsstaatliche Postulat der Strafgesetzlichkeit zog.

JHERING vertrat die Auffassung, daß das staatliche Strafrecht für den Straftäter "eine größere Wohltat als für die durch ihn Bedrohten" enthalte.[307] Darin kann eine Vorformulierung der LISZT'schen Magna-charta-Formel gesehen werden.[308] Wie weit diese jedoch von der Strafgesetzlichkeit als kriminalpolitische Restriktion, als Verbürgung von Rechtssicherheit und Rechtsgleichheit entfernt ist, zeigen JHERINGS Ausführungen zur Bindung der Staatsgewalt an das Gesetz[309]:

> "Durch das Gesetz bindet die Staatsgewalt sich selber die Hände. Wie weit soll sie dies tun? Schlechthin? Unter dieser Voraussetzung würde jeder nur dem Gesetz zu gehorchen haben, die Staatsgewalt dürfte nichts gebieten oder verbieten, was nicht im Gesetz vorgesehen wäre, das Staatsgesetz wäre damit auf eine Linie gerückt mit dem Naturgesetz. Wie in der Natur, so wäre auch im Staat das Gesetz die einzige, alles bewegende Kraft, der Zufall und die Willkür wären principiell vollständig überwunden, die Staatsmaschinerie gliche einem Uhrwerk, welches alle ihre vorgeschriebenen Bewegungen mit unausbleiblicher Gewißheit, Regelmäßigkeit, Gleichmäßigkeit vollzöge.
> Das wäre, wie es scheint, der Rechtsstaat, wie er nicht vollendeter gedacht werden könnte. Nur eine einzige Eigenschaft würde ihm fehlen - die *Lebensfähigkeit*. (...) Ausschließliche Herrschaft des Gesetzes ist gleichbedeutend mit dem Verzicht der Gesellschaft auf den freien Gebrauch ihrer Hände (...)."[310]

---

305 *Liszt*, Zweckgedanke, in: AuV I, S. 126, 144.

306 So auch *Baratta*, Über Jherings Bedeutung für die Strafrechtswissenschaft, in: Wieacker/Wollschläger (Hrsg.), Jherings Erbe, S. 17, 23; ähnlich *Hurwicz*, Rudolf von Ihering und die deutsche Rechtswissenschaft, S. 106.

307 *Jhering*, Der Zweck im Recht I, 1. Aufl., S. 451.

308 So *Wieacker*, Rudolf von Jhering, S. 64 Anm. 82; ihm zustimmend *Baratta*, Über Jherings Bedeutung für die Strafrechtswissenschaft, in: Wieacker/Wollschläger (Hrsg.), Jherings Erbe, S. 17, 24 Anm. 25.

309 Vgl. zu dem hier folgenden auch *Falk*, Von Dienern des Staates und von anderen Richtern, demnächst zur Veröffentlichung in Gouron/Mayali/Schioppa/Simon (Hrsg.), Europäische und Amerikanische Richterbilder, hier zitiert nach dem Manuskript S. 23 ff..

310 *Jhering*, Der Zweck im Recht I, 1. Aufl., S. 413 f..

Die Annahme, daß die Staatsgewalt im Interesse der Rechtssicherheit und der individuellen Freiheit der Beschränkung bedürfe, hält JHERING für verfehlt: bei der staatlichen Gewalt handle es sich nicht um ein zu bekämpfendes Übel, sondern um "ein Gut, bei dem man nur, wie bei jedem Gut, um die Möglichkeit des heilsamen Gebrauchs offen zu halten, die des Mißbrauchs in den Kauf nehmen muß".[311] Sehe sich die Staatsgewalt vor die Entscheidung gestellt, "entweder das Gesetz oder das Wohl der Gesellschaft zu opfern", so bestehe die traditionelle Lösung im dem "Kraftspruch" "fiat justitia, pereat mundus". Dieser Lösung schließt JHERING sich nicht an, vielmehr tritt er im Falle eines Widerspruchs zwischen Recht und Wohl der Gesellschaft für eine Umkehrung dieses Satzes ein: "pereat justitia, vivat mundus".[312] Ausgehend von dem Grundsatz, daß das Recht um der Gesellschaft willen da sei, bestehe der Endzweck sowohl des Rechts als auch der Gesellschaft in der "Herstellung und Sicherung der Lebensbedingungen der Gesellschaft". Daraus folge, daß die Staatsgewalt "nicht nur befugt, sondern verpflichtet ist, das Recht zu opfern und die Gesellschaft zu retten"[313], wenn Recht und Wohl der Gesellschaft in Widerstreit treten.

> "Denn höher als das einzelne Gesetz, das sie verletzt, steht das allgemeine und zugleich höchste der Erhaltung der Gesellschaft - salus populi *summa* lex esto."[314]

Zur Veranschaulichung fährt JHERING fort:

> "(...) wie der Schiffer die Ladung über Bord wirft, wenn es gilt, Schiff und Mannschaft zu retten, so die Staatsgewalt das Gesetz, wenn dies das einzige Mittel ist, die Gesellschaft vor schwerer Gefahr zu bewahren."[315]

In der Befugnis zur Preisgabe des Gesetzes sieht JHERING "das mit der Notlage (*Notstand*) gegebene *Notrecht* der Gesellschaft".[316] Die Festlegung der Voraussetzungen eines solchen Notrechts betrachtet er ausdrücklich als eine "Frage der Politik des einzelnen Falles"[317], die zu erörtern er sich hier nicht die Mühe macht.

Auf dem Gebiet des Strafrechts zieht JHERING aus dem Notrecht der Gesellschaft die Schlußfolgerung der Verwerfung des Nulla-poena-Grundsatzes. Es sei möglich, daß sich der Katalog der Strafgesetze als lückenhaft erweise und damit einzelne Straftaten nicht erfasse. Der Nulla-poena-Grundsatz führe dazu, daß sich die Gerechtigkeit dem Straftäter gegenüber, der mit seiner Tat keinen geschriebenen Straftatbestand erfülle, aber dennoch eine Bedrohung für die Gesellschaft darstelle, machtlos erklären müsse.[318]

---

311 *Jhering*, ebenda, S. 414 f..
312 *Jhering*, ebenda, S. 415.
313 *Jhering*, ebenda, S. 417.
314 *Jhering*, ebenda; *Jhering* zitiert hier *Cicero* de legib. III 3.
315 *Jhering*, ebenda.
316 *Jhering*, ebenda, S. 418.
317 *Jhering*, ebenda, S. 419.
318 *Jhering*, ebenda, S. 421.

"Das unbefangene Rechtsgefühl des Volks verlangt auch hier Bestrafung, und ich meinerseits schließe mich dem vollkommen an. Jener Satz, der sich den Charakter eines absoluten Postulates der Gerechtigkeit beilegt, hat in der Tat nur eine bedingte Berechtigung. Er ist gemeint als Garantie gegen die Willkür, und diese Aufgabe löst er. Aber das höchste Ziel des Rechts ist nicht die Fernhaltung der formalen Willkür, sondern die Verwirklichung der materiellen Gerechtigkeit, und soweit jener Satz dem in den Weg tritt, ist er unberechtigt."[319]

Offen setzt JHERING sich für eine "durch das Gesetz nicht vorgesehene Strafe" ein.[320] Es müßten das Ziel des Willkürschutzes und das Ziel der Verwirklichung der materiellen Gerechtigkeit miteinander verbunden werden. Deshalb dürfe die Freistellung von der Gesetzesbindung nur mit Rücksicht auf die Gerechtigkeit erfolgen. Dieses Ziel zu verwirklichen, wäre die Aufgabe eines "höchsten Gerichtshofs"[321], den JHERING auch als "Gerechtigkeitshof" bezeichnet[322]. Der "Gerechtigkeitshof" würde die "erhabene Mission erhalten zu vermitteln zwischen dem geschriebenen Recht und der Gerechtigkeit".[323]

Die Berechtigung zu der von ihm vorgenommenen Abschwächung der Bedeutung der Rechtssicherheit und der Aufgabe des Nulla-poena-Grundsatzes leitet JHERING aus dem Begnadigungsrecht ab. Das Begnadigungsrecht bedeute formell einen Eingriff in die Rechtsordnung, indem dem Straftäter, dem von Gesetzes wegen eine bestimmte Strafe angedroht worden sei, diese erlassen werde; materiell hingegen sei sie als "*Selbstkorrektur der Gerechtigkeit* im einzelnen Fall gegenüber der als unvollkommen erkannten abstrakten Formulierung des Gesetzes" aufzufassen.[324] Mit der Anerkennung des Begnadigungsrechts sei der Grundsatz der ausschließlichen Gesetzesbindung im Strafrecht bereits aufgegeben; das Recht habe damit "eingestanden, daß es mit dem Gesetz allein nicht auszureichen vermag, daß es vielmehr der höheren, über dem Gesetz stehenden Gerechtigkeit bedarf, damit dieselbe im einzelnen Fall die Strafe mit den Forderungen des Rechtsgefühls in Einklang bringe"[325]. Dies gelte jedoch nicht nur auf dem Feld der Begnadigung, sondern auch auf dem Feld der Verurteilung, so daß auch dort eine Durchbrechung der Gesetzesbindung möglich sein müsse.[326] Daß dieser Vergleich der Problematik nicht gerecht wird, ist auf den ersten Blick ersichtlich: die Gesetzesgebundenheit im Strafrecht dient dem Schutz vor willkürlichen Eingriffen in die individuelle Freiheit; bei der Begnadigung hingegen wird nicht in die individuelle Freiheit eingegriffen, sondern sie führt umgekehrt zu einer Wiederherstellung individueller Freiheitsrechte; vor solchen muß der Einzelne indes nicht geschützt werden, so daß Durchbrechungen der Gesetzlichkeit in diesem Bereich des Strafrechts un-

319 *Jhering*, ebenda.
320 *Jhering*, ebenda, S. 423.
321 *Jhering*, ebenda, S. 422.
322 *Jhering*, ebenda, S. 423.
323 *Jhering*, ebenda.
324 *Jhering*, ebenda, S. 420.
325 *Jhering*, ebenda, S. 422.
326 *Jhering*, ebenda.

schädlich sind. Daß JHERING diesen Vergleich dennoch zieht, läßt anschaulich werden, wie formal JHERING die Gesetzlichkeit betrachtet hat.

So viel zu JHERING. Wird die Annahme zugrunde gelegt, daß LISZT das bei JHERING begründete zweckrationalistische Rechtsdenken auf das Strafrecht übertragen hat, so ergibt sich die Frage, ob nicht auch LISZT sich zu dieser von JHERING im Hinblick auf das Nulla-poena-Prinzip gezogenen Konsequenz gezwungen sehen mußte. Da sich bei LISZT mehrfach Wortzitate aus dem "Zweck im Recht" finden, ist davon auszugehen, daß er JHERINGs Werk gelesen, also auch von den Passagen über die Relativierung der Rechtssicherheit im Interesse einer materiellen Gerechtigkeit Kenntnis gehabt hatte. Im "Marburger Programm" wird in großem Umfang auf den JHERING'schen Zweckgedanken Bezug genommen, eine Stellungnahme zu der von JHERING im Hinblick auf die Strafgesetzlichkeit gezogenen Konsequenz fehlt jedoch. Dabei hatte JHERING mit seinen Ausführungen einen fundamentalen Grundsatz des rechtsstaatlich-liberalen Strafrechts des 19. Jahrhunderts angegriffen. Hätte LISZT tatsächlich ehern an den liberal-rechtsstaatlichen Errungenschaften des 19. Jahrhunderts festgehalten, hätten ihm Sätze wie die von der nur bedingten Berechtigung des Nulla-poena-Satzes eindeutig widerstreiten müssen. Vielleicht sah sich LISZT angesichts der hohen Plausibilität, die JHERINGs Verwerfung der absoluten Gesetzesgebundenheit im Strafrecht vom Standpunkt eines zweckrationalistischen, an den Interessen der Gesellschaft und nur in zweiter Linie an den Individualrechten interessierten Rechtsdenkens aus haben mußte, an einer Verteidigung der Strafgesetzlichkeit gehindert. Aber die feurige Übertragung des Zweckgedankens auf das Gebiet des Strafrechts sowie die auffällig randständige Bedeutung des Gesetzlichkeitsprinzips legen den Schluß nahe, daß LISZT mehr als zehn Jahre nach dem "Marburger Programm" dem Zweckgedanken, den JHERING zu seiner illiberalen und rechtsstaatswidrigen Konsequenz geführt hatte, keine liberalen Bedenken entgegensetzte und diese damit stillschweigend billigte. Die erst viel später nach dem "Marburger Programm" ausgesprochene Magna-charta-Formel erscheint vor diesem Hintergrund wie ein verspätet abgerungenes Bekenntnis - tatsächlich wie ein Paradoxon, wie eine Inkonsequenz, die ihm als solche auch mehrfach von der zeitgenössischen Kritik vorgehalten wurde.[327]

2. Reduzierung des Gesetzlichkeitsprinzips auf der Tatbestandsseite - Formschranke statt Inhaltsschranke oder sogar weniger?

Im Rahmen der Textexegese wurde bereits herausgearbeitet[328], daß LISZT dem Strafgesetzgeber bei der Ausgestaltung der Verbrechenstatbestände die Aufgabe

327 Vgl. *Birkmeyer*, Was läßt v. Liszt vom Strafrecht übrig?, S. 3 f.; dazu die Replik *Liszts*, Birkmeyers "Warnung vor der modernen Richtung im Strafrecht", in: ZStW 27 (1907), S. 213 ff.; ferner *Birkmeyer*, Schutzstrafe und Vergeltungsstrafe, in: GS 67 (1906), S. 401, 415.

328 Siehe oben S. 71 ff., insbes. S. 78 ff..

zudachte, durch das Strafgesetz zum einen ein wirksames Mittel zur Verbrechensbekämpfung bereitzustellen und zum anderen erzieherisch in gesellschaftliche Prozesse einzugreifen. Entsprechend einem an Effektivität ausgerichteten Strafrecht plädiert LISZT für eine Vereinfachung der Verbrechenstatbestände.

Es wird im folgenden zu untersuchen sein, inwieweit diese kriminalpolitische Definition der Gesetzgebungsaufgabe Auswirkungen auf die bei FEUERBACH festgelegte Bedeutung der Strafgesetzlichkeit als Bürgerschutz und Inhaltsschranke hat. Dabei wird es zunächst um die Aufgabe des Strafgesetzes vor dem Hintergrund von Staatsauffassung und Gesetzgebungswirklichkeit im Kaiserreich gehen (a.). Darüberhinaus soll auf die Frage eingegangen werden, ob LISZT in dogmatischer Hinsicht durch seine Rechtsgüterlehre - der Rechtsverletzungslehre FEUERBACHs vergleichbare - inhaltliche Vorgaben für die Strafgesetzgebung festzulegen vermochte (b.).

a. Das Strafgesetz als staatliches Interventionsinstrument

Wenn LISZT fordert, daß durch die Strafgesetzgebung erzieherisch auf die Gesellschaft eingewirkt werden solle, dann deutet sich schon an, daß der Staat nicht mehr nur Freiheitssphären festlegen und mit dem Strafgesetz nicht mehr lediglich ein Grenzbereinigungsinstrument geschaffen werden sollte. Dem Staat sollte darüberhinaus die Aufgabe zukommen, lenkend und gestaltend in gesellschaftliche Vorgänge einzugreifen. Dem strafrechtlichen Denken LISZTs müssen folglich ein gegenüber FEUERBACH gewandeltes Staatsverständnis sowie eine abweichende Auffassung von der Aufgabe der Strafgesetzgebung zugrundegelegen haben.

aa. Staatsbegriff und Staatszweck

Es ist zunächst nochmals[329] darauf hinzuweisen, daß bei LISZT keine derart enge Verknüpfung von staats- und straftheoretischen Ansätzen besteht, wie dies bei FEUERBACH der Fall ist. LISZT leitet seine Straftheorie nicht aus dem Staatszweck her, sondern entwickelt sein Strafzweckmodell unabhängig von staatstheoretischen Begründungsansätzen. Überlegungen zu Staatsbild und Staatszweck werden erst ergänzend zur Stützung und Absicherung der Strafrechtsauffassung angestellt.

LISZT geht nicht von einer vertragstheoretischen Begründung des Staatsmodells aus. Wie im Bereich der Straftheorie vertritt LISZT auch für das Staatsmodell einen evolutionstheoretischen Ansatz. Den Anfang der Entwicklung von Ge-

---

329 Siehe dazu bereits oben S. 97 ff..

sellschaft und Staat bilden nach diesem Ansatz nicht einzelne Individuen, die sich vertraglich zu einer Gesellschaft zusammenschließen, sondern der Einzelne wird als von Anfang an über Familienverbände und Sippen in Gruppenformationen und damit in soziale Strukturen eingebunden gedacht.[330] Aus Horden seien Stämme, aus Stämmen Völker und aus Völkern Staaten geworden.[331]

LISZT überträgt den entwicklungstheoretischen Ansatz von dem Gebiet der Biologie auf das Gebiet der Soziologie: hier wie dort werde von der immanenten Zweckmäßigkeit allen kausalen Geschehens ausgegangen.[332] Auf dem Gebiet der Soziologie lehre die wissenschaftliche Hypothese der Entwicklungstheorie, daß "aus den einfachen, nicht differenzierten und darum weniger leistungsfähigen Gesellschaftsformen, in allmählichen Übergängen, die zusammengesetzten, mehr und mehr differenzierten und darum leistungsfähigeren Gesellschaftsformen sich entwickelt haben."[333] Damit bestehe ein "genetischer Zusammenhang" von den Urformen des gesellschaftlichen Zusammenlebens bis zur Staatsform der Gegenwart.[334] Die Höherentwicklung der Gesellschaftsformen folge einem evolutionistischen Selektionsprozeß: in dem Kampf ums Dasein erfolge die "ausscheidende Auslese der Untüchtigen und die erhaltende und zugleich vervollkommnende Auslese der Tüchtigen".[335] Wie bereits im Bereich der Strafzwecklehre liegt auch hier mit den Elementen der Veränderlichkeit und Kontinuität der MERKEL'sche Entwicklungsbegriff zugrunde. Anders jedoch als MERKEL, der neben Veränderlichkeit und Kontinuität als drittes Element Vererbung verlangt[336], fügt LISZT als drittes Element für den Bereich der Gesellschaftsentwicklung das Element der Tradition hinzu. Die von der Gesellschaft geschaffenen "Kulturwerte" würden durch traditionelle Überlieferung, d.h. durch Lehre, Beispiel, Übung, Wort und Schrift, von einer Generation auf die nächste übertragen.[337] Zu diesen Kulturwerten gehöre auch die Normsetzung, welche die Möglichkeit eröffne, im Kampf der vorhandenen Gesellschaftsformen untereinander neben die natürliche Auslese, die künstliche, zweckgerichtete Selektion treten zu lassen.

Auf der Grundlage dieses evolutionstheoretischen Ansatzes kommt LISZT zu folgendem Staatsbegriff: Staat ist "wie jede Gesellschaft, ein Zweckverband von Menschen, der gemeinsamen Verfolgung gemeinsamer Zwecke dienend; seine Rechtsordnung soll die Erreichung der Verbandszwecke gewährleisten. Hinter dem Staat steht, als sein Träger, das Staatsvolk, die in vielfachen, neben- und durcheinanderliegenden Schichten gelagerte Gesamtheit der zur Ge-

---

330 Vgl. dazu *C. Bohnert*, Straftheorie und Staatsverständnis im Schulenstreit, S. 63.
331 *Liszt*, Vom Staatenverband zur Völkergemeinschaft, S. 28 f..
332 *Liszt*, Entwicklungsgedanke, in: Mitt. d. I.K.V., Bd. 16 (1909), S. 497, 498.
333 *Liszt*, ebenda.
334 *Liszt*, ebenda.
335 *Liszt*, ebenda.
336 *A. Merkel*, Über den Begriff der Entwicklung, in: Zschr. f. Privat- und Öffentliches Recht, Bd. 3 (1876), S. 625, 628.
337 *Liszt*, Entwicklungsgedanke, in: Mitt. d. I.K.V., Bd. 16 (1909), S. 497, 499.

sellschaft verbundenen einzelnen Menschen".[338] Etwas formeller lautet die im Rahmen völkerrechtlicher Abhandlungen gegebene, auf JELLINEK zurückgehende[339] Definition: danach ist der Staat "die selbstherrliche Gebietskörperschaft; d.h. die auf einem bestimmten Gebiete angesiedelte, durch eine selbständige und unabhängige Herrschergewalt zusammengefaßte, menschliche Gemeinschaft. Zum Begriff des Staates gehören mithin drei Merkmale: 1. die Staatsgewalt; 2. das Staatsgebiet; 3. das Staatsvolk."[340] Das Element der hinter dem Staate stehenden Gesamtheit der zur Gesellschaft verbundenen einzelnen Menschen scheint die Vorstellung einer demokratischen Verfassung zu beinhalten, ist im weiteren Sinne jedoch dahingehend zu verstehen, daß Maßstab für die Staatsform immer der Entwicklungsstand der Gesellschaft sein, daß also die Staatsform das Wesen der Gesellschaft darstellen soll.[341]

Durch die Definition des Staates als Zweckverband wird die Staatsfunktion - wie zuvor auch die Straffunktion[342] - vom Zweckgedanken her bestimmt. Die Aufgaben und Zwecke richten sich nach den Belangen der hinter dem Staat stehenden Gesamtheit. Insgesamt ergeben sich für LISZT drei Gruppen von Staatszwecken[343]: 1. Erhaltung der Individuen, Gruppen und des Gemeinwesens sowie Sicherung der Staatsorgane; 2. Schutz der Lebensbedingungen und Allgemeinwohlbelange; 3. Schutz der Rechtsordnung, Autoritätswahrung und Verfahrensgewährleistung. Diese Staatszwecke, die bei LISZT aus seiner Strafzwecktheorie resultieren, ähneln weitgehend der Staatszwecklehre JELLINEKs. Nach JELLINEK besteht in der "Förderung der fortschreitenden Entwicklung der Volksgesamtheit und ihrer Glieder"[344] das höchste Prinzip der Staatstätigkeit. Als Staatszwecke nennt JELLINEK Machtentfaltung und Machtbehauptung, Schutzgewährung, Rechtssetzung und Rechtsbewahrung sowie Kulturförderung.[345] Ein auf die Funktion des Freiheits- bzw. Rechtsschutzes beschränkter Staat findet sowohl bei LISZT[346] als auch bei JELLINEK[347] deutliche Ablehnung. Der Staat sollte nicht ausschließlich negative, d.h. abwehrende und strafende, aber nichts gewährende, sondern auch positive Leistungen erbringen, insbesondere die "Pflege und Förderung aller Kulturinteressen" gewährleisten.[348] "Der moderne Staat ist Kulturstaat geworden, dessen Verwaltung sich immer weiter ausdehnt, um alles zu umfassen, was das Gesamtinteresse des Volkes erfordert."[349]

---

338 *Liszt*, Lehrbuch, 21./22. Aufl., S. 4.
339 *Jellinek*, Allgemeine Staatslehre, S. 355 ff..
340 *Liszt*, Das Völkerrecht, 11. Aufl., S. 43.
341 So zutreffend *C. Bohnert*, Straftheorie und Staatsverständnis im Schulenstreit, S. 66.
342 Siehe dazu oben S. 90 ff..
343 Zu dieser Einteilung der Staatszwecke bei *Liszt* vgl. *C. Bohnert*, Straftheorie und Staatsverständnis im Schulenstreit, S. 67 f..
344 *Jellinek*, Allgemeine Staatslehre, S. 236.
345 Ebenda, S. 224 ff., zusammenfassend S. 236.
346 *Liszt*, in: Mitt. d. I.K.V. Bd. 19 (1912), S. 377.
347 *Jellinek*, Allgemeine Staatslehre, S. 221 f..
348 *Jellinek*, Die Entstehung der modernen Staatsidee, in: Ausgewählte Schriften und Reden, Bd. 1, S. 45, 60.
349 Ebenda, S. 45, 61.

bb. Relativierung des Freiheitsbegriffs durch ein überindividualistisches, interventionistisches Staatsbild

Mit der Aufgabe der vertragstheoretischen Begründung des Staates löst sich LISZT von der individualistischen Betrachtungsweise der bei FEUERBACH dargelegten rechtsstaatlich-liberalen Staatsidee. Ausgangspunkt ist nicht mehr das einzelne Individuum und dessen individuelle Freiheit, zu dessen Schutz allein der Staat berufen ist. Es findet eine Hinwendung zu sozialreformerischen Bestrebungen überindividualistischer Art statt.[350] Anstatt den Interessen des Einzelnen sollte den Gemeinschaftsbelangen Priorität eingeräumt werden.[351] Letzter Rechtszweck sollte nicht Schutz und Sicherung der individuellen Freiheit sein, sondern das Wohl der Gesamtheit.[352] LISZT selbst entstammte einer Beamtenfamilie[353] und maß der Treue zum Staat große Bedeutung zu. So forderte er in der im Jahre 1886 an der Universität Marburg gehaltenen Rektoratsrede[354], daß die Wissenschaft "im Dienste der staatlichen Zwecke" stehen möge[355] und daß die "akademischen Korporationen" durch "stramme Zucht (...) den Einzelnen (lehren; die Verf.), seine Neigungen allezeit und unbedingt allgemeinen Interessen unterzuordnen"[356]. Die Forderung nach Unterordnung der individuellen Interessen unter die Interessen der Allgemeinheit mindert den Stellenwert des Schutzes der individuellen Freiheit.[357] Daß sich LISZT für die Betonung der Allgemeininteressen gegenüber den Individualinteressen ausspricht, bedeutet jedoch nicht, daß ihm das Ideal des Sozialstaats vorschwebte, "in welchem sich der Einzelne aller seiner Rechte und seiner Individualität begeben hat, um dafür sein sozial bewilligtes Existenzpartikelchen zurückzunehmen"[358]; vielmehr betrachtete er es als "oberste Aufgabe einer jeden geordneten Gesellschaft", "die Interessen der Gesamtheit mit der Freiheit des Einzelnen in Einklang zu bringen"[359]. Es geht LISZT somit nicht um die Preisgabe der individuellen Freiheit, sondern der Begriff der individuellen Freiheit erfährt eine Relativierung dahingehend, daß die Freiheit des Einzelnen an den Gemeinwohlbelangen auszurichten ist, also nicht mehr als den Staat und

---

350 *Eb. Schmidt*, Einführung, S. 361.

351 *Liszt*, Die deterministischen Gegner der Zweckstrafe, in: AuV II, S. 25, 60; *ders.*, Über den Einfluß der soziologischen und anthropologischen Forschungen, in: AuV II, S. 75, 81 f..

352 Vgl. *Liszt*, Zweckgedanke, in: AuV I, S. 126, 139.

353 *Liszts* Vater, *Eduard v. Liszt*, trat 1842 als Praktikant beim Wiener Criminalgericht in den Justizdienst ein, wurde 1850 Staatsanwalt-Substitut in Wien, war ab 1853 als Landgerichtsrat beim Zivillandesgericht und später im Justizministerium tätig, wurde dann zum Oberstaatsanwalt berufen und avancierte schließlich 1874 zum Generalprokurator beim OHG. Vgl. zum familiengeschichtlichen Hintergrund *Liszts* *Liebscher*, Franz v. Liszt - familiengeschichtlich gesehen!, in: ZStW 94 (1982), S. 619 ff..

354 *Liszt*, Die Reform des Juristischen Studiums in Preußen.

355 *Liszt*, ebenda, S. 10.

356 *Liszt*, ebenda, S. 55 f..

357 Vgl. auch *Müller*, Generalprävention, S. 339; *Lekschas/Ewald*, Die Widersprüchlichkeit des Liszt'schen Konzepts, in: Liszt der Vernunft, Kriminalsoziologische Bibliographie 1984/Jg. 11, Heft 42, S. 80, 84 f..

358 *Liszt*, Die deterministischen Gegner der Zweckstrafe, in: AuV II, S. 25, 62.

359 *Liszt*, ebenda, S. 25, 60.

den Mitbürger absolut begrenzende Größe zu gelten hat. Die Aussage, daß er die "sozialistische Strömung" begrüße[360], ist damit nicht als Bekenntnis LISZTs zum Sozialismus zu verstehen, sondern als die Befürwortung sozialreformerischer Bemühungen des Staates.[361]

Mit dieser Relativierung der Freiheit des Einzelnen erfährt auch die Staatsaufgabe eine neue Deutung. Bisher war es die Aufgabe des Staates, Freiheitssphären der Bürger untereinander sowie der Bürger gegenüber dem Staat durch gesetzliche Festlegungen zu begrenzen. Durch die Orientierung am Gemeinwohl wächst dem Staat nun die Aufgabe der inhaltlichen Organisation der Gesellschaft zu.[362] Zur Verdeutlichung sei hier nochmals auf folgende, bereits in der Textexegese angeführte Passage hingewiesen:

> "Aus dem *Rechtsstaat*, dem Nichts-als-Rechtsstaat, der sich damit begnügt hat oder wenigstens damit begnügen wollte, dem freien Spiel der Kräfte den ruhigen Ablauf zu sichern; aus diesem Rechtsstaat, der, um die Kantsche Formel anzuwenden, lediglich dafür sorgen wollte, daß die Willkür des Einen mit der Willkür des Andern nach einem allgemeinen Gesetz der Freiheit zusammen bestehen könne, hat sich im Laufe der Jahrzehnte *der moderne Verwaltungsstaat* entwickelt, der durch bewußte Zwecksetzung eingreift in das freie Spiel der Kräfte, eingreift, um auf der einen Seite den Schwachen gegenüber dem Überstarken zu schützen, um auf der andern Seite die Interessen der Gesamtheit gegenüber dem Übermut des Einzelnen wahrzunehmen."[363]

Es sind das Wohl der Gesamtheit und die Fürsorge für den Einzelnen, die ein gezieltes Eingreifen des Staates verlangen.[364] Das Verhältnis zwischen Staat, Gesellschaft und Individuum hat sich grundlegend gewandelt: der Staat begrenzt nicht mehr die Gesellschaft zugunsten des Individuums, sondern er wird zu einem Mittel in der Hand der Gesellschaft zur Organisation der Gemeinwohlbelange.[365] An die Stelle des reinen Rechtsstaats ist der Interventionsstaat getreten. Wird dem Staat jedoch die Aufgabe der gesellschaftlichen Intervention zuerkannt, bedeutet dies eine Relativierung der individuellen Freiheit[366] und folglich eine erweiterte Zugriffsmöglichkeit auf diese infolge zunehmender

---

360 *Liszt*, Über den Einfluß der soziologischen und anthropologischen Forschungen, in: AuV II, S. 75, 81 f..

361 Zutreffend *Westphalen*, Karl Binding, S. 276, in Anlehnung an *Radbruch*, Franz v. Liszt, in: ders., Elegantiae iuris criminalis, S. 208, 223 f..

362 So schon *Naucke*, Marburger Programm, in: ZStW 94 (1982), S. 525, 536.

363 *Liszt*, Mitt. d. I.K.V., Bd. 19 (1912), S. 377 f.; ähnlich bereits 1878 *ders.*, Lehrbuch des österreichischen Preßrechts, S. X: "Der wichtigste Fortschritt, den die Staatsphilosophie in unserem Jahrhunderte gemacht hat, besteht ja eben in der Reaktion gegen den ausschließlichen *Rechts*staat, in der beginnenden Erkenntnis der Aufgaben der Staats*verwaltung*." Zum Gegensatz zwischen Individualismus und Sozialismus vgl. auch *ders.*, in: Mitt. d. I.K.V. Bd. 17 (1910), S. 423 ff..

364 *Liszt*, Die gesellschaftlichen Faktoren der Kriminalität, in: AuV II, S. 432, 446.

365 Vgl. auch *Naucke*, Marburger Programm, in: ZStW 94 (1982), S. 525, 536; *Müller*, Generalprävention, S. 339.

366 Zur Relativität des Freiheitsbegriffs vgl. bereits *Liszt*, Lehrbuch des österreichischen Preßrechts, S. XII: "(...) der Begriff der Freiheit (ist; die Verf.) heute ein anderer als vor 10, 50, 100 oder 1000 Jahren, kein absoluter, sondern ein relativer."

Ausdehnung der Verwaltung auf bisher dem Privatbereich zugeordnete Belange.

Kennzeichen des Rechts im Interventionsstaat ist die Betonung des Zweckmoments: Intervention bedeutet zweckorientierte, gezielte Steuerung gesellschaftlicher Abläufe durch Recht.[367] Eben deshalb ist bei JHERING vom "Zweck im Recht" und bei LISZT vom "Zweckgedanke(n) im Strafrecht" die Rede. Der Vorstellung von einem die Gesellschaft organisierenden und gestaltenden Staat entspricht das auf die Tätererfassung und -formung gerichtete Strafrecht des "Marburger Programms".[368] Beispielhaft für die Vorstellung von einem die Gesellschaft formenden Staat ist auch die Forderung LISZTs nach staatlich überwachter Erziehung verwahrloster Jugendlicher: war die Erziehung bisher ausschließlich dem staatsfreien Privatbereich der Eltern zugeordnet, wird sie nun von der staatlichen Interventionsaufgabe erfaßt. Ziel einer solchen Zwangserziehung sollte es sein, "aus dem Kinde einen tüchtigen, brauchbaren Menschen" zu machen.[369] Aber auch in der juristischen Praxis macht sich die Hinwendung zur staatlichen Intervention bemerkbar. Zum einen ist eine vermehrte Normproduktion zu verzeichnen. Gerade im Bereich des Strafrechts setzte eine erhebliche Ausdehnung des Nebenstrafrechts sowie des Polizei- und Ordnungswidrigkeitenrechts ein; staatliche Intervention wurde hier mit vermehrter Repression betrieben.[370] Zum anderen ist aber auch die Tendenz zu einer flexibleren Handhabung der Gesetze im Interesse einer schnellen Vermittlung zwischen Normapparat und sich wandelnder gesellschaftlicher Wirklichkeit sichtbar.[371] An die Stelle der subjektiven Auslegung der Gesetze, die eine strenge Gesetzesbindung sichern wollte, tritt die objektive Auslegung[372], die am - je nach gesellschaftlicher Situation anders zu beurteilenden - Normzweck orientiert und folglich mit einer Lockerung der Gesetzesbindung verbunden ist.[373]

cc. Interventionistische Staatsauffassung als Antwort auf den wirtschaftlichen und sozialen Strukturwandel im ausgehenden 19. Jahrhundert

Die Vorstellung von einem in gesellschaftliche Prozesse eingreifenden und diese lenkenden Staat findet seine Begründung in den sozialökonomischen und

367 Vgl. dazu auch *Stolleis*, Die Entstehung des Interventionsstaates, in: ZNR 1989, S. 129, 140.
368 Ebenso *Naucke*, Marburger Programm, in: ZStW 94 (1982), S. 525, 536.
369 *Liszt*, Kriminalpolitische Aufgaben, in: AuV I, S. 290, 450.
370 Vgl. dazu *P. A. Albrecht*, Prävention als problematische Zielbestimmung, in: KritV 1986, S. 55, insbes. S. 67; *Stolleis*, Die Entstehung des Interventionsstaates, in: ZNR 1989, S. 129, 147.
371 Vgl. *Stolleis*, ebenda, 136.
372 Vgl. *Binding*, Handbuch, S. 454 ff..
373 Zur Lockerung der Gesetzesbindung vgl. vor allem *Ogorek*, Richterkönig oder Subsumtionsautomat?, S. 257 ff..

gesellschaftspolitischen Gegebenheiten zur Zeit des ausgehenden 19. Jahrhunderts.[374]

Nach einer langen Phase der Hochkonjunktur (1850-1873) wurde die deutsche Wirtschaft in dem Zeitraum zwischen der Gründung des Deutschen Kaiserreichs 1867/71 und dem Beginn der welt- und nationalwirtschaftlichen Hochkonjunktur im Jahre 1895 von industrie- und agrarwirtschaftlichen Wachstumsstörungen erschüttert.[375] Mit wachsender Arbeitslosigkeit und zunehmender Wohnungsnot trat eine Bedrohung des sozialen Friedens ein. Es kam zu einer in den neunziger Jahren ihren Höhepunkt erreichenden Spaltung der deutschen Gesellschaft in das an den wirtschaftlichen und kulturellen Errungenschaften teilhabende Großbürgertum auf der einen Seite und die aus den Massenbetrieben und Großstädten hervorgehende, meist in Massen- und Elendsquartieren lebende Arbeiterschaft auf der anderen Seite. Das Fehlen des für die gleiche Freiheit aller erforderlichen sozialen Kräftegleichgewichts trat offen zu Tage. Soziale Macht und soziale Not traten einander gegenüber und ließen die individuelle Freiheit und Gleichheit rein formal erscheinen. Großen Teilen der Bevölkerung war die materielle Basis der individuellen Freiheit verloren gegangen, was eine faktische Unzugänglichkeit der ihnen rechtlich zustehenden Freiheitsrechte bewirkte.[376] Angesichts dieser Situation konnten die Prinzipien der liberalen Wirtschaftsgesellschaft kaum noch Überzeugungskraft gewinnen.[377] Durch die Strukturschwankungen der deutschen Wirtschaft waren Zeitgebundenheit und Relativität des menschlichen Daseins fühlbar, das absolute Freiheitspostulat zweifelhaft geworden. Die mit sozialen Problemen konfrontierte Klasse der Arbeiter stellte dringende Ansprüche zur Verbesserung ihrer Situation an den Staat. Ihre Forderung war nicht die nach Freiheit im Staat und vom Staat, sondern die nach Hilfe und Fürsorge durch den Staat.[378]

Diese nun im Vordergrund stehenden, aus der sozialen Wirklichkeit hervorgegangenen Ansprüche konnten nicht ohne Einfluß auf die Idee des Staatszweckes bleiben. Es genügte nicht mehr, daß der Staat nur Rechtsschutzanstalt im Sinne FEUERBACHs und V. HUMBOLDTs war, vielmehr sollte er für die Sicherung der Existenz Sorge tragen. Damit tritt die staatliche Entwicklung unter dem Druck einer gesellschaftspolitischen Notwendigkeit aus den Bahnen einer rein an der Freiheit des Einzelnen orientierten Politik heraus und gerät in den Sog der sozialen Wohlfahrtspolitik.[379] Der Staat des 19. Jahrhunderts, der seine Aufgabe

374 Als Zeit des ausgehenden 19. Jahrhunderts sind hier die Jahrzehnte zwischen den Jahren 1867/71 und dem Beginn des 1. Weltkriegs (Epoche des Kaiserreichs) zu verstehen.

375 Vgl. dazu *Wehler*, Das Deutsche Kaiserreich, S. 41 ff..

376 *Grimm*, Bürgerlichkeit im Recht, in: Kocka (Hrsg.), Bürger und Bürgerlichkeit im 19. Jahrhundert, S. 149, 181.

377 *Wehler*, Das Deutsche Kaiserreich, S. 46.

378 *Eb. Schmidt*, Strafrechtsreform und Kulturkrise, S. 13.

379 *Eb. Schmidt*, Einführung, S. 354; *ders.*, Anselm von Feuerbach und Franz von Liszt, in: Mschr. f. Kriminalbiologie und Strafrechtsreform 1942, S. 205, 212; *Stolleis*, Die Entstehung des Interventionsstaates, in: ZNR 1989, S. 129, 133, spricht nicht von einem "Wandel", sondern von einer "Revitalisierung" des Wohlfahrtsstaates unter der Prä-

in der Nichtintervention erblickt hatte, wandelt sich zum modernen Staat des 20. Jahrhunderts, der Daseinsvorsorge, wirtschaftliche und soziale Förderung und damit gesellschaftliche Intervention zu seinen Pflichten macht.[380] Durch Normierung und Regulierung dringt der Staat in immer weitere Lebensbereiche vor und zeigt sich durch unmittelbare materielle Unterstützung (insbesondere durch die Schaffung der Sozialversicherung und der kommunalen Daseinsvorsorge)[381] mitverantwortlich für die Wohlfahrt seiner Bürger. Wirtschaftliche und soziale Prozesse werden aus dem Bereich des Privaten herausgenommen und durch das Fungieren des Staates als Wirtschafts- und Sozialstaat zu einer öffentlichen Angelegenheit gemacht. "Fürsorge für alle Klassen des Volkes, Befriedigung eines jeden gerechten Interesses, Herstellung des sozialen Friedens, das sind die Leitsterne der modernsten Politik, das ist das Ergebnis, aus dem die neueste Gestaltung der Staatsidee entspringt."[382] Nach der modernen Staatsidee sollte der Staat aus seiner Passivität heraustreten und überall dort eingreifen, wo die gesellschaftliche Selbststeuerung versagte. Dies hatte zur Folge, daß die Trennung von Staat und Gesellschaft, die für das bürgerliche Staatsmodell charakteristisch gewesen war[383] aufgehoben wurde[384]: die zum Ausgleich sozialer Not einerseits und sozialer Macht andererseits erforderlichen Freiheitseingriffe bewirkten eine Annäherung von Staat und Gesellschaft. Während für die Freiheitsrechte des Einzelnen die Distanz zwischen Staat und Gesellschaft essentiell war, trat diese im Interventionsstaat, der auf flexible Steuerungsmöglichkeiten angewiesen ist, in den Hintergrund.[385]

dd. Interventionistische Staatsauffassung und rechtsstaatliche Freiheitsgarantie - ein unauflösbarer Widerspruch?

Angesichts der mit der Aufgabe der Wohlfahrtspolitik einhergehenden Verschiebung der staatlichen Grenzen zugunsten größerer Eingriffsmöglichkeiten der staatlichen Gewalt wird die Frage unabweisbar, ob der Staat dadurch nicht in die traditionelle Rolle des aufgeklärten Fürstenstaats zurückfällt bzw. diese

---

misse, daß es eine tatsächlich nur auf die Sicherungs- und Ordnungsfunktion reduzierten Staat nie gegeben habe.

380 Vgl. auch zum folgenden *Nipperdey*, Deutsche Geschichte II, S. 471 f.. Zum Übergang vom abwartenden zum interventionistischen Staat vgl. *Gall*, Zu Ausbildung und Charakter des Interventionsstaates, in: HZ 227 (1978), S. 552 ff.; *Wehler*, Der Aufstieg des organisierten Kapitalismus und Unterventionsstaates in Deutschland, in: Winkler (Hrsg.), Organisierter Kapitalismus, S. 36 ff.; *ders.*, Das Deutsche Kaiserreich, S. 56 ff..

381 Zur Sozialgesetzgebung *Bismarcks* vgl. *Stolleis*, Die Sozialversicherung Bismarcks, in: Zacher (Hrsg.), Bedingungen für die Entstehung und Entwicklung der Sozialversicherung, S. 387 ff. m.w.N..

382 *Jellinek*, Die Entstehung der modernen Staatsidee, in: Ausgewählte Schriften und Reden, Bd. 1, S. 45, 61.

383 Siehe dazu oben S. 18.

384 *Grimm*, Bürgerlichkeit im Recht, in: Kocka (Hrsg.), Bürger und Bürgerlichkeit im 19. Jahrhundert, S. 149, 182 f..

385 Vgl. *Stolleis*, Die Entstehung des Interventionsstaates, in: ZNR 1989, S. 129, 140.

erneuert.[386] Es ist fraglich, ob sozialstaatliche Wohlfahrtspolitik als Ergänzung zum Freiheitsstaat gedacht werden kann[387] oder ob staatliche Daseinsvorsorge nicht gerade rechtsstaatlicher Freiheitsgarantie zuwiderläuft.

LISZT betonte, daß sein kriminalpolitisches Programm, das "eine zielbewußte Bekämpfung des Verbrechertums fordert, unmittelbar anknüpft an die besten altpreußischen Überlieferungen, an die Grundgedanken der friderizianischen Gesetzgebung".[388] Diese friderizianische Gesetzgebung war aber diejenige des absoluten Polizeistaats, welche das rechtsstaatlich-liberale Strafrecht des 19. Jahrhunderts gerade bekämpft hatte. In der LISZT-Literatur ist man der Überzeugung, daß LISZT an dem durch die Entwicklung des 19. Jahrhunderts errungenen Verhältnis zwischen Staat und Einzelnem habe festhalten wollen.[389] Entsprechend der neuen Aufgabe des Staates habe LISZT eine Neugestaltung des Verhältnisses zwischen Staat und Individuum gefordert. Bei dieser Neugestaltung sollten dem gesetzestreuen Staatsbürger alle rechtsstaatlichen Garantien belassen und diese noch dadurch verstärkt werden, daß ihm wie der Gesellschaft überhaupt ein weitaus stärkerer Schutz gegen den Straftäter gewährt werde. Nur dem Straftäter, nicht dem Staatsbürger generell sollte der Staat mit größerer Macht begegnen.

Zwingend stellt sich die Frage, ob ein auf Effektivität ausgerichtetes spezialpräventives Strafrecht, das ein Maximum an staatlicher Intervention verlangt, mit dem Gedanken rechtsstaatlicher Freiheitsgarantie, die gerade minimale Staatsintervention gebietet, vereinbar ist, oder ob die Idee der Staatsintervention nicht in jedem Falle eine Freiheitsverkürzung nicht nur des Straftäters, sondern auch des Staatsbürgers generell nach sich zieht.

(1) Die Staatsidee des "modernen" Liberalismus

Wenn heute von einer liberalen Staatsauffassung LISZTs die Rede ist, so bedarf dies der Konkretisierung: LISZTs Überlegungen zur Staatsaufgabe knüpfen an den politischen Liberalismus in seiner gegen Ende des 19. Jahrhunderts gewandelten Form an.[390] Im Rahmen dieser Arbeit kann es nicht darum gehen, über die Entwicklung und den Wandel des politischen Liberalismus ein auch nur annähernd vollständiges Bild zu zeichnen. Es soll nur in groben Zügen geklärt werden, welche Grundvorstellung vom Staat der Liberalismus zur Zeit LISZTs vertrat und inwiefern Abweichungen zur liberalen Staatsidee zur Zeit FEUERBACHs bestehen.

---

386 Diese Frage ebenfalls stellend *Nipperdey*, Deutsche Geschichte II, S. 471.
387 So die Auffassung von *Ostendorf*, Franz von Liszt als Kriminalpolitiker, in: Liszt der Vernunft, Kriminalsoziologische Bibliographie 1984, Heft 42, S. 1, 9.
388 *Liszt*, E.F.Klein und die unbestimmte Verurteilung, in: Strafrechtliche Aufsätze und Vorträge, Bd. 2, 1905, S. 133.
389 Vgl. auch zum folgenden *Eb. Schmidt*, Einführung, S. 381.
390 *Westphalen*, Karl Binding, S. 269.

LISZT lokalisierte seine überindividualistische Auffassung ausdrücklich im Bereich des *modernen* Liberalismus: "Der moderne Liberalismus steht eben nicht mehr auf dem Boden der Vertragstheorie, des Rechtsstaats, des Manchestertums, er hat vielmehr die überindividualistische Auffassung in sich aufgenommen."[391] Daß LISZT sich den Ideen des politischen Liberalismus verbunden fühlte, manifestierte sich äußerlich erst relativ spät in seiner Zugehörigkeit zunächst zu der dem Linksliberalismus zuzuordnenden Partei der Freisinnigen Vereinigung sowie später zur Fortschrittlichen Volkspartei.[392] Im Jahre 1908 hatte er auf den Niedergang des Alt-Liberalismus hingewiesen und sich für einen anti-konservativen Neu-Liberalismus ausgesprochen.[393] Diesem antikonservativen Neu-Liberalismus hatte sich auch die Fortschrittliche Volkspartei verschrieben, die aus den Bemühungen NAUMANNS um eine gesamtliberale Vereinigung aller sozialreformerischen Kräfte hervorgegangen war[394], nachdem der deutsche Liberalismus seit den sechziger Jahren des 19. Jahrhunderts mehrere Spaltungen und Versuche der Zusammenführung erlebt hatte.[395] Die Fortschrittliche Volkspartei hatte sich sozialen Ausgleich zwischen den Interessen der Arbeitnehmer und der Arbeitgeber sowie ein sozialpolitisches Eingreifen des Staates durch Sozialgesetzgebung zur Aufgabe gemacht.

Dieser sog. soziale Liberalismus im ausgehenden 19. Jahrhundert war ein wesentlich anderer als der Liberalismus zur Zeit FEUERBACHS.[396] Nach der von KANT geprägten Staatsauffassung des Frühliberalismus hatte der Staat keine andere Funktion als die, dem Einzelnen die Ausübung seiner persönlichen Freiheit zu ermöglichen. Der Staat war reiner Rechtsstaat. Der frühe Liberalismus ging von der Vorstellung einer Gesellschaft selbständiger Bürger aus, die dem Einzelnen die Möglichkeit zu wirtschaftlicher, sozialer und politischer

---

391 *Liszt*, Brief an Radbruch vom 2.3.1910, zit. bei *Radbruch*, Franz v. Liszt, in: ders., Elegantiae iuris criminalis, S. 208, 224.

392 Erstmals wurde *Liszt* zur Reichstagswahl im Jahre 1907 als Politiker aktiv, bei der er für die "Freisinnige Vereinigung" kandidierte - allerdings ohne Erfolg. Von Erfolg gekrönt war jedoch *Liszt*s Kandidatur für den preußischen Landtag 1908. Mit der Reichstagswahl 1912, bei der *Liszt* für die im Jahre 1910 aus dem Zusammenschluß von "Freisinniger Volkspartei", "Freisinniger Vereinigung" und "Deutscher Volkspartei" hervorgegangene "Fortschrittliche Volkspartei" kandidierte, zog *Liszt* als Abgeordneter in den Reichstag ein. Zum parteipolitischen Werdegang *Liszt*s vgl. *Ostendorf*, Franz von Liszt als Kriminalpolitiker, in: Liszt der Vernunft, Kriminalsoziologischen Bibliographie 1984, Heft 42, S. 1, 2 ff.; *ders.*, Einleitung, in: Von der Rache zur Zweckstrafe, S. 10. Unzutreffend insofern *Moos*, Franz von Liszt als Österreicher, in: ZStW 81 (1969), S. 660 ff., der *Liszt* als Reichstagsabgeordneten der "Freisinnigen Volkspartei", S. 663, und dem Nationalliberalismus zugehörig, S. 682, einordnet.

393 *Liszt*, in: Der Tag, 1. Teil vom 8., 9., 16., 26. 5. 1908, zit. bei *Ostendorf*, Franz von Liszt als Kriminalpolitiker, in: Liszt der Vernunft, Kriminalsoziologische Bibliographie 1984, Heft 42, S. 1, 6 Anm. 38.

394 *Padtberg*, Geschichte des deutschen Liberalismus, S. 92.

395 Zur Entwicklung des Liberalismus im 19. Jahrhundert vgl. *Frölich*, Geschichte und Entwicklung des Liberalismus in Deutschland, Heft 2, S. 5 ff. und 10 ff.; im Zusammenhang mit der Entwicklung der politischen Aktivitäten *Liszt*s: *Ostendorf*, Franz von Liszt als Kriminalpolitiker, in: Liszt der Vernunft, Kriminalsoziologische Bibliographie 1984, Heft 42, S. 1, 3 ff..

396 Zu letzterem vgl. oben S. 32 ff..

Emanzipation schuf.[397] Ausgangslage des frühen Liberalismus war die vorindustrielle Wirklichkeit, d.h. die agrarischen, kleingewerblichen und städtisch-kleinräumlichen Strukturen.[398] Auf dem Weg zur Gewährleistung von wirtschaftlicher, politischer und persönlicher Freiheit und Gleichheit aller Bürger erschien die Formalität des Rechts als das geeignete Mittel.[399]

Durch den wirtschaftlichen und sozialen Strukturwandel in der zweiten Hälfte des 19. Jahrhunderts mußte der Liberalismus ein Auseinanderfallen der Vision der bürgerlichen Gesellschaft und der sozialen Wirklichkeit zur Kenntnis zu nehmen. Die klassischen liberalen Wertvorstellungen und Ziele gerieten in eine Krise. Die industrielle Revolution hatte zur grundlegenden Veränderung der Gesellschaft geführt, aus der der frühe Liberalismus seine soziale Vision bezogen hatte.[400] Nach wie vor galt die Überzeugung, daß das Recht das Mittel zum Schutz individueller und wirtschaftlicher Freiheit sei; aber darüber hinaus wurde Recht und Gesetz die Aufgabe zugewiesen, Vorkehrungen zu treffen für die Ausübung der individuellen Freiheitsrechte, die bisher nur als Abwehrrechte gedacht worden waren.[401] Aktuell war nicht mehr die Emanzipation des Einzelnen - für sie alleine einzutreten mußte angesichts der sozioökonomischen Problemfelder wie "altmodisches Gralshütertum"[402] erscheinen -, aktuell waren vielmehr die Aspekte der sozialen Frage, des Interventionsstaats und der Klassen- und Interessenkämpfe.[403] Das Ideal der staatsfreien Gesellschaft wurde zum Ideal von gestern, und der deutsche Liberalismus wandte sich der Vorstellung vom Staat als "Agenten von Freiheit und Reform"[404] zu. Damit wuchs die den Idealen des klassischen Liberalismus zuwiderlaufende Neigung zur Staatsintervention.[405] Die liberale Idee wandelte sich dahingehend, daß aus dem reinen Rechtsstaat ein Staatsorganismus wurde, dem die Aufgabe zuerkannt wurde, die Interessen der Einzelnen zu fördern; der Einzelne wurde in engster Verbindung mit der Gemeinschaft gesehen und dem Staat die Befugnis eingeräumt, in weiterem Maße in die Freiheit der Einzelnen einzugreifen, um einen sozialen Ausgleich herbeizuführen.[406] Die realen Bedingungen der Massengesellschaft beschworen die Erkenntnis herauf, daß ein al-

397 Vgl. dazu schon oben S. 32 f..

398 *Gall*, Einleitung, in: Gall/Koch (Hrsg.), Der europäische Liberalismus im 19. Jahrhundert I, S. X.

399 *Vorländer*, Auf der Suche nach der gerechten Gesellschaft, in: Liberalismus und soziale Frage(n), S. 7, 11.

400 *Vorländer*, ebenda, S. 12 f..

401 *Vorländer*, ebenda, S. 13; diese Erweiterung der Freiheitsrechte um den Aspekt der Realisierungmöglichkeit taucht ebenfalls in der Statuslehre *Jellineks* auf, wonach dem Einzelnen nicht nur der status negativus, der ihm Abwehrrechte einräume, zukomme, sondern auch der status positivus, aus dem dem Einzelnen Ansprüche an die Tätigkeit des Staates erwachsen, der den Einzelnen somit zum "positiv berechtigten Staatgliede" macht; vgl. *Jellinek*, System der subjektiven öffentlichen Rechte, 2. Aufl., S. 114 ff..

402 *Nipperdey*, Deutsche Geschichte II, S. 524.

403 *Nipperdey*, ebenda.

404 *Nipperdey*, ebenda, S. 525; vgl. auch *Mommsen*, Gesellschaft und Staat im liberalen Zeitalter, in: ders., Der autoritäre Nationalstaat, S. 86, 92 f..

405 *Nipperdey*, ebenda.

406 Vgl. dazu *Dannenberg*, Liberalismus und Strafrecht im 19. Jahrhundert, S. 55 ff..

lein der Freiheit gleicher Bürger dienender Staat Illusion sei. Vielmehr sei von der natürlichen Ungleichheit auszugehen, und die Aufgabe des Staates bestehe darin, zumindest ein Minimum an sozialer Gleichheit durchzusetzen.[407] Die Hinwendung zur Staatsintervention bedeutete die Preisgabe klassischer liberaler Grundnormen. An die Stelle der Vision gesellschaftlicher Autonomie trat die Forderung nach politischer Gesellschaftslenkung. Der Ruf nach Freiheit wurde durch den Ruf nach mehr Staat abgelöst.[408]

Wenn LISZTs Staatsbild somit durchaus als beispielhaft für die moderne liberale Staatsidee bezeichnet werden kann[409], so ist hervorzuheben, daß diese moderne liberale Staatsidee von der klassischen liberalen Staatsidee, wie sie FEUERBACH vertrat, deutlich abweicht.

(2) Wandel der Rechtsstaatsidee

Aber es war nicht nur die liberale Staatsidee, die zum Ende des 19. Jahrhunderts eine Umdeutung erfuhr. Auch im Bereich der Rechtsstaatsidee ist ein Wandel zu verzeichnen.

Zu Beginn des 19. Jahrhunderts bedeutete Rechtsstaat die Beschränkung des Staates durch die subjektiven Freiheitsrechte seiner Bürger, die von außen her dem Staat als Schranke entgegentraten.[410] Damit war die Grenzziehung vom Staat unabhängig und folglich als heterogene Größe auch tatsächlich zur Begrenzung des Staates geeignet.

Mit dem - im Zuge der Ablösung naturrechtlichen Denkens durch positivistisches Denken einhergehenden - Wandel zum Rechtsstaat im modernen Sinne beinhaltete nunmehr Rechtsstaatlichkeit die Begrenzung staatlicher Gewalt durch die objektive Rechtsordnung, respektive die staatlichen Gesetze. Die Begrenzung wird nicht mehr als eine vom Staat unabhängige und damit diesem von außen entgegentretende Größe angesehen. Die heterogene Schranke der subjektiven Rechte wandelt sich vielmehr zur Selbstbeschränkung des Staates in Form des durch diesen selbst gesetzten Rechts. Die Vorstellung von den Staat von außen her begrenzenden subjektiven Rechten der einzelnen Individuen war eine vor-positiven Werten verbundene Idee.[411] Das Bild von der Schranke der vom Staat selbstgesetzten objektiven Rechtsordnung hingegen zeigt eine deutliche Prägung staatspositivistischer Geisteshaltung. Das moderne Rechtsstaatsverständnis ermöglicht keine Bindung der Staatsgewalt an bestimmte, dieser vorgegebene und damit von ihr unabhängige Inhalte. Diese

---

407 *Dannenberg*, ebenda, S. 59.

408 *Gall*, Einleitung, in: Gall/Koch (Hrsg.), Der europäische Liberalismus im 19. Jahrhundert I, S. XXIII.

409 So auch *Dannenberg*, Liberalismus und Strafrecht im 19. Jahrhundert, S. 59.

410 Vgl. auch *Darmstädter*, Die Grenzen der Wirksamkeit des Rechtsstaates, S. 60.

411 Zutreffend *Darmstädter*, ebenda, S. 61.

Inhalte legt der Staat in seiner objektiven Rechtsordnung selbst fest. Die moderne Rechtsstaatlichkeit reduziert sich folglich auf die Bedeutung des Erfordernisses des Staatshandelns innerhalb gesetzlicher Regelungen.[412] Damit ist das Rechtsstaatsprinzip kein Inhalts-, sondern nur noch ein Formprinzip. Die neue Aufgabe des Rechtsstaats wird deutlich in folgenden Worten FRIEDRICH JULIUS STAHLS:

> "Der Staat soll *Rechtsstaat* sein, das ist die Losung und ist auch in Wahrheit der Entwickelungstrieb der neueren Zeit. Er soll die Bahnen und Grenzen seiner Wirksamkeit wie die freie Sphäre seiner Bürger in der Weise des Rechts genau bestimmen und unverbrüchlich sichern und soll die sittlichen Ideen von Staatswegen, also direkt, nicht weiter verwirklichen (erzwingen), als es der Rechtssphäre angehört, d.i. nur bis zur notwendigen Umzäunung. Dies ist der Begriff des Rechtsstaates, nicht etwa daß der Staat bloß die Rechtsordnung handhabe ohne administrative Zwecke, oder vollends bloß die Rechte der Einzelnen schütze, er (der Rechtsstaat; die Verf.) bedeutet überhaupt nicht Ziel und Inhalt des Staates, sondern nur Art und Charakter dieselben zu verwirklichen."[413]

Deutlicher können Absage an die reine Rechtsschutzaufgabe des Staates und Hinwendung zur Rechtsstaatlichkeit als Handlungsmodalität der staatlichen Gewalt kaum zum Ausdruck kommen.

Was sich bei STAHL bereits andeutet, verdichtet sich jedoch erst in der spätkonstitutionellen Staatsrechtslehre: die tatsächliche Reduktion der Rechtsstaatslehre auf einen formellen Rechtsstaatsbegriff.[414] Aus dem bisher staatstheoretisch und verfassungspolitisch motivierten Rechtsstaatsbegriff wird ein Begriff der staatsrechtlichen Dogmatik. Der Rechtsstaatsbegriff bezeichnet eine "bestimmte Ordnung des Verhältnisses zwischen Gesetz, Verwaltung und Individuum" in der Form, "daß die Verwaltung weder gegen ein Gesetz (contra legem) noch ohne gesetzliche Grundlage (praeter, ultra legem) in die Freiheitssphäre des Individuums eingreifen darf".[415] Rechtsstaatlichkeit wird hier auf den Begriff der Gesetzmäßigkeit der Verwaltung reduziert.

Eine weitere Abweichung vom klassischen Rechtsstaatsideal ist außerdem in der aus der Vorstellung vom Staat als Interventionsstaat resultierenden Aufgabe der - für die klassische Rechtsstaatslehre charakteristischen - Trennung von Recht und Politik zu erblicken. Die Prävalenz des Rechts gegenüber der Politik ist als grundlegendes Postulat rechtsstaatlichen Denkens aufzufassen.[416] Durch die neue Staatsaufgabe der Lenkung gesellschaftlicher Prozesse werden weitgehend alle Lebensbereiche und damit auch das Recht politisiert. Damit ist

---

412 Auf diese Reduzierung des Rechtsstaatsbegriff läßt auch die heute gebräuchliche (vgl. *Neumann*, Rückwirkungsverbot bei belastenden Rechtsprechungsänderungen, in: ZStW 103 (1991), S. 331, 339) Gleichsetzung von "Rechtsstaatlichkeit" mit "Regelorientierung" schließen.

413 *Stahl*, Die Philosophie des Rechts II, 5. Aufl., S. 138 f..

414 Vgl. auch zum folgenden *Böckenförde*, Entstehung und Wandel des Rechtsstaatsbegriffs, in: Arndt-FS, S. 53, 59 ff., insbes. S. 64 f..

415 *Anschütz*, in: Meyer/Anschütz, Lehrbuch des deutschen Staatsrechts, S. 29 Anm. b.

416 *Böckenförde*, Entstehung und Wandel des Rechtsstaatsbegriffs, in: Arndt-FS, S. 53, 76.

das Recht nicht mehr Grenze politischen Handelns, sondern Mittel zur Verwirklichung politischer Ziele.[417] Das Recht erscheint als ein Produkt der jeweiligen Mehrheitsverhältnisse, unabhängig von vor-positiven Werten, und es wird darauf verzichtet, Recht unabhängig von Macht zu legitimieren. Die eigentliche positivistische Reduktion des Rechtsstaatsbegriffs besteht somit darin, daß jede Beschränkung der gesetzgeberischen Dispositionsbefugnis apodiktisch abgelehnt wird. Die Orientierung des Gesetzes an vor-positiven Kriterien wird eine "metajuristische Kategorie"[418]. Maßstab ist allein der Willensakt der gesetzgebenden Gewalt.[419]

Diese Politisierung des Rechts tritt auch bei LISZT deutlich hervor.[420] Im Rahmen des theoretischen Ansatzes zur Entwicklung von Staat und Gesellschaft formuliert LISZT die Prämisse, daß die Normsetzung ein Mittel der künstlichen Selektion im Rahmen der Entwicklung der Gesellschaftsformen sei.[421] LISZT betrachtet die Normsetzung mithin als Mittel zur Durchsetzung politischer Zwecke. Auch die Definition des Staates als Zweckverband macht sichtbar, daß die Rechtsordnung als im Dienste der Erreichnung der Verbandszwecke stehend und damit als Mittel der staatlichen Politik betrachtet wird.

ee. Staatliche Intervention statt Grenzbereinigung - LISZTs Vorstellung von der Aufgabe der Strafgesetzgebung und die Gesetzgebungspraxis im Kaiserreich

Mit dem Übergang vom Staat als Rechtsschutzanstalt zum modernen zielbewußten Interventionsstaat geht ein Wandel der Gesetzgebung und, da das Strafrecht Eingriffsbefugnisse des Staates festlegt, insbesondere der Strafgesetzgebung einher. Unter Zugrundlegung der bloßen Rechtsschutzfunktion des Staates war das Gesetz feste und gewisse Grenzlinie zur Festlegung der Freiheitsräume der Bürger untereinander sowie im Verhältnis zwischen Staat und Gesellschaft. Im modernen Interventionsstaat tritt die Bedeutung als Grenzbereinigungsinstrument zurück, und das Gesetz wird zum Steuerungs- und Planungsinstrument zur Lenkung gesellschaftlicher Prozesse.[422] Das Gesetz, das nicht mehr auf die Festlegung von Freiheitssphären beschränkt wird, verliert angesichts seiner zweckgerichteten Anwendungsaufgabe, die Effektivität und Flexibilität zu wesentlichen Kriterien werden läßt, an Sicherheit und Vorausberechenbarkeit. Durch die Zweckbestimmung des Strafrechts verliert dieses bei LISZT seine Eigenständigkeit und wird als Ergebnis sozialer Notwendigkei-

---

417 So auch *Naucke*, Marburger Programm, in: ZStW 94 (1982), S. 525, 536 f..
418 *Böckenförde*, Entstehung und Wandel des Rechtsstaatsbegriffs, in: Arndt-FS, S. 53, 65.
419 *Böckenförde*, ebenda.
420 *Liszt*, Zweckgedanke, in: AuV I, S. 126, 150 f., unter Bezugnahme auf *Jhering*; dazu *Westphalen*, Karl Binding, S. 274.
421 Siehe dazu oben S. 128.
422 So auch *Marxen*, Strafgesetzgebung als Experiment?, in: GA 1985, S. 533, 542.

ten betrachtet und damit relativiert.[423] Zur grundsätzlichen Aufgabe der Gesetzgebung LISZT wörtlich:

> "Die Lösung der großen sozialpolitischen Fragen (...) bildet die Aufgabe der nächsten Zukunft. An dieser Aufgabe mitzuwirken sind die Juristen aller Art in erster Linie berufen, in der Gesetzgebung wie in der Verwaltung."[424]

Mit der Zuweisung der Beteiligung an der Lösung sozialpolitischer Fragen sollte die neue Aufgabe des Gesetzes in der Planung und Steuerung gesellschaftlicher Prozesse liegen. Neben die Freiheitssicherung treten Ordnung und Wohlfahrt als Regelungsziele.[425] Deshalb sieht LISZT in der Sozialpolitik neben der Krimnalpolitik ein geeignetes Mittel im Kampf gegen das Verbrechen.[426] Sowohl die Kriminalpolitik als auch die Sozialpolitik werden als staatliche Interventionsformen aufgefaßt.

Speziell der Zuständigkeit der Strafgesetzgebung ordnet LISZT zwei Aufgabenbereiche zu. Zum einen bestehe die "wahre Aufgabe des Strafgesetzgebers" darin, "der Rechtsordnung in der Strafe und den ihr verwandten Maßregeln die Mittel zur wirksamen Bekämpfung des Verbrechens an die Hand zu geben".[427] Darüberhinaus komme dem Strafgesetzgeber als dem "Lehrmeister des Volkes" eine erzieherische Aufgabe zu: "Durch vorsichtig fortschreitende, an das Gegebene anknüpfende Gesetzgebung wird das ganze Volk erzogen und gehoben."[428]

(1) Die Interventionsaufgabe des Gesetzes in der Gesetzgebungspraxis des Kaiserreichs unter besonderer Berücksichtigung des Sozialistengesetzes vom 21. Oktober 1878

Die neue Funktion des Strafgesetzes als Planungs- und Steuerungsinstrument wird anhand eines Blickes auf die Gesetzgebungswirklichkeit im Kaiserreich deutlich.

---

423 *Rebhan*, Franz v. Liszt und die moderne défense sociale, S. 17.

424 *Liszt*, Reform des Juristischen Studiums, S. 21.

425 *Naucke*, Vom Vordringen des Polizeigedankens im Recht, in: Dilcher/Diestelkamp (Hrsg.), Recht, Gericht, Genossenschaft und Policey, S. 177 ff., insbes. S. 182 ff., bezeichnet diesen Vorgang als "Verpolizeilichung des Rechts" und setzt diese gleich mit dem Verlust der Metaphysik im Recht; kritisch dazu *Schulze*, Polizeirecht im 18. Jahrhundert, in: ebenda, S. 199 ff.; *Stolleis*, Anmerkungen zum Verhältnis von *echtem Recht* und *freiheitseinschränkendem Polizeirecht*, in: ebenda, S. 188 ff..

426 *Liszt*, Über den Einfluß der soziologischen und anthropologischen Forschungen, in: AuV II, S. 75, 83: "Der Kampf gegen das Verbrechen ist daher in erster Linie nicht durch die Strafe, sondern durch Einwirkung auf die *gesellschaftlichen* Verhältnisse, also auf sozialpolitischem Gebiete, zu führen." *Naucke*, Marburger Programm, in: ZStW 94 (1982), S. 525, 543 f., sieht zurecht in der Einbeziehung der Sozialpolitik in die kriminalpolitische Aufgabe eine Erweiterung des Instrumentariums der Kriminalpolitik.

427 *Liszt*, Die Forderungen der Kriminalpolitik, in: AuV II, S. 94.

428 *Liszt*, Die strafrechtliche Zurechnungsfähigkeit, in: AuV II, S. 214, 228.

Entsprechend dem Ziel der Reichsgründung sollten die Gesetze dem "Schutz des Bundesgebietes und des innerhalb desselben gültigen Rechtes, sowie zur Pflege der Wohlfahrt des Deutschen Volkes" dienen.[429] Die durch das Erfordernis der staatlichen Intervention wachsenden Staatsaufgaben steigerten die Notwendigkeit von Rechtssetzung durch Gesetze bzw. gesetzliche Ermächtigungen zu Verordnungen.[430] Angesichts der damit verbundenen zunehmenden Wichtigkeit der Gesetzgebungsgewalt wurde dem Reichstag über die Reichsverfassung von 1871[431] zusammen und konkurrierend mit dem Bundesrat eine umfangreiche Gesetzgebungskompetenz zugewiesen.

Die neue Planungs- und Steuerungsaufgabe des Gesetzes im Interventionsstaat wurde zuerst augenscheinlich in der neuen staatsrechtlichen Kategorie des Maßnahmegesetzes.[432] In der Reichsverfassung waren neben dem ordentlichen Gesetz keine Notverordnungen für außerordentliche Fälle vorgesehen. Dies führte in staatstheoretischer Hinsicht dazu, daß der Gesetzgeber die Form des Gesetzes für Entscheidungen anwenden mußte, die ihrem Inhalt nach keine Rechtsgesetze, sondern Maßnahmen waren.[433] Die Gesetzgebungspraxis des Kaiserreichs brachte damit die Erscheinung des Maßnahmegesetzes hervor. Mangels einer anderweitigen Zuständigkeitsregelung in der Verfassung wuchs dem Reichstag mit der Einrichtung des Maßnahmegesetzes eine erhebliche Erweiterung der Regelungsbefugnisse zu. Unter Maßnahmegesetz - eine bessere Bezeichnung ist die der Maßnahme in Gesetzesform - ist ein situationsgebundener Entscheidungsakt zu verstehen, durch den ein Gesetz geschaffen wird, das ausschließlich der Verwirklichung eines bestimmten Zweckes dienen soll, das mithin als Mittel zu dem betreffenden Zweck verwendet wird.[434] In Abgrenzung zum Rechtsgesetz wohnt dem Maßnahmegesetz kein faktischer Rechtsgehalt inne. Angesichts seiner Zweckrationalität eignet sich das Maßnahmegesetz besonders gut zur Lenkung wirtschaftlicher, gesellschaftlicher und politischer Prozesse. Namhafte Maßnahmegesetze waren das Jesuitengesetz vom 4. Juli 1872[435], das Sozialistengesetz vom 21. Oktober 1878[436] und das Ermächtigungsgesetz vom 4. August 1914[437]. Das Maßnahmegesetz war ein in der Gesetzgebungspraxis des Kaiserreiches eingesetztes Mittel zur Bewältigung situativer Problemlagen. Da dem Maßnahmegesetz das Fehlen eines Rechtsgehalts und die Situationsgebundenheit eigen waren, ist es durchaus gerechtfertigt, es als "politische Aktion in Gesetzesform" zu bezeichnen.[438]

---

429 Vgl. die Präambel der Reichsverfassung.
430 Vgl. auch *Nipperdey*, Deutsche Geschichte II, S. 274.
431 RGBl. 1871, S. 63 ff..
432 *Marxen*, Strafgesetzgebung als Experiment?, in: GA 1985, S. 533, 542
433 *E. R. Huber*, Deutsche Verfassungsgeschichte III, S. 919
434 Zum Begriff des Maßnahmegesetzes vgl. *Forsthoff*, Über Maßnahme-Gesetze, in: Forschungen und Berichte aus dem öffentlichen Recht, Jellinek-GS, S. 221, 223 ff.; *Ballerstedt*, Über wirtschaftliche Maßnahmegesetze, in: Schmidt-Rimpler-FS, S. 369, 373; *K. Huber*, Maßnahmegesetz und Rechtsgesetz, S. 117 ff..
435 RGBl. 1872, S. 253.
436 RGBl. 1878, S. 351 ff..
437 RGBl. 1914, S. 327 f..
438 So der Ausdruck von *E. R. Huber*, Verfassungsgeschichte III, S. 920.

Von den drei genannten Beispielen der Maßnahmegesetze aus der Zeit des Kaiserreichs sei das Sozialistengesetz (SozG) als Beispiel genommen, bei dem es sich zwar um eine Art "gesetzgeberischen Exzess" handelt[439], das jedoch besonders anschaulich werden läßt, wie die Gesetzgebung im Kaiserreich zur Verfolgung politischer Ziele, hier: der Zerschlagung einer gegnerischen politischen Bewegung, wirksam werden konnte. Das SozG trug den genauen Titel "Gesetz gegen die gemeingefährlichen Bestrebungen der Sozialdemokratie". Zwei im Mai und Juni 1878 auf den Kaiser verübte Attentate, deren intellektuelle Urheberschaft sowohl von der Regierung als auch von der deutschen Öffentlichkeit bei der sozialistischen Arbeiterpartei gesucht wurde, riefen eine unmittelbare Reaktion gegen die Sozialdemokratie hervor, die im SozG ihren Ausdruck fand. Nachdem ein erster Entwurf des SozG zwar im Bundesrat Billigung gefunden, im Reichstag jedoch mit 251 gegen 57 Stimmen auf Ablehnung gestoßen war[440], erwirkte Bismarck im Vertrauen auf die antisozialistische öffentliche Meinung am 11. Juni 1878 die Auflösung des Reichstags. Die am 30. Juli 1878 erfolgten Neuwahlen führten zu einem deutlichen Rechtsruck im Parlament, bei dem außer dem Zentrum die übrige Mitte sowie die Linke Verluste erlitten. Etwa zwei Wochen später wurde dem Bundesrat eine neue, gegenüber dem ersten Entwurf verschärfte Gesetzesvorlage eingereicht. Diese passierte mit unwesentlichen Änderungen den Bundesrat und wurde nach einigen Änderungen mit 221 Stimmen der beiden konservativen Fraktionen und der Nationalliberalen gegen 149 Stimmen des Zentrums, der Fortschrittler sowie der Sozialdemokraten vom Reichstag angenommen.[441]

Die Entstehung des SozG wirft ein zweifelhaftes Licht auf die Gesetzgebungspraxis im deutschen Kaiserreich: die Regierung benötigte eine Handhabe gegen die aufstrebende Sozialdemokratie; da jedoch die Mehrheitsverhältnisse des Parlaments das angestrebte SozG zunächst nicht zuließen, wurde der Reichstag kurzerhand aufgelöst, um unter veränderter Mandatsverteilung das Gesetz schließlich durchzubringen. Dieser Vorgang zeigt klar die Abhängigkeit des Gesetzgebungsverfahrens von politischen Mehrheitsverhältnissen. Eine Legitimierung des Rechts unabhängig von politischer Macht ist damit undenkbar geworden.

Wie der Titel schon impliziert, hatte das SozG die Zerschlagung der sozialdemokratischen Arbeiterbewegung zum politischen Ziel. Das SozG ermächtigte die Behörden zum Verbot von Vereinen und Versammlungen (§§ 1 und 9 SozG), zum Verbot von Druckschriften und deren Verbreitung (§§ 11 und 14 SozG) sowie zum Verbot von Geldsammlungen (§ 16 SozG). Darüberhinaus enthielt das Sozialistengesetz Androhungen von Strafe und Aufenthaltsverboten für sozialistisch aktive Personen oder für Personen, die Aktivitäten der Art sozialistischer Bestrebungen unterstützten (§§ 17-25 SozG). Bei dem SozG

439 *Boldt*, Deutsche Verfassungsgeschichte II, S. 181.
440 Zustimmung fand der Entwurf nur bei den Konservativen, den Freikonservativen und einigen Nationalliberalen, vor allem den Juristen *Gneist* und *Beseler*.
441 Vgl. zur Entstehung des SozG *Pöls*, Sozialistenfrage und Revolutionsfurcht, S. 40 ff..

handelte es sich mithin nicht um ein Strafgesetz im eigentlichen Sinne[442], sondern um die Verbindung von administrativen Verboten mit einer Sicherung derselben durch Strafandrohungen. Diese Koppelungsform entsprang einer auf Effektivität gerichteten Überlegung: hätte man sich für ein reines Strafgesetz entschieden, so hätte angesichts der rechtsstaatlichen Errungenschaften, denen man sich gegenübersah, zunächst eine sozialistischen Bestrebungen entspringende Tat abgewartet werden müssen; für wirksamer mußte demnach ein bereits präventiv wirkendes Gesetz gehalten werden.[443] Die dogmatische Begründung der Wahl eines Polizeigesetzes gleicht einem rechtspolitischen Lehrstück.[444] Die Entscheidung für ein Polizei- und damit für ein Verwaltungsgesetz war der Ausweg, den der Gesetzgeber wählte, nachdem bei dem Versuch der Schaffung eines Unrechtstatbestandes dem für ein rechtsstaatliches Strafrecht zwingenden Erfordernis des Bestimmtheitsgebotes nicht genüge getan werden konnte. Im Verwaltungsrecht war Raum für Generalklauseln, und als solche ließen sich auch die "gemeingefährlichen sozialdemokratischen Bestrebungen" fassen. Hier wurde das Unvermögen des Gesetzgebers, ein kriminalpolitisches Ziel in eine rechtsstaatlichen Kriterien genügende Form zu fassen, als dogmatische Begründung für den Verzicht auf die Garantiefunktion eines strafrechtlichen Unrechtstatbestandes benutzt. Das rechtsstaatliche Erfordernis der tatbestandlichen Bestimmtheit wurde als Hindernis auf dem Weg zu einer möglichst effektiven Bekämpfung der Sozialdemokratie aus dem Wege geräumt.

Das elementare rechtsstaatliche Manko des SozG bestand in der fehlenden Rechtsschutzgarantie. Die Verbotsentscheidungen der Orts- und Landesbehörden sowie die Ahndung der Verstöße gegen diese erfuhren keine Nachprüfung durch unabhängige Richter, sondern konnten nur einer speziellen Reichsbeschwerdekommission (§§ 26, 27 SozG) zur Überprüfung vorgelegt werden. Diese bestand aus vier Mitgliedern aus dem Bundesrat sowie aus fünf Mitgliedern aus den höchsten Gerichten des Reichs oder der einzelnen Bundesstaaten. Der Vorsitzende der Reichsbeschwerdekommission wurde vom Kaiser ernannt, tatsächlich wurde der Vorsitz vom preußischen Innenminister geführt. Zweck dieser Kommission war weniger der rechtliche Schutz der Sozialdemokraten als vielmehr Sicherstellung der möglichst effektiven Verfolgung der Sozialdemokratie durch eine politische Überwachung der Durchführung des SozG seitens der untergeordneten Behörden.[445] Bismarck ließ sich ausdrücklich vernehmen, daß es sich "nicht um richterliche, sondern politische Funktionen" handle.[446]

442 Insoweit mißverständlich *Lekschas/Ewald*, Die Widersprüchlichkeit des Liszt'schen Konzepts, in: Liszt der Vernunft, Kriminalsoziologischen Bibiliographie 1984, Heft 42, S. 80, 85, die von einer *strafrechtlichen* Verfolgung der Sozialdemokratie sprechen.
443 So zutreffend *Wagner*, Politischer Terrorismus und Strafrecht S. 357.
444 Vgl. dazu und zum folgenden *Wagner*, Politischer Terrorismus und Strafrecht, S. 359.
445 Vgl. dazu ebenda, S. 360 f.; ferner *Pöls*, Sozialistenfrage und Revolutionsfurcht, S. 53.
446 *Bismarck*, Politische Schriften, Bd. 6 c, S. 117.

Juristische Bedenken waren im Zeichen der politischen Notwendigkeit und Zweckmäßigkeit zu lösen.[447]

Insgesamt ist festzuhalten, daß das SozG ein politisches Maßnahmegesetz darstellte, ein Ausnahmegesetz gegen eine bestimmte politische Ideenbewegung, konkreter: die gesetzliche Erklärung einer bestimmten politischen Bewegung zum Verfassungsfeind.[448] Über das SozG wurde die Gesetzgebung im Interesse rein parteipolitischer Zielsetzung tätig.

(2) LISZTs Haltung zur Position der Gesetzgebung und seine Haltung zum Sozialistengesetz

Angesichts der rechtsstaatlichen Bedenken hinsichtlich des SozG drängt sich die Frage auf, welche Haltung LISZT gegenüber dem SozG einnahm. In den Auflagen seines Lehrbuchs aus den Jahren, in denen das SozG in Kraft war, findet sich eine Darstellung des SozG ohne jegliche Wertung.[449] Vollständig unkritisch stellt LISZT beispielsweise fest, daß § 18 SozG die Beihilfe mit schwererer Strafe bedrohe als die Täterschaft[450], obwohl dies vom Standpunkt eines am Tatschuldprinzip festhaltenden liberal-rechtsstaatlichen Strafrechts erheblichen Bedenken ausgesetzt ist. Auch das unter tatbestandlichen Bestimmtheitserfordernissen zweifelhafte Merkmal der "gemeingefährlichen sozialdemokratischen Bestrebungen" wird kommentarlos hingenommen. Hier setzt sich also die - das Lehrbuch kennzeichnende - mangelnde Befassung mit dem Bestimmtheitsgebot fort. Hätte LISZT tatsächlich so unverrückbar an den liberal-rechtsstaatlichen Errungenschaften des 19. Jahrhunderts festhalten wollen, wie heute allgemein angenommen wird[451], so ist es mehr als erstaunlich, daß gerade eine entschiedene Ablehnung des durch das Fehlen der Rechtsschutzgarantie sowie die Umgehung rechtsstaatlicher Bestimmtheitserfordernisse gekennzeichneten SozG fehlt.

Es mag gewagt erscheinen, aus der fehlenden Ablehnung auf eine Zustimmung zu dem Bismarck'schen Unterdrückungsgesetz gegen die Sozialdemokratie zu schließen[452], aber LISZTs Schweigen nimmt Wunder, hat er es doch sonst inbesondere in seinen frühen Schriften nie an polemischer Schärfe fehlen lassen. Und immerhin betrachtet LISZT ausdrücklich "sozialdemokratische Umtriebe"

---

447 *Pöls*, Sozialistengesetz und Revolutionsfurcht, S. 53; *Kampffmeyer*, Unter dem Sozialistengesetz, S. 58; *Wagner*, Politischer Terrorismus und Strafrecht, S. 361.

448 *Wagner*, ebenda.

449 *Liszt*, Lehrbuch, 1. Aufl., S. 443 ff; 2. Aufl., S. 517 ff.; 3. Aufl., S. 394 ff..

450 *Liszt*, Lehrbuch, 1. Aufl., S. 155; 2. Aufl., S. 211; 3. Aufl., S. 219.

451 *Arth. Kaufmann*, Art. Franz v. Liszt, Staatslexikon, Bd. 3, Sp. 926, 928; *Eb. Schmidt*, Franz v. Liszt, in: Heimpel/Heuss/Reifenberg (Hrsg.), Die großen Deutschen, Bd. 5, S. 407, 412 f.; *Schreiber*, Gesetz und Richter, S. 179.

452 Auf eine Zustimmung *Liszts* schließen auch *Lekschas/Ewald*, Die Widersprüchlichkeit des Liszt'schen Konzepts, in: Liszt der Vernunft, Kriminalsoziologischen Bibliographie 1984, Heft 42, S. 80, 86.

angesichts ihrer Häufigkeit als gefährliche Angriffe für die Rechtsordnung und damit als strafwürdiges Unrecht.[453]

Erst als das SozG 1890 bei der Frage einer weiteren Verlängerung keine parlamentarische Mehrheit mehr fand, wird es von LISZT als Beispiel für eine nicht zu bestimmter und klarer Begrifflichkeit gelangenden Gesetzgebung angeführt, die sich der Notwendigkeit ausgesetzt fühle, "die Lücken des gemeinen Rechts durch Ausnahmebestimmungen von zweifelhaftem Werte zu ergänzen, um diese alsbald als wirkungslos zu beseitigen".[454] Auch später beschränkt sich LISZT darauf, die gesamte Kulturkampfgesetzgebung und das SozG, als zweifelhafte Ausnahmebestimmungen zu bezeichnen.[455] Aber auch diese Stellungnahme klingt recht verhalten. Das SozG war nicht nur ein Ausnahmegesetz von zweifelhaftem Wert, es war ein "hartes politisches Unterdrückungsgesetz, ohne die inzwischen üblichen Rechtsschutzgarantien"[456] und damit für ein liberal-rechtsstaatliches Strafrecht eine Unmöglichkeit.

Die Erklärung dafür, warum LISZT in der Zeit, während das SozG in Kraft war, keine ablehnende Stellung gegenüber dem SozG bezog, und warum erst später eine zögerliche Kritik einsetzte, ist in der Haltung LISZTs zur Position der Gesetzgebung zu suchen.

Für LISZT ist das Gesetz "der durch das verfassungsmäßige Zusammenwirken der gesetzgebenden Faktoren erklärte, in der verfassungsmäßigen Form verkündete Wille der Gesamtheit".[457] Das Gesetz ist für ihn somit das Ergebnis der jeweiligen Beschlußfassung von Bundesrat und Reichstag sowie der Ausfertigung und des Verkündungbefehls durch den Kaiser (vgl. Art. 2, 5, 17 RV). Der Staat, d.h. seine zur Gesetzgebung berufenen Organe erklären durch die Schaffung einer Strafnorm bestimmte Verhaltensweisen zu strafbarem Unrecht. LISZT räumt dem Gesetzgeber folglich die ausschließliche Dispositionsbefugnis über Recht und Unrecht ein.[458] Die Aufgabe des Strafgesetzgebers gegenüber dem Gesetzgeber des Zivilrechts, insbesondere des zivilrechtlichen Deliktsrechts, grenzt LISZT dahingehend ab, daß der Strafgesetzgeber nur "die für die gegebene Rechtsordnung gefährlichsten Angriffe" durch die Strafandrohung als Straftaten defininiere.[459] Unrecht sei hier wie da die schuldhafte, rechtswidrige Handlung, einziges Unterscheidungsmerkmal sei die Strafandrohung.[460] Die Unterscheidung zwischen strafrechtlichem und zivilrechtlichem

---

453 *Liszt*, Lehrbuch, 2. Aufl., S. 97; 3. Aufl., S. 109.

454 *Liszt*, Lehrbuch, 5. Aufl., S. 419; vgl. dazu auch *Ostendorf*, Franz v. Liszt als Kriminalpolitiker, in: Liszt der Vernunft, Kriminalsoziologische Bibliographie 1984, Heft 42, S. 1, 3 f., 9.

455 *Liszt*, Lehrbuch, 10. Aufl., S. 551

456 *Nipperdey*, Deutsche Geschichte II, S. 399.

457 *Liszt*, Lehrbuch, 1. Aufl., S. 24; gleichlautend auch 20. Aufl., S. 98.

458 *Frommel*, Präventionsmodelle, S. 121.

459 *Liszt*, Lehrbuch, 2. Aufl., § 24 I.

460 In der 1. Aufl. des Lehrbuchs, S. 66, nannte *Liszt* das Fehlen der Strafdrohung beim zivilen Unrecht die "fehlende Bedingung der Strafbarkeit als Grund für das Nichtvorliegen eines Verbrechens". Zum einheitlichen Deliktsbegriff im Straf- und Zivilrecht als

Unrecht wird nicht als begriffliche, sondern als "historisch-politische" aufgefaßt, wobei allein der Zweckgedanke die Grenzlinie ziehe.[461] LISZT sagt wörtlich:

> "Im Flusse der Zeiten wechselt die Grenzlinie, welche ziviles und kriminelles Unrecht trennt; was heute Verbrechen ist, war es nicht immer, braucht es nicht immer zu bleiben: und der Rechtsstreit, den wir heute vor dem Zivilrichter anhängig machen, kann morgen an die Träger der Strafgerichtsbarkeit verwiesen werden."[462]

Statt inhaltlicher Unterscheidung müsse von der "Nominaldefinition" ausgegangen werden, nach der es "die Gefährlichkeit des Angriffes für die gegebene Rechtsordnung also ist (..), welche den Staat zur Aufstellung seiner Strafdrohungen, und somit zur Unterscheidung des Verbrechens von dem zivilen Unrechte veranlaßt."[463] Zur Konkretisierung des Gefährlichkeitskriteriums nennt LISZT die "*Unersetzlichkeit* des angegriffenen Rechtsgutes", den "*Wert* des Rechtsgutes für die betreffende Rechtsgemeinschaft" bzw. die "(häufig sehr subjektive) Wert*schätzung* durch die rechtsetzenden Faktoren", die "*Häufigkeit des Angriffs*" und Art und Mittel des Angriffes.[464] Später wandelt LISZT sein Abgrenzungskriterium dahingehend ab, daß der Staat die strafrechtliche Unrechtsfolge dann wähle, wenn "ihm die privatrechtliche (Erfüllungszwang, Wiederherstellung, Entschädigung) nicht auszureichen scheint, um das Unrecht einzudämmen".[465] Der Strafgesetzgeber entscheidet nach eigener - zumeist subjektiver - Wertschätzung durch die Aufstellung von Strafnormen über die strafgesetzlichen Inhalte. Was Verbrechen ist, unterliegt allein der Dispositionsbefugnis des Staates.[466] Das heißt jedoch nichts anderes, als daß der Gesetzgeber durch das Strafgesetz die Straftat schafft, der Staat die Voraussetzungen für die Entstehung seines Strafanspruchs festlegt.[467] Damit wird das Straf*recht* gleichgesetzt mit dem Straf*gesetz*. Die Vorfrage, warum bestimmte Verhaltensweisen kriminalisiert werden, wird nicht gestellt.[468] Insofern ist LISZT echtem positivistischem Rechtsdenken verhaftet.

Auch bei FEUERBACH war es der Gesetzgeber, der die Grenzen der Strafbefugnis festlegte. Aber dort war es das ohnehin als strafwürdig Anerkannte, das Eingang in die Strafgesetzgebung finden sollte. Das Verhältnis zwischen Strafgesetz und Straftat war gerade umgekehrt: die Straftat schuf das Strafgesetz. LISZT hingegen geht von einer grundsätzlich nicht beschränkten Strafgewalt aus, d.h.

---

schuldhafte, rechtswidrige Handlung vgl. ferner *Liszt*, Deliktsobligationen, S. 4; *ders.*, Die Grenzgebiete zwischen Privatrecht und Strafrecht, in: Bekker/Fischer (Hrsg.), Beiträge zur Ergänzung und Beurteilung, Heft 5, S. 26 f.. Auch hier bestehen deutliche Anlehnungen an *Jhering*; dazu *Hurwicz*, Rudolf von Ihering, s. 110 f..

461 *Liszt*, Lehrbuch, 2. Aufl., S. 95; 5. Aufl., S. 121; *ders.*, Zweckgedanke, in: AuV I, S. 126, 152.

462 *Liszt*, Lehrbuch, 3. Aufl., S. 108; 5. Aufl., S. 121.

463 *Liszt*, Lehrbuch, 2. Aufl., S. 96 f.; 3. Aufl., S. 108.

464 *Liszt*, Lehrbuch, 2. Aufl., S. 96 f.; ähnlich 5. Aufl., S. 122; 9. Aufl., S. 187.

465 *Liszt*, Lehrbuch, 10. Aufl., S. 170; 14./15. Aufl., S. 190; 20. Aufl., S. 194.

466 So auch *Müller*, Begriff der Generalprävention, S. 355 f..

467 *Liszt*, Gleiche Grundsätze, in: AuV I, S. 90, 95 f..

468 So auch *Hassemer*, Theorie und Soziologie, S. 40.

es geht ihm hinsichtlich der Gesetzgebung nicht um die Positivierung ohnehin begrenzter Strafgewalt, sondern die Begrenzung erfolgt erst subjektiv durch den Gesetzgeber.[469] Das Strafgesetz ist nichts anderes als das in Reichstag und Bundesrat gewonnene, von den jeweiligen Mehrheitsverhältnissen abhängige Produkt eines politischen Prozesses. Daß das Strafgesetz das Ergebnis eines von politischem Kalkül getragenen Gesetzgebungsverfahrens ist, mußte LISZT in Anbetracht seiner Zuweisung der Dispositionsbefugnis an die Gesetzgebungsgewalt, spätestens jedoch seit seiner Avancierung zum Parlamentsmitglied im Preußischen Landtag und später im Reichstag bewußt gewesen sein. Vor dem Hintergrund dieser Politisierung des Strafgesetzes, insbesondere vor dem Hintergrund des politischen Maßnahmegesetzes des SozG, erscheint die immer wieder zitierte Aussage LISZTs, daß das Strafrecht die "unübersteigbare Schranke der Kriminalpolitik" sei, geradezu sinnwidrig. Das Straf*recht*, welches gleichgesetzt wird mit dem Straf*gesetz*, ist das Ergebnis kriminalpolitischer Erwägungen und vermag deshalb diese kriminalpolitische Bestrebungen gerade nicht mehr zu begrenzen. In der Tat: mit LISZTs eigenen Worten[470] kann es nur als Paradoxon angesehen werden, daß die Kriminalpolitik durch das von ihr selbst bestimmte Strafgesetz beschränkt werden soll.

Zwar bemühte sich LISZT um eine Trennung der Aufgabenbereiche von Kriminalpolitik und Strafrecht. Gelungen ist ihm diese Trennung jedoch nicht, da eine Trennung von Strafrecht und Kriminalpolitik schon vom straftheoretischen und kriminalpolitischen Ansatz LISZTs her nicht möglich ist.[471]

Zunächst versucht LISZT dem Problem der Abgrenzung durch eine Begriffsdefinition näher zu kommen. So definiert er das Strafrecht als den "Inbegriff derjenigen staatlichen Vorschriften, durch welche die Strafe als Rechtsfolge an das Verbrechen als Tatbestand geknüpft wird".[472] Die Strafgesetzgebung wird dabei als Entwicklungsstufe des Strafrechts eingeordnet. Für die Kriminalpolitik führt LISZT aus: "Nicht die Verknüpfung der Begriffe, nicht die *kausale* Untersuchung der Erscheinung, sondern die klare Erfassung und zielbewußte Durchführung des *Zweckgedankens* im Rechte ist ihre Aufgabe."[473] Später weist er der Kriminalpolitik die Aufgabe zu, "die Fälle genau zu umschreiben, in

469 Dementsprechend lautet eine frühe Definition des Strafrechts im objektiven Sinne: Strafrecht ist der "*Inbegriff derjenigen Rechtssätze, durch welche die Ausübung der an sich unbeschränkten Strafgewalt des Staates nach Voraussetzung und Inhalt begrenzt wird*"; *Liszt*, Lehrbuch, 1. Aufl., S. 2.

470 *Liszt*, Über den Einfluß der soziologischen und anthropologischen Forschungen, in: AuV II, S. 75, 80.

471 Daß eine solche Trennung zwischen Strafrecht und Kriminalpolitik nicht ohne weiteres möglich wäre, war *Liszt* selbst bewußt. Vgl. die unter Vorbehalt gemachten Ausführungen in: Die deterministischen Gegner der Zweckstrafe, in: AuV II, S. 25, 64.

472 *Liszt*, Lehrbuch, 3. Aufl., S. 1 mit Anm. 1; *Liszt* nennt das so definierte Strafrecht das Strafrecht im objektiven Sinne und grenzt es somit zum Strafrecht im subjektiven Sinne, verstanden als das Recht zu strafen, ab.

473 *Liszt*, Lehrbuch, 3. Aufl, S. 4. Dies ist die frühe Definition der Kriminalpolitik, zur späteren Abwandlung vgl. bereits oben S. 112.

welchen der Schutz durch die staatliche Strafe einzutreten hat; und die anzuwendenden Strafmittel im allgemeinen zu bestimmen. (...) die Abfassung eines Strafgesetzbuchs ist in erster und letzter Linie ein Akt der Kriminalpolitik."[474] Damit hat LISZT eine unlösbare Verquickung der Bereiche von Strafrecht und Kriminalpolitik konstatiert. Die Strafgesetzgebung als Entwicklungsstufe des Strafrechts wird maßgeblich durch die kriminalpolitische, d.h. zielbewußte Durchführung des Zweckgedankens motiviert. Das Strafrecht ist damit nicht mehr das Recht der Reaktion auf elementare Freiheitsverletzungen, sondern ein Instrument der Innenpolitik. Kennzeichen dieser Instrumentalisierung des Strafrechts durch die Kriminalpolitik ist auch LISZTs präventionsorientierte Straftheorie: was letztlich als Prävention zu gelten hat, wird kriminalpolitisch festgelegt. Gerade die Folgenorientierung ist ein Mittel des politisch instrumentalisierten Strafrechts.[475]

Der Wandel, der für den Rechtsstaatsbegriff anschaulich geworden ist, setzt sich hier fort: ebenso wie der Staat nicht mehr von außen her begrenzt wird, sondern sich seine Grenzen durch die Schaffung der objektiven Rechtsordnung selbst festlegt und Rechtsstaatlichkeit somit relativ wird, ebenso wird auch die Kriminalpolitik nicht mehr von außen her begrenzt, sondern durch das ihr selbst entspringende Strafgesetz. Das Strafgesetz hat mithin lediglich noch relative Bürgerschutzfunktion, da es in das Belieben des Staates, respektive des Gesetzgebers gestellt wird, über die Reichweite der strafrechtlichen Eingriffsbefugnisse zu entscheiden. Sicherlich bleibt die Strafgewalt des Staates hinsichtlich des Ob des Strafens an die Tatbestände und damit an das geschriebene Gesetz gebunden. Indes durch die Politisierung strafrechtlicher Inhalte vermag das Postulat der Gesetzesgebundenheit im Strafrecht nur noch eine Formschranke abzugeben: die Strafgewalt darf überall dort einsetzen, wo ein geschriebenes Gesetz besteht. Damit bedeutet die Strafgesetzlichkeit nichts anderes mehr als das Erfordernis einer aufgeschriebenen Strafbefugnis. Das ist sehr viel weniger als das das Strafrecht inhaltlich begrenzende Gesetzlichkeitsprinzip im FEUERBACH'schen Sinne. Die Strafgesetzlichkeit bei LISZT bedeutet nur noch einen Gradmesser für Umfang und Ausmaß der staatlichen Strafmacht.[476]

ff. Durchbrechungen der Strafgesetzlichkeit - Verordnungen und Blankettstrafgesetze als Strafrechtsquellen

Aber es bleibt nicht bei einer Reduktion der Strafgesetzlichkeit auf eine reine Formschranke. Sogar als Formschranke wird es nicht beibehalten.

---

474 *Liszt*, Die deterministischen Gegner der Zweckstrafe, in: AuV II, S. 25, 68 f.; zu dieser Definition auch schon oben S. 80.

475 Vgl. dazu auch *Naucke*, Die Wechselwirkung zwischen Strafziel und Verbrechensbegriff, S. 25 Anm. 20, gegen *Lüderssen*, Kriminalpolitik auf verschlungenen Wegen S. 59 ff..

476 Ebenso *Naucke*, Die Aushöhlung der strafrechtlichen Gesetzlichkeit, in: Inst. f. Kriminalwissenschaften Frankfurt a. M. (Hrsg.), Vom unmöglichen Zustand des Strafrechts, S. 483, 490.

Als Strafrechtsquelle erkennt LISZT nicht nur das Strafgesetz im engeren, staatsrechtlichen Sinne an, sondern auch Strafverordnungen[477] und sog. Blankettstrafgesetze[478]. Art. 7 der Reichsverfassung sah vor, daß die Legislative im Wege gesetzlicher Ermächtigung der Exekutive über ein Verordnungsrecht Rechtssetzungsbefugnisse einräumen konnte.[479] Unter Verordnung ist damit jede allgemeine, nicht im Wege der Gesetzgebung ergangene staatliche Anordnung zu verstehen.[480] Als Blankettstrafgesetze gelten solche Strafrechtssätze, bei denen der Gesetzgeber nur die *Strafdrohung* bestimmt, während die Festsetzung des Tatbestandes anderen Gewalten überlassen wird.[481] Als zur Festsetzung des Tatbestandes befugt gelten der Bundesrat, der Kaiser, der Reichskanzler, die Konsuln, die Landesregierungen, die Zentral-, Provinzial- und Lokalbehörden der Einzelstaaten und sogar die Tierärzte.[482]

Die Anerkennung von Verordnung und Blankettstrafgesetz als Strafrechtsquellen bedeutet die Anerkennung der Exekutive als strafrechtssetzende Gewalt. Sinn und Zweck einer solchen Delegation der Strafrechtssetzungsbefugnis ist es, dem Staat eine Möglichkeit zur schnelleren Ausübung der Strafgewalt zur Bewältigung situativer Problemlagen zu schaffen. An die Stelle des schwerfälligen Gesetzgebungsverfahrens[483] tritt ein verkürztes Regelsetzungsverfahren, indem der Exekutive die Befugnis eingeräumt wird, über Strafbarkeiten zu entscheiden.[484]

Da die Strafgesetzlichkeit in ihrer Bedeutung bei FEUERBACH immer vor dem Hintergrund des Postulats der Gewaltenteilung und des damit verbundenen Schutzes vor exekutiver Willkür durch ausschließlich legislative Rechtssetzungsbefugnis zu verstehen ist, bei FEUERBACH also nur die im Wege der Gesetzgebung ergangene Rechtssetzung der Strafgesetzlichkeit genügt, bedeutet die Einbeziehung von Strafverordnungen eine Durchbrechung des Gesetzlichkeitsprinzips. Die Strafgesetzlichkeit in ihrer Bedeutung als Bindung der Strafgewalt an im Gesetzgebungsverfahren zustandegekommene Strafgesetze wird - da zu langwierig - als zeitlicher Hemmschuh aufgefaßt und paßt als solcher nicht mehr in das Strafrecht des modernen Interventionsstaats: der intervenierende Staat bedarf der Möglichkeit zu schnellem und flexiblem Eingreifen, also muß auch der Strafgewalt die Möglichkeit zu schneller situationsangemessener Reaktion an die Hand gegeben werden. Statt die unverzichtbaren

---

477 Vgl. nur *Liszt*, Lehrbuch, 3. Aufl., S. 82; 9. Aufl., S. 83.

478 *Liszt*, Lehrbuch, 9. Aufl., S. 84; 21./22. Aufl., S. 87. Der Ausdruck "Blankettstrafgesetz" stammt von *Binding*, Normen I, 1. Aufl., S. 75.

479 Vgl. dazu *Böckenförde*, Gesetz und gesetzgebende Gewalt, S. 223 f..

480 Vgl. *Jellinek*, Gesetz und Verordnung, S. 368.

481 *Liszt*, Lehrbuch, 3. Aufl., S. 84; 20. Aufl., S. 99. Als Beispiele nennt *Liszt* u.a. §§ 145, 327, 328 RStGB, §§ 6, 7 Nahrungsmittelgesetz und zahlreiche anderer Nebengesetze.

482 Vgl. die Übersicht der Blankettgesetze bei *Arndt*, Verordnungsrecht, S. 161 ff..

483 Vgl. dazu ebenda, S. 369 f..

484 Besonders deutlich wird dieser Vorgang beispielsweise im Kolonialstrafrecht, wo dem Kaiser die "Schutzgewalt" einschließlich der Strafgewalt zugeschrieben wird, § 1 Schutzgebietsgesetz (RGBL. 1888, S. 75); vgl. dazu *Naucke*, Deutsches Kolonialstrafrecht, in: RJ 7 (1988), S. 297 ff..

Freiheitsgarantien zu sichern, werden exekutive Interessen zum Gegenstand des Strafrechts erkoren. Das Strafrecht wird als Interventionsinstrument über die Strafverordnungsbefugnis in die Hand der die Exekutive tragenden politischen Mehrheit gelegt. Vor diesem Hintergrund hat die Magna-charta-Formel selbst mit der Strafgesetzlichkeit als Formschranke nichts mehr gemein. Der Rekurs LISZTs auf den Nullum-crimen-Grundsatz unter Einbeziehung von Verordnungen und Blankettstrafgesetzen als Strafrechtsquellen bedeutet die Verwendung eines rechtsstaatlichen Terminus', ohne an der Idee des Rechtsstaats festzuhalten.

b. Aufhebung kriminalpolitischer Restriktion durch die Heranziehung des Rechtsgüterschutzgedankens

Nicht nur in der Zuweisung der ausschließlichen Dispositionsbefugnis an die Gesetzgebungsgremien des Reichstags und des Bundesrats sowie in der Reduktion der Strafgesetzlichkeit zu einer aufgeschriebenen Strafbefugnis beliebiger Art sind Aufweichungen der Strafgesetzlichkeit als Inhaltsschranke festzustellen. Auch in strafrechtsdogmatischer Hinsicht ist eine Aufhebung kriminalpolitischer Restriktion zu erblicken. Aus der Definition der Strafe als "Rechtsgüter*schutz* durch Rechtsguts*verletzung*"[485] wird deutlich, daß Aufgabe des Strafrechts nicht mehr die Verhinderung von *Rechts*verletzungen, sondern von *Rechtsguts*verletzungen sein soll.[486] Bei FEUERBACH war es jedoch gerade die staatstheoretisch begründete Rechtsverletzungslehre, die den Verbrechensbegriff begrenzte und damit den Strafgesetzgeber zu kriminalpolitischen Restriktionen zwingen sollte.

Exkurs: Die Rechtsgüterlehren bei BIRNBAUM und BINDING

Bevor im einzelnen auf den Rechtsgüterschutzgedanken bei LISZT eingegangen wird, soll - da der Gedanke des Verbrechens als Rechtsgutsverletzung nicht erst mit LISZT in der Strafrechtswissenschaft Platz zu greifen beginnt und der Rechtsgutsbegriff LISZTs vor dem ideengeschichtlichen Hintergrund gesehen und beurteilt werden soll - auf dessen Ursprünge und Vorläufer eingegangen werden. Zum Gegenstand eingehender strafrechtswissenschaftlicher Diskussion wird der Rechtsgüterschutzgedanke erst mit dem Wirken BINDINGs[487], der als erster den Begriff "Rechtsgut" verwendete.[488] BINDING schrieb sich zwar das Verdienst zu, dem Rechtsgutsbegriff in der strafrechtlichen Dogmatik zum

485 *Liszt*, Zweckgedanke, in: AuV I, S. 126, 161
486 Zum Wandel des Verbrechens als Rechtsverletzung zum Verbrechen als Verletzung eines Rechtsguts vgl. auch *Günther*, Von der Rechts- zur Pflichtverletzung, in: Institut für Kriminalwissenschaften Frankfurt a. M. (Hrsg.), Vom unmöglichen Zustand des Strafrechts, S. 445, 449 ff..
487 Zum Leben und Wirken *Binding*s vgl. *Westphalen*, Karl Binding.
488 *Binding*, Normen I, 1. Aufl., S. 189.

Durchbruch verholfen zu haben[489], bezog sich jedoch im Zusammenhang mit seiner Rechtsgutslehre ausdrücklich auf BIRNBAUM[490]. BIRNBAUM entwickelte seine Idee des Güterschutzes in direkter Auseinandersetzung mit dem Rechtsverletzungsdogma FEUERBACHs, so daß es angebracht ist, zunächst auf die Kritik, die an FEUERBACHs Rechtsverletzungslehre geübt wurde und die die Abweichungen von dieser besonders deutlich macht, zurückzugreifen.

(a.) Die Kritik an der Rechtsverletzungslehre FEUERBACHs und BIRNBAUMs Güterschutzgedanke

Zeitlich fällt die Kritik an FEUERBACHs Rechtsverletzungslehre - als deren Wortführer zunächst MITTERMAIER[491], später BIRNBAUM[492] auftraten - mit dem sich in der Strafrechtswissenschaft vollziehenden Wandel von naturrechtlich geprägtem Denken hin zu einer gemäßigt-positivistischen Richtung zusammen.[493] Mit dem Vordringen der historischen Rechtsschule, die ausschließlich im geschichtlich Gewordenen einen Maßstab für die Rechtswissenschaft zu finden glaubte, setzte die Verdrängung naturrechtlichen und philosophischen Denkens ein. Die Rechtsverletzungslehre, die staatsphilosophisch und damit vor-positiv war, sollte mit dieser Entwicklung ihr Fundament verlieren.

MITTERMAIER sah in dem Kriterium der Rechtsverletzung ein zwar für eine Anzahl von Fällen maßgebendes Verbrechenselement, für ein taugliches allgemeines Verbrechensmerkmal hielt er es jedoch nicht.[494] Die Anwendung des Rechtsverletzungskriteriums führe zu einer Verengung des Verbrechensbegriffs, der in einer Anzahl von Fällen nicht zu vertreten sei.[495] MITTERMAIER wollte die kriminalpolitischen Konsequenzen, die sich aus einer strikten Anwendung des Rechtsverletzungsgedankens ergeben - respektive die Einordnung von Nicht-Rechtsverletzungen als Polizeivergehen bzw. deren Straflosigkeit - nicht hinnehmen.[496] Damit war gerade das Progressive der FEUERBACH'schen Rechtsverletzungslehre, nämlich die Herausnahme der Religions- und Sittlichkeitsdelikte aus dem Strafgesetzbuch, für MITTERMAIER zum Stein des Anstoßes geworden. Mit dem Vorhaben, bisher für strafwürdig erachtete Verhaltensweisen nicht weiter mit Strafe zu bedrohen, laufe man in zunehmen-

---

489 *Binding*, Normen I, 4. Aufl., S. 329 Anm. 18.
490 *Binding*, Normen I, 1. Aufl., S. 189.
491 Zum Wirken *Mittermaiers* vgl. die Beiträge bei *Küper* (Hrsg.), C.J.A. Mittermaier.
492 Eine Lebensbeschreibung *Birnbaums* findet sich bei *Gareis*, Johann Michael Franz Birnbaum.
493 Zur gemäßigt-positivistischen Richtung im Strafrecht vgl. *Eb. Schmidt*, Einführung, S. 282 ff..
494 *Mittermaier*, Grundfehler der Behandlung des Criminalrechts, abgedruckt in: P.J.A. Feuerbach und C.J.A. Mittermaier, S. 103, 119; zu der Kritik *Mittermaiers* vgl. auch *Sina*, Dogmengeschichte, S. 17 ff..
495 *Mittermaier*, ebenda, S. 3.
496 *Mittermaier*, ebenda, S. 32; dies galt insbesondere für die Sittlichkeitsdelikte.

dem Maße Gefahr, die "Volksmoral" zu untergraben.[497] Handlungen, die strafwürdig erschienen, obwohl sie keine Rechtsverletzungen beinhalteten, müßten aus ethischen Gesichtspunkten mit Strafe belegt werden. Es gehe nicht an, daß der Staat der entschiedenen Volksansicht Hohn spreche, indem er Handlungen, die nach Ansicht des Volkes eine öffentliche Mißbilligung durch Strafe erforderten, straflos lasse. Ferner führe die Qualifizierung der Religions- und Sittlichkeitsdelikte als Polizeivergehen zu systematischen Fehleinordnungen: es sei systematisch nicht haltbar, die Religions- und Sittlichkeitsdelikte mit den bisherigen und damit für die Einordnung als Polizeidelikte schwerlich angemessenen Strafandrohungen bei den Polizeigesetzen zu verorten und mit Bagatelldelikten auf eine Stufe zu stellen.[498]

MITTERMAIERs Kritik an FEUERBACHs Rechtsverletzungslehre erschöpfte sich in deren Ablehnung; mit einer Neubestimmung dessen, was als Gegenstand des Strafschutzes erfaßt werden sollte, befaßte sich MITTERMAIER nicht. Somit mußte er zu einem rein formalen Verbrechensbegriff gelangen, wonach Verbrechen schlicht als eine mit Strafe bedrohte Handlung zu definieren ist.[499]

Zwar nicht ausdrücklich, aber der Sache nach schloß sich BIRNBAUM der Kritik MITTERMAIERs an. Ausgehend vom geltenden deutschen Strafrecht stellt er fest, daß insbesondere in Anbetracht der in den bisherigen Gesetzen festgelegten Strafbarkeit von Religions- und Sittlichkeitsdelikten keineswegs davon gesprochen werden könne, daß nur Rechtsverletzungen Gegenstand des Strafrechts seien.[500] Anders als FEUERBACH, der mit seiner Rechtsverletzungslehre die Konsequenzen aus seinem staatsphilosophischen Prinzip zog, zieht BIRNBAUM seine Schlüsse aus dem historisch tradierten Rechtsstoff.[501] Methodisch handelt es sich um eine induktive Erfassung des Verbrechensbegriffs aus dem Gesetz anstelle einer deduktiven Erfassung des Rechtsbegriffs aus vorpositiven Prinzipien.[502] Es geht nicht um eine Kritik an bestehenden Gesetzen, sondern um deren dogmatische Legitimierung. Einen ausschließlich positivistischen Standpunkt nimmt BIRNBAUM indes nicht ein, fragt er doch grundsätzlich, was das Verbrechen "nach der Natur der Sache" oder "vernunftgemäß" sei.[503] Der Begriff des Verbrechens wird explizit als "vor dem Gesetze beste-

---

497 *Mittermaier*, Über den neuesten Zustand der Criminalgesetzgebung, S. 165.

498 *Mittermaier*, ebenda, S. 168; *ders.*, Grundfehler der Behandlung des Criminalrechts , S. 103, 125.

499 Explizit findet sich diese Schlußfolgerung bei *Mittermaier* nicht; jedoch ist ein formaler Verbrechensbegriff in der gemäßigt-positivistischen Richtung der Strafrechtswissenschaft durchaus gebräuchlich; vgl. etwa *Roßhirt*, Entwickelung der Grundsätze des Strafrechts, S. 159, der ebenfalls keinen Versuch unternimmt, den Gegenstand des Verbrechens objektiv einzugrenzen. Dazu auch *Maier-Weigt*, Der materiale Rechts- und Verbrechensbegriff, S. 116.

500 *Birnbaum*, Über das Erfordernis einer Rechtsverletzung, in: Arch. d. Criminalrechts, Neue Folge, 1834, S. 149, 159 und 160 f.; zum Gang der Untersuchung *Birnbaum*s vgl. die Darstellung bei *Amelung*, Rechtsgüterschutz, S. 43 ff..

501 Ähnlich *Amelung*, Rechtsgüterschutz, S. 41.

502 *Moos*, Verbrechensbegriff, S. 214.

503 *Birnbaum*, Über das Erfordernis einer Rechtsverletzung, in: Arch. d. Criminalrechts, Neue Forge, 1834, S. 149, 179.

hend" angenommen.[504] BIRNBAUM betrachtete den materiellen Gehalt des Verbrechens sehr wohl als vom geltenden Recht unabhängig und wollte damit den Gesetzgeber durch ein vor-gesetzliches Kriterium gebunden wissen.[505]

Ebenso wie MITTERMAIER sieht BIRNBAUM in der aus der Rechtsverletzungslehre folgenden systematischen Einordnung der Religions- und Sittlichkeitsverbrechen unter die Polizeivergehen einen "bedeutenden logischen Fehler", da *unsittliche* Handlungen, die nach allgemeiner Überzeugung zu bestrafen seien, und *gefährliche* Handlungen nicht in einer Kategorie zusammengefaßt werden könnten.[506] Außerdem bestimme der Aspekt der Rechtsverletzungslehre den Verletzungscharakter einer Straftat nicht zutreffend. Da das subjektive Recht auf Unterlassung einer Verletzung den Anspruch auf Unterlassung einer Rechtsgefährdung in sich schließe, müßten bereits "rechtsgefährliche Handlungen" "wahre Rechtsverletzungen" sein.[507] Da Gefahr jedoch ein Zustand sei, "worin wir fürchten müssen, etwas zu *verlieren* oder eines Guts beraubt zu werden", sei es "höchst unpassend von einer *Rechtsgefahr* zu reden".[508]

BIRNBAUM beläßt es jedoch nicht bei einer Kritik der FEUERBACH'schen Rechtsverletzungslehre, sondern entwickelt seine eigene Auffassung dazu, was Objekt eines Verbrechens sein solle. Nach dem natürlichen - in Gegenüberstellung zum positiven - Verbrechensbegriff sei Verbrechen das, "was nach der *Natur des Strafrechts* vernunftgemäß in der *bürgerlichen Gesellschaft* als strafbar angesehen werden kann".[509] Zur Klärung der Frage, was Objekt eines Verbrechens sei, wird zunächst auf den natürlichen Sprachgebrauch des Begriffs "Verletzung" zurückgegriffen:

> "Der *natürliche* Begriff von *Verletzung* scheint der zu sein, nach welchem wir ihn auf eine *Person* oder auf eine *Sache* beziehen, insbesondere auf eine solche, die wir als uns *gehörig* denken, oder auf etwas, was für uns ein *Gut* ist, das uns durch die Handlung eines andern *entzogen* oder *vermindert* werden kann."[510]

Dieser natürliche Sprachgebrauch ergebe, daß durch die Verminderung oder Entziehung eines "Gut(s), welches uns rechtlich zusteht" das Recht selbst weder vermindert noch entzogen werde.[511] Deshalb müsse auch der Verbrechensbegriff nicht auf die Verletzung eines *Rechts*, sondern auf die Verletzung eines

---

504 *Birnbaum*, Bemerkungen über den Begriff des natürlichen Verbrechens, in: Arch. d. Criminalrechts, Neue Folge, 1836, S. 560, 570; die naturrechtliche Herkunft *Birnbaums* ebenfalls betonend *Moos*, Verbrechensbegriff, S. 126 Anm. 214 und S. 213, 214; ihm folgend *Amelung*, Rechtsgüterschutz, S. 46.

505 So auch *O. Hohmann*, Das Rechtsgut der Umweltdelikte, S. 14 f..

506 *Birnbaum*, Über das Erfordernis einer Rechtsverletzung, in: Arch. d. Criminalrechts, Neue Folge 1834, S. 149, 168 und 166 f..

507 *Birnbaum*, ebenda, S. 171, der sich hier auf *Stübel*, Über gefährliche Handlungen, in: Arch. d. Criminalrechts, Bd. 8 (1825), S. 236 ff., bezieht.

508 *Birnbaum*, ebenda, S. 172.

509 Ebenda, S. 155; hier zeigt sich nochmals klar, daß *Birnbaum* nach einem vor-positiven Verbrechensbegriff sucht.

510 *Birnbaum*, ebenda, S. 150.

511 *Birnbaum*, ebenda, S. 172.

Guts bezogen werden.[512] Allgemeines Verbrechensmerkmal sollte damit nicht mehr die Verletzung subjektiver Rechte, sondern die "Gutsverletzung" sein. Verbrechen sei "nach der Natur der Sache" "jede dem menschlichen Willen zuzurechnende Verletzung oder Gefährdung eines durch die Staatsgewalt Allen gleichmäßig zu garantierenden Gutes" strafbar.[513] Dabei wird unterschieden zwischen Individual- und Gemeingütern.[514]

Ungeachtet der dogmatischen Brauchbarkeit der Gutsverletzungslehre, auf die es BIRNBAUM angekommen war[515], soll es hier um deren kriminalpolitische Bedeutung gehen. Schon der Begriff des Gemeinguts zeigt eine Ausweitungstendenz gegenüber der individualistischen Verbrechenslehre. Nach dieser konnten nur Angriffe gegen den Einzelnen und gegen den Staat in seiner Schutzfunktion für die Einzelnen Gegenstand eines Verbrechens sein. Durch den Begriff des Gemeinguts können nun auch Angriffe gegen das Kollektiv der Gesellschaft, die noch keine Angriffe gegen den Staat sind, als sogenannte "gemeingefährliche" Verbrechen erfaßt werden.[516] Der Begriff des Gemeinguts ermöglicht es gerade, das kriminalpolitische Ziel der Erfassung irreligiöser und unsittlicher Handlungen zu erreichen. BIRNBAUM war kein Freund der großen kriminalpolitischen Umwälzung; im Gegenteil: die restaurative Tendenz seiner Gutsverletzungslehre ist für den Bereich der Sittlichkeits- und Religionsdelikte, wo sie zu einer Abkehr von der progressiven Haltung FEUERBACHs führt, unverkennbar.[517]

Eine Erweiterung des strafrechtlichen Verbrechensbegriffs ergibt sich insbesondere daraus, daß die Gutsverletzungslehre eine Ausdehnung des Staatszwecks bewirkt.[518] Die Rechtsverletzungslehre war die Konsequenz aus einer reinen Rechtsstaatslehre: solange dem Staat nur die Aufgabe zukam, die Rechte seiner Bürger zu schützen, konnte Gegenstand strafrechtlichen Schutzes auch nur die Verletzung dieser Rechte sein. Ganz im Sinne der gemäßigt-positivistischen Richtung läßt sich bei BIRNBAUM eine Lossagung von einem staatsphilosophischen System verzeichnen. Er ist der Ansicht, daß es unabhängig von einer bestimmten Staatsauffassung "zum Wesen des Staates gehöre, allen im Staate lebenden Menschen auf gleichmäßige Weise den Genuß gewisser Güter zu gewährleisten, welche den Menschen von Natur gegeben oder eben das Resultat ihrer gesellschaftlichen Entwicklung und des bürgerlichen Vereines sind".[519] Die Loslösung von einem gesellschaftsvertraglichen Staatsmodell be-

---

512 *Birnbaum*, ebenda, S. 171 f..
513 *Birnbaum*, ebenda, S. 179.
514 *Birnbaum*, ebenda, S. 178.
515 *Birnbaum*, ebenda. *Birnbaum* sah in seiner Lehre von der Gutsverletzung vornehmlich ein geeignetes Kriterium zur Abgrenzung von Versuch und Vollendung und von Gefährdung und Verletzung.
516 *Amelung*, Rechtsgüterschutz, S. 49.
517 So auch *Amelung*, ebenda, S. 47.
518 Vgl. auch zum folgenden *Amelung*, ebenda, S. 46
519 *Birnbaum*, Über das Erfordernis der Rechtsverletzung, in: Arch. d. Criminalrechts, Neue Folge, 1834, S. 149, 177; die Verwendung des Begriffs der "Entwicklung" zeigt deutlich den Einfluß der historischen Rechtsschule.

wirkt eine Aufgabenverschiebung des Staates: Gegenstand der staatlichen Aufgaben soll nicht mehr nur das sein, was der friedlichen Koexistenz dient; sondern dadurch, daß über den Begriff des Gemeinguts im Strafrecht auch die Sittlichkeits- und Religionsdelikte wieder für das Strafrecht hoffähig gemacht werden, wird dem Staat darüberhinaus sittenbildende und religionserhaltende Kraft zugemessen. Daraus folgt für das Strafrecht, daß strafbar nicht mehr das ist, was die friedliche Koexistenz unmöglich macht, sondern das, was unter Strafschutz gestellte Güter, also auch Religion und Sittlichkeit[520] antastet.[521] Werden diese Güter jedoch nicht aus dem Gesellschaftsmodell abgeleitet, dann bewirkt dies eine Subjektivierung des Strafschutzes[522]: es sind nicht mehr die für jedes menschliche Zusammenleben erforderlichen, objektiv zu bestimmenden Voraussetzungen, die unter strafrechtlichem Schutz stehen; strafrechtliches Schutzgut kann darüberhinaus all dasjenige sein, was "nach der Natur besonderer Verhältnisse etwa nur bei diesem oder jenem Volke als strafbar erscheint"[523]. Damit sind gerade diejenigen Güter, welche "das Resultat ihrer (der Menschen; die Verf.) gesellschaftlichen Entwickelung"[524] sind, eine variable Größe, die der historischen Wandlung unterfällt.[525] Die Festlegung strafrechtlicher Schutzgüter durch strafrechtliche Gesetze wird als ein Produkt - veränderbarer und damit relativer - sozialer Gegebenheiten aufgefaßt.[526] Diese Variabilität der strafrechtlichen Schutzgüter drängt nach einer Begrenzung. Eine solche Begrenzung des Güterschutzgedankens läßt BIRNBAUM vermissen. Zwar betont er, daß es nicht von der Willkür des Gesetzgebers abhängen dürfe, was als Verbrechen bestraft werden solle.[527] Eine exakte Definition des Begriffs "Gut" liefert er jedoch nicht. Die Feststellung, daß Gegenstand des Verbrechens nicht Rechte, sondern Güter seien, schien ihm aussagekräftig genug und damit auch ohne die Einbettung in ein außerstrafrechtliches Theoriegebilde oder eine genaue Definition überzeugend.

Durch die Loslösung von staatsphilosophischen Vorgaben mußte der Verbrechensbegriff durch den Begriff des Guts gegenüber dem durch die Rechtsverletzungslehre eng und präzise gefaßten Verbrechensbegriff bei FEUERBACH an Schärfe verlieren. Die enge und präzise Fassung des Verbrechensbegriffs war jedoch wesentlicher Bestandteil des freiheitlichen Strafrechtsdenkens FEUERBACHs. Der Auffassung, daß BIRNBAUM den "wesentlichen liberalen Ansatz" der FEUERBACH'schen Verbrechenslehre habe unberührt lassen wollen, es ihm

520 *Birnbaum*, Bemerkungen über den Begriff des natürlichen Verbrechens, in: Arch. d. Criminalrechts, Neue Folge, 1836, S. 560, 577.
521 So zutreffend *Amelung*, Rechtsgüterschutz, S. 48.
522 *Amelung*, ebenda.
523 *Birnbaum*, Bemerkungen über den Begriff des natürlichen Verbrechens, in: Arch. d. Criminalrecht, Neue Folge, 1836, S. 560, 576.
524 *Birnbaum*, Über das Erfordernis der Rechtsverletzung, in: Arch. d. Criminalrecht, Neue Folge, 1834, S. 149, 177.
525 *Amelung*, Rechtsgüterschutz, S. 46.
526 *Moos*, Verbrechensbegriff, S. 214.
527 *Birnbaum*, Bemerkungen über den Begriff des natürlichen Verbrechens, in: Arch. f. Criminalrecht, Neue Folge, 1836, S. 560, 571 f..

vielmehr nur um eine Korrektur derselben gegangen sei[528], muß demnach widersprochen werden. Da BIRNBAUM selbst noch von naturrechtlichem Denken beeinflußt war, mochte freilich die Geeignetheit der Gutsverletzungslehre zu politischer Zweckbestimmung nicht allzu deutlich zu Tage getreten sein. Der Gedanke, daß die Gegenstände der Strafgesetze als Produkte gesellschaftlicher Entwicklung aufzufassen seien, zwingt jedoch dazu, BIRNBAUM als den Wegbereiter einer Entwicklung zu sehen, die, wie noch zu zeigen sein wird, nur wenige Jahrzehnte später in den sozialen Utilitarismus münden sollte. Den elementaren liberalen Ansatz FEUERBACHs, der gerade in der Rechtsverletzungslehre zum Ausdruck gekommen war, hat BIRNBAUM mit seiner Gutsverletzungslehre jedenfalls verlassen.

(b.) Die Rechtsgutslehre BINDINGs

Der Gedanke der Gutsverletzung vermochte durch die sich im Anschluß an die gemäßigt-positivistische Richtung in der Strafrechtswissenschaft durchsetzende Hegelschule, die das Verbrechen allein als bewußte Auflehnung gegen den allgemeinen Willen definierte und somit dem Begriff des Gutes nur untergeordnete Bedeutung zumaß, zunächst keine praktische Bedeutung zu erlangen.[529] Erst ca. vierzig Jahre später mit dem Durchbruch des Positivismus[530] sollte dem von BIRNBAUM geschaffenen Begriff des rechtlichen Guts durch BINDING "Bürgerrecht"[531] in der Strafrechtsdogmatik verschafft und somit der Rechtsgutslehre zum Durchbruch verholfen werden.

Auf der Suche nach einer Begriffsbestimmung des Verbrechens geht BINDING anfänglich von einem rein formalen Verbrechensbegriff aus, wonach Verbrechen mit Strafe bedrohte Normverletzungen sind.[532] Verbrechensobjekt sei das staatliche subjektive Recht auf Botmäßigkeit.[533] Dieser etwas dunkel anmutende Verbrechensbegriff erhellt sich bei einem Rückgriff auf BINDINGs Normentheorie. BINDING legt seinen Ausführungen den Gedanken zugrunde, daß den Straftatbeständen Normen, d.h. staatliche Imperative vorgelagert seien[534], welche Verhaltenspflichten des Bürgers begründeten[535]. Der jeweils durch eine Norm begründeten Verhaltenspflicht auf der einen Seite entspreche auf der anderen ein subjektives Recht des Staates auf Gehorsam.[536] Werde eine Verhaltenspflicht unter Strafandrohung gestellt, so verwandle sich das Recht des

528 So die Ansicht von *Sina*, Dogmengeschichte, S. 26.
529 Zur untergeordneten Bedeutung des Rechtsgutsbegriffs in der Hegelschule vgl. die Darstellung bei *Sina*, Dogmengeschichte, S. 28 ff..
530 Vgl. dazu bereits oben S. 97 ff..
531 So der bekannte Ausdruck von *Arm. Kaufmann*, Lebendiges und Totes in Bindings Normentheorie, S. 69.
532 *Binding*, Handbuch, S. 499.
533 *Binding*, Normen I, 2. Aufl., S. 299, 308; Handbuch, S. VIII, 169, 186.
534 *Binding*, Normen I, 2. Aufl., S. 7.
535 *Binding*, ebenda, S. 96.
536 *Binding*, ebenda, S. 97.

Staates auf Gehorsam in ein Recht auf Strafe, sobald die Voraussetzungen des betreffenden Straftatbestandes erfüllt seien.[537] Menschliches Verhalten wird demnach nur dadurch zum strafrechtlichen Delikt, daß es strafgesetzliche Verbote und Gebote verletzt. Der Aspekt des Ungehorsams ist jedoch ein vollständig formales Element. Falsch wäre es, allein daraus zu herzuleiten, daß sich BINDINGs Verbrechensbegriff ausschließlich auf den formalen Verstoß gegen das subjektive Recht auf Botmäßigkeit reduziere.[538] Vielmehr sucht BINDING auch nach einer materialen Bestimmung des Verbrechensbegriffs, indem er in die "Schale des Ungehorsams" die "Gutsverletzung als Kern" eingebettet wissen wollte, ja das Moment der Gutsverletzung gegenüber dem Ungehorsamsmoment als vorrangig betrachtete.[539] Ferner betont er, daß im Hinblick auf die Funktion der Strafe die "Delikte gewogen werden, nicht nach dem Ungehorsamsmoment, was in ihnen allen vielleicht gleich groß ist, sondern nach dem Wert der verletzten Rechtsgüter und nach der Schwere der ihnen zugefügten Verletzung".[540] Materialer Bestandteil des Verbrechensbegriffs soll demzufolge die Rechtsgutsverletzung sein.

Obwohl die Rechtsverletzungslehre zur Zeit BINDINGs als überwunden gelten konnte[541], setzt sich BINDING zunächst mit ihr auseinander. Die Argumente, die er gegen sie anführt, sind im wesentlichen diejenigen BIRNBAUMs. Auch er weist darauf hin, daß vom positiven Recht ausgehend keineswegs nur Rechtsverletzungen Gegenstand von Strafnormen seien.[542] Während er jedoch erst den Standpunkt BIRNBAUMs teilt, daß subjektive Rechte an sich nicht verletzt werden könnten[543], räumt er später ein, daß auch subjektive Rechte Gegenstand eines deliktischen Angriffs sein könnten, dieser das subjektive Recht aber nicht unmittelbar, sondern nur von der Seite der Rechtsgüter her erfasse.[544]

Die Befassung mit BINDINGs Rechtsgutsbegriff zeigt jedoch, daß der Versuch einer materialen Verbrechensbestimmung über das Element des Rechtsguts scheiterte.[545] Rechtsgut ist für BINDING "alles, was selbst kein Recht, doch in den Augen des Gesetzgebers als Bedingung gesunden Lebens der Rechtsgemeinschaft für diese von Wert ist, an dessen unveränderter und ungestörter Erhaltung sie nach seiner Ansicht ein Interesse hat und das er deshalb durch seine

537 *Binding*, ebenda, S. 425.
538 So aber die Ansicht von *Sina*, Dogmengeschichte, S. 43, 47; dagegen auch *Hassemer*, Theorie und Soziologie, S. 45.
539 *Binding*, Normen I, 2. Aufl., S. 365, insbesondere auch Anm. 1.
540 *Binding*, ebenda, S. 366.
541 Vertreten wurde sie nur noch von *Loening*, Grundriß zu Vorlesungungen über deutsches Strafrecht, S. IV ff..
542 *Binding*, Normen I, 2. Aufl., S. 339.
543 *Binding*, Normen I, 1. Aufl., S.192; als wesentliches subjektives Recht, das durch ein Verbrechen verletzt werden könne, sieht *Binding* das subjektive Recht des Staates auf Botmäßigkeit an; vgl. Normen I, 2. Aufl., S. 330.
544 *Binding*, Normen I, 2. Aufl., S. 338; unter diesem Aspekt versteht es sich auch, daß von *Binding* auch sog. "Rechtsausübungshandlungen" als Rechtsgut erfaßt werden, ebenda, S. 334 f.; vgl. zum ganzen auch *Amelung*, Rechtsgüterschutz, S. 75.
545 Dazu auch *Hassemer*, Theorie und Soziologie, S. 43 ff..

Normen vor unerwünschter Verletzung oder Gefährdung zu sichern bestrebt ist".[546] Zentrales Element für die Bestimmung dessen, was als strafrechtlich schützenswertes Rechtsgut gelten soll, ist demnach die Anschauung des Gesetzgebers.[547] Der Gesetzgeber soll "nur durch (...) eigene Erwägung und durch die Logik beschränkt" sein.[548] Vor-positive Prinzipien spielen keine Rolle. Das Werturteil des Gesetzgebers allein entscheidet über Gegenstand und Reichweite des Strafrechts.

Durch einen solchen auf den Willen des Gesetzgebers abstellenden Rechtsgutsbegriff ist jedoch alles andere als inhaltliche Bestimmtheit erreicht. Wie inhaltlich unbestimmt BINDINGs Rechtsgutsbegriff ist, zeigt sich an der Aufzählung der Rechtsgüter bei BINDING[549]: zum "Güterkapital der Rechtsordnung"[550] zählt BINDING zum Beispiel Menschen neben Sachen, Gefühle neben der Funktionstüchtigkeit staatlicher Einrichtungen, Vogeleier neben der Ausschließlichkeit des Geschlechtslebens unter Ehegatten. Desweiteren findet BINDING auch nicht zu einer einheitlichen Bestimmung dessen, was die Begriffsnatur der Rechtsgüter ausmachen sollte. Einmal bezeichnet er Rechtsgüter als Zustände[551], an anderer Stelle hingegen als Objekte[552]. Zu einer materialen und damit zur objektiven Begrenzung des Gesetzgebers geeigneten Verbrechensbestimmung gelangt BINDING durch diesen inhaltsleeren Rechtsgutsbegriff gerade nicht. Auf der Suche nach einer materialen Verbrechensbestimmung scheiterte BINDING an dem "zentralen Denkverbot des Positivismus"[553]. Er selbst stellte fest, daß bei der Suche nach dem "vorpositiven Delikt" "uns Juristen nur Resignation übrig" bleibe.[554]

Mit der Reduktion des Verbrechensobjekts auf das Produkt eines gesetzgeberischen Wertungsaktes, also auf das Ergebnis der jeweils herrschenden politischen Anschauungen, schrumpfen die Bedingungen, die Aufklärung und Frühliberalismus an das Strafrecht gestellt hatten, auf ein Minimum zusammen: übrig bleibt nur noch die Rechtsgutsverletzung als zwingende Voraussetzung für strafrechtliche Verfolgung. Eine inhaltliche Festlegung dieser Voraussetzung entfällt. Des Strafschutzes würdig erscheint nicht mehr nur das, was zum friedlichen Miteinander der Gesellschaftsmitglieder objektiv erforderlich ist, also das, was überzeitlichen Wahrheitsgehalt in Bezug auf menschliche Koexistenz

546 *Binding*, Normen I, 2. Aufl., S. 353 ff.; ähnlich *ders.*, Handbuch, S. 169.
547 *Binding*, Handbuch, S. 390 f.: "Was ein Rechtsgut ist, bestimmt nur die einzelne Gesetzgebung für das einzelne Rechtsgebiet". Ferner heißt es bei *Binding*, Handbuch, S. 391: "Die Schutzpflicht eines Staates erstreckt sich also nur auf das, was seiner Rechtsauffassung nach Rechtsgut ist."
548 *Binding*, Normen I, 2. Aufl., S. 340.
549 Vgl. die Aufzählung der Rechtsgüter bei *Binding*, Normen I, 2. Aufl., S. 346 ff.; dazu auch *Amelung*, Rechtsgüterschutz, S. 78.
550 *Binding*, ebenda, S. 340.
551 *Binding*, Normen I, 1. Aufl, S. 189.
552 *Binding*, Handbuch, S. 169; vgl. zum ganzen auch *O. Hohmann*, Das Rechtsgut der Umweltdelikte, S. 18.
553 *Hassemer*, Theorie und Soziologie, S. 48.
554 *Binding*, Normen II, 2. Aufl., S. 159 f..

impliziert, sondern all das, was nach der subjektiven Entscheidung der Gesetzgebungsorgane strafwürdig erscheint.[555] Eine wesentliche Abweichung gegenüber frühliberaler Verbrechensbestimmung besteht desweiteren in der gemeinschaftsbetonten Tendenz der BINDING'schen Rechtsgüterlehre.[556] Das frühliberale Strafrecht FEUERBACHs hatte stets die Rechte des Individuums, die es vor willkürlichen Übergriffen der staatlichen Gewalt zu schützen galt, in den Vordergrund aller Überlegungen gestellt. Wie sich aus BINDINGs Definition ergibt, stellt der Gesetzgeber all diejenigen Güter unter Strafschutz, welche für die *Rechtsgemeinschaft* von Wert sind. Rechtsgüter sind folglich Schutzobjekte der Allgemeinheit und durch ihren "Sozial-Wert" gekennzeichnet.[557] "Nur als soziale, als Rechtsgüter, nie als reine Individual-Güter finden jene Gegenstände individuellen Werturteils Rechtsschutz."[558] Einer individualistischen Betrachtungsweise wird damit eine deutliche Absage erteilt.

Was im Zusammenhang mit der Gesetzgebungsaufgabe des Interventionsstaats bereits deutlich wurde, erhält hier seine strafrechtsdogmatische Konkretisierung. Mit der zu inhaltlicher Bestimmtheit nicht fähigen Rechtsgüterlehre BINDINGs, wodurch die Legislative bei ihrer Gesetzesabfassung an keine inhaltlichen Vorgaben gebunden ist, wird staatliches Eingreifen im Wege des Strafrechts nur noch an die Form der geschriebenen Eingriffsbefugnis gebunden. Die Strafgesetzlichkeit als Inhaltsbeschränkung ist unter dem Einfluß strikt positivistischen Denkens undenkbar geworden. An die Stelle der Strafgesetzlichkeit ist mit einer bedeutenden inhaltlichen Veränderung der strafrechtliche Positivismus getreten.[559] Die Strafgesetzlichkeit dient der Formalisierung des Strafrechts, indem es festschreibt, wann Verhaltensweisen zu Verbrechen werden und wann dem Staat aus dem Strafrecht eine Strafpflicht erwachse.[560]

---

555 So die zutreffende Feststellung von *Amelung*, Rechtsgüterschutz, S. 78, der betont, daß "die Feststellung der Sozialschädlichkeit (..) mit der Einführung des Rechtsgutsdogmas für den Juristen endgültig von einer Wahrheitsfrage zu einem Entscheidungsproblem" werde.

556 Vgl. auch zum folgenden *Amelung*, Rechtsgüterschutz, S. 81.

557 *Binding*, Normen I, 2. Aufl., S. 340: "Auf ihre (der Rechtsgüter; die Verf.) Unverletztheit muß nicht lediglich dieser oder jener, sondern das ganze lebendige Gemeinwesen Gewicht legen."

558 *Binding*, ebenda, S. 360; ferner S. 358: "Das Rechtsgut ist stets Rechtsgut der Gesamtheit, mag es scheinbar noch so individuell sein." Zur soziologisch-positivistischen Grundlage des *Binding*'schen Rechtsgutsbegriffs vgl. auch *Honig*, Einwilligung, S. 63 f..

559 So *Naucke*, Aushöhlung der strafrechtlichen Gesetzlichkeit, in: Inst. f. Kriminalwissenschaften Frankfurt a. M. (Hrsg.), Vom unmöglichen Zustand des Strafrechts, S. 483, 488.

560 *Binding*, Grundriß des Deutschen Strafrechts, Allgemeiner Teil, 6. Aufl., 1902, S. 192. Wörtlich heißt es hier: "Nicht weil der Staat für nötig hält, dem Verbrecher vor seiner Tat zu künden, welche Strafe sein Verbrechen zu gewärtigen habe, erkennt er den Satz nulla poena sine lege poenali an; sondern weil er das Bedürfnis empfindet, die Verwandlung seines Strafrechts in eine Strafpflicht durch einen Akt bedachtester Gesetzgebung ein für allemal vorzunehmen, auf daß er nicht im konkreten Falle zu entscheiden genötigt sei, ob Strafe und welche Strafe zu verhängen sei, sondern daß er für alle Fälle wisse, ob eine Strafpflicht begründet sei und welchen Inhalt sie besitze. Man hat neuerdings emphatisch das Strafgesetz als die magna charta des Verbrechers bezeichnet. Es ist dies jedoch eine Rechtsblasphemie! Denn ein Staat, der den Verbrechern

Die Bestimmung des Rechtsguts nach der sozialen Nützlichkeit für die Rechtsgemeinschaft macht das Strafgesetz zu einem an den jeweiligen politischen Notwendigkeiten ausrichtbaren Instrument in der Hand des Staates.

Aber BINDING geht in der Auflösung der Strafgesetzlichkeit noch weiter. Er spricht von der "Tyrannei" des Gesetzlichkeitsprinzips[561] und will deshalb nicht nur den Gesetzgeber frei von außergesetzlichen Prinzipien, sondern auch den Richter aus der strengen Bindung an das Gesetz herausgelöst wissen. So wendet er sich insbesondere gegen das Verbot analoger Rechtsanwendung. Die Analogie betrachtet er als "Mittel latentes Recht aufzudecken".[562] Zur Begründung der Verwerfung des Analogieverbots führt er an, daß wegen der Vielschichtigkeit des Verbrecherlebens der Gesetzgeber nicht alle Fälle strafbaren Verhaltens erfassen könne, diese Fälle aber in Ermangelung eines entsprechenden Gesetzes nicht straflos bleiben könnten, sondern der Richter diese Lücke als "lebendiger Vertreter des Gesetzgebers für Aufgaben, welche diesem im einzelnen Falle unlösbar sind, im Wege der Analogie schließen" müsse.[563] Dies erscheint zwar unter dem Aspekt der Ausschließlichkeit der Dispositionsbefugnis des Gesetzgebers als Inkonsequenz, ist jedoch im Hinblick auf die Idee des Strafrechts als flexibles staatliches Instrument folgerichtig[564]: Für eine flexible, sich den sozialen Gegebenheiten anpassende Strafrechtspflege ist die strenge Gesetzesbindung unbequem geworden, also wird sie nicht nur inhaltlich durch die Rechtsgüterlehre, sondern auch praktisch durch die Zulassung der Analogie gelockert. Das Strafgesetz steht ausschließlich unter dem Einfluß eines sozialen Utilitarismus.

Die Rechtsgutslehre LISZTs

Nach diesem Exkurs zurück zu LISZT. LISZT stellt seiner Rechtsgutslehre eine Kritik an der Rechtsgutslehre BINDINGs voran. Er erhebt gegen BINDING den Vorwurf, daß dieser mit dem Rechtsgutsbegriff nichts anderes als eine inhaltliche Begriffshülse geschaffen habe:

> "*Bindings Rechtsgutsbegriff ist ein Scheinbegriff, d.h. ein Wort ohne Inhalt.* Das will sagen: *Binding* ist überhaupt nicht zu begrifflicher Klarheit darüber gelangt, was das Wort 'Rechtsgut' eigentlich sagen soll; er hat auch, wie es scheint, gar nicht einmal das Bedürfnis empfunden, zur Klarheit darüber zu

---

eine magna charta verleiht, kann nur ein Verbrecherstaat sein. Nicht des Verbrechers wegen erläßt der Staat das Strafgesetz. Dieses verwandelt nach heutiger Auffassung von Rechts wegen das straffähige Delikt in das Verbrechen, das Strafrecht des Staates in die Strafpflicht."

561 *Binding*, Handbuch, S. 17; *Binding* leitet die Hinfälligkeit des Gesetzlichkeitsprinzips lediglich aus der Überwindung der *Feuerbach*'schen psychologischen Zwangstheorie her, S. 21.

562 *Binding*, ebenda, S. 28; auch S. 217 ff..

563 *Binding*, ebenda; ferner *ders.*, Lehrbuch, Besonderer Teil I, 2. Aufl., S. 21.

564 Ebenso *Naucke*, Aushöhlung der Strafgesetzlichkeit, in: Inst. f. Kriminalwissenschaften Frankfurt a. M. (Hrsg.), Vom unmöglichen Zustand des Strafrechts, S. 483, 488.

> gelangen. Sein 'Rechtsgut' ist ein Proteus, der alle Gestalten annimmt; ein Wort, das heute das und morgen wieder etwas ganz anderes bedeutet, ein Blankett, dem jeder den Inhalt geben kann, der ihm gerade paßt."[565]

Als Beleg für diese Kritik führt LISZT die schwankende Ausdrucksweise BINDINGs hinsichtlich der gegenständlichen Erfassung des Rechtsguts an, indem er einmal von Abstraktionen oder von Gegenständen der Sinnenwelt, ein anderes Mal von Zuständen oder von Personen oder Sachen spreche.[566] Mit dem Vorwurf der Inhaltsleere verbindet sich somit der Vorwurf, mittels des Rechtsgutsbegriffs nicht zu einer materialen Verbrechensbestimmung, die dem Gesetzgeber Grenzen in seiner Gesetzgebungstätigkeit zu ziehen geeignet wäre, gelangt zu sein.

Diese Kritik an der Rechtsgutslehre BINDINGs hatte durchaus Gründe für sich.[567] Zu klären ist jedoch, ob LISZT dem Rechtsgutsbegriff ein größeres Maß an begrifflicher und inhaltlicher Klarheit zu geben vermochte.

In LISZTs Straftheorie, nach der Strafe "Rechtsgüterschutz durch Rechtsgutsverletzung" ist[568], kommt dem Begriff des Rechtsgutes derart zentrale Bedeutung zu, daß LISZT sich gezwungen sah, diesen Begriff mit Inhalten zu füllen, wollte er sich nicht dem Vorwurf aussetzen, sein straftheoretisches Konzept auf Sand gebaut zu haben. Ausgehend von den beiden obersten Begriffen des Strafrechts "Verbrechen" und "Strafe" gelangt LISZT zu der Frage nach dem Bindeglied zwischen diesen beiden:

> "*Warum* verknüpft das Recht mit dieser Tatsache diese, und gerade diese Rechtsfolge? Die Antwort gibt der Begriff des Rechtsgutes. Er sagt uns: Alles Recht ist um der Menschen willen da; ihre Interessen, die der Einzelnen wie die der Gesamtheit, sollen geschützt und gefördert werden durch die Satzungen des Rechts. Die rechtlich geschützten Interessen nennen wir Rechtsgüter."[569]

Aus dieser Definition des Rechtsgutsbegriffs ergibt sich, daß das Verbrechen in der Verletzung oder Gefährdung rechtlich geschützter Interessen liegt. Zur Klarstellung führt LISZT aus, daß von einer Verletzung oder Gefährdung von Interessen nur in übertragenem Sinne gesprochen werden könne, da das Verbrechen als Handlung sich immer an einem sinnlich wahrnehmbaren Gegenstand, einer Person oder Sache, vollziehe. Dieser Gegenstand erscheine als eine "sinnfällige Verkörperung" des rechtlich geschützten Interesses.[570]

Mit der Bestimmung des Rechtsguts als rechtlich geschütztes Interesse ist freilich gegenüber BINDING noch kein Mehr an inhaltlicher Schärfe erreicht, da der

---

565 *Liszt*, Rechtsgut und Handlungsbegriff, in: AuV I, S. 212, 224.
566 *Liszt*, ebenda, S. 230.
567 Siehe oben S. 158 ff..
568 *Liszt*, Zweckgedanke, in: AuV I, S. 126, 161.
569 *Liszt* Rechtsgut und Handlungsbegriff, in: AuV I, S. 212, 223.
570 *Liszt*, Der Begriff des Rechtsgutes, in: ZStW 8 (1888), S. 133, 151; damit hatte *Liszt* zu der bis heute in der Strafrechtlehre bedeutsamen Unterscheidung von Rechtgut und Handlungsobjekt gefunden; kritisch dazu *Amelung*, Rechtsgüterschutz, S. 91 ff..

Begriff des Interesses seinerseits so weit gefaßt ist, daß er sich auf Beliebiges beziehen kann.[571] Der Begriff des "Interesses" bringt "eine Bezogenheit, ein Verhältnis eines Subjekts zu einem Gegenstand" zum Ausdruck[572]. Angesichts dieser Relativität ist er wenig zur inhaltlichen Bestimmung des Verbrechens und damit zur Begrenzung des Gesetzgebers geeignet. Was jeweils schützenswertes Interesse ist, ist nicht objektiv vorhersehbar und bestimmbar, sondern wird infolge der Festlegung durch die Institution des Staates bestimmt. Ausdrücklich weist LISTZ darauf hin, daß mit dem Güterschutzgedanken der "*Zweckgedanke* seinen Einzug in das Gebiet der Rechtslehre" halte, die "teleologischen Betrachtung des Rechts" beginne und die "formal-logische" ihr Ende finde.[573]

> "Zweckmäßigkeitsrücksichten, bald klar erkannt, bald nur dunkel geahnt, bestimmen den Staat zur Aufstellung seiner Strafdrohungen. Die schwankenden Bedürfnisse der Rechtsordnung drücken der Gerechtigkeit das Schwert in die Hand."[574]

Die Richtigkeit eines Strafrechtssatzes ergebe sich mithin aus seiner Zweckmäßigkeit, so daß sich der Inhalt einer strafrechtlichen Norm nach dem vorgesetzten Zwecke richte.[575] Diese Zwecke verändern sich jedoch mit dem Wandel der Staatsform und demzufolge mit den sich im Zuge der wandelnden Staatsaufgaben verändernden Interessen. Eine genaue Festlegung, was diese Interessen beinhalten, ist objektiv nicht möglich. Aufgrund dieser Relativität und Wandelbarkeit muß sich auch der Begriff des Interesses den Vorwurf der Inhaltsleere gefallen lassen.[576]

LISZT selbst räumt die Uferlosigkeit des Begriffs des rechtlich geschützten Interesses ein, indem er zu bedenken gibt, ob es nicht "*ungezählte* Lebensinteressen des Einzelnen wie der Gesamtheit, und darum in bunter Unordnung ebenso unzählige Rechtsgüter, von dem bedeutsamsten angefangen bis zum unbedeutendsten herab" gebe.[577] Es war ihm bewußt, daß er allein über den Begriff des Interesses ebenso wie BINDING dem Vorwurf der Inhaltsleere ausgesetzt sein würde. Demzufolge beließ er es nicht bei der Offenheit des Begriffs, sondern bemühte sich um eine inhaltliche Präzisierung.

Zur Präzisierung des Gutsbegriffs greift LISZT erneut auf die zentrale JHERING'sche Forderung zurück, daß alles Recht um der Menschen willen existiere. Danach habe das menschliche Dasein als *das* Rechtsgut zu gelten, und die Einteilung der Rechtgüter ergebe sich aus den verschiedenen Gestaltungen des menschlichen Daseins.[578] Rechtsgüterschutz bedeute demnach Schutz mensch-

571 So auch der Einwand von *Amelung*, Rechtsgüterschutz, S. 87.
572 *Stöger*, Versuch des untauglichen Täters, S. 39.
573 *Liszt*, Rechtsgut und Handlungsbegriff, in: AuV I, S. 212, 223.
574 *Liszt*, Lehrbuch, 2. Aufl., S. 96; 3. Aufl., S. 108; 5. Aufl., S. 121.
575 Vgl. auch *Liszt*, Das "richtige Recht", in: ZStW 26 (1906), S. 553, 555.
576 Kritisch zur Bestimmung des Rechtsguts als Interesse auch *Marx*, Zur Definition des Begriffs Rechtsgut, S. 20 f.; *Jäger*, Strafgesetzgebung und Rechsgüterschutz, S. 20 ff..
577 *Liszt*, Der Begriff des Rechtsgutes, in: ZStW 8 (1888), S. 133, 140.
578 *Liszt*, ebenda, S. 141 f..

licher Lebensinteressen[579] bzw. Schutz der "Lebensbedingungen der staatlichen Gemeinschaft und der in ihr befaßten Einzelnen"[580]. Das Leben, und nicht die Rechtsordnung - insofern setzt sich LISZT in deutlichen Gegensatz zu BINDING - bringe die Interessen hervor; durch den Rechtsschutz werde nur das ohnehin vorhandene Interesse zum Rechtsgut erhoben.[581] Als Ergänzung hierzu kann der Gedanke LISZTs gelten, wonach das "Sollen aus dem Sein", d.h. die Gegenstände der Strafgesetzgebung aus der Analyse der gesellschaftlichen Entwicklung, also aus der Entwicklung der gesellschaftlichen Bedürfnisse abzuleiten seien.[582]

Mit der Anknüpfung an das vor der Rechtsordnung liegende menschliche Dasein formuliert LISZT einen vor-positiven Interessensbegriff.[583] Dies wird dahingehend interpretiert, daß dem Begriff des Rechtsguts bei LISZT ebenso wie dem Begriff des subjektiven Rechts in den Strafrechtlehren der Aufklärung angesichts seiner vorrechtlichen Inhaltsbestimmung ein den Gesetzgeber beschränkender und damit liberaler Gehalt zukomme.[584] Ja, es wird LISZT die Überwindung des strafrechtlichen Positivismus zugerechnet.[585] Sicherlich ist es richtig, daß LISZT durch die Orientierung des Rechtsgutsbegriffs am menschlichen Dasein keiner rein formal-normlogischen Betrachtungsweise verhaftet war und er es keineswegs allein der beliebigen Wertung des Gesetzgebers überlassen wollte, was Gegenstand des Strafschutzes sein sollte und was nicht. Dennoch findet auch LISZT sich in den Fängen des Positivismus wieder. LISZT postuliert zwar, daß das Leben die Interessen hervorbringe; er weist aber gleichzeitig darauf hin, daß diese erst durch den Rechtsschutz zu Rechtsgütersn würden. Damit bekennt er sich dazu, daß die Konkretisierung der Interessen zu Rechtsgütern von der Positivierung abhängig ist.

Freilich ist einzuräumen, daß auch bei FEUERBACH die Konkretisierung der subjektiven Rechte zu Gegenständen des Strafschutzes letztendlich von der Positivierung durch den Gesetzgebers abhängig war. Dennoch geht die Gleichsetzung fehl, daß anstelle der vor-positiven subjektiven Rechte des frühliberalen Strafrechts nur die vorrechtichen Gestaltungen des menschlichen Daseins

---

579 *Liszt*, ebenda, S. 141; *ders.*, Lehrbuch, 3. Aufl., S. 19.

580 *Liszt*, Zweckgedanke, in: AuV I, S. 126, 147.

581 *Liszt*, Lehrbuch, 3. Aufl., S. 20.

582 *Liszt*, Das "richtige Recht", in: ZStW 26 (1926), S. 553, 556 und ZStW 27 (1907), S. 91,, 93, 95.

583 Vgl. auch *Amelung*, Rechtsgüterschutz, S. 85; a.A. *Frommel*, Präventionsmodelle, S. 121. *Frommel* glaubt durch den Hinweis, daß *Liszt* den Richter fest an das Gesetz gebunden wissen wollte, die Deutung als vor-positiven Interessensbegriff widerlegt zu haben; dabei wird jedoch verkannt, daß die Anerkennung der strikten Bindung des Richters an das Gesetz einerseits und eine dogmatische Würdigung der Strafgesetzgebung durch den Strafrechtswissenschaftler andererseits einander grundsätzlich nicht ausschließen.

584 So die Ansicht von *Sina*, Dogmengeschichte, S. 53; *Rudolphi*, Die verschiedenen Aspekte des Rechtsgutsbegriffs, in: Honig-FS, S. 151, 155; *O. Hohmann*, Das Rechtsgut der Umweltdelikte, S. 22.

585 *Wedel*, Franz v. Liszts geschichtliche Bedeutung, in: SchwZ f. StrR 47 (1933), S. 324, 336.

Willkürschutz im Bereich der Gesetzgebung bieten könnten. Dies wird bei einer Gegenüberstellung der subjektiven Rechte im Sinne FEUERBACHs einerseits mit den aus den Gestaltungen des menschlinchen Daseins hervorgehenden Interessen andererseits deutlich. Die subjektiven Rechte bildeten bei FEUERBACH einen eng überschaubaren Kreis, der von gesellschaftlichen und zeitlichen Wandlungen unabhängig gedacht und damit als allgemeingültig anerkannt wurde. Gerade auch von dieser Kontinuität ging die freiheitsstiftende Kraft des von der Rechtsverletzungslehre getragenen Strafrechts aus. Der Schutz vor Rechtsverletzungen diente der Schaffung und Erhaltung der Grundbedingungen des menschlichen Zusammenlebens. Mit der Vielgestaltigkeit des menschlichen Daseins ist hingegen ein weiter Begriff als Maßgabe für den Gesetzgeber gewählt. Die Anknüpfung an die sozialen Gegebenheiten macht den Verbrechensbegriff relativ, d.h. von zeitlichem und gesellschaftlichem Wandel abhängig. Das materielle Unrecht sollte nicht mehr das sein, was menschliches Zusammenleben unmöglich macht[586], sondern das, was den Interessen des Staates oder der Einzelnen zuwiderläuft. Sowie diese Interessen wechseln, wechseln auch Anzahl und Art der Rechtsgüter.[587] Daß der als Interessenverletzung oder -gefährdung definierte Verbrechensbegriff vielen Gegenständen zugänglich ist, zeigt ein Blick auf die von LISZT als Delikte gegen die Staatsverwaltung zusammengefaßten Straftaten.[588] Hier finden sich Delikte wie Steuerhinterziehung und Delikte im Bereich des Aktien-, Preß-, Schiffahrts-, Eisenbahn- und Postwesens neben Tierquälerei, Amtsdelikten sowie Eidesdelikten und Delikten gegen die Rechtspflege. Dies kommt der "tumultuarischen Aufzählung" von Rechtsgütern, die LISZT bei BINDING bemängelt[589], ziemlich nahe. Als Delikte gegen die Staatsverwaltung scheint LISZT diejenigen Straftaten zusammenzufassen, die sich nicht ohne weiteres den klassischen Deliktsnormen zuordnen lassen. Hierbei handelt es sich um Straftaten, deren Normierungen als Reaktion des modernen Staates auf gesellschaftliche Veränderungen bzw. gesellschaftliche Wertungen zu verstehen sind. LISZT stellt den Delikten gegen die Staatsverwaltung voran, daß die "*Förderung der Gesamtinteressen* als höchstes Ziel des *Verwaltungsstaates*" neben den Schutz der Einzelinteressen getreten sei[590], und daß je mehr Bereiche der staatlichen Intervention zugänglich gemacht würden, "desto größer (..) der Umfang, desto mannigfaltiger der Inhalt der gegen

---

586 *Liszt* unterteilt das menschlichen Dasein in das Dasein als Einzelner und in das Dasein des Einzelnen in der Gemeinschaft, vgl. *Liszt*, Lehrbuch, 3. Aufl., § 84 I. Daran zeigt sich deutlich, daß *Liszt*s Interessenslehre nicht rein an den Bedingungen des menschlichen Zusammenlebens orientiert ist, denn: Recht betrifft immer das Dasein des Einzelnen in der Gemeinschaft, auch dann, wenn es das Dasein des Einzelnen schützt. Siehe dazu *Amelung*, Rechtsgüterschutz, S. 89, Anm. 196, der zutreffend einwendet, daß ein Robinson kein Recht brauche.

587 *Liszt*, Lehrbuch, 3. Aufl., S. 20.

588 Vgl. dazu auch *Amelung*, Rechtgüterschutz, S. 88.

589 *Liszt*, Rechtsgut und Handlungsbegriff, in: AuV I, S. 212, 226, der daraus zurecht den Schluß zieht, daß *Binding*s Rechtsgutsbegriff "kein Begriff, sondern ein leeres Wort, dessen Bedeutung fortwährend wechselt", sei, S. 230.

590 *Liszt*, Lehrbuch, 2. Aufl., S. 559.

die Staatsverwaltung gerichteten, durch Strafdrohungen verpönten strafbaren Handlungen"[591] werde.

Konturenlosigkeit zeigt LISZTs Rechtsgutsbegriff ferner unter dem Aspekt der Erhebung der Gefühle der Individuen zu Rechtsgütern. Ausdrücklich bewertet LISZT sowohl das sittliche[592] als auch das religiöse[593] Gefühl des Einzelnen als Rechtsgut. Dadurch, daß Gefühle zu Rechtsgütern erhoben werden, können in letzter Konsequenz Verstöße jeder Art gegen die herrschende Moral strafrechtlich erfaßt werden.[594]

Die Ausrichtung des Verbrechensbegriffs an den menschlichen Lebensinteressen bewirkt mithin eine deutliche Ausweitung des Strafschutzes. Ausdrücklich weist LISZT darauf hin, daß der Begriff der subjektiven Rechte enger sei als der des Rechtsguts.[595] Dadurch, daß das Wesen des Verbrechens als Verletzung von Rechtsgütern als rechtlich geschützten menschlichen Interessen definiert wird, wird der Verbrechensbegriff seiner durch den Rechtsverletzungsgedanken gewonnenen kriminalpolitischen Restriktion beraubt. Der Rechtsgüterschutzgedanke vermag kriminalpolitischen Bestrebungen durch den Gesetzgeber wenig entgegenzusetzen. Bei einem Blick auf die bei LISZT befindliche Übersicht über die gesamten Gegenstände des positiven Strafrechts[596] erhärtet sich der Eindruck, daß das Strafrecht beliebigen Interessen zugänglich gemacht werden konnte. LISZT betrachtet den Begriff des Rechtsguts als einen "Grenzbegriff der abstrahierenden Logik"[597], Grenzbegriff in dem Sinne, daß er "aus dem einen Gebiete der Wissenschaft in das Gebiet einer andern *hinüberleite*"[598]. Als angrenzendes Gebiet hat LISZT die Politik, genauer: die Kriminalpolitik im Blick.[599] Über den Rechtsgutsbegriff versucht LISZT die Begrenzung staatlicher Strafansprüche und die Begründung neuer, sich aus den Notwendigkeiten sozial- und kriminalpolitischer Intervention ergebender Tatbestände miteinander zu verbinden.[600] Indem dem Rechtsgutsbegriff die Klärung des Warums der Strafe obliege, dieser sich somit nach dem Zweckgedanken richte, sei dieser die Schnittstelle zwischen Kriminalpolitik und Strafrecht.

> "Die Bezeichnung des Begriffes 'Rechtsgut' als eines Grenzbegriffes will aber *noch mehr* bedeuten. Sie soll den inneren Zusammenhang der Rechtswissenschaft mit der Politik, die Notwendigkeit steter gegenseitiger Förderung und Befruchtung scharf betonen; sie soll Verwahrung einlegen

---

591 *Liszt* ebenda, S. 560; ferner heißt es dort: "Klarer tritt Wesen und Richtung des modernen Staatslebens doch wohl nirgends zu Tage, als in den Strafdrohungen zum Schutze der Fabrikarbeiter oder in der Pönalisierung des Gründungsschwindels."

592 *Liszt*, Lehrbuch, 3. Aufl., S. 20, Anm. 2.

593 *Liszt*, ebenda, S. 378.

594 So zutreffende *Amelung*, Rechtsgüterschutz, S. 89.

595 *Liszt*, Lehrbuch, 3. Aufl., S. 19 Anm. 2.

596 Vgl. *Liszt*, Lehrbuch, 14./15. Aufl., S. 59 ff..

597 *Liszt*, Der Begriff des Rechtsgutes, in: ZStW 8 (1888), S. 133, 138 ff.; *ders.*, Rechtsgut und Handlungsbegriff, in: AuV I, S. 212, 222.

598 *Liszt*, Der Begriff des Rechtsgutes, in: ZStW 8 (1888), S. 133, 139.

599 *Liszt*, ebenda, S. 139 f..

600 Vgl. dazu auch *R. Merkel*, Strafrecht und Satire, S. 120.

> gegen eine rein formalistische, d.h. ausschließlich juristisch-logische Behandlung des Rechts. Für die Wissenschaft des Strafrechts bedeutet das die Forderung, daß jener Zweig derselben, welchen ich den technisch-juristischen nenne, mit der Kriminalpolitik stete Fühlung behalte; die Forderung weiter, daß die höhere Einheit, welche beide Zweige verbindet, in Gesetzgebung, Wissenschaft und Rechtspflege mit möglichster Klarheit erkannt, mit möglichster Entschiedenheit angestrebt werden."[601]

Wenn aber der Rechtsgutsbegriff und damit der Inhalt der strafrechtlichen Tatbestände durch die Kriminalpolitik beeinflußt wird, dann frage es sich einmal mehr, wie das Strafrecht als unübersteigbare Schranke der Kriminalpolitik dienen können soll.

Positivistische Züge zeigt fernerhin LISZTs Umgang mit dem vorgegebenen Rechtsstoff. Mit der Erhebung des menschlichen Daseins zu *dem* Rechtsgut ist für LISZT in erster Linie ein zur Systematisierung des Besonderen Teils des Strafrechts geeignetes Kriterium gewonnen.[602] Die Einteilung der Verbrechen nimmt LISZT nach den durch diese verletzten oder gefährdeten Interessen vor. Als Interessenten und damit als Rechtsgutsträger kommen der Einzelne und der Staat in Betracht.[603] Delikte, die staatliche Interessen zum Gegenstand haben, werden in Verbrechen gegen den Staat, gegen die Staatsgewalt und gegen die staatliche Verwaltung unterteilt.[604] Delikte, die gegen Interessen des Einzelnen gerichtet sind, werden nach Straftaten gegen die körperliche Unversehrtheit, gegen immaterielle Rechtsgüter, gegen Individualrechte, gegen Vermögensrechte sowie in durch das Mittel des Angriffs charakterisierte Straftaten untergliedert.[605] Bei dieser Systematisierung des Besonderen Teils geht LISZT vom gegebenen Rechtsstoff aus, ohne diesen kritisch zu hinterfragen: wo der Staat es bestimmt ist auch ein Rechtsgut als rechtlich geschütztes Interesse anzunehmen, d.h. das Bestehen einer Norm gilt als unwiderlegbares Indiz für das Bestehen eines schutzwürdigen Interesses.[606] Dieser Zirkelschluß macht das vor-positive Kriterium des menschlichen Daseins zu einem rein formalen Kriterium, d.h. die Vor-Positivität rechtlich geschützter Interessen erweist sich als bloße These, deren Realisierung LISZTs angesichts der Verabsolutierung der gesetzgeberischen Entscheidungen schuldig bleiben muß. Durch den Rückgriff auf die Gegenstände des positiven Rechts laufen die Erörterungen zur Vor-

---

601 *Liszt*, Der Begriff des Rechtsgutes, in: ZStW 8 (1888), S. 133, 140.

602 *Liszt*, ebenda, S. 143 ff.; ferner *ders.*, Zur Vorbereitung des Strafgesetzentwurfs, in: AuV II, S. 411, 424. Dazu auch *Naucke*, Zur Lehre vom strafbaren Betrug, S. 39.

603 *Liszt* Rechtsgut und Handlungsbegriff, S. 212, 223; ursprünglich ging *Liszt* von einer Dreiteilung der Rechtsgüter in Rechtsgüter des Einzelnen, der Gesellschaft und des Staates aus, Lehrbuch, 2. Aufl., § 84 II, korrigierte diese Auffassung jedoch ausdrücklich, Der Begriff des Rechtsgutes, in: ZStW 8 (1888), S. 133, 143. Die bisher der Gesellschaft zugeordneten Rechtsgüter werden dabei überwiegend als Rechtsgüter des Einzelnen lokalisiert; z.B. für den Bereich der Sittlichkeitsdelikte vgl. *ders.*, Lehrbuch, 3. Aufl., § 102.

604 Vgl. das 2. Buch des Besonderen Teils in *Liszt*, Lehrbuch, 3. Aufl., S. 514 ff..

605 Vgl. das 1. Buch des Besonderen Teils in *Liszt*, Lehrbuch, 3. Aufl., S. 295 ff..

606 Ebenso *Naucke*, Zur Lehre vom strafbaren Betrug, S. 39 f.; *Amelung*, Rechtgüterschutz, S. 87.

Positivität des Rechtsgutsbegriffs und damit zur materialen Verbrechensbestimmung letztlich leer.[607]

Zusammenfassend ist festzuhalten, daß im Gegensatz zu FEUERBACHs Rechtsverletzungslehre LISZTs Rechtsgutslehre als Interessenschutz nicht als kriminalpolitischer Leitgedanke taugt, aus dessen Anwendung sich a priori ergibt, was des Strafschutzes bedarf und was nicht.[608] Strafe wird vielmehr für die Verhaltensweisen angedroht, welche der Gesetzgeber für strafwürdig erachtet. Was Rechtsgut ist hängt von der Dispositionsbefugnis des Gesetzgebers ab; d.h. Rechtsgut ist das, was der Gesetzgeber dazu macht. Es ist der Gesetzgeber, der durch die Erstellung der Rechtsnormen die Scheidung der unberechtigten von den berechtigten Interessen vornimmt.[609] Damit sind Rechtsgüter zuletzt nicht "Güter des Lebens", sondern "Güter des Rechts".[610] Deshalb ist das Verbrechen "die *von seiten der Gesetzgebung* (Hervorhebung durch die Verf.) konstatierte Gefährdung der *Lebensbedingungen* der Gesellschaft".[611] LISZTs Rechtsgutsbegriff hat mithin keine gegenüber den Wertungen des Gesetzgebers kritische Funktion[612], er zeigt nicht das Bestreben, normativ festzulegen, was strafwürdig ist, sondern das Bemühen, die vom positiven Recht vorgegebene Strafrechtswirklichkeit zu ordnen[613]. Es zeigt sich erneut, daß LISZT insofern echter Positivist ist, als er das Straf*recht* mit dem Straf*gesetz* gleichsetzt. Durch die über den Begriff des Rechtsguts als rechtlich geschütztes Interesse hergestellte Verbidnung zwischen Recht und Politik[614] ist das Strafgesetz mannigfaltigen politisch motivierten Inhalten zugänglich gemacht worden, so daß das Strafrecht zu einem von Relativität und Unvorhersehbarkeit gekennzeichneten Konglomerat von Strafrechtssätzen geworden ist. LISZTs Rechtsgüterschutzgedanke vermag den Gesetzgeber an keine inhaltlichen Vorgaben zu binden. Auch in dogmatischer Hinsicht ist somit die Reduktion der mit Inhaltsqualität ausgestatteten Gesetzesgebundenheit im Strafrecht zu einer reinen Formschranke vollzogen. Es geht nicht mehr um den Schutz der aufgrund der

---

607 Im Ergebnis ähnlich *Frommel*, Präventionsmodelle, S. 121 f..

608 So auch *Amelung*, Rechtgüterschutz, S. 90; *Jäger*, Strafgesetzgebung und Rechtsgüterschutz, S. 11; *Naucke*, Zur Lehre vom strafbaren Betrug, S. 40.

609 *Liszt*, Lehrbuch, 3. Aufl., S. 20 f.; dazu auch *Naucke*, Zur Lehre vom strafbaren Betrug, S. 39 f..

610 So die zutreffende Feststellung von *E. Wolf*, Die Wertung der Rechtsgüter, in: Die Justiz 3 (1927/28), S. 110 Anm. 1.

611 *Liszt*, Lehrbuch, 2. Aufl., S. 97; *Liszt* gebraucht hier ein Wortzitat aus *Jhering*s Zweck im Recht I, S. 481. Nach *Jhering* sollte allein der gesellschaftliche Nutzen für den Inhalt des Rechts ausschlaggebend sein.

612 *Hippel*, Deutsches Strafrecht I, S. 12: "Das Wort Rechtsgut besagt lediglich, *daß* ein von der Rechtsordnung geschütztes menschliches Lebensinteresse vorliegt. *Wann* die Rechtsordnung solchen Schutz gewährt und damit ein Lebensgut zum Rechtsgut erhebt, darüber sagt jenes Wort nichts. Dies entscheidet das geltende Recht bzw. für die Zukunft der Gesetzgeber, beide unter Abwägung der in Betracht kommenden öffentliche und privaten Interessen." Dazu auch *Frommel*, Präventionsmodelle, S. 116.

613 So auch *Amelung*, Rechtsgutsverletzung und Sozialschädlichkeit, in: Jung/Müller-Dietz/Neumann (Hrsg.), Recht und Moral, S. 269, 274 ff..

614 Zur Entwicklung dieser Verbindung bei *Liszt* vgl. *Georgakis*, Geistesgeschichtliche Studien, S. 62 ff..

politischen Verhältnisse für schützenswert erachteten Interessen. Damit dient das Strafrecht nicht mehr als Grenzziehungsinstrument zugunsten der Freiheitssphären des Bürgers, sondern die Strafgesetzlichkeit verbürgt lediglich den Schutz des gesetzestreuen, d.h. den politischen Verhältnissen angepaßten Bürgers.[615] Es läßt sich sagen, um ein Zitat A. MERKELs zu gebrauchen, daß "der Geist des Strafrechts (..) identisch (ist; die Verf.) mit dem Geiste, in welchem die Gesellschaft oder diejenigen, welche jeweils über ihre Machtmittel verfügen, den endlosen Kampf mit dem ihren Interessen, Überzeugungen oder Einrichtungen sich nicht anpassenden Individuum führen".[616] Entsprechend macht sich das Strafrecht des "Marburger Programms" die Bekämpfung bestimmter Tätertypen, die sich der gesellschaftlichen Ordnung nicht anpassen wollen, zur Aufgabe. Die Rechtsordnung als solche, gegen die sich der Straftäter wendet, ist das höchste Rechtsgut, ihre Bewährung gegenüber dem Straftäter die Aufgabe des Strafrechts.[617] Wenn aber die vom Staat gesetzte Rechtsordnung in den Rang des höchsten Rechtsguts erhoben, der Staat also gleichberechtigt neben dem Individuum als Interessent begriffen wird[618], ergibt sich als Konsequenz: nicht wer die Freiheit seiner Mitbürger antastet und damit die friedliche Koexistenz gefährdet, sondern wer sich den politischen Vorgaben des Gesetzgebers widersetzt, soll die Macht des Staates zu spüren bekommen. Das Strafrecht hat sich zu einem politisch beliebig einsetzbaren Instrument gewandelt, bei dem es nicht mehr ausschließlich darauf ankommt, "die Freiheit des einzelnen Staatsbürgers gegenüber der Übermacht des Staates zu schützen", sondern in "bewußte(r) Zwecksetzung von seiten des Staates" die Einzelnen den "in raschem Flusse sich ändernden gesellschaftlichen Verhältnisse(n) anzupassen".[619] Kriminalpolitische Restriktion kann von einem solchen staatspositivistischen Standpunkt aus, wie er in der Setzung der Rechtsordnung als oberstes Rechtsgut zum Ausdruck kommt, nicht gelingen. Darüber vermag auch der vermeintliche Versuch LISZTs, über den Rückgriff auf die menschlichen Lebensinteressen den Rechtsgutsbegriff vor-positiv zu begründen, nicht hinwegzutäuschen: Rechtsgut ist zuletzt nur das, was die Rechtsordnung in sich aufnimmt; diese ist jedoch bekanntlich vielerlei Inhalten zugänglich.

---

615 Insofern ist es nicht ganz zutreffend, wenn *Naucke*, Gesetzlichkeit und Kriminalpolitik, in: JuS 1989, S. 862, 864, und *Müller*, Begriff der Generalprävention, S. 346, davon ausgehen, daß bei *Liszt* das Strafgesetz nicht mehr die magna charta des Bürgers, sondern nur noch die magna charta des Verbrechers sei. Das Strafgesetz ist noch die magna charta des Bürgers, aber nur noch die des gesetzestreuen, d.i. angepaßten Bürgers. Daß die Strafgesetzlichkeit gerade unter dem Aspekt der magna charta des Verbrechers bei *Liszt* empfindliche Einbußen erleidet, wird im folgenden noch zu zeigen sein.

616 *A. Merkel*, ÜBer den Zusammenhang, in: ders., Strafrecht und Kulturentwicklung, S. 21, 25.

617 *Liszt*, Die psychologischen Grundlagen der Kriminalpolitik, in: AuV II, S. 170, 191; dazu auch *Baurmann*, Kriminalpolitik ohne Maß, in: Liszt der Vernunft, Kriminalsoziologische Bibliographie 1984, Heft 42, S. 54, 63 f..

618 Dazu auch *Amelung*, Rechtsgüterschutz, S. 88.

619 *Liszt*, in: Mitt. d. I.K.V., Bd. 19, S. 378.

3. Der Bruch mit dem Gesetzlichkeitsprinzip auf der Rechtsfolgenseite - das unbestimmte Strafurteil

Eine der zentralen kriminalpolitischen Forderungen LISZTs war die Ersetzung der richterlichen Strafzumessung durch das unbestimmte Strafurteil. Auffallend ist, daß in der überwiegenden LISZT-Literatur das Postulat des unbestimmten Strafurteils beinahe[620] vollständig ausgeblendet wird.[621] Es ist anzunehmen, daß dies sehr bewußt so gehandhabt wird[622], da die Forderung nach dem unbestimmten Strafurteil kaum in das herrschende LISZT-Bild vom liberal-rechtsstaatlich denkenden Strafrechtler paßt.

Bevor auf das unbestimmte Strafurteil eingegangen wird, sollen zunächst die grundsätzlichen Erwägungen LISZTs zur kriminalpolitischen Ausgestaltung der Strafzumessung herangezogen werden. Hinsichtlich der kritischen Würdigung derselben wird verstärkt auf zeitgenössische Kritik seitens der klassischen Strafrechtsschule aus der Auseinandersetzung im Schulenstreit um die Jahrhundertwende zurückgegriffen werden. Die Wiedergabe dieses hinlänglich bekannten Streits ist erforderlich, da die Argumente, die gegen die Reformbestrebungen LISZTs seinerzeit vorgebracht wurden, zwar gleichzeitig Argumente zur Fundierung des Festhaltens am herkömmlichen Vergeltungsstrafrecht waren, jedoch darüberhinaus auch unter den Aspekten eines rechtsstaatlich-liberalen Strafrechts Gültigkeit beanspruchen. Wenn in der heutigen LISZT-Literatur die zeitgenössischen Einwände gegen LISZTs Konzeption nicht mehr berücksichtigt werden, so beruht dies auf der unzutreffenden Reduktion der zeitgenössischen LISZT-Kritik auf den Vergeltungsgedanken.

a. Kriminalpolitik als individualisierende Verbrechensbekämpfung - Täterorientierung statt Gleichbehandlung

LISZTs Vorstellungen über Bemessung und Ausgestaltung der Strafe beruhen auf seinem Begriff der Kriminalpolitik. Die Kriminalpolitik befasse sich mit der Erforschung der Ursachen des Verbrechens und der Wirkungen der Strafe. Ziel der Kriminalpolitik sei die Abhaltung des einzelnen Straftäters von der Bege-

---

620 Eine Ausnahme machen hier *Baurmann*, Kriminalpolitik ohne Maß, in: Liszt der Vernunft, Kriminalsoziologische Bibliographie 1984, Heft 42, S. 54, 60 ff., und *Eb. Schmidt*, Anselm v. Feuerbach und Franz v. Liszt, in: Mschr. f. Kriminalbiologie und Strafrechtsreform 1942, S. 205, 216; auch *Georgakis*, Geistesgeschichtliche Studien, S. 36, erwähnt das unbestimmte Strafurteil, leider aber unkritisch.

621 Keine Erwähnung findet das unbestimmte Strafurteil bei *Arth. Kaufmann*, Franz von Liszt, in: Staatslexikon, Bd. 5, 7. Aufl., Sp. 927 f.; *Frommel*, Franz von Liszt, in: Neue deutsche Biographie, Bd. 14, S. 704 f.; *Ostendorf*, Von der Rache zur Zweckstrafe, S. 13 ff.; *ders.*, Franz v. Liszt als Kriminalpolitiker, in: Liszt der Vernunft, Kriminalsoziologische Bibliographie 1984, Heft 42, S. 1, 10 ff., insbes. S. 15 f., wo ausdrücklich das Strafmaß thematisiert wird.

622 *Jelowik*, Zur Geschichte der Strafrechtsreform in der Weimarer Republik, S. 3, vermutet, daß *Liszts* Reformvorschläge der Beteiligung der kurzzeitigen Freiheitsstrafe und der Einführung der bedingten Verurteilung "bis auf den heutigen Tat demagogisch in den Vordergrund gespielt" worden seien.

hung von Straftaten. Um dieses Ziel zu erreichen, müsse sich die Strafe als Zweckstrafe nach Art und Maß nach der Persönlichkeit des Straftäters richten.[623] Kriminalpolitik sei die "*Bekämpfung des Verbrechens durch individualisierende Einwirkung auf den Verbrecher*".[624]

Von der kriminalpolitischen Forderung der individualisierenden Verbrechensbekämpfung ausgehend, postuliert LISZT die Abkehr vom Tatstrafrecht als "obersten Grundgedanken, von dem die gesamte Reform unserer Strafgesetzgebung auszugehen hat":

> *"Es ist bei der Bestimmung der Strafe nach Art und Maß, in Gesetz und Urteil, mehr Gewicht zu legen auf die innere Gesinnung des Täters als auf den äußeren Erfolg der Tat."*[625]

Für das Strafrecht müsse die Stellung des Straftäters zur Rechtsordnung, die in seiner Gesinnung zum Ausdruck komme, ausschlaggebend sein. Unter verbrecherischer Gesinnung versteht LISZT dabei die *rechtswidrige*, bzw. gleichbedeutend: die *antisoziale*, d.h. auf Verletzung der Lebensgüter der Gemeinschaft gerichtete Gesinnung des Straftäters.[626] Richtschnur für das Strafmaß ist nicht die Gefährlichkeit der kriminellen Handlung oder der Wert des angegriffenen Rechtsguts, sondern der sich nach seiner Gesinnung nicht der gesellschaftlichen Ordnung anpassende Täter. LISZT geht vom Zusammenhang zwischen Strafrecht und Strafprozeßrecht sowie kulturellen und politischen Verhältnissen aus[627] und will seine Lehren in den Dienst der politischen Ordnung gestellt wissen[628]. Damit betrachtet er die Kriminalpolitik als die Bekämpfung des sich der politischen Ordnung Widersetzenden durch soziale Anpassung. Mit der Ausrichtung des Strafmaßes an der antisozialen Gesinnung des Straftäters deutet LISZT das Proportionalitätsprinzip dahingehend um, daß nicht mehr zwischen Straftat und Strafe, sondern zwischen antisozialer Gesinnung und Strafe Gleichmaß bestehen soll.[629]

---

623 Vgl. *Liszt*, Lehrbuch, 9. Aufl., S. 68; *Liszt* nimmt hier eine Abgrenzung zur Sozialpolitik vor: der Sozialpolitik komme die Aufgabe der Beseitigung bzw. der Beschränkung der gesellschaftlichen Bedingungen des Verbrechens zu, befasse sich also nicht mit dem einzelnen Täter.

624 *Liszt*, Lehrbuch, 14./15. Aufl., S. 73; 20. Aufl., S. 78.

625 *Liszt*, Revision des Strafgesetzbuchs, in: AuV II, S. 356, 376 f.; ebenso *ders.*, Die deterministischen Gegner der Zweckstrafe, in: AuV II, S. 25, 56 f.; *ders.*, Über den Einfluß der soziologischen und anthropologischen Forschungen, in: AuV II, S. 75, 88; *ders.*, Die psychologischen Grundlagen der Kriminalpolitik, in: AuV II, S. 170; *ders.*, Revision des Strafgesetzbuchs, in: AuV II, S. 356, 383, 389 f..

626 *Liszt*, Revision des Strafgesetzbuchs, in: AuV II, S. 356, 376 f..

627 *Liszt*, Das Prinzip der Strafverfolgung, in: AuV I, S. 8 f..

628 Zutreffend *Lekschas/Ewald*, Die Widersprüchlichkeit des Liszt'schen Konzepts, in: Liszt der Vernunft, Kriminalsoziologischen Bibliographie 1984, Heft 42, S. 80, 85.

629 *Liszt*, Revision des Strafgesetzbuchs, in: AuV II, S. 356, 381; vgl. dazu auch *Jelowik*, Zur Geschichte der Strafrechtsreform in der Weimarer Republik, S. 2.

Folgerichtig tritt LISZT ferner für die Individualisierung des Strafvollzugs ein: es sei notwendig, die Strafe danach zu beurteilen, was mit ihr dem einzelnen Verbrecher gegenüber bezweckt werden soll.[630]

> "Es soll eine Einrichtung des Strafvollzugs getroffen werden, so wie sie *diesem Gefangenen* gegenüber notwendig ist, damit er durch die Wirkung des Strafvollzuges in der Weise beeinflußt wird, wie wir es wünschen."[631]

Dabei denkt LISZT nicht daran, für jeden einzelnen Gefängnisinsassen ein gesondertes Reglement in der Strafvollzugsanstalt einzurichten. Vielmehr müsse eine "*Gruppierung der Gefangenen*" entsprechend der Dreiteilung der Verbrechertypen in Nicht-Besserungsbedürftige, besserungsbedürftige und besserungsfähige Straftäter sowie Unverbesserliche[632] vorgenommen und der Strafvollzug den jeweiligen Gruppen gegenüber zweckentsprechend gestaltet werden.[633] Während gegenüber den Unverbesserlichen schlichte Verwahrung genüge und bei den Nicht-Besserungsbedürftigen, d.h. den erstmalig straffällig Gewordenen die Aussetzung der Strafvollstreckung eingreife, also keine besondere Gestaltung des Strafvollzugs erforderlich werde, müsse, so LISZT, der Strafvollzug gegenüber den Besserungsbedürftigen und Besserungsfähigen, zu denen LISZT vornehmlich die Jugendlichen zählt[634], eine besondere Ausgestaltung erfahren:

> "Diesen Elementen gegenüber muß der Strafvollzug ganz anders sich gestalten (...). Einerseits muß die Dauer der Freiheitsentziehung eine gewisse Ausdehnung erreichen, andererseits müssen wird darauf dringen, daß sie *allmählich* der Freiheit wieder gegeben werden. Wir müssen den Strafvollzug *progressiv* gestalten. Der Strafvollzug muß einsetzen mit einer etwa sechs bis neun Monate umfassenden Einzelhaft, in der der Gefangene mürbe werden soll, dann muß gemeinschaftliche Tagesarbeit mit anderen Verbrechern eintreten, dann die bedingte Entlassung sich anschließen, bei der er unter dem Vorbehalt der guten Führung in die Freiheit hinausgeschickt wird."[635]

Erziehung und Formung der Täterpersönlichkeit im Wege eines progressiven Strafvollzugs - darin sieht LISZT die Hauptaufgabe des Strafvollzugs.

Aber nicht nur im Bereich des Strafvollzugs müsse die Täterorientierung Wirkung zeigen, sondern auch in der Strafgesetzgebung. Im Rahmen der Textexegese ist bereits[636] sichtbar geworden, daß LISZT die wichtigste Aufgabe des Strafgesetzgebers bei der Bestimmung von Strafart und Strafmaß nicht in der präzisen Unterscheidung der einzelnen Verbrechenstatbestände nach objektiven Kriterien, sondern in der Differenzierung nach der Persönlichkeit der Straftäter,

---

630 *Liszt*, Die Gefängnisarbeit, S. 15, 19.
631 *Liszt*, ebenda.
632 Dazu oben S. 112 ff..
633 *Liszt*, Die Gefängnisarbeit, S. 15 f.; vgl. auch *ders.*, Die Zukunft des Strafrecht, in: AuV II, S. 1, 21.
634 *Liszt*, Revision des Strafgesetzbuchs, in: AuV II, S. 356, 397.
635 *Liszt*, Die Gefängnisarbeit, S. 18.
636 Siehe oben S. 82 f..

respektive der unterschiedlichen Intensität der antisozialen Gesinnung sah.[637] Insgesamt ergebe sich aus der Differenzierung der Deliktstatbestände nach der Persönlichkeit des Täters eine Vereinfachung des Besonderen Teils des Strafgesetzbuchs[638] und eine Erweiterung des Allgemeinen Teils[639]. Die Täterorientierung in der Strafgesetzgebung wirke sich vor allem auf die Bereiche der Täterschaft und Teilnahme, der Versuchsstrafe sowie der Fahrlässigkeitsdelikte aus.[640] So könne die schwierige Abgrenzung zwischen Täterschaft und Teilnahme dahinstehen, Versuchs- und Vollendungsstrafe könnten gleichgestellt werden.[641] Desweiteren bewirke die Täterorientierung eine weitgehende Entkriminalisierung der Fahrlässigkeitsdelikte, da hier eine wirklich verbrecherische Gesinnung fehle.[642] Im Besonderen Teil könnten die meisten Qualifikationen durch erweiterte Strafrahmen ersetzt werden[643], da nur so die Täterpersönlichkeit in hinreichendem Maße bei der Strafzumessung berücksichtigt werden könne.

Hervorzuheben ist zunächst, daß LISZTs Forderung nach einer Täterorientierung im Strafrecht nicht aus der Notwendigkeit einer ethischen oder moralischen Rechtfertigung der Strafbemessung gestellt wird, sondern aus reinen Nützlichkeitserwägungen: LISZT setzt sich für eine Ableitung des Strafmaßes aus der Wirksamkeit der Strafe, also aus der spezialpräventiven Tauglichkeit ein.[644] Die Aussage, daß nur die notwendige Strafe gerecht sei[645], ist dahingehend zu präzisieren, daß das Strafmaß seine Rechtfertigung allein in der empirischen Nützlichkeit findet.

Die Vorstellung von einem reinen Gesinnungsstrafrecht hatte LISZT zwar nicht, da er an der Begehung einer strafbaren Handlung, in der die antisoziale Gesinnung sichtbar werde, als Voraussetzung für strafrechtliches Eingreifen festhielt.[646] Dennoch vermag dieses Festhalten an der objektiv sichtbaren Betätigung der verbrecherischen Gesinnung als Voraussetzung staatlicher Sanktion nicht eine dem reinen Tatstrafrecht entsprechende Schutzfunktion zugunsten der bürgerlichen Freiheit zu gewährleisten. Gegenstand des Strafverfahrens ist nicht mehr die Tat, sondern diese wird nur zum Anlaß für die Überprüfung der Tätergesinnung genommen. Die für das Tatstrafrecht kennzeichnende Ausrich-

---

637 *Liszt*, Revision des Strafgesetzbuchs, in: AuV II, S. 356, 391.

638 *Liszt*, Kriminalpolitische Aufgaben, in: AuV I, S. 290, 393 f.; *ders*., Über den Einfluß der soziologischen und anthropologischen Grundbegriffe, in: AuV II, S. 75, 87 f..

639 *Liszt*, Revision des Strafgesetzbuchs, in: AuV II, S. 356, 391.

640 Vgl. zu diesen Konsequenzen die Bedenken *Birkmeyers*, Studien zu dem Hauptgrundsatz der modernen Richtung, in: Birkmeyer/Nagler (Hrsg.), Kritische Beiträge, Bd. 2, Heft 7, S. 23 ff., 37 ff.. Zu den dogmatischen Einzelheiten vgl. unten S. 161 ff..

641 *Liszt*, Revision des Strafgesetzbuchs, in: AuV II, S. 356, 392.

642 *Liszt*, ebenda, S. 391 f..

643 *Liszt*, Über den Einfluß der soziologischen und anthropologischen Forschungen, in: AuV II, S. 75, 87 f..

644 Zutreffend *Baurmann*, Kriminalpolitik ohne Maß, in: Liszt der Vernunft, Kriminalsoziologische Bibliographie 1984, S. 54, 59, 61.

645 *Liszt*, Zweckgedanke, in: AuV I, S. 126, 161; dazu bereits oben S. 90 ff...

646 *Liszt*, Die Zukunft des Strafrechts, in: AuV II, S. 1, 16.

tung des Strafmaßes an dem Wert des angegriffenen Rechtsguts bzw. der objektiven Gefährlichkeit des Täters war eine Maßbestimmung zugunsten des bürgerlichen Freiheitsinteresses, ein Kompromiß zwischen den Interessen des Einzelnen und der Gesamtheit.[647] Wird indes die Frage der größtmöglichen Effektivität im Hinblick auf die soziale Anpassung der Persönlichkeit des Straftäters als alleiniges Entscheidungskriterium für die Strafbemessung herangezogen[648], neigt sich die Wagschale eindeutig zugunsten der Gesamtinteressen. Die Einzelpersönlichkeit wird unter dem Dogma der bevormundenden Tätererfassung ernsthaften Gefahren von seiten der Gesamtinteressen ausgesetzt.[649]

Aber es ist nicht nur die Überordnung der Interessen der Gesamtheit, die am liberalen Gehalt eines täterorientierten Strafrechts zweifeln läßt. Bei einem Tatstrafrecht, in dem die staatliche Sanktion in Art und Maß an der strafbaren Handlung ausgerichtet bleibt, ist es den einzelnen Gliedern der Rechtsgemeinschaft möglich, über das Ob und Wie des staatlichen Eingreifens mitzuentscheiden. Die Entscheidung darüber, welche Handlungen man vornimmt und welche nicht, ist in der Regel möglich, wohingegen über das Werden der Persönlichkeit weniger Dispositionsmöglichkeiten gegeben sind. Nur ein Tatstrafrecht beläßt dem Einzelnen die Möglichkeit zur autonomen Lebensplanung.[650] Zwar hat auch in einem Tatstrafrecht der Einzelne nicht die unbegrenzte Freiheit so zu *handeln* wie er will, aber er hat zumindest die Freiheit, so zu *sein*, wie er will. Das täterorientierte Strafrecht verlangt eine bedingungslose Anpassung des einzelnen Rechtsadressaten an die vorgegebene Ordnung. Einem Tatstrafrecht kommt es hingegen nicht auf bevormundende Persönlichkeitserfassung und damit auf soziale Anpassung des Täters an, sondern es respektiert individuelle Freiheitsräume und beachtet das Interesse an einer selbstbestimmten Lebensgestaltung. Das ist es, was zu der Bezeichnung des Tatstrafrechts als liberal, d.h. freiheitlich im eigentlichen Wortsinne berechtigt und die Forderung nach einer Proportionalität zwischen Tat und Strafe über den Vergeltungsgedanken hinaus rechtfertigt. Einem freiheitlichen Strafrecht war überdies auch daran gelegen, die Trennung von Recht und Moral strikt einzuhalten. Diese Trennung wird aufgehoben, indem die Tätergesinnung für die Strafzumessung als maßgebliches Kriterium herangezogen wird.

Liberalen Bedenken begegnet auch die Forderung LISZTs nach einer Vereinfachung des Besonderen Teils des Strafgesetzbuchs und nach einer Erweiterung des Allgemeinen Teils. Ausdifferenzierte Tatbestände und eine exakt ausgearbeitete Strafrechtsdogmatik sind als Schranken für eine nur nach ökonomischen Prinzipien verfahrende Strafrechtspflege und damit eine Freiheitsschutzgarantie gedacht. Die Forderung nach einer Vereinfachung der Strafgesetze bedeutet

---

647 Vgl. *A. Merkel*, Vergeltungsidee und Zweckgedanke, S. 15, 41.

648 Dazu auch *Baurmann*, Kriminapolitik ohne Maß, in: Liszt der Vernunft, Kriminalsoziologischer Bibliographie 1984, Heft 42, S. 54, 59.

649 Vgl. dazu auch die zeitgenössichen Bedenken von *Nagler*, Verbrechensprophylaxe und Strafrecht, in: Birkmeyer/Nagler (Hrsg.), Kritische Beiträge, Bd. 4, Heft 14, S. 102 ff..

650 Vgl. hierzu und zum folgenden *Baurmann*, Kriminalpolitik ohne Maß, in: Liszt der Vernunft, Kriminalsoziologische Bibliographie 1984, Heft 42, S. 54, 60.

demnach das Verlangen nach Beseitigung dieser Schranken zugunsten einer dem weiteren Ermessensspielraum des Richters anheimgestellten und damit flexibleren Handhabung strafrechtlicher Instrumente. Die Willkürschutzfunktion des Strafrechts wird dabei zurückgedrängt. Das Plädoyer LISZTs für die Befreiung des Strafrechts von "gar manche(m) formalistische(n) Ballast, gar manche(r) feine(n) juristische(n) Unterscheidung"[651] ist folgerichtig Teil seiner Befürwortung einer Einschränkung individueller Rechte gegenüber einer die Interessen der Allgemeinheit verfolgenden effektiveren Strafrechtspflege.[652]

In diesem Zusammenhang sind auch LISZTs Ausführungen zur Ausnahme der allgemeinen Lehren vom Analogieverbot zu lesen. Bei der Textexegese wurde erwähnt, daß LISZT davon ausging, daß der Gesetzgeber viele wichtige Fragen des Allgemeinen Teils nicht ausdrücklich regle und der Klärung durch Rechtsprechung und Literatur überlasse. Daraus folgert er später, daß das Analogieverbot sich nicht auf die allgemeinen Lehren erstrecke.[653] Mit dem Eintreten für eine Erweiterung des Allgemeinen Teils wird auch eine Erweiterung der allgemeinen Lehren befürwortet und damit schließlich eine Erweiterung der Analogie. Auch die Regelungen des Allgemeinen Teils und mit ihnen die allgemeinen Lehren können jedoch strafbarkeitsbegründende Wirkung haben, so daß die Forderung nach einer Erweiterung des Allgemeinen Teils von einer strafbarkeitsausweitenden Tendenz gekennzeichnet ist. Darüberhinaus besteht die Gefahr richterlicher Willkür, vor der das Analogieverbot schützen soll, auch bei der Anwendung der Regelungen des Allgemeinen Teils und der zu dessen Präzisierung entwickelten allgemeinen Lehren. Folglich führt die Zulassung der Analogie in diesem Bereich zu einem Verlust an Rechtssicherheit und Rechtsbestimmtheit.

Indem die Prävention zum überragenden Strafparadigma erhoben wird, gerät aber nicht nur der Freiheitsschutzgedanke ins Wanken, sondern auch die traditionellen Prinzipien der Gleichmäßigkeit und Gleichbehandlung. Eine Ungleichbehandlung entsteht zunächst unter dem Aspekt der verschiedenen Straftätergruppen, nach denen LISZT differenziert: durch die Ersetzung der kurzzeitigen Freiheitsstrafe durch die bedingte Verurteilung[654] wird den Gelegenheitstätern eine extrem milde Strafbehandlung zuteil, wohingegen der Mehrfachtäter durch die Einsperrung auf unbestimmte Zeit[655] einer extrem harten Strafbehandlung unterworfen wird.[656] Ein liberal-rechtsstaatliches Strafrecht verlangt hingegen, daß der Richter für gleiche Taten auch nach Art und Maß gleiche Rechtsfolgen eintreten läßt. Denn die "Freiheit ist nur dann geschützt,

---

651 *Liszt*, Über den Einfluß der soziologischen und anthropologischen Grundbegriffe, in: AuV II, S. 75, 87.

652 So auch *Baurmann*, Kriminalpolitik ohne Maß, in: Liszt der Vernunft, Kriminalsoziologische Bibiliographie 1984, Heft 42, S. 54, 66.

653 Siehe oben S. 75.

654 Dazu oben S. 116 f..

655 Dazu mehr unten S. 177 ff..

656 Zu dieser Ungleichbehandlung vgl. bereits *R. Schmidt*, Strafrechtsreform, in: Birkmeyer/Nagler (Hrsg.), Kritische Beiträge, Bd. 4, Heft 15, S. 147.

wenn der Bürger, der sich gegen das Gesetz vergangen hat, nicht mehr als den gleichen Tribut zollt, wie jeder andere in seiner Lage"[657]. Der Grundsatz der Proportionalität zwischen Straftat und Strafe, den LISZT aufs eifrigste zu bekämpfen bedacht war, sollte eine Gleichbehandlung aller Straftäter bezwecken und damit Rechtsgleichheit, aber auch Rechtssicherheit eintreten lassen.[658] Dagegen vermag eine an der kriminellen Gesinnung ausgerichtete Strafzumessung eine rechtliche Gleichbehandlung gerade nicht zu garantieren, da die Einordnung der Gesinnung als solche von der subjektiven Wertschätzung des Richters abhängig ist. Hiergegen läßt sich zwar einwenden, daß auch das Kriterium der sozialen Angepaßtheit für alle Bürger in gleicher Weise gelte. Diese Gleichheit meint jedoch nicht die bürgerliche Rechtsgleichheit, wie sie FEUERBACH mit seinem Tatproportionalitätsprinzip formuliert hat.[659] Bei bürgerlicher Rechtsgleichheit werden die Individuen jeweils nur nach ihrem äußerlich wahrnehmbaren Verhalten beurteilt, welche Gesinnung diesem zugrundeliegt ist irrelevant. Im Täterstrafrecht hingegen steht die Gesinnung im Vordergrund, die allenfalls zu einer Gleichbehandlung der Angepaßten einerseits und der Nicht-Angepaßten andererseits, nicht jedoch zu einer Gleichbehandlung aller Bürger führt. Es geht nicht um Gleichbehandlung, sondern um Selektion, wie LISZT selbst sie für die Strafe formuliert hat.[660]

Es läßt sich somit feststellen, daß das Konzept eines täterorientierten Besserungs- und Sicherungsstrafrechts zum Grundsatz der bürgerlichen Freiheit kontradiktorisch ist: in einem Strafrecht des Gesellschaftsschutzes ist der Einzelne nicht ein außerhalb des Machtbereichs der Gesamtheit stehendes Individuum, sondern ein Bestandteil des sozialen Organismus, der sich als solcher ohne selbständige Bedeutung dem Gemeinwohl unterordnen muß. Es war die Errungenschaft des liberalen Strafrechts des 19. Jahrhunderts, den Einzelnen aus der Gesamtheit herausgelöst und ihn mit der Errichtung gesetzlicher Schranken gegen willkürliche Übergriffe der Gesamtheit schützt zu haben. Diese liberal-rechtsstaatlichen Fortschritte werden in einem Sicherungsstrafrecht preisgegeben. Zwar ist in jedem sozialen System letztlich eine Unterordnung der Einzelinteressen unter die Interessen der Gesamtheit erforderlich, aber die Vorstellung von einem Sicherungsstrafrecht impliziert die Omnipotenz der Gesamtheit, die die Autonomie des Individuums leugnet.

---

657 *R. Schmidt*, Die Aufgaben der Strafrechtspflege, S. 137; im selben Sinne *Schoetensack*, Unbestimmtes Strafurteil, in: Birkmeyer/Nagler (Hrsg.), Kritische Beiträge, Bd. 2, Heft 6, S. 54.

658 Vgl. dazu auch die Ausführungen von *R. Schmidt*, Die Aufgaben der Strafrechtspflege, S. 137, 150.

659 Hierzu und zum folgenden vgl. auch *Lekschas/Ewald*, Die Widersprüchlichkeit des Liszt'schen Konzepts, in: Liszt der Vernunft, Kriminalsoziologische Bibliographie 1984, Heft 42, S. 80, 92.

660 *Liszt*, Zweckgedanke, in: AuV I, S. 126, 164; *ders.*, Entwicklungstheorie, in: Mitt. d. I.K.V., Bd. 16, S. 497, 498 f.. Dazu oben S. 115.

b. Das unbestimmte Strafurteil - effektivere Verbrechensbekämpfung auf Kosten von Rechtssicherheit und Schuldprinzip

Folgerichtig knüpft LISZT an das Prinzip der Täterorientierung die Forderung, daß - da nicht die Tat, sondern der Täter bestraft werde - das Strafmaß an der Gesinnung des Täters ausgerichtet werden müsse. Es stehe jedoch fest, so LISZT, "daß der Strafrichter in den wenigen Minuten oder selbst Stunden, während welcher der Verbrecher vor ihm steht, zu einem abschließenden Urteil über dessen wahre Gesinnung, die doch den Maßstab für die Bestrafung abgeben soll, nicht zu gelangen vermag".[661] Die wahre Gesinnung des Verbrechers zu erkennen, sei vielmehr erst während der Dauer des Strafvollzugs möglich. Die richterliche Strafzumessung werde weder der Forderung nach Gerechtigkeit noch der Forderung nach Zweckmäßigkeit gerecht.[662] Deshalb sei die zumindest teilweise Beseitigung der richterlichen Strafzumessung eine der drängendsten Aufgaben der gegenwärtigen Kriminalpolitik, deren Lösung eine "siegreiche Bekämpfung des Verbrechens fördern und verbürgen" würde.[663]

An die Stelle der richterlichen Strafzumessung könne entweder die Möglichkeit der nachträglichen Verkürzung oder Verlängerung der im Urteil ausgesprochenen Strafdauer[664] oder, was LISZT für vorteilhafter hält, die Verurteilung zu relativ bestimmter Zeit treten. Letztere bedeute den weitgehenden Verzicht auf die richterliche Strafzumessung, indem der Richter ein Urteil mit einer nur durch Mindest- und Höchstmaß bestimmten Strafe ausspreche.[665] Die endgültige Strafdauer solle nicht durch den verurteilenden Richter, sondern durch eine der Verurteilung nachfolgende, von eigens zu diesem Zweck berufenen Aufsichtsräten oder Strafvollzugsämtern selbständig getroffene Entscheidung festgesetzt werden.[666] Für die tatsächliche Strafdauer solle Erfolg oder Mißerfolg des jeweiligen Strafvollzugs ausschlaggebend sein, d.h. die Erreichung oder Nicht-Erreichung des Vollzugsziels der Besserung bzw. Anpassung über die Entlassung des Straftäters.[667]

---

661 *Liszt*, Über den Einfluß der soziologischen und anthropologischen Forschungen, in: AuV II, S. 75, 91; ähnlich *ders.*, Kriminalpolitische Aufgaben, in: AuV I, S. 290, 333; *ders.*, Die Reform der Freiheitsstrafe, in: AuV I, S. 511, 532.

662 *Liszt*, Kriminalpolitische Aufgaben, in: AuV I, S. 290, 340.

663 *Liszt*, ebenda, S. 333. Als Folgerung aus dem Postulat der Anpassung der Strafe an die Individualität des Straftäters zieht auch später im Jahre 1923 *Aschaffenburg*, Das Verbrechen und seine Bekämpfung, S. 329 f., den Schluß, daß das Strafmaß abgeschafft und durch das unbestimmte Strafurteil ersetzt werden müsse.

664 *Liszt*, ebenda, S. 336.

665 *Liszt*, ebenda, S. 338 f.; vgl. auch *ders.*, Die Reform der Freiheitsstrafe, in: AuV I, S. 511, 532.

666 *Liszt*, Kriminalpolitische Aufgaben, in: AuV I, S. 290, 334.

667 *Liszt*, Über den Einfluß der soziologischen und anthropologischen Forschungen, in: AuV II, S. 75, 91 f.; *ders.*, Die deterministischen Gegner der Zweckstrafe, in: AuV II, S. 25, 70; *ders.*, Die "Sichernden Maßnahmen", in: Arch. f. Rechts- und Wirtschaftsphilosophie 3 (1909/1910), S. 610, 620.

Als Kriterium für die Erreichung oder Nicht-Erreichung des im Einzelfall verfolgten Strafzwecks sei "die Stellung (..), welche der verbrecherische Wille der Rechtsordnung gegenüber einnimmt", heranzuziehen: "je mehr die Auflehnung des Einzelwillens gegen die Rechtsordnung eine grundsätzliche, dem innersten Wesen des Verbrechers entspringende, bleibende ist", solange also "der gegen die Rechtsordnung sich auflehnende Wille nicht gebrochen ist", desto eher bestehe Veranlassung, die Strafdauer zu verlängern.[668] Der Strafvollzug solle erst dann ein Ende finden, wenn festgestellt werden könne, daß keine Gefahr für die Gemeinschaft mehr bestehe.[669]

Die Forderung nach Ersetzung der richterlichen Strafzumessung durch die unbestimmte Verurteilung präzisiert das Nützlichkeitspostulat der täterorientierten Strafzumessung dahingehend, daß nach dem ökonomischen Maßprinzip LISZTs diejenige Strafe gerecht ist, die notwendig ist, um den kriminellen Willen des Straftäters zu brechen. Wenn LISZT sich von der Einführung des unbestimmten Strafurteils eine "siegreiche Bekämpfung des Verbrechens"[670] verspricht, so wird daran deutlich, daß es ihm weniger um eine gerechte, den individuellen Interessen des Täters angepaßte Bemessung der Strafe geht, als vielmehr um ein Mittel zur Verwirklichung seines Verbrechensbekämpfungskonzepts. Die unbestimmte Verurteilung stellt für ihn in erster Linie ein Instrument zur flexiblen Handhabung strafrechtlicher Einwirkungsmöglichkeiten dar, die gerade für das Konzept der Schutzstrafe empirisch nützlich ist. Mit der Einführung des unbestimmten Strafurteils wird zwar einerseits die Möglichkeit zur Verkürzung der Freiheitsentziehung, andererseits aber gerade auch die Möglichkeit geschaffen, die Freiheitsentziehung zu forcieren und auszuweiten. Letzteres hat LISZT wohl eher im Sinn gehabt, wenn man berücksichtigt, daß er für den progressiven Strafvollzug eine gewisse Ausdehnung der Strafdauer verlangt.[671]

Die Entlassung des Straftäters erfordert ferner die willenlose Unterwerfung unter die Strafvollzugsbehörden und damit nichts anderes als Anpassung an deren Reglement. Sittliche Autonomie wird dem Straftäter damit nicht zugestanden. Desweiteren sind durch die unbestimmte Verurteilung die Folgen strafbaren Verhaltens für den Täter nicht mehr konkret vorhersehbar.[672] Daß das Strafrecht durch die unbestimmte Verurteilung an Vorausberechenbarkeit und Vorhersehbarkeit - für ein liberal-rechtsstaatliches Strafrecht unabdingbare Voraussetzungen - verliert, wird von LISZT nicht berücksichtigt. Die Übertragung der Strafbemessung in das Ermessen der Verwaltungsbehörden, mag unter dem Aspekt der Besserungs- und Sicherungsstrafe konsequent sein, von einem liberalen

668 *Liszt*, Kriminalpolitische Aufgaben, in: AuV I, S. 290, 338.
669 *Liszt*, E. F. Klein und die unbestimmte Verurteilung, in: AuV II, S. 133, 150.
670 *Liszt*, Kriminalpolitischen Aufgaben, in: AuV I, S. 290, 333; ähnlich *ders.*, E. F. Klein und die unbestimmte Verurteilung, in: AuV II, S. 133, 153, wo er die unbestimmte Verurteilung "eine der schärfsten Waffen im Kampfe gegen das Berufsverbrechertum" nennt.
671 Dazu bereits oben S. 99.
672 Zutreffend *Eb. Schmidt*, Franz v. Liszt und die heutige Problematik des Strafrechts, in: Gierke-FS, S. 201, 213.

Standpunkt aus jedoch, dem die richterliche Strafzumessung zum Schutz des Straftäters vor behördlicher Willkür unabdingbar ist, ruft diese Konsequenz Bedenken wach. Die Forderung nach unbestimmter Verurteilung bedeutet nicht nur die Preisgabe des Schuldprinzips, sondern auch das Zurücktreten von Rechtssicherheit in der Strafzumessung und im Strafvollzug hinter den Anspruch der sozialen Sicherheit[673]. Aber auch unter rechtsstaatlichen Gesichtspunkten ist die unbestimmte Verurteilung zweifelhaft: aus dem Grundsatz des Schutzes vor behördlicher Willkür folgt die Prämisse, daß in Freiheit und Ehre des Bürgers nur durch Gerichtsentscheidung eingegriffen werden darf, eine Administrativjustiz also ausgeschlossen werden muß; mit der Festsetzung der endgültigen Strafdauer durch die Verwaltungsbehörde gerät dieser Grundsatz indes gerade ins Wanken.[674] LISZT ist trotz solcher liberaler Bedenklichkeiten vor der Konsequenz der unbestimmten Verurteilung nicht zurückgeschreckt.[675] Eine rechtsstaatliche Behandlung des Straftäters stand für ihn damit keineswegs im Vordergrund.

Die Behauptung, LISZT habe unbedingt an den rechtsstaatlichen Errungenschaften des 19. Jahrhunderts festhalten wollen[676], ist unvereinbar mit seiner Forderung nach Einführung des unbestimmten Strafurteils. Vielmehr wählte er als historischen Anknüpfungspunkt die friderizianische Gesetzgebung des ausgehenden 18. Jahrhunderts, die die Gesetzgebung des absoluten Polizeistaats war. LISZT selbst bezeichnet die unbestimmte Verurteilung ausdrücklich als die "logisch unabweisbare Konsequenz aus dem von den Theoretikern und Praktikern des 18. Jahrhunderts niemals verleugneten Grundsatz, daß dem Gemeinwesen gegen gemeingefährliche Verbrecher ausgiebiger Schutz gewährleistet werden müsse (...)."[677] So sah § 5 des Allgemeinen Preußischen Landrechts folgende Regelung vor:

> "Diebe und andere Verbrecher, welche ihrer verdorbenen Neigungen wegen dem gemeinen Wesen gefährlich werden können, sollen auch nach ausgestandener Strafe des Verhafts nicht eher entlassen werden, als bis sie ausgewiesen haben, wie sie sich auf eine ehrliche Art ernähren können."[678]

Daß das unbestimmte Strafurteil im Laufe des 19. Jahrhunderts aus den Strafgesetzbüchern verschwunden ist, sei auf die liberale Bewegung dieser Zeit zu-

---

673 Diesen Aspekt als Vorzug der *Liszt*'schen Lehren auffassend *Georgakis*, Geistesgeschichtliche Studien, S. 58.

674 Zu dem Vorwurf der Rechtsstaatswidrigkeit vgl. auch die zeitgenössichen Einwände von *Schoetensack*, Unbestimmte Verurteilung, in: Birkmeyer/Nagler (Hrsg.), Kritische Beiträge, Bd. 2, Heft 6, S. 53.

675 *Baumgarten*, Die Lisztsche Strafrechtsschule, in: Schw. Zschr. f. Strafrecht 51 (1937), S. 1, 9, begrüßt dies als einen Vorzug der *Liszt*'schen Lehre.

676 *Arth. Kaufmann*, Art. Franz v. Liszt, in: Staatslexikon, Bd. 3, 7. Aufl., Sp. 926, 928; *Schreiber*, Gesetz und Richter, S. 179.

677 *Liszt*, E. F. Klein und die unbestimmte Verurteilung, in: AuV II, S. 133, 150.

678 Abgedruckt bei *Hattenauer* (Hrsg.), Allgemeines Landrecht für die Preußischen Staaten von 1794, 2. Aufl.; ausdrücklich zitiert bei *Liszt*, E. F. Klein und die unbestimmte Verurteilung, in: AuV II, S. 133, 155. Allgemein zum Strafrecht des ALR vgl. *Schild*, 1577 Paragraphen aufgeklärter Strafrechtsvernunft, in: Ebel (Hrsg.), Gemeinwohl-Freiheit-Vernunft-Rechtsstaat, S. 41 ff..

rückzuführen, in der man die Freiheit des einzelnen Bürgers den Interessen der Gesamtheit übergeordnet habe. Mit seiner erneuten Forderung nach Einführung des unbestimmten Strafurteils, die LISZT mit dem "Erwachen und Erstarken des Staatsgedankens" begründet[679], wird in eklatanter Weise ein markantes Prinzip des liberalen Strafrechts des 19. Jahrhunderts durchbrochen.[680]

Bevormundende Tätererfassung, progressiver Strafvollzug und unbestimmtes Strafurteil waren Kennzeichen des polizeistaatlichen Strafrechts, an deren Bekämpfung FEUERBACH mit dem Grundsatz "nulla poena sine lege" im Interesse des Schutzes der individuellen Freiheit vor staatlicher Willkür gelegen war. LISZT hingegen redet mit der Forderung des unbestimmten Strafurteils dem Vorrang der Schutzbedürfnisse der Gesellschaft gegenüber den individuellen Freiheitsinteressen des Straftäters das Wort. Der Hinweis LISZTs, daß er nicht für ein absolut, sondern nur für ein relativ unbestimmtes Strafurteil eintrete, bei dem es dem Richter überlassen bleibe, eine nach Mindest- und Höchstmaß begrenzte Strafe auszusprechen[681], vermag nur eine undeutliche Einschränkung abzugeben und muß als "Scheinkonzession an das bisherige Recht" aufgefaßt werden.[682] Das unbestimmte Strafurteil führt zur Ausschaltung des "nulla *poena* sine lege" und damit zur Umgehung des Gesetzlichkeitsprinzips auf der Rechtsfolgenseite. LISZT wendet sich ausdrücklich gegen die Fortdauer des Nulla-poena-Prinzips[683] und setzt sich damit in Widerspruch zu seiner eigenen Magnacharta-Formel. Wer in LISZT unbedingt den liberal-rechtsstaatlich denkenden Strafrechtler sehen will, wird betonen, daß LISZT seine kriminalpolitischen Forderungen der rücksichtslosen Verbrechensbekämpfung später abgemildert und gefordert habe, daß in den Sicherungsanstalten "der Geist der wohlwollenden Milde, fürsorgender Pflege" herrschen müsse[684]; das rechtsstaatswidrige Verlangen nach Unschädlichmachung durch langdauernde, die Schuld unter Umständen übersteigende, oder gar lebenslange Einsperrung hat LISZT gleichwohl nie aufgegeben.[685] Die Forderung nach Abschaffung der richterlichen Strafzumessung führt zu einer expliziten Distanzierung von dem liberalen Gedankengut des 19. Jahrhunderts.[686] Von einem Festhalten an liberal-

---

679 *Liszt*, ebenda, S. 158. Zum Wandel der Staatsaufassung vgl. oben S. 116 ff..

680 Vgl. auch *Eb. Schmidt*, Franz v. Liszt und die heutige Problematik des Strafrechts, in: Gierke-FS, S. 201, 213.

681 *Liszt*, Kriminalpolitische Aufgaben, in: AuV I, S. 290, 339.

682 *Birkmeyer*, Strafgesetzgebung der Gegenwart, in: ZStW 16 (1896), S. 95, 116. Kritisch insofern auch *R. Merkel*, Strafrecht und Satire, S. 277.

683 *Liszt*, Die deterministischen Gegner der Zweckstrafe, in: AuV II, S. 25, 69; später erneut in: Mitt. d. I.K.V. Bd. 17, S. 442.

684 *Liszt*, Die strafrechtliche Zurechnungsfähigkeit, in: AuV II, S. 214, 229. Hervorgehoben wird dies insbesondere von *Radbruch*, Franz v. Liszt, in: ders., Elegantiae iuris criminalis, S. 208, 229.

685 Zwar bietet *Liszt* zwischenzeitlich einen Verzicht auf die Forderung des unbestimmten Strafurteils an; vgl. *Liszt*, Revision des Strafgesetzbuchs, in: AuV II, S. 356, 408; später befürwortet er aber erneut das unbestimmte Strafurteil; vgl. *ders.*, Die "Sichernden Maßnahmen", in: Arch. f. Rechts- und Wirtschaftsphilosophie 3 (1909/1910), S. 610, 620.

686 Vgl. dazu die zeitgenössische Kritik von *R. Schmidt*, Die Aufgaben der Strafrechtspflege, S. 290 ff.; *Sternau*, Die Abschaffung des Strafmaßes, in: ZStW 13 (1893),

rechtsstaatlichen Grundsätzen kann insoweit keine Rede sein. Es ist vielmehr berechtigt, LISZT im Hinblick auf die von ihm vorgeschlagene Ausgestaltung der Strafrechtsfolgen als "reaktionären Erneuerer der *absolutistischen* Strafjustiz" zu bezeichnen.[687]

IV. Die Strafrechtsdogmatik LISZTs - ein Beweis für das Festhalten an der Strafgesetzlichkeit?

Die herrschende LISZT-Interpretation bezeichnet LISZT nicht nur als herausragenden Kriminalpolitiker, sondern auch als bedeutenden Strafrechtsdogmatiker.[688] LISZT habe durch sein Festhalten an einer objektiven Strafrechtsdogmatik seiner Forderung nach Gesetzlichkeit im Strafrecht Nachdruck verliehen.[689] In der dadurch entstehenden "auffällige(n) Spannung zwischen einer an die Tatbestände gefesselten Strafrechtsdogmatik und einer scheinbar allein auf den Täter zugeschnittenen Kriminalpolitik"[690] werde "die Idee des Rechtsstaats, das Streben nach Rechtssicherheit, der 'Magna-charta-Gedanke'"[691] wirksam. Durch sein Festhalten am Strafrecht in seinen gesetzlich fixierten Tatbeständen trete LISZT "in seiner liberalen Gestalt" vor uns.[692] LISZT habe im Interesse einer möglichst genauen Bestimmung des Bereichs der staatlichen Verbrechensbekämpfung insbesondere die objektiven Tatkriterien als die juristisch wesentlichen hervorgehoben.[693] Der Zwiespalt zwischen täterorientierter Kriminalpolitik einerseits und tatbezogener Strafrechtsdogmatik andererseits mache die "Doppelaufgabe" des Strafrechts sichtbar: die Kriminalpolitik stehe im Zeichen der Sicherung gegen den Straftäter, während die Strafrechtsdogmatik der Aufgabe der Rechtssicherheit diene.[694]

S. 17 ff., insbes. S. 57 ff.; ferner auch *Birkmeyer*, Strafgesetzgebung der Gegenwart, in: ZStW 16 (1896), S. 95, 116.

687 So die für die moderne Strafrechtsschule in der Auseinandersetzung des Schulenstreits von *R. Schmidt*, Strafrechtsreform, in: Birkmeyer/Nagler (Hrsg.), Kritische Beiträge, Bd. 4, Heft 15, S. 189, gewählte Bezeichung. Vgl. auch *Schoetensack*, Unbestimmte Verurteilung, in: Birkmeyer/Nagler (Hrsg.), Kritische Beiträge, Bd. 2, Heft 6, S. 54, der in der Einführung des unbestimmten Strafurteils einen "politische(n) Rückschritt" sieht.

688 *Radbruch*, Drei Strafrechtslehrbücher, in: Rosenfeld-FS, S. 7, 25; *Heinitz*, Franz von Liszt als Dogmatiker, in: ZStW 81 (1969), S. 572; *Schröder*, Franz von Liszt, in: Kleinheyer/Schröder, Deutsche Juristen, S. 169, 171; *Schwarzschild*, Franz v. Liszt als Strafrechtsdogmatiker, S. 5; *Eb. Schmidt*, Einführung, S. 383.

689 *Eb. Schmidt*, Einführung, S. 383; *ders.*, Franz v. Liszt und die heutige Problematik des Strafrechts, in: Gierke-FS, S. 201, 217; *Radbruch*, Franz v. Liszt, in: Elegantiae iuris criminalis, S. 208, 225.

690 *Radbruch*, Franz v. Liszt, in: Elegantiae iuris criminalis, S. 208, 225.

691 *Radbruch*, Drei Strafrechtslehrbücher, in: Rosenfeld-FS, S. 7, 25; im gleichen Sinne auch *Eb. Schmidt*, Einführung, S. 383.

692 *Georgakis*, Geistesgeschichtliche Studien, S. 54.

693 *Eb. Schmidt*, Franz v. Liszt und die heutige Problematik des Strafrechts, in: Gierke-FS, S. 201, 217.

694 *Eb. Schmidt*, ebenda, S. 217 f..

Es wird im folgenden nicht darum gehen, die Strafrechtsdogmatik LISZTs vollständig daraufhin zu überprüfen, ob sich das täterstrafrechtliche Denken LISZTs auch auf das Ob der Strafe erstreckt. Feststeht, daß LISZT sich keineswegs für eine Durchführung des Tätergedankens im Bereich der Strafvoraussetzungen einsetzte, sondern die Täterorientierung auf den Bereich der Strafzumessung beschränkt wissen wollte. Gerade den einzigen an einen Tätertypen anknüpfenden Paragraphen, den das damalige Strafgesetzbuch kannte, den sog. Zuhälterparagraphen, § 181 a RStGB[695], bezeichnete LISZT als eine "legislative Mißgeburt".[696] Dabei hätte das Anknüpfen an eine "antisoziale Existenz" als solche als willkommenes Zugeständnis der Gesetzgebung ans die moderne Strafrechtsauffassung aufgefaßt werden können. LISZT hingegen verlangte grundsätzlich für die Strafvoraussetzungen eine Ausrichtung an objektiven Tatkriterien.[697]

Aufgabe wird es deshalb sein, anhand einzelner strafrechtsdogmatischer Problemfelder zu prüfen, inwiefern kriminalpolitische Überlegungen - dazu gehören auch taktische Überlegungen im Hinblick auf die Auseinandersetzung mit gegnerischen Auffassungen - auf die Strafrechtsdogmatik einwirkten. Selbstredend kann es im vorliegenden Zusammenhang nicht darum gehen, eine Dogmengeschichte der vierzigjährigen Entwicklung des LISZT'schen Lehrbuchs nachzuzeichnen. Es sollen vielmehr Grundfragen des Allgemeinen Teils herausgegriffen - die Dogmatik zum Besonderen Teil des Strafgesetzbuchs wird hier ausgeblendet, da dies zu ermitteln den hier vorgegebenen Rahmen sprengen hieße - und aus diesen die leitenden Gedanken der Strafrechtsdogmatik LISZTs abgeleitet werden. Die Auswahl aus dem strafrechtsdogmatischen Spektrum orientiert sich an der bisherigen Literatur zur LISZT'schen Dogmatik, die die Lehren zu Rechtswidrigkeit, Schuld, Täterschaft und Teilnahme sowie zum Versuch als Beweise für das liberal-rechtsstaatliche Denken LISZTs anführt.[698]

1. Begrenzung der täterorientierten Kriminalpolitik durch tatbezogene Strafrechtsdogmaitk?

Zunächst ist das Verhältnis zwischen Strafrechtsdogmatik und Kriminalpolitik zu klären. Schon per se ist es fragwürdig, ob es möglich ist, widerspruchsfrei in einer Person liberaler Strafrechtsdogmatiker und die Effektivitätssteigerung des Strafrechts forcierender Kriminalpolitiker zu sein. Bevor auf die Frage nach dem Einfluß der Kriminalpolitik auf die Strafrechtsdogmatik eingegangen wird

695 § 181 a wurde nachträglich durch Gesetz vom 25. Juni 1900 in das RStGB eingefügt.

696 *Liszt*, Zur Vorbereitung des Strafgesetzentwurfs, in: AuV II, S. 411, 424; kritisch ferner *Liszt*, Das gewerbsmäßige Verbrechen, in: AuV II, S. 308, 320.

697 Vgl. dazu die Ausführung zur bestimmten Fassung der Tatbestände nach Rechtsgut und Angriffshandlung, *Liszt*, Revision des Strafgesetzbuchs, in: AuV II, S. 356, 391.

698 Zu dieser Auswahl vgl. insbesondere *Georgakis*, Geistegeschichtliche Studien, S. 442 ff., 54 ff.; *Schwarzschild*, Franz v. Liszt als Strafrechtsdogmatiker, S. 19 ff.; *Eb. Schmidt*, Einführung, S. 381 ff..

(b.), soll zunächst untersucht werden, wie LISZT das Verhältnis zwischen Strafrechtsdogmatik[699] und Kriminalpolitik beurteilte (a.).

a. Zum LISZT'schen Verständnis von Strafrechtsdogmatik und Kriminalpolitik

LISZT spricht nicht von Strafrechtsdogmatik, sondern vom Strafrecht im engeren Sinne. Diesem komme die "*technisch-juristische* Aufgabe" zu, "die Einzelbestimmungen der Strafgesetzgebung des deutschen Reiches im geschlossenen Systeme der Grundbegriffe und Grundsätze vorzuführen"[700] oder mit anderen Worten, "gestützt auf die *Strafgesetzgebung*, Verbrechen und Strafe als begriffliche Verallgemeinerungen ins Auge zu fassen; die einzelnen Vorschriften des Gesetzes bis zu den letzten Grundbegriffen und Grundsätzen aufsteigend, zum geschlossenen System zu entwickeln"[701]. "Klare schneidige Begriffe" und ein "geschlossenes System" verleihen einem strafrechtswissenschaftlichen Lehrbuch, das als "streng wissenschaftliche" Einführung gedacht sei, seine "Existenzberechtigung".[702] Aus der Zuweisung der Analyse der gesetzlichen Strafvorschriften an das Strafrecht im engeren Sinne folge eine deutliche Trennung der Aufgabenbereiche von Strafrecht im engeren Sinne und Kriminalpolitik: während dem Strafrecht im engeren Sinne das System der Strafbarkeitsvoraussetzungen zugeordnet werde, gehe es bei der Kriminalpolitik um die Rechtsfolgenseite des Verbrechens, d.h. um die zweckmäßige Ausgestaltung der staatlichen Sanktionen. Aus dieser Unterscheidung zwischen Strafrecht im engeren Sinne und Kriminalpolitik folgt LISZTs Magna-charta-Formel: die Begriffe des Strafgesetzbuchs legen als magna charta des Verbrechers die Eingriffsvoraussetzungen für staatliche Sanktionen ausschließlich fest; für kriminalpolitische Überlegungen sei erst nach dem Feststehen der strafrechtlichen Eingriffsvoraussetzungen Raum, das Strafrecht ziehe mithin der Kriminalpolitik eine feste Schranke.[703] In der Ausgestaltung dieser Schranke sieht LISZT allerdings nicht die Hauptaufgabe der Strafrechtswissenschaft. Er legt vielmehr im Verhältnis zwischen Strafrechtsdogmatik und Kriminalpolitik den Schwerpunkt eindeutig auf letztere: die Strafrechtsdogmatik bilde zwar ein wesentliches Hilfsmittel bei der pädagogischen Aufgabe der Strafrechtswissenschaft[704]; die *eigentliche* Aufgabe der Strafrechtswissenschaft bestehe jedoch in der kausalen

---

699 Es sei hier ausdrücklich darauf hingewiesen, daß es um das Dogmatikverständnis bei *Liszt* geht und nicht um die grundsätzliche Bedeutung und Funktion von Dogmatik an sich. Zu letzterem vgl. eingehend *Wieacker*, Zur praktischen Leistung der Rechtsdogmatik, in: Hermeneutik und Dialektik, Gadamer-FS, Bd. 2, S. 311 ff.; *Esser*, Möglichkeiten und Grenzen des dogmatischen Denkens, in: AcP 172 (1972), S. 97 ff.; ferner *Luhmann*, Rechtssystem und Rechtsdogmatik; grundlegend *Herberger*, Dogmatik.

700 *Liszt*, Lehrbuch, 3. Aufl., S. 5; 5. Aufl., S. 7.

701 *Liszt*, Lehrbuch, 9. Aufl., S. 2; kontinuierlich bis zu 21./22. Aufl., S. 1 f..

702 *Liszt*, Vorwort zur 1. Aufl. seines Lehrbuchs, S. V.

703 Zu dieser Schlußfolgerung vgl. die zahlreichen im Rahmen der Textexegese, oben S. 60 ff., angeführten Belege.

704 *Liszt*, Aufgaben und Methode der Strafrechtswissenschaft, in: AuV II, S. 284, 285 ff.. Zu den einzelnen Aufgaben der Strafrechtswissenschaft vgl. bereits oben Fn. 148.

Erklärung von Verbrechen und Strafe[705], also in der Kriminalpolitik.[706] Die logisch-juristische Abstraktion bilde nur eine "Krücke für die den Dingen nachhinkende menschliche Erkenntnis".[707] Es entsteht der Eindruck, als habe LISZT in der Strafrechtsdogmatik ein eher unliebsames Kind der Strafrechtswissenschaft gesehen. Wie sonst käme er zu dem Ausspruch, daß er seine "umfangreichen Lehrbücher mit dem ganzen gelehrten Apparat" nur habe schreiben müssen, um seine "durch den Kampf um die Umgestaltung der Gesetzgebung geschwächte wissenschaftliche Autorität (seinen) Kollegen gegenüber aufrecht zu erhalten".[708]

b. Einfluß von Kriminalpolitik auf Strafrechtsdogmatik

Es ist bereits festgestellt geworden, daß die Strafgesetzlichkeit im Verhältnis zu LISZTs kriminalpolitischem Konzept ein Paradoxon darstellt und als solches einen Bedeutungswandel erfahren hat. Wenn nun davon die Rede ist, daß LISZT durch seine Strafrechtsdogmatik das Festhalten an der Strafgesetzlichkeit dokumentiert habe, so muß diese Aussage zunächst dahingehend relativiert werden, daß LISZT durch seine Strafrechtsdogmatik allenfalls die Strafgesetzlichkeit in ihrer gewandelten Funktion als Formschranke bzw. als aufgeschriebene Strafbefugnis hätte unter Beweis stellen können. Ferner stellt sich die Frage, in welchem Verhältnis Strafrechtsdogmatik auf der einen und Kriminalpolitik auf der anderen Seite zueinander stehen. Die These, daß in LISZTs Strafrechtsdogmatik dessen liberale Haltung bewiesen werde, impliziert die Auffasung, daß der Strafrechtsdogmatik rechtliche Begrenzungs- und Kontrollfunktion gegenüber einer zweckrationalistischen Kriminalpolitik zukomme. Eine rechtsstaatlich-liberale Begrenzungsfunktion der Strafrechtsdogmatik würde jedoch voraussetzen, daß es sich bei dieser im LISZT'schen Sinne um einen von der Kriminalpolitik losgelösten Bereich handelte.

Im Rahmen der Frage, welche Haltung LISZT zur Position der Gesetzgebung einnahm, wurde bereits geklärt, daß LISZT sich zwar um eine Trennung zwischen Strafrecht und Kriminalpolitik bemühte, eine solche jedoch vom straftheoretischen und kriminalpolitischen Konzept LISZTs her nicht möglich ist. LISZT konnte vielmehr eine unlösbare Verquickung von Strafrecht und Kriminalpolitik nicht leugnen.[709] In gleicher Weise verhält es sich im Hinblick auf eine Trennung zwischen Strafrechts*dogmatik* und Kriminalpolitik: da LISZT die Ausgestaltung des Strafgesetzbuches, anhand dessen die Strafrechtsdogmatik in induktiver Methode zu den Grundbegriffen und Grundsätzen des Strafrechts gelangen soll, als Aufgabe der Kriminalpolitik betrachtet, gibt die Kriminalpo-

---

705 *Liszt*, ebenda, S. 289 ff..

706 Zu dem bescheidenen Rang der Strafrechtsdogmatik im *Liszt*'schen Werk vgl. auch *Schröder*, Franz von Liszt, in: Kleinheyer/Schröder, Deutsche Juristen, S. 169, 171.

707 *Liszt*, Die strafrechtliche Zurechnungsfähigkeit, in: AuV II, S. 214, 215.

708 *Liszt*, Die Zukunft des Strafrechts, in: AuV II, S. 1, 23.

709 Siehe oben S. 80.

litik der Strafrechtsdogmatik ihr Betätigungsfeld vor. Es wird von einer unbegrenzten Kriminalpolitik ausgegangen, die ihre rechtliche Form durch die strafgesetzliche Fixierung erhält. Nur innerhalb dieser strafgesetzlich fixierten Kriminalpolitik ist Strafrechtsdogmatik denkbar.[710] LISZT selbst spricht von einem nur "scheinbar schroffen Gegensatze" zwischen dogmatischer und politischer Rechtsbetrachtung und verfolgt eine engere Verbindung zwischen Strafrechtsdogmatik und Kriminalpolitik.[711] Und der Rekurs auf die Rechtsgutslehre LISZTs, über die die teleologische und damit politisch wertende Betrachtungsweise den Einzug in das Strafrecht hielt, zeigte bereits eine deutliche Verschränkung von Kriminalpolitik und Strafrechtsdogmatik.[712]

Angesichts dieser Verschränkung von Kriminalpolitik und Strafrechtsdogmatik erfährt die Interpretation der LISZT'schen Dogmatik als Beweis für das liberale Festhalten an der Strafgesetzlichkeit eine gewichtige Korrektur. Zuzugeben ist zwar, daß die Ausrichtung der Dogmatik an den objektiven, vom Gesetzgeber normierten Tatbeständen außergesetzlichen kriminalpolitischen Überlegungen eine Schranke zieht. Von einer liberalen Funktion der Strafrechtsdogmatik kann jedoch nicht schon dann die Rede sein, wenn diese auf die klare Erfassung dessen gerichtet ist, was das positive Recht als bekämpfungswürdig ansieht. Wenn der Strafgesetzgeber seinen Gesetzen illiberale Inhalte verleiht, kann ein Strafrechtsdogmatiker, der sich streng an den Wortlaut dieser illiberalen Gesetze hält und diese objektiv auslegt, nicht schon per se als liberaler Strafrechtsdogmatiker gelten. Als Beispiel sei in diesem Zusammenhang nochmals auf LISZTs Haltung zum Sozialistengesetz hingewiesen, welches LISZT zur Zeit seiner Gültigkeit unter der Rubrik "Strafbare Handlungen gegen das Sozialistengesetz"[713] bzw. "Störungen des öffentlichen Friedens durch sozialistische Umsturzbestrebungen"[714] in den ersten drei Auflagen seines Lehrbuchs vollständig unkritisch strafrechtsdogmatisch bearbeitete. In diesem Fall von Strafrechtsdogmatik ist richtigerweise nicht von einem Festhalten an der Strafgesetzlichkeit, sondern am strafrechtlichen Positivismus[715] zu sprechen. Soll Strafrechtsdogmatik liberalen Inhalt haben, muß sie mehr als nur die klare Beschreibung der vom Gesetzgeber für strafwürdig erachteten Verhaltensweisen leisten; sie muß bestrebt

---

710 Zur strikten Bindung des Dogmatikers an das positive Rechts vgl. *Liszt*, Die falsche Aussage, S. 197, in Bezug auf das Problem des Versuchsbeginns: "Es mag nun sein, daß unsere modernen Gesetze das Richtige nicht getroffen haben (...); aber die Richtigkeit einer Ansicht de lege ferenda gibt doch gewiss nicht die Berechtigung, dem Gesetze, einer noch so begründeten Theorie zu Liebe, Gewalt anzutun."

711 *Liszt*, E. F. Klein und die unbestimmte Verurteilung, in: AuV II, S. 133, 134; *ders.*, in: Mitt. d. I.K.V., Bd. 19 (1912), S. 377 f.. Zur kriminalpolitischen Beeinflussung der Strafrechtsdogmatik vgl. *Marheine*, Franz von Liszts Dogmatik im Zusammenhang mit seiner Kriminalpolitik.

712 Zur diesbzgl. Wechselwirkung zwischen Strafrechtdogmatik und Kriminalpolitik vgl. auch *Georgakis*, Geistesgeschichtliche Studien, S. 61 ff..

713 *Liszt*, Lehrbuch, 1. Aufl., S. 445 ff..

714 *Liszt*, Lehrbuch, 2. Aufl., S. 517 ff.; 3. Aufl., S. 394 ff..

715 Zu dieser Differenzierung vgl. *Naucke*, Die Aushöhlung der strafrechtliche Gesetzlichkeit, in: Inst. f. Kriminalwissenschaften Frankfurt a. M. (Hrsg.), Vom unmöglichen Zustand des Strafrechts, S. 483, 488.

sein, einen Schutzwall gegen die von der Gesellschaft betriebene Verbrechensbekämpfung zu errichten, d.h. strafbarkeitseinschränkend zu wirken.[716] Dies vermag sie nur dann zu leisten, wenn sie das Bemühen in den Vordergrund stellt, dem Richter möglichst wenig Wertungsspielräume zu belassen durch die Verwendung deskriptiver, leicht feststellbarer objektiver Kriterien.

Aufgrund dieser notwendigen Differenzierung sind im folgenden LISZTs einzelne strafrechtsdogmatische Ansichten darauf zu untersuchen, ob sie ein schlichtes Anerkennen gesetzlicher Vorgaben erhalten oder wirklich liberalen Gehalt widerspiegeln.

2. Rechtswidrigkeits- und Schuldlehre - der Wandel zu einer materiellen Strafrechtsdogmatik

Als "ganz großer strafrechtsdogmatischer Wurf"[717] gilt LISZTs einfache und klare Unterteilung des Verbrechensbegriffs in Handlung, Rechtswidrigkeit und Schuld[718]. Rechtswidrigkeit und Schuld sind neben der Handlung mithin die wesentlichen Begriffsmerkmale des Verbrechens in der LISZT'schen Dogmatik, die deshalb auf eine Beeinflussung durch das Gesetzlichkeitsprinzip zu untersuchen sind. Auf eine dezidierte Befassung mit dem Handlungsbegriff bei LISZT wird hier verzichtet, da dieser in seiner naturalistischen Form als "*willkürliche* Verursachung oder Nichthinderung einer Veränderung in der Außenwelt"[719] derart weit gefaßt ist, daß nur zufällige Begebenheiten aus dem strafrechtlichen Handlungsbegriff herausfallen. Damit mangelt es dem Handlungsbegriff schon auf den ersten Blick an einer strafbarkeitseinschränkenden Funktion, so daß eine weitere Befassung mit diesem unter der hier interessierenden Fragestellung entbehrlich ist.

a. Rechtswidrigkeitslehre

In der ersten Auflage des Lehrbuchs ist für LISZT Rechtswidrigkeit gleichbedeutend mit Normwidrigkeit, d.h. eine Handlung ist rechtswidrig, wenn sie herbeiführt oder verhindert, was die betreffende Norm verhindert oder bewirkt wissen

716 Vgl. dazu auch *Naucke*, Marburger Programm, in: ZStW 94 (1982), S. 525, 546.

717 *Eb. Schmidt*, Einführung, S. 383 f..

718 *Liszt*, Lehrbuch, 1. Aufl., S. 64 ff., kontinuierlich in den weiteren Auflagen, wobei ab der 18. Aufl., S. 195, in Anlehnung an *Beling*, Lehre vom Verbrechen, der Begriff der Tatbestandsmäßigkeit in den Verbrechensbegriff aufgenommen wird und später den Handlungsbegriff in sich aufnimmt. Da das zentrale Element der Tatbestandsmäßigkeit somit von *Beling* stammt, ist es nicht zutreffend *Liszt* als den "Begründer der modernen Strafrechtssystematik" anzusehen, so aber *v. Bubnoff*, Handlungsbegriff, S. 137. Wie hier *Marxen*, Straftatsystem und Strafprozeß, S. 83.

719 *Liszt*, Lehrbuch, 10. Aufl., S. 96; 14./15. Aufl., S. 122; sinngemäß bereits 1. Aufl., S. 64.

will.[720] Bereits in der zweiten Auflage wird diese Definition dahingehend präzisiert, daß Rechtswidrigkeit den Widerspruch zu den Imperativen der Rechtsordnung meine.[721] Schließlich differenziert LISZT zwischen formeller und materieller Rechtswidrigkeit: formell rechtswidrig sei eine Handlung dann, wenn durch sie eine staatliche Norm eines Gebots oder Verbots der Rechtsordnung übertreten werde; von materieller Rechtswidrigkeit sei hingegen zu sprechen, wenn die Handlung einen Angriff auf rechtlich geschützte Interessen darstelle.[722]

Mit der 14./15. Auflage des Lehrbuchs, erfährt die materielle Rechtswidrigkeit unter ausdrücklicher Bezugnahme auf die Lehren von DOHNA[723] und M. E. MEYER[724] folgende Einschränkung:

> "Die Lebensinteressen zu schützen, ist die nächste Aufgabe der Rechtsnormen. Durch die sorgfältigste Abgrenzung der Lebensinteressen, die durch den ihnen gewährten Rechtsschutz zu Rechtsgütern erhoben werden, kann aber der Widerstreit der Interessen, die Kollision der Rechtsgüter, nicht völlig ausgeschlossen werden. Der Zweck des menschlichen Zusammenlebens, dessen Erreichung zu gewährleisten die letzte und höchste Aufgabe der Rechtsordnung bildet, verlangt, daß in einem solchen Widerstreite das minderwertige Interesse geopfert werde, wenn nur um diesen Preis das mehrwertige Interesse erhalten werden kann. (...) Daraus folgt: die Verletzung oder Gefährdung eines Rechtsgutes ist *nur dann* materiell *rechtswidrig*, wenn sie den Zwecken der das Zusammenleben regelnden Rechtsordnung widerspricht; sie ist, trotz ihrer Richtung gegen rechtlich geschützte Interessen, materiell *rechtmäßig*, wenn und soweit sie jenen Zwecken der Rechtsordnung und somit des menschlichen Zusammenlebens selbst entspricht."[725]

Dieser materielle Gehalt der Rechtswidrigkeit wird auch als "gesellschaftswidrig" bzw. als "antisozial" gefaßt.[726] Ein Widerspruch zwischen dem antisozialen Gehalt des Verbrechens und der positiv rechtlichen Würdigung desselben sei nicht ausgeschlossen, der Richter bleibe jedoch in einem solchen Falle an das positive Recht gebunden und dürfe das geltende Recht nicht im Interesse der Auflösung eines solchen Widerspruchs korrigieren.[727]

---

720 *Liszt*, Lehrbuch, 1. Aufl., S. 83. Der Einfluß von *Binding*s Normentheorie ist hier unverkennbar.

721 *Liszt*, Lehrbuch, 2. Aufl., S. 94.

722 *Liszt*, Lehrbuch, 5. Aufl., S. 142; 9. Aufl., S. 133; 10. Aufl., S. 118; 14./15. Aufl., S. 139; 16./17. Aufl., S. 139. Obwohl *Liszt* sich hier nicht ausdrücklich auf *Jhering* bezieht, war *Jhering*s Wirkung nicht ohne Einfluß auf die Unterscheidung zwischen formeller und materieller Rechtswidrigkeit; vgl. dazu *Baratta*, Über Jherings Bedeutung für die Strafrechtswissenschaft, in: Wieacker/Wollschläger (Hrsg.), Jherings Erbe, S. 17, 18 ff..

723 *Dohna*, Die Rechtswidrigkeit als allgemein gültiges Merkmal im Tatbestand strafbarer Handlungen.

724 *M. E. Mayer*, Rechtsnormen und Kulturnormen.

725 *Liszt*, Lehrbuch, 14./15. Aufl., S. 139 f.: 16./17. Aufl., S. 139; 20. Aufl., S. 144.

726 *Liszt*, ebenda.

727 *Liszt*, Lehrbuch, 14./15. Aufl., S. 140; 16./17. Aufl., S. 139; 20. Aufl., S. 145.

Zur Abgrenzung der rechtmäßigen von der rechtswidrigen Handlung gebe es, so LISZT, zwei Möglichkeiten. Nach der ersten Möglichkeit existiere ein Rechtssatz, der die Verletzung oder Gefährdung eines Rechtsguts erlaube oder gebiete, dann sei die in Frage stehende Handlung automatisch rechtmäßig, d.h. eine Straftat liege nicht vor.[728] Im Falle des Fehlens eines solchen Rechtssatzes bestehe die zweite Möglichkeit in der Untersuchung der in Frage stehenden Handlung auf ihren materiellen Gehalt hin. Für diese Untersuchung gebe es zwei Auslegungsregeln:

> "a) Es kann sein, daß die Auffassung des Gesetzgebers aus dem Zusammenhange der gesetzlichen Bestimmungen erschlossen werden kann. Aus diesem kann sich ergeben, daß die Verfolgung eines bestimmten Zweckes als berechtigt anzusehen ist. Daraus folgt: ist die vorgenommene Handlung das *angemessene* (richtige) *Mittel* zur Erreichung dieses, vom Gesetzgeber als *berechtigt* (richtig) *anerkannten Zweckes*, so ist sie rechtmäßig, mag sie auch scheinbar den Tatbestand einer Straftat erfüllen.
> b) Versagt dieser erste Grundsatz, so ist die *Angemessenheit* der Handlung im Hinblick auf den *Zweck des staatlich geregelten Zusammenlebens* zu prüfen. Von diesem Standpunkte aus kann die Wahrung eines mehrwertigen Interesses auf Kosten des minderwertigen gerechtfertigt erscheinen."[729]

Mit der Feststellung der materiellen Rechtswidrigkeit fällt der Richter das Unwerturteil über die Tat. Über diese Wertungsfunktion wird die Rechtswidrigkeit zum normativen Element des Verbrechens.[730]

Durch das Abstellen auf die Rechtswidrigkeit im materiellen Sinne gelangt LISZT zu einer materiellen Rechtsbetrachtungsweise.[731] Es setzt sich hier fort, was im Rahmen der Rechtsgutslehre LISZTs bereits deutlich geworden ist: auch die Rechtswidrigkeit stellt einen Grenzbegriff dar, der der Überwindung des Gegensatzes zwischen juristischem und politischem Denken dienen soll. Ebenso wie der LISZT'sche Rechtsgutsbegriff führt auch die materielle Rechtswidrigkeitslehre zu einer teleologischen Gesetzesanwendung und Gesetzesauslegung. Damit werden jedoch Strafrechtsdogmatik und Kriminalpolitik nicht mehr gegenübergestellt, sondern im Bereich der Rechtswidrigkeitslehre ist die Möglichkeit einer kriminalpolitisch wertenden Betrachtungsweise geschaffen.[732] Zwar kann nicht verallgemeinernd gesagt werden, LISZT habe ausgehend von seinem "Marburger Programm" insgesamt einer als teleologisches System konzipierten Strafrechtsdogmatik das Wort reden wollen.[733] Für den Bereich der Rechtswidrigkeit ist die teleologische Ausgestaltung jedoch unleugbar.[734]

---

728 *Liszt*, Lehrbuch, 14./15. Aufl., S. 140 f.; 16./17. Aufl., S. 140; 20. Aufl., S. 145.

729 *Liszt*, Lehrbuch, 14./15. Aufl., S. 141; 16./17. Aufl., S. 141, hier mit dem Zusatz, daß der Zweck des staatlichen Zusammenlebens "empirisch gegeben" sei; 20. Aufl., S. 145 f..

730 Vgl. *Schwarzschild*, Franz v. Liszt als Strafrechtsdogmatiker, S. 19.

731 Vgl. auch *Eb Schmidt*, Einführung, S. 385.

732 Dazu auch *Georgakis*, Geistesgeschichtliche Studien, S. 62 ff..

733 Insofern zutreffend *Frommel*, Präventionsmodelle, S. 77.

734 Deshalb ist es nicht präzise zu sagen, *Liszt* habe in der Teleologie nur eine Betrachtungsweise der gesamten Strafrechtswissenschaft, nicht aber der Dogmatik im engeren Sinne gesehen; so aber die Auffassung von *Frommel*, ebenda, S. 78.

Eine solche politisch wertende Betrachtungsweise beinhaltet jedoch die Gefahr richterlicher Willkür. LISZT räumt anfangs diese Willkürgefahr ein[735], stellt dieses Bedenken aber zurück und verschweigt es schließlich ganz[736]. Das Bestreben, dem Richter Wertungen abzunehmen, um dadurch Rechtssicherheit zu gewährleisten, ist gänzlich zurückgetreten.

Schließlich geht es bei der Rechtswidrigkeitslehre LISZTs auch nicht - was vom Standpunkt einer liberalen Strafrechtsdogmatik aus erforderlich wäre - um die Abgrenzung von Handlungsspielräumen, die dem einen Bürger gegenüber dem anderen eingeräumt werden.[737] Die Rechtswidrigkeitslehre richtet ihren Blick nicht auf die Grenzziehung zwischen straflosem und strafbarem Verhalten, sondern auf die Frage der Strafwürdigkeit.[738] Durch den Aspekt der Strafwürdigkeit gerät der Rechtswidrigkeitsbegriff in den Bann des Zweckgedankens, der zu einer kollektivistischen - deshalb die Gleichsetzung von "rechtswidrig" mit "antisozial" - und damit nicht zu einer individualistischen, an der Freiheit des Einzelnen ausgerichteten Betrachtungsweise führt.

b. Schuldlehre

Eine kontinuierliche und damit einheitliche Schuldlehre findet sich in den verschiedenen Auflagen des Lehrbuchs nicht, vielmehr ist diese mehrfachen Wandlungen unterworfen. Es geht im folgenden jedoch nicht darum, die Entwicklung des LISZT'schen Schuldbegriffs im Detail nachzuzeichnen[739], sondern die Ausgestaltungen desselben auf ihren liberalen Gehalt hin zu untersuchen.

aa. Zum Menschenbild bei LISZT

Die LISZT'sche Schuld- und Zurechnungslehre, die sich ausdrücklich von der bis dahin üblichen Definition der Schuld als persönliche Vorwerfbarkeit, als Vorwurf des Anders-Handeln-Könnens distanziert[740], stützt sich auf ein inbesondere gegenüber der Auffassung FEUERBACHs gewandeltes Menschenbild. LISZT

---

735 *Liszt*, Lehrbuch, 14./15. Aufl., S. 141; 16./17. Aufl., S. 141; 18. Aufl., S. 145.

736 In der 20. und 21./22. Aufl. fehlt das Eingeständnis der Willkürgefahr.

737 So bereits die Kritik von *Naucke*, Marburger Programm, in: ZStW 94 (1982), S. 525, 546.

738 Vgl. zur Problematik eines materiellen Verbrechensbegriffs auch *Naucke*, Zur Lehre vom strafbaren Betrug, S. 36 ff.. Zum materiellen Verbrechensbegriffs in der antiliberalen Dogmatik der 20er und 30er Jahre vgl. *Marxen*, Der Kampf gegen das liberale Strafrecht, S. 172 ff.

739 Zu Wandel und Entwicklung des *Liszt*'schen Schuldbegriffs vgl. *Rosenfeld*, Schuld und Vorsatz im v. Lisztschen Lehrbuch, in: ZStW 32 (1911), S. 466 ff.; *Bockelmann*, Studien zum Täterstrafrecht, S. 133 ff..

740 *Liszt*, Die deterministischen Gegner der Zweckstrafe, in: AuV II, S. 25, 47; *Liszt* hält den überlieferten Schuldbegriff für unhaltbar.

geht nicht mehr von dem Menschenbild der Aufklärung aus, wonach es als ein Kriterium der Freiheit des Menschen angesehen wurde, daß dieser sein Tun an den gesetzlichen Vorschriften selbstbestimmt ausrichtet, sondern folgt einem naturalistisch-positivistischen Menschenbild. Der Mensch, der als im Wege naturwissenschaftlicher Methode sinnlich wahrnehmbar und erklärbar gedacht wird[741], erscheint als die notwendige Frucht ihn prägender Ursachenzusammenhänge.[742] Die Grundthese des Positivismus, wonach von der rein kausalmechanischen Determiniertheit alles Seienden auszugehen sei[743], führt dazu, daß auch der Mensch letztlich als "blindkausale(..) Komponente des kausalen Allgeschehens"[744] betrachtet wird. Für die Freiheit zur Selbstbestimmung des Individuums und für die freie Entscheidung über Wert und Unwert des eigenen Verhaltens ist in diesem Zusammenhang kein Raum. Für LISZT, der von der durchgängig kausalen Determiniertheit des Geschehens als apriorischer Denknotwendigkeit ausgeht[745] und demzufolge auch die kausale Erklärung von Verbrechen und Strafe zur eigentlichen wissenschaftlichen Aufgabe der Strafrechtswissenschaft erhebt[746], ist jede menschliche Handlung das notwendige Produkt der den Einzelnen motivierenden Faktoren[747], das Verbrechen die notwendige Folge der gegebenen Bedingungen[748]. Handlung und Entscheidung werden mithin als das Ergebnis eines streng determinierten sinnfreien kausalen Mechanismus' aufgefaßt.[749] Der Straftäter wird als "unbedingt und uneingeschränkt unfrei" angesehen.[750] So ist es auch zu erklären, warum LISZT beispielsweise auf den Aspekt der Strafandrohung im Rahmen seiner Straftheorie nur wenig Aufmerksamkeit verwendet: wird von einem willensdeterminierten Menschen ausgegangen, der in seiner Entscheidung über das, was er tut, ohnehin nicht frei ist, dann tritt der Aspekt der Strafandrohung zwangsläufig in den Hintergrund.

Da es die Strafrechtswissenschaft, wie jede Wissenschaft[751], nur mit dem empirischen Menschen zu tun habe, dieser jedoch als unbedingt unfrei anzusehen sei, hält es LISZT wissenschaftlich für verfehlt, dem Strafrecht einen "transzendenten Freiheitsbegriff" zugrunde zu legen und dieses auf den Boden "metaphysischer Spekulation" zu stellen.[752]

> "Wird die Zurechnungsfähigkeit als Wahlfreiheit im indeterministischen Sinne bestimmt, so wird die Entscheidung über Ehre und Vermögen des

---

741 Kritisch dazu *Welzel*, Naturalismus und Wertphilosophie, S. 32.
742 Zum naturalistischen Menschenbild *Liszt*s auch *Westphalen*, Karl Binding, S. 278 f..
743 Vgl. dazu *Welzel*, Naturalismus und Wertphilosophie, S. 2 f..
744 *Welzel*, ebenda, S. 6.
745 *Radbruch*, Franz v. Liszt, in: ders., Elegantiae iuris criminalis, S. 208, 218.
746 *Liszt*, Aufgaben und Methode der Strafrechtswissenschaft, in: AuV II, S. 284, 289; dazu bereits oben S. 101 f..
747 *Liszt*, Lehrbuch, 1. Aufl., S. 5.
748 *Liszt*, Die deterministischen Gegener der Zweckstrafe, in: AuV II, S. 25, 39.
749 *Welzel*, Naturalismus und Wertphilosophie, S. 23.
750 *Liszt*, Die deterministischen Gegner der Zweckstrafe, in: AuV II, S. 25, 39.
751 Zum Wissenschaftsbegriff bei *Liszt* vgl. bereits oben S. 97 ff..
752 *Liszt*, Lehrbuch, 2. Aufl., S. 138 Anm. 11; 3. Aufl., S. 151 Anm. 3; 5. Aufl., S. 159 Anm. 1.

> Staatsbürgers hinabgezerrt in den uralten, heute noch nicht ausgetragenen Streit der philosophischen Systeme. Damit ist dem Strafrecht die feste Grundlage entzogen, ohne die es nicht bestehen kann.
> Es mag ja sein, daß einmal die Entscheidung fallen wird in dem tausendjährigen Streit, daß vor dem Menschenauge der Schleier hinweggezogen werden wird, den Raum und Zeit über das Wesen der Dinge gebreitet haben: aber das Schwert der strafenden Gerechtigkeit kann nicht in der Scheide rosten, bis der intelligible Charakter des Menschen in die Welt der Erscheinungen tritt. Oder will man in der Tat die Rechtsordnung auf ein Dogma aufbauen, dem die strengsten Denker und die gläubigsten Christen die Gefolgschaft versagten? Für die strafrechtliche Zurechnungsfähigkeit muß eine Fassung gefunden werden, die weder der Sieg, noch die Niederlage der indeterministschen Weltanschauung zu berühren vermag."[753]

Der deterministische Standpunkt, "der die ausnahmslose Geltung des Kausalgesetzes für unser Denken, also für die Welt der Erscheinungen behauptet"[754], führe dazu, daß Willensfreiheit im Strafrecht allein psychologisch als empirische Willensfreiheit verstanden werden könne. Diese erschöpfe sich in der "*Bestimmbarkeit durch Motive* statt durch Gesetze des mechanischen Naturkausalismus".[755]

LISZT gelangt zu der Auffassung, daß die Frage, ob von einer deterministischen oder von einer indeterministischen *Weltanschauung* auszugehen sei, für das Strafrecht irrelevant sei.[756]

> "Der Streit über den *jenseitigen* Indeterminismus ist daher für das Strafrecht ebenso ohne jede Bedeutung wie etwa der Glaube an die Unsterblichkeit der Seele oder an einen persönlichen Gott. Wer seiner Weltanschauung Einfluß auf seine wissenschaftliche Forschung gestattet, versündigt sich gegen den Geist der Wissenschaft selbst."[757]

Seinem naturalistisch-positivistischen Menschenbild entsprechend definiert LISZT den Willen als "jenen psychischen Akt, durch welchen die motorischen Nerven unmittelbar in Erregung versetzt werden".[758] Willensfreiheit ist bei LISZT mithin nicht als dem Kausalgesetz entrückte Entscheidungsmöglichkeit, als autonomes Entscheidenkönnen, sondern schlicht als "Freiheit von *mechanischem* Zwang"[759] zu verstehen.

---

753 *Liszt*, Die strafrechtliche Zurechnungsfähigkeit, in: AuV II, S. 214, 218.
754 *Liszt*, Die deterministischen Gegner der Zweckstrafe, in: AuV II, S. 25, 39; *Liszt* lehnt hier den Determinismus als Weltanschauung ausdrücklich ab, ebenda, Anm. 1.
755 *Liszt* stellt der Willensfreiheit im psychologischen Sinne die Willensfreiheit im ethischen und im metaphysischen Sinne gegenüber. Vgl. dazu *Liszt*, Lehrbuch, 2. Aufl., S. 137 f.; 3. Aufl., S. 151.
756 *Liszt*, Lehrbuch, 10. Aufl., S. 69 Anm. 9; 14./15. Aufl., S. 158; 20. Aufl., S. 87, 164.
757 *Liszt*, Lehrbuch, 14./15. Aufl., S. 83 Anm. 5.
758 *Liszt*, Lehrbuch, 1. Aufl., S. 64.
759 *Liszt*, Lehrbuch, 3. Aufl., S. 151 Anm. 3.

bb. Zurechnungsfähigkeit

Als wesentliche Voraussetzung strafrechtlicher Schuld nennt LISZT zunächst die Zurechnungsfähigkeit des Täters. Der Begriff der Zurechnungsfähigkeit wird bei LISZT synonym mit dem der Schuldfähigkeit verwendet.[760] Der Klarheit halber wird auch hier in der Terminologie LISZTs verfahren und von Zurechnungsfähigkeit gesprochen.

Wie auch im Bereich der Rechtswidrigkeitslehre unterscheidet LISZT für den Begriff der Zurechnungsfähigkeit zwischen einer Formaldefinition und einer materiellen Begriffsbestimmung. Im formellen Sinne bedeute Zurechnungsfähigkeit "strafrechtliche Handlungsfähigkeit" also die "Fähigkeit, strafrechtlich verantwortlich gemacht zu werden".[761] Die Zurechnungsfähigkeit im materiellen Sinne hingegen wird - unter Zugrundelegung der Willensfreiheit im psychologischen Sinne - definiert als "*normale Bestimmbarkeit durch Motive*"[762] bzw. - später als "*normale Determinierbarkeit*"[763]. Die "normale Determinierbarkeit" erfährt eine zusätzliche Inhaltsbestimmung als "Fähigkeit zu sozialem Verhalten".[764] Zurechnungsfähig sei demnach derjenige, dem die Möglichkeit zu sozialem Verhalten gegeben, dessen Wille also durch die Normen des sozialen Verhaltens, die den Gebieten der Religion, der Sittlichkeit oder des Rechts entspringen können, bestimmbar sei.[765] Schuld im materiellen Sinne sei demnach der "aus der begangenen Tat erkennbare Mangel der für das gesellschaftliche Zusammenleben erforderlichen sozialen Gesinnung".[766] Schuld im materiellen Sinne liege folglich dann vor, wenn in der Tat des Täters dessen "asoziale Gesinnung" dokumentiert werde, die in der "Mangelhaftigkeit des durch das Zusammenleben der Menschen im Staate geforderten sozialen Pflichtgefühls und in der dadurch hervorgerufenen antisozialen Motivation (der den Zwecken der Gesellschaft widersprechenden Zwecksetzung)" liege.[767] Während in der Rechtswidrigkeit das Unwerturteil über die Tat liege, bedeute die Schuldhaftigkeit das Unwerturteil über den Täter.[768]

---

760 Vgl. nur *Liszt*, Lehrbuch, 1. Aufl., S. 98; 20. Aufl., S. 163.

761 *Liszt*, Lehrbuch, 1. Aufl., S. 95 unter ausdrücklicher Bezugnahme auf *Binding*, Normen II, 1. Aufl., S. 46; ferner *Liszt*, Lehrbuch, 2. Aufl., S. 135 f.; 3. Aufl., S. 149; 5. Aufl., S. 159; 14./15. Aufl., S. 157, 163; 20. Aufl., S. 162, 169.

762 *Liszt*, Lehrbuch, 2. Aufl., S. 136; 3. Aufl., S. 150; *ders.*, Die deterministischen Gegner der Zweckstrafe, in: AuV II, S. 25, 43; *ders.*, Die strafrechtliche Zurechnungsfähigkeit, in: AuV II, S. 214, 219.

763 *Liszt*, Lehrbuch, 10. Aufl., S. 136; 14./15. Aufl., S. 163; 16./17. Aufl., S. 163; 20. Aufl., S. 168.

764 *Liszt*, Lehrbuch, 14./15. Aufl., S. 162; 16./17. Aufl., S. 162; 20. Aufl., S. 168.

765 *Liszt*, Lehrbuch, 3. Aufl., S. 159; 14./15. Aufl., S. 158; 20. Aufl., S. 163; *ders.*, Die strafrechtliche Zurechnungsfähigkeit, in: AuV II, S. 214, 219.

766 *Liszt*, Lehrbuch, 14./15. Aufl., S. 158; mit etwas abweichendem Wortlaut, der Sache nach jedoch gleich 16./17. Aufl., S. 158; 20. Aufl., S. 163. *Liszt* nimmt hier ausdrücklich Bezug auf die Lehren von *Kohlrausch*, Irrtum und Schuldbegriff im Strafrecht, *M. E. Mayer*, Die schuldhafte Handlung und ihre Arten im Strafrecht, und *Radbruch*, Über den Schuldbegriff, in: ZStW 24 (1904), S. 333 ff..

767 *Liszt*, Lehrbuch, 18. Aufl., S. 163 Anm. 2; 20. Aufl., S. 163.

768 *Liszt*, 20. Aufl., S. 122.

In der Definition der Zurechnungsfähigkeit als "normale Determinierbarkeit" kommt erkennbar zum Ausdruck, daß LISZT bei der Aufstellung seines Schuldbegriffs durchgehend von seiner Strafzwecklehre bestimmt ist.[769] Es ist gerade das auf Abschreckung und Besserung ausgerichtete Strafsystem, das einen Straftäter verlangt, der der Motivsetzung des Strafvollzugs zugänglich ist, der auch durch den Strafvollzug "normal determinierbar" ist. So findet sich bei LISZT auch zwischenzeitlich eine Formulierung der Schuldfähigkeit, die in den späten Auflagen des Lehrbuchs zwar nicht mehr verwendet wird[770], nichtsdestoweniger jedoch als symptomatisch für den kriminalpolitisch bestimmten Schuldbegriff LISZTs bezeichnet werden muß. Die Fassung der Zurechnungsfähigkeit als "normale Bestimmbarkeit durch Motive" verbürge den Erfolg der Strafe, "mindestens soweit dieser die Einpflanzung oder Ausrottung, die Stärkung oder Schwächung motivierender Vorstellung bezweckt". Zurechnungsfähigkeit bedeute demnach "die *Empfänglichkeit für die durch die Strafe bezweckte Motivsetzung*".[771] Die Schuldfähigkeit wird mit der passiven Straffähigkeit als Motivierbarkeit des Straftäters durch den Strafvollzug gleichgesetzt.[772] Eine deterministische Schuldauffassung entspricht einem Strafrechtssystem, das durch Strafe determinieren, d.h. motivieren will.[773] In einem rechtsstaatlich-liberal ausgestalteten Strafrecht stellt die Schuld indes ein Gegenstück und damit ein Korrektiv zur Bemessung der Strafhöhe dar. Dieses Maßprinzip läßt die Schuld als "normale Determinierbarkeit" gerade vermissen. Legt es ein Strafzumessungssystem darauf an, einem Täter seine "antisoziale Gesinnung" auszutreiben, diesen also unabhängig von der eigentlichen Tat der Motivsetzung durch den Strafvollzug auszusetzen, dann weist ein Schuldbegriff, der auf die "Empfänglichkeit" für diese Motivsetzung abstellt, eine außerordentlich hohe Funktionalität auf. Charakteristisch für einen solchen funktionalen Schuldbegriff ist eben die Ausrichtung der Schuldfrage nicht an der Tat des Täters, sondern an den Zwecken der Strafe.[774] Der Schuldbegriff wird durch seine funktionale Deutung von dogmatischen Restriktionen befreit und erhält auf diese Weise eine erhöhte Flexibilität.[775] Damit steht auch bei der Begriffs-

---

769 So auch *Schwarzschild*, Franz v. Liszt als Strafrechtsdogmatiker, S. 23 f.; *Heinitz*, Franz von Liszt als Dogmatiker, in: ZStW 81 (1969), S. 572, 584.

770 *Liszt*, Lehrbuch, 14./15. Aufl., S. 158 Anm. 1, mit ausdrücklicher Distanzierung von der durch Radbruch, Über den Schuldbegriff, in: ZStW 24 (1904), S. 333, 338 ff., vertretenen Gleichsetzung von Schuldfähigkeit und Straffähigkeit.

771 *Liszt*, Die strafrechtliche Zurechnungsfähigkeit, in: AuV II, S. 214, 220; *ders.*, Die deterministischen Gegner der Zweckstrafe, in: AuV II, S. 25, 45.

772 *Liszt*, Die strafrechtliche Zurechnungsfähigkeit, in: ZStW 18 (1898), S. 229, 253, 257. Vgl. dazu auch *Heinitz*, Franz von Liszt als Dogmatiker, in: ZStW 81 (1969), S. 572, 586.

773 Ausdrücklich *Liszt*, Lehrbuch, 10. Aufl., S. 136.

774 Dieser funktionalen Bestimmung des Schuldbegriffs haftet eine außerordentliche Modernität an, die bis heute in dem Bestreben, strafrechtliche Theorien und Definitionen am Strafzweck, d.h. an den gesellschaftlichen Aufgaben des Strafrechts auszurichten, ihre Anhänger findet; vgl. dazu *Neumann*, Neue Entwicklungen im Bereich der Argumentationsmuster zur Begründung oder zum Ausschluß strafrechtlicher Verantwortlichkeit, in: ZStW 99 (1987), S. 567, 570 ff. m.w.N..

775 Genau darin werden die Vorteile funktionaler strafrechtlicher Begriffe gesehen, vgl. *Neumann*, ebenda, S. 573.

bestimmung der strafrechtlichen Schuld die kriminalpolitische Wirksamkeit des Strafrechts im Vordergrund. Dem Schutz der bürgerlichen Freiheit kommt indessen bei diesem Schuldbegriff keine zentrale Bedeutung zu.[776]

Zweifel an der Begrenzungsfunktion einerseits und Bestätigung der kriminalpolitischen Bestimmung der LISZT'schen Schuld- und Zurechnungslehre andererseits ergeben sich fernerhin aus der Konturlosigkeit des Begriffs der "normalen" Bestimmbarkeit. LISZT räumt die diesbezügliche mangelnde Bestimmtheit zwar selbst ein:

> "*Aber was ist normale Reaktion*? (...) Wo ist der Maßstab, mit dem wir messen, und wie weit reicht der Spielraum, der uns dabei vergönnt ist? Ist nicht jedes Verbrechen eine Abweichung von dem normalen Verhalten des Durchschnittsmenschen? (...) Der Begriff des 'Normalen' schließt einen gewissen Spielraum mit logischer Notwendigkeit in sich; aber wie uferlos weit müssen die Grenzen des 'normalen' Seelenzustandes gespannt werden, sollen sie alle die Spielarten mit umschließen, auf deren Bestrafung zu verzichten wir heute noch mit allen Kräften uns sträuben!"[777]

Jedoch begrüßt er die Relativität des Begriffs der Normalität auch:

> "Da die Begriffe normal und anormal relative sind, gestattet uns diese dem geltenden Rechte zweifellos zu Grunde liegende, wenn auch in ihm nicht klar zum Ausdruck gebrachte Auffassung, allen Fortschritten der Psychologie und Psychiatrie Rechnung zu tragen, und den Einzelfall in seiner Eigenart voll zu würdigen."[778]

LISZT begnügt sich jedoch nicht mit der Feststellung der Flexibilität, die ein unbestimmter Schuldbegriff biete, sondern versucht zu einer Begriffsdefinition der Normalität zu gelangen: Die Normalität bestehe in der "Ähnlichkeit des anderen mit uns", in der "Übereinstimmung mit dem aus unserer Erfahrung abstrahierten Typus".[779] Auch auf die Frage, wer denn das tertium comparationis, also diese "Wir", mit denen Ähnlichkeit verlangt wird, sind, findet sich bei LISZT eine Antwort:

> "Die maßgebenden Werturteile, das sind die der *herrschenden* Klasse. Sie ändern sich nicht nur, wenn eine andere Klasse zur Herrschaft gelangt, sondern auch, wenn innerhalb der herrschenden Klasse eine kulturelle Veränderung sich vollzieht. Der geschichtlichen Beispiele bedarf es wohl nicht. Denken Sie an die lex quisquis oder an die Hexenprozesse.
> Daraus folgt einmal: *Wir*, die herrschende Klasse, bestimmen heute, wer gestraft werden soll, wer nicht. (...) *Wir* erklären den Geisteskranken heute für nicht straffähig."[780]

---

776 Zu diesen liberal-rechtsstaatlichen Bedenken vgl. auch *R. Merkel*, Strafrecht und Satire, S. 277 f..

777 *Liszt*, Die strafrechtliche Zurechnungsfähigkeit, in: AuV II, S. 214, 220 f..

778 *Liszt*, Die deterministischen Gegner der Zweckstrafe, in: AuV II, S. 25, 44.

779 *Liszt*, Lehrbuch, 14./15. Aufl., S. 163; 16./17. Aufl., S. 163; 20. Aufl., S. 168; vgl. auch *ders.*, Die strafrechtliche Zurechnungsfähigkeit, Replik, in: ZStW 18 (1898), S. 229, 258.

780 *Liszt*, Die strafrechtliche Zurechnungsfähigkeit, Replik, in: ZStW 18 (1898), S. 229, 256

Damit wird jedoch nichts anderes gesagt, als daß auch die Schuldfrage im Zeichen der sozialen Angepaßtheit steht. Dieser Gedanke läuft parallel zu der Definition der Zurechnungsfähigkeit als Empfänglichkeit für die durch die Strafe bezweckte Motivsetzung.

Schließlich verleiht die Defintion der Zurechnungsfähigkeit als Fähigkeit zu sozialem Verhalten der Schuld- und Zurechnungslehre eine streng kollektivistische Färbung. Das Schuldurteil wird daran ausgerichtet, ob der Einzelne zu einer den Erfordernissen des staatlichen Zusammenlebens entsprechenden Zwecksetzung imstande ist. Zwar betont LISZT, daß entscheidend die *in der Tat* dokumentierte "antisoziale Gesinnung" sei; dennoch wird über die einzelne Tat auf die "*bleibende Eigenart*" des Täters zurückgegriffen[781]. Es steht damit nicht nur die Tatschuld als solche zur Debatte, sondern auch die Täterpersönlichkeit an sich. Der Aspekt des Mangels der für das gesellschaftliche Zusammenleben erforderlichen "sozialen Gesinnung" zwingt zu einer umfassenden Bewertung der Täterpersönlichkeit unter sozial-ethischen Gesichtspunkten.[782] Die Täterpersönlichkeit wird beurteilt nach ihrer generellen Fähigkeit, ihre Zwecksetzungen an den Interessen der Gesellschaft auszurichten. Damit verliert die Schuld aber gerade ihren für ein liberales Strafrecht typischen Charakter der individuellen Verteidigungsmöglichkeit gegenüber dem Zugriff der strafrechtlichen Gewalt[783] und eröffnet den kollektivistischen Zugriff auf die Täterpersönlichkeit. Liberale Strafrechtsdogmatik fordert eine möglichst weitgehende Einschränkung richterlicher Wertungsspielräume; durch die LISZT'sche Zurechnungslehre wird dem Richter jedoch gerade neben dem Rechtswidrigkeitsurteil ein weiterer Wertungsspielraum zugebilligt.

cc. Zurechenbarkeit

Neben der Zurechnungs- bzw. Schuldfähigkeit verlangt LISZT für die Schuldhaftigkeit eines strafrechtlich relevanten Verhaltens auch die Zurechenbarkeit des Erfolges. Diese sei bei einer der beiden Schuldformen von Vorsatz oder Fahrlässigkeit gegeben.

(1) Vorsatz

Vorsatz definiert LISZT zunächst als die "Vorstellung von der Kausalität des Tuns oder Unterlassens"[784], dann als die "wissentliche Verwirklichung sämtli-

---

781 *Liszt*, ebenda, S. 236 f..
782 Dies als einen Vorzug der *Liszt*'schen Schuldlehre hervorhebend *Eb. Schmidt*, Einführung, S. 386.
783 So auch *Naucke*, Marburger Programm, in: ZStW 94 (1982), S. 525, 546.
784 *Liszt*, Lehrbuch, 2. Aufl., S. 155; 3. Aufl., S. 165; ähnlich 5. Aufl., S. 172.

cher Verbrechensmerkmale"[785] und schließlich als die "Kenntnis der sämtlichen zum gesetzlichen Tatbestande gehörenden Tatumstände"[786]. Der Vorsatz setze mithin zweierlei voraus: zum einen müsse der Täter in Kenntnis der Tatumstände handeln, und zum anderen müsse er dieselben unter den gesetzlichen Tatbestand subsumieren.[787] Der Mangel der sozialen Gesinnung des Täters werde dadurch dokumentiert, daß der Täter trotz Kenntnis der antisozialen Bedeutung seiner Tat die Tat begangen habe, daß er sich also nicht durch diese Kenntnis von der Tat habe abhalten lassen.[788]

Seine Vorsatzdefinition gründet LISZT auf die gesetzgeberische Vorgabe des § 59 RStGB[789]. Inhaltlich findet er diese jedoch nicht zutreffend.[790] Eine abschließende Bestimmung des Vorsatzes im strafrechtlichen Sinne könne nur gefunden werden, wenn der Vorsatz auf die antisoziale Bedeutung der Tat bezogen werde. Die Fassung des § 59 RStGB könne zwar "durch den Gedanken gerechtfertigt werden, daß durch die feste Umschreibung der mit Strafe bedrohten Tatbestände die, im Einzelfalle vielleicht schwierige, Untersuchung des antisozialen Charakters der Tat überflüssig gemacht werden soll". Aber dieser Vorsatzbegriff sei nicht durch ein spezifisch auf die rechtswidrige in Abgrenzung zur rechtmäßigen Handlung bezogenes Merkmal charakterisiert. So schlägt er in seinen späteren Auflagen des Lehrbuchs[791] de lege ferenda vor, daß der Vorsatz das "Bewußtsein des Täters, daß seine Tat verletzend oder gefährdend *in rechtlich geschützte Interessen, sei es eines Einzelnen, sei es der Gesamtheit, eingreift*", umfassen solle. Zur Zeit zwinge die Fassung des § 59 RStGB jedoch zu der Definition des Vorsatzes als einfache Kenntnis der zum gesetzlichen Tatbestand gehörenden Tatumstände.

Damit ist es also nicht das Interesse an Rechtssicherheit[792], das LISZT zu einer mit deskriptiven Merkmalen ausgestatteten Vorsatzdefinition bewegt, die dem Richter weitgehend einen Wertungsspielraum versagt, sondern das streng positivistische Denken LISZTs.

---

785 *Liszt*, Lehrbuch, 9. Aufl., S. 166; 10. Aufl., S. 152.
786 *Liszt*, Lehrbuch, 14./15. Aufl., S. 170; 20. Aufl., S. 179.
787 *Liszt*, Lehrbuch, 14./15. Aufl., S. 174; 20. Aufl., S. 179.
788 *Liszt*, Lehrbuch, 14./15. Aufl., S. 170.
789 § 59 Abs. 1 RStGB hatte folgenden Wortlaut: "Wenn Jemand bei Begehung einer strafbaren Handlung das Vorhandensein von Tatumständen nicht kannte, welche zum gesetzlichen Tatbestande gehören oder die Strafbarkeit erhöhen, so sind ihm diese Umstände nicht zuzurechnen."
790 Hierzu und zum folgenden *Liszt*, Lehrbuch, 14./15. Aufl., S. 173; 16./17. Aufl., S. 173; 20. Aufl., S. 179.
791 *Liszt*, ebenda.
792 So aber die Ansicht von *Schwarzschild*, Franz v. Liszt als Strafrechtsdogmatiker, S. 24.

(2) Fahrlässigkeit

Die Schuldform der Fahrlässigkeit bestimmt LISZT als die "willkürliche Verursachung oder Nichthinderung eines nicht vorausgesehenen, aber voraussehbaren Erfolges".[793] In der "Nichtvoraussicht des voraussehbaren Erfolges" liege die formelle Bedeutung der Fahrlässigkeit.[794]

Aus dieser Begriffsdefinition leitet LISZT zunächst als Bestandteil der Fahrlässigkeit den "Mangel an Vorsicht" ab.[795] Der "Mangel an Vorsicht" bestehe in der "Außerachtlassung der durch die Rechtsordnung gebotenen und nach Lage der Umstände erforderlichen Sorgfalt" und sei "allgemein nach der objektiven Natur der vorgenommenen Handlung" zu beurteilen. LISZT bezeichnet die Unvorsichtigkeit des Täters auch als "*Willens*fehler".

Unzureichend sei es jedoch, allein auf die Sorgfaltspflichtverletzung abzustellen.[796] Das wesentliche Element der Fahrlässigkeit bestehe im "Mangel an Voraussicht". Dieser verlange, daß es dem Handelnden hätte möglich sein müssen, den Erfolg vorauszusehen. Dies sei nach einem subjektiven Maßstab zu beurteilen, indem auf die individuellen Fähigkeiten des Handelnden überhaupt und in der konkreten Handlungssituation abzustellen sei. LISZT nennt den "Mangel an Voraussicht" demzufolge auch "*Verstandes*fehler".

Parallel mit der Einbringung der "antisozialen Gesinnung" in den Begriff der Schuldfähigkeit, ergänzt LISZT in den letzten Auflagen seines Lehrbuchs die Fahrlässigkeit um den Aspekt des "*Gefühls*fehlers": "Die Mangelhaftigkeit der sozialen Gesinnung des zurechnungsfähigen Täters tritt hier darin zutage, daß er die für ihn erkennbare antisoziale Bedeutung seiner Tat infolge seiner Gleichgültigkeit gegen die Anforderungen des sozialen Zusammenlebens nicht erkannt habe".[797]

Bei dieser Fahrlässigkeitsdefinition fällt zunächst auf, daß LISZT ungeklärt läßt, ob die Beurteilung der Sorgfaltswidrigkeit und der individuellen Vorhersehbarkeit ex ante oder ex post zu beurteilen sind. Damit verzichtet LISZT darauf, der strafrechtlichen Praxis einen eindeutigen Beurteilungsmaßstab an die Hand zu geben. Ferner entwickelt LISZT keinerlei Kriterien zur objektiven Beurteilung

---

793 *Liszt*, Lehrbuch, 20. Aufl., S. 187; mit variierendem Wortlaut, aber gleichem Inhalt bereits Lehrbuch, 1. Aufl., S. 117; 2. Aufl., S. 164; 5. Aufl., S. 184; 9. Aufl., S. 179.

794 *Liszt*, Lehrbuch, 14./15. Aufl., S. 182; 16./17. Aufl., S. 182.

795 Zu den hier folgenden Fahrlässigkeitskriterien vgl. *Liszt*, Lehrbuch, 1. Aufl., S. 117 f.; 2. Aufl., S. 164 f.; 3. Aufl., S. 174 f.; 5. Aufl., S. 184 f.; 9. Aufl., S. 179 f.; 10. Aufl., S. 162 f.; 14./15. Aufl., S. 183 f.; 17./18. Aufl., S. 183; 20. Aufl., S. 188 f..

796 Ausdrücklich hält *Liszt* deshalb die Bestimmung des § 276 BGB, die nur auf die Außerachtlassung der gebotenen Sorgfalt abstellt, für unzureichend. Vgl. *Liszt*, Deliktsobligationen, S. 55; *ders.*, Lehrbuch, 9. Aufl., S. 178; 10. Aufl., S. 161; 14./15. Aufl., S. 182; 16./17. Aufl., S. 182; 20. Aufl., S. 187.

797 *Liszt*, Lehrbuch, 20. Aufl., S. 189; 21./22. Aufl., S. 177, ohne den Begriff des "Gefühlsfehlers"; ähnlich schon in der 16./17. Aufl., S. 183 f..

der Sorgfaltspflichtverletzung. Wonach die nach der Rechtsordnung gebotenen und nach den Umständen erforderlichen Verhaltensmaßstäbe bestimmt werden, bleibt offen. Werden die materiellen Lehren zur Rechtswidrigkeit und Zurechnungsfähigkeit auch hier fruchtbar gemacht, so kann der erforderlichen Sorgfaltspflicht nur derjenige genügen, der sein Verhalten an den Erfordernissen des gesellschaftlichen Zusammenlebens ausrichtet. Damit ist der "Mangel an Vorsicht" jedoch nichts anderes als ein "Mangel an sozialer Gesinnung". Wird die Sorgfaltspflicht anhand der sozialen Verhaltensnorm bestimmt, ist der zuletzt von LISZT angeführte Aspekt des "Gefühlsfehlers" nicht als Ergänzung, sondern als Zusammenfassung der Fahrlässigkeitskriterien zu verstehen: die Fahrlässigkeit wird als das auf Gleichgültigkeit gegen die Erfordernisse des gesellschaftlichen Zusammenlebens beruhende Nicht-Erkennen der erkennbaren "antisozialen" Bedeutung der Tat aufgefaßt. Dadurch, daß der Richter dem Handelnden Gleichgültigkeit gegen die Anforderungen des sozialen Zusammenlebens konstatieren soll, wird ihm, wie schon in den Bereichen der Rechtswidrigkeit und Zurechnungsfähigkeit über eine umfassende, nach sozialethischen Kriterien erfolgende Persönlichkeitsbewertung ein weiter Wertungsspielraum eingeräumt. Strafbarkeitsbegrenzende Funktion hat diese Fahrlässigkeitsdogmatik kaum aufzuweisen.

3. Täterschafts-/Teilnahmelehre

Ausgehend von V. BURIS Lehre der Gleichwertigkeit der Bedingungen[798], der sich LISZT ausdrücklich anschloß[799], stellt LISZT bereits in der ersten Auflage seines Lehrbuchs fest, daß die Lehre von der Teilnahme im Strafrechtssystem keine oder zumindest nur untergeordnete Bedeutung haben könne.[800] Würde der Grundsatz von der Gleichwertigkeit der Bedingungen konsequent angewandt, so wären Täterschaft und Verursachung identische Begriffe. Jedoch habe das positive Recht diesen Grundsatz durch die Ausnahme der §§ 48, 49 RStGB, die die Strafbarkeit von Anstiftung und Beihilfe zum Gegenstand haben, durchbrochen und sich für eine Trennung von Täterschaft und Teilnahme entschieden.[801] Der Gesetzgeber betrachte demnach nur die letzte freie und vorsätzliche Handlung als Ursache für den Erfolg. Die Teilnahme bedeute dagegen nur "das Setzen einer Bedingung für den Eintritt des durch weitere Zwischenursachen vermittelten Erfolges", sei also "als Bedingung der Zwischenursache" aufzufassen.[802] Angesichts der gesetzgeberischen Entscheidung definiert LISZT die Täterschaft als "die begonnene oder beendete Begehung der Ausführungshand-

798 *v. Buri*, Über Causalität und deren Verantwortung.
799 Vgl. nur *Liszt*, Lehrbuch, 1. Aufl., S. 76 Anm. 1.
800 *v. Buri*, Über Causalität und deren Verantwortung, S. 105, zog entsprechend seiner Lehre von der Gleichwertigkeit der Bedingungen den Schluß, daß eine Unterscheidung nach dem Gewicht der kausalen Beteiligung an der Tat entfalle.
801 *Liszt*, Lehrbuch, 1. Aufl., S. 146; dieser Gedanke wird später wieder aufgegriffen, vgl. 9. Aufl., S. 215; 14./15. Aufl., S. 215; 20. Aufl., S. 218.
802 *Liszt*, Lehrbuch, 1. Aufl., S. 147.

lung"[803] und die Teilnahme als "Beteiligung an der von einem anderen begonnenen oder vollendeten Ausführungshandlung"[804]. Für die Lösung des Problems der Abgrenzung der Mittäterschaft von der Beihilfe formuliert LISZT - ebenfalls in strenger Anlehnung an den Gesetzeswortlaut - eine objektive Theorie, nach der für die Mittäterschaft eine "gemeinschaftliche Ausführung" der Tat zu verlangen sei. Mittäter könne demnach nur derjenige sein, der einen Teil der im Tatbestand umschriebenen Ausführungshandlung begehe.[805] Die subjektive Teilnahmelehre des Reichsgerichts[806], wonach entscheidend darauf abzustellen sei, ob der Täter mit animus auctoris oder mit animus socii gehandelt habe, wird von LISZT eindeutig abgelehnt.[807]

Es ist auffallend, daß die Täterschafts-/Teilnahmeproblematik durch sämtliche Auflagen des Lehrbuchs hindurch annähernd unverändert beibehalten wird. Während Rechtswidrigkeits- und Schuldlehre in der annähernd vierzigjährigen Entwicklung des Lehrbuchs manche Modifizierungen und Umgestaltungen erfahren haben, weist die Teilnahmelehre, abgesehen von leichten Veränderungen in der Darstellung, eine erstaunliche Kontinuität auf. Ferner fällt auf, daß LISZT das Problem der Abgrenzung von Täterschaft und Teilnahme an keiner Stelle eingehend vertieft.[808] Er stellt lediglich seine objektive Theorie mit Hinweis auf den Gesetzeswortlaut der subjektiven Theorie der reichsgerichtlichen Praxis gegenüber. Daß die subjektive Theorie des Reichsgerichts gewichtigen rechtsstaatlichen Einwänden unter dem Gesichtspunkt eines Tatstrafrechts ausgesetzt ist, wird mit keinen Wort erwähnt. Insgesamt macht die Teilnahmelehre den Eindruck einer eher uninteressierten, ja vor dem Gesetzeswortlaut resignierenden Behandlung.

Eine Erklärung für das nur geringe Interesse an der dogmatischen Ausarbeitung des Bereichs von Täterschaft und Teilnahme läßt sich wiederum in der kriminalpolitischen Haltung LISZTs finden.[809] Die Auffassung, daß die Strafe an der Täterpersönlichkeit und nicht an der Tatschwere auszurichten sei, führt dazu, daß nicht die Frage, *wie*, d.h. in welcher Form der Betreffende an einer Straftat beteiligt ist, sondern die Tatsache, *daß* der Betreffende sich überhaupt an einer Straftat beteiligt hat, im Vordergrund steht. "Antisoziale Gesinnung" zeigt sich sowohl beim Täter als auch beim Teilnehmer, so daß die Unterscheidung zwischen diesen Begehungsformen allenfalls im Strafzumessungsbereich unter dem Gesichtspunkt der verschiedenen Schuldschwere relevant werden kann. LISZT

803 *Liszt*, Lehrbuch, 14./15. Aufl., S. 220; 20. Aufl., S. 222.
804 *Liszt*, Lehrbuch, 14./15. Aufl., S. 224; 20. Aufl., S. 226.
805 *Liszt*, Lehrbuch, 1. Aufl., S. 149; 3. Aufl., S. 212; 5. Aufl., S. 222 f; 9. Aufl., S. 221; 14./15. Aufl., S. 222; 20. Aufl., S. 224.
806 RGSt 2, S. 160, 162 f.; 3, S. 181 , 182 f..
807 *Liszt*, Lehrbuch, 2. Aufl., S. 202; 9. Aufl., S. 222 Anm. 8; 14./15. Aufl., S. 223 Anm. 9; 20. Aufl., S. 225 Anm. 10.
808 Auch *Heinitz*, Franz von Liszt als Dogmatiker, in: ZStW 81 (1969), S. 572, 592 f., stellt ein mangelndes Interesse *Liszt*s an der dogmatischen Ausgestaltung der Teilnahmelehre fest.
809 Vgl. dazu auch die zutreffenden Ausführungen von *Heinitz*, ebenda, S. 593.

hielt die Unterscheidung von Täterschaft und Teilnahme für "doktrinär" und konstatierte der Strafgesetzgebung angesichts der Gleichstellung von Täter und Teilnehmer in § 830 BGB eine "verkehrte Behandlung" der Teilnahme im RStGB[810]. Wiederholt forderte er eine Gleichbehandlung von Täter und Teilnehmer, da eine Unterscheidung beispielsweise von Mittäterschaft und Beihilfe keinen praktischen Wert habe.[811] Auch die Anstiftung stelle nichts anderes dar als einen besonderen Fall der Täterschaft, da auch sie "Herbeiführung des Erfolges" bedeute: "(...) wer einen andern zum Morde angestiftet hat, haftet für den Tod des Opfers, ist selber Mörder".[812] So schlug er im Zusammenhang mit der Bestrebung nach einer Vereinfachung des Strafgesetzbuches vor, die "verwickelte Lehre von der Teilnahme" durch die Aufnahme des einfachen Satzes: "wer eine Bedingung zu dem eingetretenen Erfolge gesetzt hat, ist für diesen verantwortlich" zu ersetzen.[813] Dementsprechend begrüßte er Tendenzen in der neueren Reichsgesetzgebung zur Preisgabe der Unterscheidung von Täterschaft und Teilnahme.[814] Als Beispiele führt LISZT das Sklavenraubgesetz vom 28. Juli 1895[815] an, welches jede "Mitwirkung an einem auf Sklavenraub gerichteten Unternehmen" mit gleicher Strafe belegte, die §§ 45 und 48 Abs. 2 des Auswanderungsgesetzes vom 9. Juni 1897[816], wo ebenfalls das Mitwirken an einer verbotenen Handlung der Vornahme derselben gleichgestellt wurde, sowie die im BGB über § 830 vorgenommene Gleichstellung von Täterschaft und Teilnahme. LISZT redete damit in letzter Konsequenz einem Einheitstäterbegriff[817] das Wort. Dieser hätte jedoch eine beträchtliche Ausweitung der Strafbarkeit zur Folge. Für alle an einer Tat Beteiligten stünde nur ein Strafrahmen zur Verfügung, so daß für eine Milderung des Teilnahmestrafrahmens und für die im RStGB vorgesehene Straflosigkeit der versuchten Teilnahme kein Raum mehr wäre. Die Beibehaltung verschiedener Beteiligungsformen ermöglicht gerade die Ausklammerung bestimmter Verhaltensweisen aus dem Bereich der Strafbarkeit und wirkt damit strafbarkeitseinschränkend. Mit dem Einheitstäterbegriff würde der Blick des Strafrechts ferner von der Tat auf die Täterpersönlichkeit gelenkt - wiederholt ein Einbruch in das liberale Tatstrafrecht.

Wie im Bereich des Vorsatzes ist es nicht die rechtsstaatliche Überzeugung, die LISZT an einer objektiven Teilnahmelehre festhalten läßt, sondern die Resignation vor der gesetzgeberischen Entscheidung. Gerade die de lege ferenda gemachten Vorschläge, nach denen ein einfacher Verursachungsbeitrag zur vollen

810 *Liszt*, Deliktsobligationen, S. 75. Ferner *ders.*, in: Mitt. d. I.K.V., Bd. 11 (1904), S. 137.
811 *Liszt*, in: Mitt. d. I.K.V. Bd. 5 (1896), S. 514 f..
812 Ebenda, S. 515 f..
813 *Liszt*, Über den Einfluß der soziologischen und anthropologischen Forschungen, in: AuV II, S. 75, 87 f.; vgl. ferner *ders.*, Die deterministischen Gegner der Zweckstrafe, in: AuV II, S. 25, 62; *ders.*, Die Forderungen der Kriminalpolitik, in: AuV II, S. 94, 113.
814 *Liszt*, Lehrbuch, 9. Aufl., S. 216; 14./15. Aufl., S. 216.
815 RGBl. 1895, S. 425 f..
816 RGBl. 1897, S. 463 ff..
817 Zu den Einwänden gegen einen Einheitstäterbegriff vgl. aus der jüngeren Literatur *Roxin*, Unterlassung, in: JuS 1973, S. 329, 334; *Bloy*, Die Beteiligungsform als Zurechnungstypus, S. 149 ff.; *Maiwald*, Historische und dogmatische Aspekte der Einheitstäterlösung, in: Bockelmann-FS, S. 343 ff..

Täterhaftung führen soll, führen nicht zu einer strafeinschränkenden und damit liberalen Strafrechtsdogmatik, sondern stehen im Zeichen einer einfachen Handhabung des Strafgesetzes zur Sicherstellung einer effektiven Verbrechensbekämpfung. Damit ist die objektive Täterschafts-/Teilnahmelehre als Beweis für die liberal-rechtsstaatliche Haltung LISZTs mehr als zweifelhaft geworden.

4. Versuchslehre

Schließlich bleibt zur Untermauerung der These von der liberal-rechtsstaatlichen Strafrechtsdogmatik LISZTs nur noch die Versuchslehre. Der Bereich der Versuchsstrafbarkeit, bei dem in Ermangelung einer Erfüllung des Tatbestandes nicht das äußere Geschehen, sondern das Vorstellungsbild des Täters im Zentrum stehen muß, ist für Abweichungen von einem liberal-rechtsstaatlichen Tatstrafrecht besonders empfänglich. Mithin bildet die Versuchslehre einen Gradmesser dafür, inwieweit an den Grundsätzen eines liberal-rechtsstaatlichen Tatstrafrechts tatsächlich festgehalten wird.

LISZTs kriminalpolitischer Standpunkt der Täterorientierung legt die Schlußfolgerung nahe, die Strafbarkeit des Versuchs nicht aus der objektiven Gefährlichkeit für die Rechtsgüterordnung, sondern aus der sich in der Versuchshandlung manifestierenden kriminellen Gesinnung zu rechtfertigen. Wird der Zweck der Strafe darin gesehen, durch Einwirkung auf den Täter mit dem Ziel der Anpassung oder Unschädlichmachung die Begehung weiterer Verbrechen zu verhindern, ist es folgerichtig, bei jedem Anzeichen für eine kriminelle Gesinnung strafrechtliche Einwirkungsmaßnahmen Platz greifen zu lassen. Eine subjektive Versuchslehre wäre damit die Konsequenz aus dem kriminalpolitischen Konzept LISZTs.[818] LISZT hat diese Konsequenz indes nicht gezogen. Vielmehr hat er von Beginn an bis in die letzten Auflagen seines Lehrbuchs an einer objektiven Versuchslehre festgehalten.

Der Versuch stellt sich für LISZT als "die auf Verwirklichung sämtlicher Tatbestandsmerkmale gerichtete, diese Verwirklichung aber nicht erreichende Willensbetätigung" dar.[819] Unterschieden wird zwischen einem subjektiven und einem objektiven Element: in subjektiver Hinsicht sei die Gefährlichkeit des Täters ausschlaggebend, während in objektiver Hinsicht die in der Möglichkeit der Tatbestandsverwirklichung liegende Gefährlichkeit der Handlung maßgeblich sei.[820] Der legislative Grund der Versuchsstrafbarkeit liege in der Gefährlichkeit der Versuchshandlung für die rechtlich geschützten Interessen.[821]

---

818 Vgl. dazu auch *Schwarzschild*, Franz v. Liszt als Strafrechtsdogmatiker, S. 27; *Georgakis*, Geistesgeschichtliche Studien, S. 54.

819 *Liszt*, Lehrbuch, 14./15. Aufl., S. 201; etwas abweichend im Wortlaut bereits 10. Aufl., S. 181; später 20. Aufl., S. 205.

820 *Liszt*, Lehrbuch, 2. Aufl., S. 181; 14./15. Aufl., S. 201 f.; 20. Aufl., S. 205 f..

821 *Liszt*, Lehrbuch, 1. Aufl., S. 137; 2. Aufl., S. 181; 3. Aufl., S. 191 f..

Im Bereich der Versuchslehre sind die Abgrenzung zwischen Vorbereitungshandlung und Versuch und die Behandlung des untauglichen Versuchs als Grenzbereiche zwischen Strafbarkeit und Straflosigkeit von besonderem Interesse. In Bezug auf die Grenzlinie zwischen Vorbereitung und Versuch hält sich LISZT - wie im Bereich der Täterschafts- und Teilnahmeproblematik - strikt an den Wortlaut des Gesetzes, das in § 43 RStGB auf den Anfang der Tatausführung abstellt.[822] Ausführungshandlung sei dabei "diejenige Willenbetätigung, die im Einzelfalle der vom Gesetz unter Strafe gestellten Tätigkeit entspricht".[823]

Für die Abgrenzung des tauglichen vom untauglichen Versuch greift LISZT auf die in objektiver Hinsicht für die Versuchsstrafbarkeit erforderliche Gefährlichkeit der Willensbetätigung zurück. Der Versuch sei dann gefährlich, wenn durch die Versuchshandlung die "nahe Möglichkeit" der Verwirklichung sämtlicher Tatbestandsmerkmale gegeben sei.[824] Bei der Beurteilung der Gefährlichkeit müsse auf die besonderen Umstände der jeweiligen Handlung abgestellt, d.h. die "*konkrete Gefährlichkeit*" ermittelt werden. Für die Ermittlung dieser konkreten Gefährlichkeit müsse sich der Betrachter in die Situation des Handelnden zurückversetzen, und es dürften nur die allgemein erkennbaren oder nur dem Täter erkennbaren, nicht jedoch die erst später hinzugetretenen Umstände Berücksichtigung finden ("*nachträgliche Prognose*"). Ergebe diese Beurteilung ex ante, daß die Verwirklichung sämtlicher Tatbestandsmerkmale *ausgeschlossen* erscheine, sei der Versuch ungefährlich und als solcher straflos.[825] Der absolut untaugliche Versuch stelle mithin mangels Gefährlichkeit keinen Versuch im strafrechtliche Sinne dar und sei somit nicht strafbar.[826] Das Festhalten an der objektiven Gefährlichkeit der Versuchshandlung ist ein Resultat aus der allgemeinen Verbrechenslehre LISZTs, nach der das Verbrechen - also auch der Versuch als eine Erscheinungsform desselben[827] - immer einen schuldhaften rechtswidrigen Angriff auf die Rechtsordnung bzw. auf die rechtlich geschützten Interessen voraussetze.

---

822 Ausdrücklich *Liszt*, Lehrbuch, 1. Aufl., S. 143; 2. Aufl., S. 186; 3. Aufl., S. 196; 5. Aufl., S. 207; 10. Aufl., S. 183; 14./15. Aufl., S. 203; 20. Aufl., S. 207.

823 *Liszt*, Lehrbuch, 14./15. Aufl., S. 136; 20. Aufl., S. 140; ähnlich bereits 1. Aufl., S. 142; 10. Aufl., S. 183.

824 *Liszt*, Lehrbuch, 5. Aufl., S. 212; 10. Aufl., S. 191.

825 *Liszt*, Lehrbuch, 14./15. Aufl., S. 210 f.; 20. Aufl., S. 213; ähnlich 5. Aufl., S. 212; 10. Aufl., S. 191; zum Erfordernis der objektiv nachträglichen Prognose vgl. ferner *ders*., Das fehlgeschlagene Delikt, in: ZStW 1 (1881), S. 93, 102 f.: "Wir haben bei der Stellung der nachträglichen Prognose zu abstrahieren von all' dem, was uns der konkrete Verlauf erst gelehrt hat."

826 *Liszt*, Lehrbuch, 2. Aufl., S. 191; 5. Aufl., S. 211; 14./15. Aufl., S. 209; 20. Aufl., S. 212.

827 *Liszt*, Lehrbuch, 1. Aufl., S. XI, und 20. Aufl., S. X. Vgl. dazu auch *Heinitz*, Franz von Liszt als Dogmatiker, in: ZStW 81 (1969), S. 572, 590; vom Standpunkt einer subjektiven Versuchsauffassung diesen Ansatz *Liszt*s kritisierend *Schwarzschild*, Franz v. Liszt als Strafrechtsdogmatiker, S. 27 f..

Zweifel an einem tatsächlich liberal-rechtsstaatlichen Gehalt der LISZT'schen Versuchsdogmatik im Sinne einer strafbarkeitsbegrenzenden Funktion könnten sich aus deren praktischer Anwendung ergeben. Als Beispielsfälle für die Grenzziehung zwischen strafbarem tauglichem und straflosem untauglichen Versuch führt LISZT den Versuch der Abtreibung durch eine Nichtschwangere und den Tötungsversuch an einem totgeborenen Kinde an. Der Abtreibungsversuch einer Nichtschwangeren sei dann strafbar, wenn das Vorhandensein einer Schwangerschaft nicht völlig ausgeschlossen sei. Ebenso liege Strafbarkeit eines Tötungsversuchs an einem totgeborenen Kind dann vor, wenn der Tod des Kindes nicht völlig zweifellos sei. Es fragt sich, wo bei dem Verständnis der objektiven Gefährlichkeit in diesen Fällen die nahe Möglichkeit der Tatbestandsverwirklichung, also eine konkrete Rechtsgutsgefährdung vorgelegen haben soll. Dadurch, daß LISZT die Straflosigkeit des Versuchs davon abhängig macht, daß die Verwirklichung sämtlicher Tatbestandsmerkmale nach einer Beurteilung ex ante *ausgeschlossen* sein müsse, reduziert sich die Straflosigkeit des Versuchs auf nur wenige Fälle.[828] In den meisten Fällen kommt LISZT zu den gleichen - kriminalpolitisch erwünschten - Ergebnissen wie das Reichsgericht auf der Grundlage der subjektiven Versuchslehre.[829] Es ist damit weniger der liberal-rechtsstaatliche Grundzug der objektiven Versuchslehre, sondern die kriminalpolitische Brauchbarkeit, die LISZT an seinen Kriterien zur Versuchsstrafbarkeit festhalten läßt.

Die objektive Behandlung des Versuchs als Beweis für liberale Rechtsstaatlichkeit im strafbegrenzenden Sinne relativiert sich weiterhin bei einem Blick auf die Behandlung der Strafzumessungsfrage. LISZT wandte sich ausdrücklich gegen eine obligatorische Strafmilderung beim Versuch[830] sowie gegen die regelmäßige Straflosigkeit des Vergehensversuchs[831]. Hier schlägt sich die kriminalpolitische Konzeption LISZTs erneut nieder: soll sich die Strafzumessung an der "antisozialen Gesinnung" des Täters orientieren, so muß der Versuchstäter, der aus außerhalb seiner Gesinnung liegenden Gründen an der Vollendung seiner Tat gehindert wurde, aber in gleichem Maße durch seine Versuchshandlung seine "antisoziale Gesinnung" dokumentiert, mit der gleichen Strafe belegt werden können wie bei vollendeter Tat. Auch der Vergehensversuch stellt die "antisoziale Gesinnung" des Täters unter Beweis, so daß auch dieser als strafwürdig gelten muß. Liberal-rechtsstaatlich und vom Standpunkt einer objektiven Versuchslehre aus konsequent wäre es indes gewesen, angesichts der gegenüber der vollendeten Tat geringeren objektiven Gefährdung der Rechtsgü-

---

828 Als Beispiele für die Straflosigkeit des Versuchs führt *Liszt* die heute sogenannten Wahnverbrechen an (Totbeten, Verhexen etc.) und die absolut untauglichen Versuchshandlungen (z.B. Versuch, auf Kanonenschußweite den B durch einen Pistolenschuß zu töten); vgl. *Liszt*, Lehrbuch, 5. Aufl., S. 212; 10. Aufl., S. 191; 14./15. Aufl., S. 211; 20. Aufl., S. 213.

829 Die Übereinstimmung mit dem Reichsgericht in den praktischen Ergebnissen betonend *Liszt*, Lehrbuch, 5. Aufl., S. 212.

830 *Liszt*, Die Forderungen der Kriminalpolitik, in: AuV II, S. 94, 112; *ders.*, Zum Vorentwurf eines Reichsstrafgesetzbuches, in: ZStW 30 (1910), S. 250, 272.

831 *Liszt*, Bemerkungen zum Entwurf des Allgemeinen Teils, in: AuV I, S. 180, 200.

terwelt an einer obligatorischen Strafmilderung des Versuchs und angesichts der geringfügigen Gefahr bei der Begehung eines Vergehensversuchs an dessen regelmäßiger Straflosigkeit festzuhalten.

C. Zusammenfassung

Der rechtshistorische Vergleich der LISZT'schen Magna-charta-Formel mit dem von FEUERBACH begründeten Nullum-crimen-Grundsatz führt zu dem Ergebnis, daß das Gesetzlichkeitsprinzip bei LISZT einen erheblichen Bedeutungsschwund erhielt.

Bei FEUERBACH war die Strafgesetzlichkeit ein straftheoretisches und kriminalpolitisches Muß: ohne ein geschriebenes, bestimmtes, nicht rückwirkendes und den Richter unbedingt bindendes Strafgesetz war die psychologische Zwangstheorie nicht denkbar. In erster Linie war die Strafgesetzlichkeit aber die zwingende Folge aus der auf dem Gesellschaftsvertragsmodell aufbauenden und damit in der Staatsphilosophie der Aufklärung verwurzelten Staatsauffassung FEUERBACHs. Ausgehend von dem KANT'schen Rechtsprinzip, wonach der rechtliche Zustand darin bestehe, daß die Freiheit des einen mit der Freiheit des anderen zu größtmöglicher Freiheit verbunden werden muß, daß also die Freiheit des einen nicht der Freiheit des anderen widersprechen darf, erhielt die Strafgesetzlichkeit ihre Funktion als Schutz bürgerlicher Freiheit und als Gewährleistung bürgerlicher Rechtsgleichheit. Die Forderung nach einer strikten Bindung der staatlichen Gewalt an das Gesetz entsprang der frühliberalen Überzeugung FEUERBACHs und ist als konkrete Reaktion auf die relativistische Rechtshandhabung des ausgehenden 18. Jahrhunderts zu verstehen.

Indem jedoch der Staat als Freiheits- bzw. Rechtsschutzanstalt begriffen und dadurch seine Strafgewalt auf das Recht zur Ahndung von Freiheitsverletzungen begrenzt wurde, sollte der Nullum-crimen-Grundsatz nicht nur dem Schutz vor *Richter*willkür dienen, sondern darüberhinaus auch den Schutz vor *Gesetzgebungs*willkür zum Ziel haben. In einem Staat mit aussschließlicher Rechtsschutzfunktion steht es nicht im freien Ermessen des Strafgesetzgebers, über Strafbarkeiten zu entscheiden, sondern dieser ist gebunden an das vor-positive, als Konkretisierung des Vernunftrechts aufzufassende Kriterium der Freiheits- bzw. Rechtsverletzung. Indem die als Rechtsverletzung definierte Straftat als vor dem Strafgesetz bestehend angenommen wurde, war die Strafgesetzlichkeit bei FEUERBACH gleichzusetzen mit der Strafgerechtigkeit: das Strafgesetz sollte nur ohnehin als strafwürdig anerkannte Verhaltensweisen erfassen.

Anders bei LISZT. Was sich bei der Zusammenstellung und Auswertung der einzelnen Texte, in denen LISZT das Gesetzlichkeitsprinzip heranzog, bereits andeutete, hat die Einordnung der Magna-charta-Formel in das Gesamtwerk

LISZTs bestätigt: die Magna-charta-Formel als Ausdruck des Festhaltens am Nullum-crimen-Grundsatz ist keine aus dem straftheoretischen und kriminalpolitischen Programm, aber auch keine aus der staatstheoretischen Auffassung LISZTs fließende Denknotwendigkeit.

Das "Marburger Programm" kommt sehr gut ohne das Gesetzlichkeitsprinzip aus: dem Zweckgedanken im Strafrecht, wonach das Strafrecht um der Gesellschaft willen da ist, ist die Gesetzesgebundenheit eher hinderlich, verlangt Zweckrationalität doch - wie ein Blick auf die Konsequenzen JHERINGs aus dem Zweckrationalismus gezeigt hat - einen hohen Grad an Flexibilität, die bei der Verfolgung gesellschaftlicher Gesamtinteressen auf individuelle Freiheitsrechte keine übertriebene Rücksicht nehmen kann. Die Strafparadigmata der die Täterpersönlichkeit erfassenden Besserung und der den Täter nach sozialdarwinistischem Muster selektierenden Unschädlichmachung lassen den Grundsatz *nulla poena sine lege* als - auf dem Gedanken der Rechtsgleichheit beruhender - Bestandteil der Strafgesetzlichkeit nicht mehr zu, sondern verlangen die illiberale und rechtsstaatswidrige Ersetzung der richterlichen Strafzumessung durch das unbestimmte Strafurteil.

Aber nicht nur auf der Rechtsfolgenseite erfordert das moderne Strafrecht LISZTs höhere Flexibilität; auch im Bereich der Strafvoraussetzungen sind Beschränkungen nicht gefragt. Der Strafgesetzgeber des modernen, in gesellschaftliche Prozesse eingreifenden und diese lenkenden Interventionsstaats, der sich im ausgehenden 19. Jahrhundert als Reaktion auf den sozialen und wirtschaftlichen Strukturwandel herausgebildet und eine Relativierung des Freiheitsbegriffs mit sich gebracht hatte, muß ohne kriminalpolitische Restriktion von dem Interventionsinstrument des Strafgesetzes Gebrauch machen können. Eine Strafgesetzlichkeit als ausschließlich auf Freiheitsschutz bedachte Inhaltsschranke ist für das Strafrecht des modernen Interventionsstaats nicht funktional. Kriminalisierung muß dort möglich sein, wo es die gesellschaftspolitische Notwendigkeit gebietet. Nicht weniger, aber auch nicht mehr besagt die Idee des Rechtsgüterschutzes. Mit dieser staatspositivistischen Haltung, die in der Ablösung der nach einer letzten Legitimation des Rechts suchenden und deshalb auf außerrechtliche Prinzipien zurückgreifenden durch eine von naturalistisch-positivistischem Denken geprägten Strafrechtswissenschaft ihren Ursprung hatte, wird die Strafgesetzlichkeit zu einer reinen Formschranke abgeschwächt.

Daß die Strafgesetzlichkeit im FEUERBACH'schen Sinne bei LISZT durch die schlichte Anerkennung gesetzgeberischer Strafrechtspositivierung abgelöst wird, zeigte sich nicht nur anhand der Auffassung LISZTs von der Gesetzgebungsaufgabe, sondern bestätigte sich auch bei einem Blick auf die Strafrechtsdogmatik LISZTs. Diese enthält die bloße Anerkennung gesetzgeberischer Entscheidungen, und gerade die de lege ferenda von LISZT gemachten Vorschläge zeigen, daß nicht die Strafbarkeitseinschränkung durch Strafrechtsdogmatik, welche für eine liberale Strafrechtsdogmatik charakteristisch gewesen wäre, ausschlaggebend ist, sondern über die insbesondere im Bereich der Rechtswidrigkeits- und Schuldlehre dem Richter eingeräumten weiten Wertungsspielräume eine flexiblere Handhabung des Gesetzesstoffs erzielt werden soll.

LISZT geht noch weiter: indem er Verordnungen und Blankettstrafgesetze als den Erfordernissen der Strafgesetzlichkeit genügend anerkennt, wird diese auf weniger als eine Formschranke reduziert und bedeutet nichts anderes mehr als aufgeschriebene Strafbefugnis. Letztlich ist die Strafgesetzlichkeit bei LISZT gleichzusetzen mit bloßer Regelhaftigkeit. Als solche manigfaltigen Inhalten zugänglich gemacht, hat sie der Kriminalpolitik nichts entgegenzusetzen. Das Strafrecht vor diesem Hintergrund als die "unübersteigbare Schranke der Kriminalpolitik" zu bezeichnen, *klingt* nicht nur wie ein Paradoxon, sondern *ist* ein Paradoxon, das eine bewußte Verkennung der juristischen Wirklichkeit beinhaltet. Die Magna-charta-Formel LISZTs läßt nur wenig von der FEUERBACH'schen Gesetzlichkeit übrig.

Schluß: Zum Stellenwert der individuellen Freiheit im LISZT'schen Werk

Zur Verdeutlichung der These, daß bei LISZT die Freiheitsschutzfunktion des Gesetzlichkeitsprinzips nur von untergeordneter Bedeutung ist, soll abschließend der Frage nachgegangen werden, welchen Stellenwert LISZT abstrakt der individuellen Freiheit in seinem als Verbrechensbekämpfungskonzept ausgestalteten Strafrechtsprogramm beimaß.

Werden FEUERBACH'sche Texte mit LISZT'schen Texten verglichen, so fällt in erster Linie der grundverschiedene Tenor auf: während bei FEUERBACH überwiegend vom Einzelnen und seiner Freiheit *im* Staat und *vom* Staat, die es im Wege des Strafrechts zu schützen gelte, die Rede ist, spricht LISZT in erster Linie von dem Gemeinwohl, in dessen Interesse im Wege einer effektiven Kriminalpolitik gegen antisoziale Gesinnungen des Einzelnen vorgegangen werden müsse. Eine Durchsicht der Texte LISZTs läßt anschaulich werden, wie wenig von der individuellen Freiheit des Bürgers und wie viel von einer effektiven Verbrechensbekämpfung die Rede ist. Eine Äußerung wie die Magna-charta-Formel ist eher selten; überwiegend wird der Vorrang kriminalpolitischer Zielsetzungen betont.[1] So wird die Haltung gegen das Vergeltungsstrafrecht nicht damit begründet, daß sie zu inhumanen Bestrafungen führe, sondern damit, daß das geltende Strafrecht "machtlos gegenüber dem Verbrechertum" sei[2]. Es wird "die Milde unseres Gesetzbuchs und die noch größere Milde unserer Gerichte dem Verbrechertum gegenüber" beklagt, "eine Milde, welche der Gesellschaft, den Nichtverbrechern, gegenüber als eine beklagenswerte Härte erscheint".[3] Es ist immerhin das auf den liberal-rechtsstaatlichen Errungenschaften des 19. Jahrhunderts aufbauende Reichstrafgesetzbuch von 1871[4], dessen Milde LISZT hier bemängelt. Sein kriminalpolitisches Konzept des "Marburger Programms" will LISZT auch keineswegs als die Befürwortung einer Humanisierung der Strafrechtspflege verstanden wissen:

> "Aber ein anderes muß und will ich betonen. *Es handelt sich nicht um eine Milderung unseres Strafensystems.* Der gegenwärtige Augenblick wäre herzlich schlecht gewählt dazu. Die beklagenswerte Milde unserer Strafgesetzgebung wird nur durch die noch beklagenswertere Milde unserer Strafgerichte übertroffen. Wir wollen die kurzzeitige Freiheitsstrafe nicht beseitigen, weil sie zu hart, sondern weil sie nutzlos und schädlich ist."[5]

---

1 So bereits *Baurmann*, Kriminalpolitik ohne Maß, in: Liszt der Vernunft, Kriminalsoziologische Bibliographie 1984, Heft 42, S. 54, 55 f..

2 *Liszt*, Kriminalpolitische Aufgaben, in: AuV I, S. 290, 322.

3 Ebenda, S. 352. Vgl. ferner zur Milde der Strafrichter ebenda, S. 341.

4 Zu der teilweise nur bedingt liberalen Gestaltung des RStGB vgl. *R. Merkel*, Strafrecht und Satire, S. 35 ff.. *Merkel* weist zutreffend darauf hin, daß die Kompromißbereitschaft der Liberalen um der Erlangung der Reichseinheit willen, deren Eintreten *Bismarck* mit der Annahme der Strafgesetzvorlage verband und die ein wesentliches Anliegen im Programm der Liberalen war, zu Abstrichen im Hinblick auf die Verwirklichung liberaler Ideale im Strafgesetzbuch führte. Gennannt seien hier vor allem die Beibehaltung der Todesstrafe sowie die Einführung autoritärer, durch unbestimmte Tatbestandsmerkmale gekennzeichneter polizeilich-präventiver Staatsschutznormen.

5 Ebenda, S. 383 f..

Die Bekämpfung des Verbrechertums müsse kräftiger, zielbewußter, ja rücksichtsloser als bisher angegangen werden.[6] Im Vergleich zum hergebrachten Vergeltungsstrafrecht sollte die Macht des Staates gegenüber dem Einzelnen nicht geschwächt, sondern gestärkt werden.[7] Die kriminalpolitischen Forderungen der Besserung, Sicherung und Unschädlichmachung zeigen, daß die Persönlichkeit des Einzelnen nicht als unantastbares Absolutum dem Staat gegenübergestellt, sondern u.U. tiefgreifenden Beeinflussungsmaßnahmen anheimgegeben werden sollte. Die Forderung nach einer zwangsweisen Anpassung im Interesse der Gesamtheit zeigt kein Anknüpfen an liberale Traditionen.[8]

"Kerle"[9], "Elemente"[10], "Gesindel"[11], "Bettler und Vagabonden, Prostituierte beiderlei Geschlechts und Alkoholisten, Gauner und Halbweltsmenschen im weitesten Sinne, geistig und körperlich Degenerierte"[12], "*vollständig* verderbte und verstockte Individuen"[13], "sozial untaugliche Individu(en)"[14], - das ist das Vokabular, mit dem LISZT die Straftäter, insbesondere die Mehrfachtäter belegt. Abwertung, ja Verachtung dokumentieren diese Bezeichnungen. Die geforderte "Unschädlichmachung der Unverbesserlichen", ausgestaltet als "Strafknechtschaft", bei der die Prügelstrafe als Disziplinarstrafe unentbehrlich sein und die "unbedingt entehrenden Charakter" haben soll, rundet dieses Bild von der Geringschätzung des wiederholt straffällig Gewordenen ab:

> "Sicherheitshaft für Gewohnheitsverbrecher: Arbeitshaus mit militärischer Strenge ohne Federlesen und so billig wie möglich, wenn auch die Kerle zugrundegehen. Prügelstrafe unerläßlich ... Der Gewohnheitsverbrecher (der Begriff ist nicht ganz unser technischer: ich meine den prinzipiellen Gegner unserer Rechtsordnung) muß unschädlich gemacht werden, und zwar auf seine Kosten, nicht auf die unseren. Ihm Nahrung, Luft, Bewegung usw. nach rationellen Grundsätzen zumessen, ist Mißbrauch der Steuerzahler."[15]

Zu einfach ist es, diese martialische Sprache mit dem Hinweis darauf abzutun, daß man sich an ihr nicht stoßen dürfe, da sie die Sprache des 19. Jahrhunderts sei, das in der Straftat einen Angriff gegen die innere Ordnung des Staates erblickte, dem mit dem Strafrecht entgegengetreten werden muß.[16] Wenn von

---

6 *Liszt*, Zukunft des Strafrechts, in: AuV II, S. 1, 3.

7 *Baumgarten*, Die Lisztsche Strafrechtsschule, in: Schw. Zschr. f. Strafrecht 51 (1937), S. 1, 10; vgl. auch *Eb. Schmidt*, Franz v. Liszt und die heutige Problematik des Strafrechts, in: Gierke-FS, S. 201, 212.

8 *Naucke*, Tendenzen in der Strafrechtsentwicklung, S. 43; zustimmend *Neumann*, in: Neumann/Schroth, Neuere Theorien von Kriminalität und Strafe, S. 25; *Lüderssen*, Einleitung, in: Lüderssen/Sack (Hrsg.), Abweichendes Verhalten II, Bd. 1, S. 7, 11.

9 *Liszt*, Brief an Dochow vom 21. November 1880, zit. bei *Radbruch*, Franz v. Liszt, in: ders., Elegantiae iuris criminalis, S. 208, 229.

10 *Liszt*, Gefängnisarbeit, S. 18.

11 *Liszt*, E. F. Klein und die unbestimmte Verurteilung, in: AuV II, S. 133, 157.

12 *Liszt*, Zweckgedanke, in: AuV I, S. 126, 167.

13 *Liszt*, Gutachten der Präsidenten der Oberlandesgerichte, in: AuV I, S. 468, 476.

14 *Liszt*, Zweckgedanke, in: AuV I, S. 126, 164.

15 *Liszt*, Brief an Dochow vom 21. November 1880, zit. bei Radbruch, Franz v. Liszt, in: ders., Elegantiae iuris criminalis, S. 208, 229.

16 So aber *Ostendorf*, Franz von Liszt als Kriminalpolitiker, in: Liszt der Vernunft, Kriminalsoziologische Bibliographie 1984, Heft 42, S. 1, 10.

einer rücksichtslosen Bekämpfung des Verbrechertums[17] die Rede ist, läßt dies die Achtung der individuellen Freiheit auch des straffällig gewordenen Menschen mehr als zweifelhaft erscheinen. Schutz der Rechtsordnung - das ist das Ziel des Strafrechts; für die Rechte des Straftäters ist hier wenig Raum. LISZT sagt dem "Verbrechertum" offen den Kampf an. Der Satz von dem Strafgesetzbuch als der magna charta des Verbrechers mutet in diesem Zusammenhang wie ein Anachronismus an.

Die explizite Ausrichtung des LISZT'schen Strafrechtskonzepts auf eine wirksame Verbrechensbekämpfung wird ferner daran deutlich, daß der Aspekt der Straf*androhung* im "Marburger Programm" nahezu keine Rolle spielt. Die Befassung mit der Strafgesetzlichkeit bei FEUERBACH hatte ergeben, daß dieser von dem vernunftbegabten, mit abwägendem Kalkül ausgestatteten Menschen ausging, dessen freie Selbstbestimmung auch den Mißbrauch dieser Freiheit miteinschloß. Für ihn war der Mensch Selbstzweck, d.h. sittlich autonome Persönlichkeit, die dem Staat absolute Achtung abverlangte. Aufgrund dieser liberalen Haltung standen bei FEUERBACH Rechtsgrund und Zweck der Straf*androhung* im Mittelpunkt, da mit dieser in keines Menschen Freiheit eingegriffen wird.[18] Bei LISZT hingegen steht die Herleitung und Wirkung der Straf*zufügung* im Vordergrund. Die Frage, woher sich der Staat das Recht nimmt, einzelne Verhaltensweisen seiner Bürger mit Strafe zu bedrohen, wird nur gestreift. Es seien "jene Handlungen, welche für dieses Volk zu dieser Zeit als Störungen seiner Lebensbedingungen erscheinen", unter Strafe zu stellen. Die Aufstellung von Strafdrohungen richte sich allein nach dem Zweckgedanken.[19] Zwar wird erwähnt, daß die Erfassung der Rechtsgüter durch die Aufstellung der Strafdrohungen den "ersten Niederschlag von Recht und Sitte, und eben darum ein(en) mächtigen Hebel zur Ausbildung des einen wie der anderen" bilde und deshalb den "ersten Schritt zur *Prävention*" darstelle.[20] Ausdrücklich weist LISZT jedoch darauf hin, daß die Strafdrohung nichts anderes sei als ein "verstärkter Imperativ" des Staates, es ihm in seinem "Marburger Programm" jedoch nicht um die staatlichen Imperative, sondern allein um die staatliche Strafe gehe.[21]

Die Konzentration auf die Ausgestaltung der Strafe zeigt, daß das Strafrecht bei LISZT nicht mehr im Zeichen des Schutzes der individuellen Freiheit jedes einzelnen Bürgers steht, sondern unter der Frage der Leistungsfähigkeit des Strafrechts im Kampf gegen das Verbrechen[22], gegen den sich nicht anpassenden straffälligen Einzelnen[23], gegen die "Feind(e) der Rechtsordnung"[24] bzw. die

17 *Liszt*, Die Zukunft des Strafrecht, in: AuV II, S. 1, 3.
18 Vgl. auch *Specht*, Der Strafzweck bei Feuerbach und Liszt, S. 25.
19 *Liszt*, Zweckgedanke, in: AuV I, S. 126, 152.
20 Ebenda, S. 147.
21 Ebenda, S. 164.
22 *Eb. Schmidt*, Franz v. Liszt, in: Heimpel/Heuss/Reifenberg, Die großen Deutschen, S. 410.
23 Vgl. auch *v. Wedel*, Franz v. Liszts geschichtliche Bedeutung, in: Schw. Zschr. f. Strafrecht 47 (1933), 324, 339.
24 *Liszt*, Revision des Strafgesetzbuchs, in: AuV II, S. 356, 386.

"grundsätzliche(n) Gegner der Gesellschaftsordnung"[25]. Der einzelne Mensch wird dabei nicht als Selbstzweck aufgefaßt, sondern vornehmlich in seiner Gemeinschaftsgebundenheit gesehen, die dem Staat nicht mehr die absolute Achtung seiner sittlichen Persönlichkeit abverlangt. Nur so ist es zu erklären, daß LISZT die Strafe als zweckrationalistisch ausgestaltete Maßnahme gegen "antisoziale Elemente"[26] entwirft und vor einer so inhumanen Forderung wie der Unschädlichmachung der Unverbesserlichen nicht zurückschreckt. Zwar bezeichnet LISZT die Bindung der Strafgewalt an das Strafgesetz als das "Bollwerk des Staatsbürgers gegenüber der staatlichen Allgewalt", die staatlichen Imperative in Form der Tatbestände des Strafgesetzbuchs schützen jedoch nicht den Staatsbürger schlechthin. Der Gedanke des staatlichen Imperativs impliziert vielmehr die Vorstellung vom gegenüber den staatlichen Geboten und Verboten gehorsamen Bürger. Geschützt werden soll demnach nicht mehr jeder - auch der in seiner Entscheidung zum Mißbrauch seiner Freiheit - freie Bürger.

> "Der Zweckgedanke begrenzt und schützt sich selbst. Das Mittel über den Zweck zu stellen wird niemals als zweckmäßig erscheinen."[27]

In dieser Äußerung LISZTs liegt zwar viel Optimismus, ein Kriterium zur Strafbegrenzung, d.h. eine liberal-rechtsstaatlichen Anforderungen genügende Grenzziehung zugunsten individueller Freiheitsrechte ist damit jedoch nicht erreicht. Sicherlich, der Zweckgedanke begrenzt das Strafrecht auf die Zweckverfolgung, also im Sinne LISZTs auf Abschreckung, Besserung und Unschädlichmachung; aber nicht zu leugnen ist das vollständige Zurücktreten der Freiheitsinteressen des Straftäters hinter den Schutzinteressen der Gesamtheit. Eine Beschränkung erhält der Zweckgedanke bei LISZT nur durch die Bindung an die kriminalpolitische Notwendigkeit. Die kriminalpolitische Sachaufgabe allein vermag dem Zweckgedanken jedoch keine hinreichende Bestimmtheit zu verleihen[28], da diese von der politischen Mehrheit festgelegt und damit politischer Wandelbarkeit unterworfen wird.

Die Häufigkeit, mit der die Magna-charta-Formel als Beweis für LISZTs Eintreten zugunsten des Schutzes der individuellen Freiheit angeführt wird, steht nach alledem in einem auffallenden Mißverhältnis zum tatsächlichen Stellenwert der Freiheit und den Rechten des vom Strafrecht betroffenen Einzelnen in den LISZT'schen Texten. Es läßt sich nicht leugnen, daß LISZT den Schutz der Freiheits- und Persönlichkeitsrechte des Individuums gegenüber dem Interesse der Gesamtheit an einer zielbewußten Kriminalpolitik eher gering wertet.[29] Liberale Rechtsstaatlichkeit mit dem Prinzip der Gewährleistung individueller Freiheit

25 *Liszt*, Zweckgedanke, in: AuV I, S. 126, 167.
26 *Liszt*, Das gewerbsmäßige Verbrechen, in: AuV II, S. 308, 327.
27 *Liszt*, Lehrbuch, 9. Aufl., S. 73.
28 Anders *Eb. Schmidt*, Franz von Liszt und die heutige Problematik des Strafrechts, in: Gierke-FS, S. 201, 219.
29 Ausdrücklich wendet sich *Liszt* gegen den Satz von der uneingeschränkten individuellen Freiheit (in: Mitt. d. I.K.V. Bd. 17 (1910), S. 438, 442) und verlangt, daß sich jeder Bürger im Interesse der Allgemeinheit Beschränkungen seiner Freiheit gefallen lassen müsse (Die gesellschaftlichen Faktoren der Kriminalität, in: AuV II, S. 432, 446).

auf der einen und zweckrationalistische Ausrichtung des Strafrechts auf der anderen Seite stehen in einem Spannungsverhältnis zueinander.[30] Dieses Spannungsverhältnisses war sich LISZT durchaus bewußt, sonst gäbe es die Magna-charta-Stellen in seinen Texten nicht. Dennoch vermag auch die vereinzelt auftauchende Magna-charta-Formel nicht darüberhinwegzutäuschen, daß LISZT dieses Spannungsverhältnis zugunsten eines wirksamen Verbrechensbekämpfungsinstruments in der Hand der Gesellschaft löst, das weit davon entfernt ist, auf die Freiheit des Einzelnen übertriebene Rücksicht zu nehmen.

Der geringe Stellenwert der individuellen Freiheit und die untergeordnete Bedeutung der Magna-charta-Formel im Gesamtwerk LISZTs zwingt zu der Frage, warum die Magna-charta-Formel in der bisherigen LISZT-Literatur in den Vordergrund gerückt und LISZT eine rechtsstaatlich-liberale Haltung konstatiert wurde. Vermuten läßt sich, daß die Magna-charta-Formel ganz bewußt diese Akzentuierung erfahren hat. Das kriminalpolitische Programm der Spezialprävention übt bis heute seine Anziehungskraft aus. Die illiberalen Konsequenzen jedoch, zu denen LISZT geführt wurde, wollen nicht wahrgenommen werden. Deshalb werden die illiberalen und rechtsstaatswidrigen Passagen aus den LISZT'schen Texten ausgeblendet, und deshalb wird die Magna-charta-Formel eklektizistisch zur Ehrenrettung bemüht, ohne diese auf ihren tatsächlichen Bedeutungsgehalt hin zu überprüfen.

Feststeht, daß es weder der Person LISZTs, noch der historischen Situation, in der LISZT seine Magna-charta-Formel prägte, gerecht wird, die Magna-charta-Formel als Ergänzung des Nullum-crimen-Grundsatzes aufzufassen. Infolge des grundlegenden Bedeutungswandels, den das Gesetzlichkeitsprinzip bei LISZT erfahren hat, muß man sich heute entscheiden, ob man die Strafgesetzlichkeit im Sinne des FEUERBACH'schen Nullum-crimen-Grundsatzes oder im Sinne der LISZT'schen Magna-charta-Formel verstanden wissen will. Das Strafrecht ist nicht die magna charta des Verbrechers *und* Begrenzungsrecht der Verbrechensbekämpfung[31], sondern *entweder* magna charta des Verbrechers *oder* Begrenzungsrecht der Verbrechensbekämpfung. Zu einer solchen Entscheidung ringt sich die heutige Strafrechtsliteratur nicht durch. Der teilnahmslose, mit abgegriffenen Floskeln einhergehende Umgang mit der Strafgesetzlichkeit läßt jedoch den Schluß zu, daß diese im modernen LISZT'schen Sinne aufgefaßt wird. Wer die Gesetzesgebundenheit im Strafrecht bloß als aufgeschriebene Strafbefugnis auffaßt, ist schnell mit ihr fertig. Daß die Gesetzlichkeit "die Respektbezeugung des strafenden Staates vor der Freiheit seiner Bürger"[32] ist, gerät dabei vollständig aus dem Blick. Diese inhaltsleere Strafgesetzlichkeit mit

30 Zutreffend *Baurmann*, Kriminalpolitik ohne Maß, in: Liszt der Vernunft, Kriminalsoziologische Bibliographie 1984, Heft 42, S. 54, 56.

31 Diese Gleichsetzung wählt jedoch *Herzog*, Miszellen zur Dialektik der Verbrechensaufklärung, in: Inst. f. Kriminalwissenschaften Frankfurt a. M. (Hrsg.), Vom unmöglichen Zustand des Strafrechts, S. 45, 51.

32 *Braum*, Verdeckte Ermittlung - Kontinuitätsphänomen des autoritären Strafverfahrens, in: Inst. f. Kriminalwissenschaften Frankfurt a. M. (Hrsg.), Vom unmöglichen Zustand des Strafrechts, S. 13, 23.

der Bezeichnung des *nullum crimen, nulla poena sine lege* zu versehen, ist ein bloßes Lippenbekenntnis. Zur Bezeugung liberaler Rechtsstaatlichkeit ist sie nicht in der Lage.

LITERATURVERZEICHNIS

Albrecht, Peter-Alexis: Das Strafrecht im Zugriff populistischer Politik, in: Institut für Kriminalwissenschaften Frankfurt a. M. (Hrsg.), Vom unmöglichen Zustand des Strafrechts, Frankfurt am Main 1995, S. 429 ff..

ders.: Prävention als problematische Zielbestimmung im Kriminaljustizsystem, in: KritV 1986, S. 55 ff..

Amelung, Knut: Rechtsgüterschutz und Schutz der Gesellschaft. Untersuchungen zum Inhalt und zum Anwendungsbereich eines Strafrechtsprinzips auf dogmengeschichtlicher Grundlage. Zugleich ein Beitrag zur Lehre von der "Sozialschädlichkeit" des Verbrechens, Frankfurt am Main 1972.

ders.: Rechtsgutsverletzung und Sozialschädlichkeit, in: Heike Jung/Heinz Müller-Dietz/Ulfrid Neumann (Hrsg.), Recht und Moral. Beiträge zu einer Standortbestimmung, Baden-Baden 1991, S. 269 ff..

Angermann, Erich: Das Auseinandertreten von "Staat" und "Gesellschaft" im Denken des 18. Jahrhunderts, in: Ernst Wolfgang Böckenförde (Hrsg.), Staat und Gesellschaft, Darmstadt 1976, S. 109 ff..

Anmerkungen zum Strafgesetzbuche für das Königreich Baiern. Nach den Protokollen des königlich geheimen Raths, Band 1 und 2, München 1813.

Arndt, Adolf: Das Verordnungsrecht des Deutschen Reichs auf der Grundlage des Preußischen und unter Berücksichtigung des fremdländischen Verordnungsrechts, Berlin und Leipzig 1884.

Aschaffenburg, Gustav: Das Verbrechen und seine Bekämpfung. Einleitung in die Kriminalpsychologie für Mediziner, Juristen und Soziologen; ein Beitrag zur Reform der Strafgesetzgebung, 3. Aufl., Heidelberg 1923.

Aschrott, Paul Felix: Reform des Reichsstrafgesetzbuchs. Kritische Besprechung des Vorentwurfs zu einem Strafgesetzbuch für das Deutsche Reich unter vergleichender Berücksichtigung des österreichischen und schweizerischen Vorentwurfs. Bd. 1, Allgemeiner Teil. Berlin 1910.

Asúa, Luis Jiminez de: Nullum crimen, nulla poena sine lege, in: ZStW 63 (1951), S. 166 ff..

Baldus, Manfred: Die Einheit der Rechtsordnung. Bedeutungen einer juristischen Formel in Rechtstheorie, Zivil- und Staatsrechtswissenschaft des 19. und 20. Jahrhunderts, Berlin 1995.

Ballerstedt, Kurt: Über wirtschaftliche Maßnahmegesetze, in: FS zum 70. Geburtstag von Walter Schmidt-Rimpler unter Mitwirkung von Freunden und Kollegen, Karlsruhe 1957, S. 369 ff..

Bar, Ludwig von: Geschichte des Deutschen Strafrechts und der Strafrechtstheorien, Erster Band des Handbuchs des Deutschen Strafrechts, Berlin 1882.

Baratta, Alessandro: Über Jherings Bedeutung für die Strafrechtswissenschaft, in: Franz Wieacker/Christian Wollschläger (Hrsg.), Jherings Erbe, Göttinger Symposion zur 150. Wiederkehr des Geburtstags von Rudolph von Jhering, Göttingen 1970, S. 17 ff..

Baumann, Jürgen/Weber, Ulrich: Strafrecht Allgemeiner Teil, 9. Aufl., Bielefeld 1985.

Baumgarten, Arthur: Die Lisztsche Strafrechtsschule und ihre Bedeutung für die Gegenwart, in: Schw. Zsch. f. Strafrecht 51 (1937), S. 1 ff..

Baurmann, Michael: Kriminalpolitik ohne Maß - Zum Marburger Programm Franz von Liszts, in: Liszt der Vernunft, Kriminalsoziologische Bibliographie 1984, Heft 42/Jg. 11, S. 54 ff..

Beccaria, Cesare: Abhandlung über Verbrechen und Strafen. Von neuem aus dem Italienischen übersetzt von Johann Adam Bergk, Erster Theil, Leipzig 1798.

Behrends, Okko (Hrsg.): Privatrecht heute und Jherings evolutionäres Rechtsdenken, Köln 1993.

Beling, Ernst: Die Lehre vom Verbrechen, Tübingen 1906.

Bergbohm, Karl: Jurisprudenz und Rechtsphilosophie. Kritische Abhandlungen, Bd. 1, Leipzig 1892.

Berner, Albert Friedrich: Lehrbuch des Deutschen Strafrechts, 15. Aufl., Leipzig 1888.

Binding, Karl: Die Normen und ihre Übertretung. Eine Untersuchung über die rechtmäßige Handlung und die Arten des Delikts,
Bd. 1, Normen und Strafgesetze, 1. Aufl., Leipzig 1872; 2. Aufl., Leipzig 1890; Neudruck der 4. Aufl. Leipzig 1922, Aalen 1965.
Bd. 2, Schuld und Vorsatz, Hälfte 1, Zurechnungsfähigkeit, Schuld, 1. Aufl., Leipzig 1877; Neudruck der 2. Auflage Leipzig 1914, Aalen 1965.

ders.: Grundriß des Deutschen Strafrechts. Allgemeiner Teil, 6. Aufl., Leipzig 1902.

ders.: Handbuch des Strafrechts, Bd. 1, Leipzig 1885.

ders.: Lehrbuch des gemeinen Deutschen Strafrechts. Besonderer Teil, Bd. 1, 2. Aufl., Leipzig 1902.

Birkmeyer, Karl von: Die Strafgesetzgebung der Gegenwart in rechtsvergleichender Darstellung, in: ZStW 16 (1896), S. 95 ff..

ders.: Schutzstrafe und Vergeltungsstrafe, in: GS 67 (1906), S. 401 ff..

ders.: Studien zu dem Hauptgrundsatz der modernen Richtung im Strafrecht "Nicht die Tat, sondern der Täter ist zu bestrafen", in: Karl von Birkmeyer/Johannes Nagler (Hrsg.), Kritische Beiträge zur Strafrechtsreform, Bd. 2, Heft 7, Neudruck der Ausgabe Leipzig 1909, Aalen 1978.

ders.: Was läßt v. Liszt vom Strafrecht übrig? Eine Warnung vor der modernen Richtung im Strafrecht, München 1907.

Birnbaum, Johann Michael Franz: Bemerkungen über den Begriff des natürlichen Verbrechens und die römischen Begriffe von Delictum, Juris Civilis, Delictum Juris Gentium und probrum natura, in: Archiv des Criminalrechts, Neue Folge, 1836, S. 560 ff..

ders.: Über das Erfordernis einer Rechtsverletzung zum Begriffe des Verbrechens, mit besonderer Rücksicht auf den Begriff der Ehrenkränkung, in: Archiv des Criminalrechts, Neue Folge, 1834, S. 149 ff..

Bismarck, Otto von: Die gesammelten Werke, Bd. 6 c, 1871 bis 1890, Politische Schriften, bearbeitet von Werner Frauendienst, 2. Aufl., Berlin 1935.

Bloy, René: Die Beteiligungsform als Zurechnungstypus im Strafrecht, Berlin 1985.

Bockelmann, Paul: Franz von Liszt und die kriminalpolitische Konzeption des Allgemeinen Teils, in: ZStW 81 (1969) - Gedächtnisheft für Franz von Liszt zur 50. Wiederkehr seines Todestages am 21. Juni 1919, S. 597 ff..

ders.: Studien zum Täterstrafrecht, 1. Teil, Berlin 1939.

Böckenförde, Ernst-Wolfgang: Entstehung und Wandel des Rechtsstaatsbegriffs, in: FS für Adolf Arndt zum 65. Geburtstag, hrsg. von Horst Ehmke, Carlo Schmidt und Hans Scharoun, Frankfurt am Main 1969, S. 53 ff..

ders.: Gesetz und gesetzgebende Gewalt. Von den Anfängen der deutschen Staatsrechtslehre bis zur Höhe des staatsrechtlichen Positivismus, 2. Aufl., Berlin 1981.

Bohnert, Cornelia: Zu Straftheorie und Staatsverständnis im Schulenstreit um die Jahrhundertwende, Pfaffenweiler 1992.

Bohnert, Joachim: Paul Johann Anselm Feuerbach und der Bestimmtheitsgrundsatz im Strafrecht, vorgelegt am 16. Januar 1982 von Alexander Hollerbach, Heidelberg 1982.

Boldt, Hans: Deutsche Verfassungsgeschichte. Politische Strukturen und ihr Wandel. Bd. 2, Von 1806 bis zur Gegenwart. München 1990.

Braum, Stefan: Verdeckte Ermittlung - Kontinuitätsphänomen des autoritären Strafverfahrens, in: Institut für Kriminalwissenschaften Frankfurt a. M. (Hrsg.), Vom unmöglichen Zustand des Strafrechts, Frankfurt am Main 1995, S. 13 ff..

Bubnoff, Eckart von: Die Entwicklung des strafrechtlichen Handlungsbegriffs, Heidelberg 1966.

Buri, Max von: Über Causalität und deren Verantwortung, Leipzig 1873.

Callies, Rolf-Peter: Strafzwecke und Strafrecht, in: NJW 1989, S. 1338 ff..

Dannenberg, Herbert: Liberalismus und Strafrecht im 19. Jahrhundert unter Zugrundelegung der Lehren Karl Georg v. Waechters, Berlin und Leipzig 1925.

Darmstädter, Friedrich: Die Grenzen der Wirksamkeit des Rechtsstaates. Eine Untersuchung zur gegenwärtigen Krise des liberalen Staatsgedankens. Heidelberg 1930.

Darwin, Charles: Über die Entstehung der Arten durch natürliche Zuchtwahl, 1859.

Dohna, Alexander Graf zu: Die Rechtswidrigkeit als allgemeingültiges Merkmal im Tatbestande strafbarer Handlungen. Ein Beitrag zur allgemeinen Strafrechtslehre, Halle 1905.

Dornseifer, Gerhard: Rechtstheorie und Strafrechtsdogmatik Adolf Merkels. Ein Beitrag zum Realismus in der Jurisprudenz, Berlin 1979.

Elvers, Kurt: Die Bedeutung des Satzes nulla poena sine lege in seiner historischen Entwicklung, Diss. iur. Göttingen 1910.

Esser, Josef: Möglichkeiten und Grenzen des dogmatischen Denkens im modernen Zivilrecht, in: AcP 172 (1972), S. 97 ff..

Falk, Ulrich: Ein Gelehrter wie Windscheid. Erkundungen auf den Feldern der sogenannten Begriffsjurisprudenz. Frankfurt am Main 1989.

ders.: Von Dienern des Staates und von anderen Richtern. Zum Selbstverständnis der deutschen Richterschaft im 19. Jahrhundert, demnächst zur Veröffentlichung in: A. Gouron/L. Mayali/A.P. Schioppa/D. Simon, Europäische und amerikanische Richterbilder, Frankfurt am Main 1996.

Feuerbach, Paul Johann Anselm von: Aktenmäßige Darstellung merkwürdiger Verbrechen, Gießen 1828/29.

ders.: Anti-Hobbes oder über die Grenzen der höchsten Gewalt und das Zwangsrecht der Bürger gegen den Oberherrn, Erfurt 1798.

ders.: Biographischer Nachlaß, veröffentlicht von seinem Sohn Ludwig Feuerbach, 2 Bände, Neudruck der 2. Ausgabe Leipzig 1853, Aalen 1973.

ders.: Civilistische Versuche, Gießen 1803.

ders.: Die hohe Würde des Richteramts, 1817, in: Anselm von Feuerbachs kleine Schriften vermischten Inhalts, Nürnberg 1833, S. 123 ff..

ders.: Einige Worte über historische Rechtsgelehrsamkeit und einheimische teutsche Gesezgebung, 1816, in: Anselm von Feuerbachs kleine Schriften vermischten Inhalts, Ort Nürnberg 1833, S. 133 ff..

ders.: Geist des Strafgesetzbuchs, 1813, in: Biographischer Nachlaß, veröffentlicht von seinem Sohn Ludwig Feuerbach, Band 1, Neudruck der 2. Ausgabe Leipzig 1853, Aalen 1973, S. 212 ff..

ders.: Gutachtliche Erinnerungen über die von Titl.-Dir. Gönner und E.v. Kobell verfaßten Motive zum Allgem. Strafgesetzbuch, 1813, in: Biographischer Nachlaß, veröffentlicht von seinem Sohn Ludwig Feuerbach, Band 1, Neudruck der 2. Ausgabe Leipzig 1853, Aalen 1973, S. 237 ff..

ders.: Idee und Nothwendigkeit einer Universaljurisprudenz, in: Biographischer Nachlaß, veröffentlicht von seinem Sohn Ludwig Feuerbach, Band 2, Neudruck der 2. Ausgabe Leipzig 1853, Aalen 1973, S. 378 ff..

ders.: Kaspar Hauser. Beispiel eines Verbrechens am Seelenleben des Menschen, Ansbach 1832

ders.: Kritik des Kleinschrodischen Entwurfs zu einem peinlichen Gesetzbuche für die Chur-Pfalz-Bayrischen Staaten, Gießen 1804, neu hrsg. von Werner Schmidt, Frankfurt am Main 1988.

ders.: Kritik des natürlichen Rechts als Propädeutik zu einer Wissenschaft der natürlichen Rechte, Nachdruck der Ausgabe Altona 1796, Hildesheim 1963.

ders.: Lehrbuch des gemeinen in Deutschland geltenden Peinlichen Rechts, 1. Auflage, Gießen 1801.

ders.: Lehrbuch des gemeinen in Deutschland gültigen Peinlichen Rechts, mit vielen Anmerkungen und Zusatzparagraphen und mit einer vergleichenden Darstellung der Fortbildung des Strafrechts durch die neuen Gesetzgebungen herausgegeben von C.J.A. Mittermaier, 14. Auflage, Gießen 1847.

ders.: Philosophisch-juridische Untersuchung über das Verbrechen des Hochverraths, Erfurt 1798.

ders.: Revision der Grundsätze und Grundbegriffe des positiven peinlichen Rechts,
Teil 1, Erfurt 1799.
Teil 2, Chemnitz 1800.

ders.: Über den Wilddiebstahl, in: Themis oder Beiträge zur Gesetzgebung, Landshut 1812, S. 133 ff..

ders.: Über die einzig möglichen Beweisgründe gegen das Dasein und die Gültigkeit der natürlichen Rechte, 1795, in: Naturrecht und positives Recht, Ausgewählte Texte von Paul Johann Anselm Feuerbach, hrsg. und mit einem Anhang versehen von Gerhard Haney, Freiburg, Berlin 1993, S. 7 ff..

ders.: Über die Polizeistrafgesetzgebung überhaupt, 1822, in: Biographischer Nachlaß, veröffentlicht von seinem Sohn Ludwig Feuerbach, Band 2, Neudruck der 2. Ausgabe Leipzig 1853, Aalen 1973, S. 353 ff..

ders.: Über die Strafe als Sicherungsmittel vor künftigen Beleidigungen des Verbrechers, nebst einer näheren Prüfung der Kleinischen Strafrechtstheorie. Als Anhang zu der Revision des peinlichen Rechts, Nachdruck der Ausgabe Chemnitz 1800, Darmstadt 1970.

ders.: Über die Unterdrückung und Wiederbefreiung Europens, 1813, in: Anselm von Feuerbachs kleine Schriften vermischten Inhalts, Nürnberg 1833, S. 1 ff..

ders.: Über Philosophie und Empirie in ihrem Verhältnis zur positiven Wissenschaft, Landshut 1804.

ders.: Über teutsche Freiheit und Vertretung teutscher Völker durch Landstände, 1814, in: Anselm von Feuerbachs kleine Schriften vermischten Inhalts, Nürnberg 1833, S. 73 ff..

ders.: Vortrag, die künftig einzuführende Todesstrafe betreffend, 1810, in: Biographischer Nachlaß, veröffentlicht von seinem Sohn Ludwig Feuerbach, Band 1, Neudruck der 2. Ausgabe Leipzig 1853, Aalen 1973, S. 232 ff..

Forsthoff, Ernst: Über Maßnahme-Gesetze, in: Forschungen und Berichte aus dem öffentlichen Recht, GS für Walter Jellinek, München 1955, S. 221 ff..

Freund, Georg: Der Zweckgedanke im Strafrecht?, in: GA 1995, S. 4 ff..

Frisch, Wolfgang: Das Marburger Programm und die Maßregeln der Besserung und Sicherung, in: ZStW 94 (1982), S. 565 ff..

Frölich, Jürgen: Geschichte und Entwicklung des Liberalismus in Deutschland, Heft 2, Liberalismus im Deutschen Reich 1867/71 bis 1945, 2. Aufl., Sankt Augustin 1990.

Frommel, Monika: Artikel Franz von Liszt, in: Neue deutsche Biographie, hrsg. von der Historischen Kommission bei der Bayerischen Akademie der Wissenschaften, Bd. 14, Berlin 1985.

dies.: Die Rolle der Erfahrungswissenschaften in Franz von Liszt's "Gesamter Strafrechtswissenschaft", in: Liszt der Vernunft, Kriminalsoziologische Bibliographie 1984/Jg. 11, Heft 42, S. 36 ff..

dies.: Präventionsmodelle in der deutschen Strafzweck-Diskussion, Beziehungen zwischen Rechtsphilosophie, Dogmatik, Rechtspolitik und Erfahrungswissenschaften, Berlin 1987.

Gall, Lothar/Koch, Rainer: Der europäische Liberalismus im 19. Jahrhundert. Texte zu seiner Entwicklung, Bd. 1, Frankfurt am Main, Berlin, Wien 1981.

Gall, Lothar: Zu Ausbildung und Charakter des Interventionsstaats, in: HZ 227 (1978), S. 552 ff..

Gallas, Wilhelm: Kriminalpolitik und Strafrechtssystematik unter besonderer Berücksichtigung des sowjetrussischen Rechts, Berlin und Leipzig 1931.

Gareis, Karl von: Johann Michael Franz Birnbaum. Ein Cultur- und Lebensbild, Gießen 1878.

Georgakis, Jannis A.: Geistesgeschichtliche Studien zur Kriminalpolitik und Dogmatik Franz von Liszts, Leipzig 1940.

Gielhammer, Lutz: Die politischen Grundlagen der Strafrechtslehre Feuerbachs, Diss. iur. Berlin 1928.

Grimm, Dieter: Bürgerlichkeit im Recht, in: Jürgen Kocka (Hrsg.), Bürger und Bürgerlichkeit im 19. Jahrhundert, Göttingen 1987, S. 149 ff..

Grünhut, Max: Anselm v. Feuerbach und das Problem der strafrechtlichen Zurechnung, Hamburg 1922.

Grünwald, Gerald: Bedeutung und Begründung des Satzes "nulla poena sine lege", in: ZStW 76 (1964), S. 1 ff..

Günther, Klaus: Von der Rechts- zur Pflichtverletzung, in: Institut für Kriminalwissenschaften Frankfurt a. M. (Hrsg.), Vom unmöglichen Zustand des Strafrechts, Frankfurt am Main 1995, S. 445 ff..

Haney, Gerhard: Paul Johann Anselm Feuerbach als Richter, in: Festschrift zur Wiedererrichtung des Oberlandesgerichts in Jena, hrsg. von Hans Joachim Bauer und Olaf Werner, München 1994, S. 59 ff..

ders.: Paul Johann Anselm Feuerbach. Gelehrter, Gesetzgeber, Richter, in: Naturrecht und positives Recht. Ausgewählte Texte von Paul Johann Anselm Feuerbach, hrsg. und mit einem Anhang versehen von Gerhard Haney, Freiburg, Berlin 1993, S. 284 ff..

Hartmann, Richard: P.J.A. Feuerbachs politische und strafrechtliche Grundanschauungen, Berlin 1961.

Harzer, Regina: Artikel Franz von Liszt, in: Michael Stolleis (Hrsg.), Juristen. Ein biographisches Lexikon. Von der Antike bis zum 20. Jahrhundert, München 1995, S. 381 f..

Hassemer, Winfried: Einführung in die Grundlagen des Strafrechts, 2. Aufl., München 1990.

ders.: Produktverantwortung im modernen Strafrecht, Heidelberg 1994.

ders.: Theorie und Soziologie des Verbrechens. Ansätze zu einer praxisorientierten Rechtsgutslehre, Frankfurt 1973.

Hattenhauer, Hans: Allgemeines Landrecht für die Preußischen Staaten von 1794, mit einer Einführung von Hans Hattenhauer und einer Bibliographie von Gunther Bernert, 2. Aufl., Neuwied, Kriftel, Berlin 1994.

Heinitz, Ernst: Franz von Liszt als Dogmatiker, in: ZStW 81 (1969) - Gedächtnisheft für Franz von Liszt zur 50. Wiederkehr seines Todestages am 21. Juni 1919, S. 572 ff..

Herberger, Maximilian: Beziehungen zwischen Naturwissenschaft und Jurisprudenz in der ersten Hälfte des 19. Jahrhunderts, in: Berichte zur Wissenschaftsgeschichte 6 (1983), S. 79 ff..

ders.: Dogmatik. Zur Geschichte von Begriff und Methode in Medizin und Jurisprudenz. Frankfurt am Main 1981.

Herzog, Felix: Miszellen zur Dialektik der Verbrechensaufklärung, in: Institut für Kriminalwissenschaften Frankfurt a. M. (Hrsg.), Vom unmöglichen Zustand des Strafrechts, Frankfurt am Main 1995, S. 45 ff..

Hippel, Robert von: Deutsches Strafrecht,
Bd. 1, Allgemeine Grundlagen, Berlin 1925.
Bd. 2, Das Verbrechen, Allgemeine Lehren, Neudruck der Ausgabe Berlin 1930, Aalen 1971.

Hoegel, Hugo: Die Einteilung der Verbrecher in Klassen, in: Karl von Birkmeyer/Johannes Nagler (Hrsg.), Kritische Beiträge zur Strafrechtsreform, Bd. 1, Heft 2, Neudruck der Ausgabe Leipzig 1908-1909, Aalen 1978.

Hohmann, Olaf: Das Rechtgut der Umweltdelikte. Grenzen des strafrechtlichen Umweltschutzes, Frankfurt am Main, Bern, New York, Paris 1991.

Huber, Ernst Rudolf: Deutsche Verfassungsgeschichte seit 1789, Bd. 3, Bismarck und das Reich, Stuttgart 1963.

Huber, Konrad: Maßnahmegesetz und Rechtsgesetz. Eine Studie zum rechtstaatlichen Gesetzesbegriff, Berlin 1963.

Humboldt, Wilhelm von: Ideen zu einem Versuch die Grenzen der Wirksamkeit des Staats zu bestimmen (1792), mit einem Nachwort von Dietrich Spitta, Stuttgart 1962.

Hurwicz, Elias: Rudolf von Ihering und die deutsche Rechtswissenschaft. Mit besonderer Berücksichtigung des Strafrechts, Berlin 1911.

Jäger, Herbert: Strafgesetzgebung und Rechtsgüterschutz bei den Sittlichkeitsdelikten, Stuttgart 1957.

Jakobs, Günther: Strafrecht. Allgemeiner Teil. Die Grundlagen und die Zurechnungslehre, 2. Aufl., Berlin, New York 1991.

Jellinek, Georg: Allgemeine Staatslehre, Berlin 1900.

ders.: Die Entstehung der modernen Staatsidee. Vortrag gehalten im Frauenverein zur Heidelberg am 13. Februar 1894, in: Ausgewählte Schriften und Reden, Bd. 1, Berlin 1911, S. 45 ff..

ders.: Gesetz und Verordnung. Staatsrechtliche Untersuchungen auf rechtsgeschichtlicher und rechtsvergleichender Grundlage, Neudruck der Ausgabe Freiburg 1887, Aalen 1964.

ders.: System der subjektiven öffentlichen Rechte, 2. Aufl., Neudruck der Ausgabe von 1905, Tübingen 1919.

Jelowik, Lieselotte: Zur Geschichte der Strafrechtsreform in der Weimarer Republik, Halle 1983.

Jescheck, Hans-Heinrich: Die Freiheitsstrafe bei Franz von Liszt im Lichte der modernen Kriminalpolitik, in: 375 Jahre Rechtswissenschaft in Gießen. Vorträge von Helmut Coing, Hans-Heinrich Jescheck und Otto Rudolf Kissel im Rahmen der Festveranstaltungen zur 375-Jahrfeier der Justus-Liebig-Universität Gießen, Gießen 1982, S. 17 ff..

ders.: Grundfragen der Dogmatik und Kriminalpolitik im Spiegel der Zeitschrift für die gesamte Strafrechtswissenschaft, in: ZStW 93 (1981), S. 3 ff..

Jhering, Rudolph von: Der Zweck im Recht, Bd. 1, 1. Auflage, Leipzig 1877; 3. Aufl., Leipzig 1893.

Jung, Heike: Rückwirkungsverbot und Maßregel, in: FS für Rudolf Wassermann zum sechzigsten Geburtstag, Neuwied, Darmstadt 1985, S. 875 ff..

Kampffmeyer, Paul: Unter dem Sozialistengesetz, Berlin 1928.

Kant, Immanuel: Die Metaphysik der Sitten, herausgegeben von Wilhelm Weischedel, Immanuel Kant Werkausgabe Bd. VIII, 9. Aufl., Frankfurt am Main 1991.

Kantorowicz, Hermann U.: Probleme der Strafrechtsvergleichung, in: Mschr. f. Kriminalpsychologie und Strafrechtsreform 4 (1907/1908), S. 64 ff..

Kaufmann, Armin: Lebendiges und Totes in Bindings Normentheorie. Normlogik und moderne Strafrechtsdogmatik, Göttingen 1954.

Kaufmann, Arthur: Artikel Franz v. Liszt, in: Staatslexikon, Bd. 3, 7. Auflage, Freiburg, Basel, Wien 1987, Sp. 926 ff..

Kiesow, Rainer Maria: Das Naturgesetz des Rechts. Zum Versuch einer naturwissenschaftlichen Jurisprudenz in der 2. Hälfte des 19. Jahrhunderts, demnächst zur Veröffentlichung (vorauss. Frankfurt am Main 1996).

Kipper, Eberhard: Johann Paul Anselm Feuerbach. Sein Leben als Denker, Gesetzgeber und Richter, Köln, Berlin, Bonn, München 1969.

Klein, Ernst Ferdinand: Grundsätze des gemeinen deutschen peinlichen Rechts nebst Bemerkungen der preußischen Gesetze, 2. Ausgabe, Halle 1799.

Kleinheyer, Gerd: Vom Wesen der Strafgesetze in der neueren Rechtsentwicklung. Entwicklungsstufen des Grundsatzes "nulla poena sine lege", Tübingen 1968.

Kohlrausch, Eduard: Die geistesgeschichtliche Krise des Strafrechts. Rede zum Antritt des Rektorats der Friedrich-Wilhelms-Universität zu Berlin am 15. Oktober 1932, Berlin 1932.

ders.: Irrtum und Schuldbegriff im Strafrecht, Berlin 1903.

Kommentar zum Strafgesetzbuch, Reihe Alternativkommentare, Bd. 1 (§§ 1-21), Neuwied 1990.

Krey, Volker: Keine Strafe ohne Gesetz. Einführung in die Dogmengeschichte des Satzes "nullum crimen, nulla poena sine lege", Berlin, New York 1983.

ders.: Studien zum Gesetzesvorbehalt im Strafrecht. Eine Einführung in die Problematik des Analogieverbots, Berlin 1977.

Kühl, Kristian: Strafrecht Allgemeiner Teil, München 1994.

Lange, Richard: Das Menschenbild des Positivismus und die philosophische Anthropologie unserer Zeit, in: ZStW 81 (1969) - Gedächtnisheft für Franz von Liszt zur Wiederkehr seines Todestages am 21. Juni 1919, S. 556 ff..

Langewiesche, Dieter: Liberalismus in Deutschland, Frankfurt am Main 1988.

Lekschas, John/Ewald, Uwe: Die Widersprüchlichkeit des Liszt'schen Konzepts vom Strafrecht und ihre historisch-materialistische Erklärung, in: Liszt der Vernunft, Kriminalsoziologische Bibliographie 1984/Jg. 11, Heft 42, S. 80 ff..

Lemmel, Hans-Peter: Unbestimmte Strafbarkeitsvoraussetzungen im Besonderen Teil des Strafrechts und der Grundsatz nullum crimen sine lege, Berlin 1970.

Liebscher, Viktor: Franz v. Liszt - familiengeschichtlich gesehen!, in: ZStW 94 (1982), S. 619 ff..

Liszt, Franz von: Bemerkungen zum Entwurfe des Allgemeinen Teiles eines Strafgesetzbuches für Rußland, 1883, in: Strafrechtliche Aufsätze und Vorträge, Bd. 1, Berlin 1905, S. 180 ff..

ders.: Birkmeyers "Warnung vor der modernen Richtung im Strafrecht", Ein Wort der Abwehr, in: ZStW 27 (1907), S. 213 ff..

ders.: Brief an Rudolf von Jhering vom 15. Oktober 1881, archiviert in der Handschriftensammlung (Sammlung Darmstaedter) der Staatsbibliothek Preußischer Kulturbesitz, Berlin.

ders.: Brief an Rudolf von Jhering vom 19. Februar 1882, archiviert in der Handschriftensammlung (Sammlung Darmstaedter) der Staatsbilbliothek Preußischer Kulturbesitz, Berlin.

ders.: Brief an Rudolf von Jhering vom 30. November 1882, archiviert in der Handschriftensammlung (Sammlung Darmstaedter) der Staatsbibliothek Preußischer Kulturbesitz, Berlin.

ders.: Das gewerbsmäßige Verbrechen. Vortrag, gehalten in der juristischen Gesellschaft zu Berlin am 13. Oktober 1900, in: Strafrechtliche Aufsätze und Vorträge, Bd. 2, Berlin 1905, S. 308 ff..

ders.: Das fehlgeschlagene Delikt und die Cohn'sche Versuchstheorie, in: ZStW 1 (1881), S. 93 ff..

ders.: Das Prinzip der Strafverfolgung nach dem österreichischen Strafgesetzentwurfe. Vortrag, gehalten am 27. März 1877 in der Wiener Juristischen Gesellschaft, in: Strafrechtliche Aufsätze und Vorträge, Bd. 1, S. 8 ff..

ders.: Das "richtige Recht" in der Strafgesetzgebung, in: ZStW 26 (1906), S. 553 ff. und in: ZStW 27 (1907), S. 91 ff..

ders.: Das Völkerrecht, 11. Auflage, Berlin 1918.

ders.: Der Begriff des Rechtsgutes im Strafrecht und in der Encyclopädie der Rechtswissenschaft, in: ZStW 8 (1888), S. 133 ff..

ders.: Der Entwicklungsgedanke im Strafrecht, in: Mitteilungen der Internationalen Kriminalistischen Vereinigung, Bd. 16, Berlin 1909, S. 497 ff..

ders.: Der Zweckgedanke im Strafrecht, in: E. Wolf (Hrsg.), Deutsches Rechtsdenken, Heft 6, Frankfurt 1943.

ders.: Der Zweckgedanke im Strafrecht, Marburger Universitätsprogramm 1882, in: Strafrechtliche Aufsätze und Vorträge, Bd. 1, Berlin 1905, S. 126 ff..

ders.: Der Zweckgedanke im Strafrecht, in: ZStW 3 (1882), S. 1 ff..

ders.: Die Aufgaben und die Methode der Strafrechtswissenschaft, Antrittsvorlesung, gehalten am 27. Oktober 1899, an der Berliner Universität, in: Strafrechtliche Aufsätze und Vorträge, Bd. 2, Berlin 1905, S. 284 ff..

ders.: Die Deliktsobligationen im System des Bürgerlichen Gesetzbuchs. Kritische und dogmatische Randbemerkungen, Berlin 1898.

ders.: Die deterministischen Gegner der Zweckstrafe, 1893, in: Strafrechtliche Aufsätze und Vorträge, Bd. 2, Berlin 1905, S. 25 ff..

ders.: Die falsche Aussage vor Gericht oder öffentlicher Behörde nach deutschem und österreichischem Recht, Graz 1977.

ders.: Die Forderungen der Kriminalpolitik und der Vorentwurf eines schweizerischen Strafgesetzbuchs, 1893, in: Strafrechtliche Aufsätze und Vorträge, Bd. 2, 1905, S. 94 ff..

ders.: Die Gefängnisarbeit, Vortrag, gehalten am 26. Juli 1900, Berlin 1900.

ders.: Die gesellschaftlichen Faktoren der Kriminalität, in: Strafrechtliche Aufsätze und Vorträge, Bd. 2, 1905, S. 432 ff..

ders.: Die Grenzgebiete zwischen Privatrecht und Strafrecht. Kriminalistische Bedenken gegen den Entwurf eines Bürgerlichen Gesetzbuches für das Deutsche Reich, in: E. F. Bekker/O. Fischer (Hrsg.), Beiträge zur Ergänzung und Beurteilung des Entwurfs eines Bürgerlichen Gesetzbuches für das Deutsche Reich, Heft 5, Berlin und Leipzig 1889.

ders.: Die Kriminalität der Jugendlichen. Vortrag, gehalten auf der 72. Jahresversammlung der rheinisch-westfälischen Gefängnisgesellschaft am

18. Oktober 1900, in: Strafrechtliche Aufsätze und Vorträge, Bd. 2, Berlin 1905, S. 331 ff..

ders.: Die psychologischen Grundlagen der Kriminalpolitik, 1896, in: Strafrechtliche Aufsätze und Vorträge, Bd. 2, Berlin 1905, S. 170 ff..

ders.: Die Reform der Freiheitsstrafe. Eine Entgegnung auf Adolf Wachs gleichnamige Schrift, 1890, in: Strafrechtliche Aufsätze und Vorträge, Bd. 1, Berlin 1905, S. 511 ff..

ders.: Die Reform des Juristischen Studiums in Preußen. Rede gehalten bei Antritt des Rektorats an der Universität Marburg am 17. Oktober 1886, Berlin 1886.

ders.: Die "Sichernden Maßnahmen" in den drei neuen Strafgesetzentwürfen, in: Archiv für Rechts- und Wirtschaftsphilosophie 3 (1909/1910), S. 610 ff..

ders.: Die strafrechtliche Zurechnungsfähigkeit. Vortrag, gehalten am 4. August 1896 auf dem III. Internationalen Psychologen-Kongreß, in: Strafrechtliche Aufsätze und Vorträge, Bd. 2, Berlin 1905, S. 214 ff..

ders.: Die Zukunft des Strafrechts. Vortrag, gehalten in der Budapester juristischen Gesellschaft, den 4. April 1892, in: Strafrechtliche Aufsätze und Vorträge, Bd. 2, Berlin 1905, S. 1 ff..

ders.: E. F. Klein und die unbestimmte Verurteilung. Ein Beitrag zur preußischen Kriminalpolitik des 19. Jahrhunderts (Rektoratsrede 1894), in: Strafechtliche Aufsätze und Vorträge, Bd. 2, Berlin 1905, S. 133 ff..

ders. in: Mitteilungen der Internationalen Kriminalistischen Vereinigung, Bd. 11 (1904), S. 137.

ders. in: Mitteilungen der Internationalen Kriminalistischen Vereinigung, Bd. 16 (1909), S. 497 ff..

ders. in: Mitteilungen der Internationalen Kriminalistischen Vereinigung, Bd. 17 (1910), S. 423 ff..

ders. in: Mitteilungen der Internationalen Kriminalistischen Vereinigung, Bd. 19, Berlin 1912, S. 376 ff..

ders.: Kriminalpolitische Aufgaben (1889-1892), in: Strafrechtliche Aufsätze und Vorträge, Bd. 1, Berlin 1905, S. 290 ff..

ders.: Lehrbuch des Deutschen Strafrechts
1. Auflage (Das Deutsche Reichsstrafrecht auf Grund des Reichsstrafgesetzbuchs und der übrigen strafrechtlichen Reichsgesetze unter Berücksichtigung der Rechtsprechung des Reichsgerichts), Berlin und Leipzig 1881
2. Auflage, Berlin und Leipzig 1884;
3. Auflage, Berlin und Leipzig 1888;
5. Auflage, Berlin 1892;
9. Auflage, Berlin 1899;

10. Auflage, Berlin 1900;
14. und 15. Auflage, Berlin 1905;
16. und 17. Auflage, Berlin 1908;
18. Auflage, Berlin 1911;
20. Auflage, Berlin 1914;
21. und 22. Auflage, Berlin 1919.

ders.: Lehrbuch des österreichischen Preßrechts, Leipzig 1878.

ders.: Nach welchen Grundsätzen ist die Revision des Strafgesetzbuchs in Aussicht zu nehmen? Gutachten für den 20. deutschen Juristentag, 1902, in: Strafrechtliche Aufsätze und Vorträge, Bd. 2, Berlin 1905, S. 356 ff..

ders.: Rechtsgut und Handlungsbegriff im Bindingschen Handbuche. Ein kritischer Beitrag zur juristischen Methodenlehre, 1886, in: Strafrechtliche Aufsätze und Vorträge, Bd. 1, Berlin 1905 S. 212 ff..

ders.: Sind gleiche Grundsätze des internationalen Srafrechtes für die europäischen Staaten anzustreben und eventuell welche? Gutachten für den XVI. deutschen Juristentag (1882), in: Strafrechtliche Aufsätze und Vorträge, Bd. 2, Berlin 1905, S. 90 ff..

ders.: Strafrechtsreform, in: Handbuch der Politik, Bd. 3, 3. Auflage, Berlin und Leipzig 1921, S. 202 ff..

ders.: Über den Einfluß der soziologischen und anthropologischen Forschungen auf die Grundbegriffe des Strafrechts. Gutachten für die Allg. Versammlung der I.K.V. 1893, in: Strafrechtliche Aufsätze und Vorträge, Bd. 2, Berlin 1905, S. 75 ff..

ders.: Vom Staatenverband zur Völkergemeinschaft. Ein Beitrag zur Neuorientierung der Staatenpolitik und des Völkerrechts, München, Berlin 1917.

ders.: Zum Vorentwurf eines Reichsstrafgesetzbuches, in: ZStW 30 (1910), S. 250 ff..

ders.: Zur Vorbereitung des Strafgesetzentwurfs, 1902, aus der Festschrift, dem Deutschen Juristentag dargebracht von J. Guttentag Verlagsbuchhandlung (G.m.b.H.), in: Strafrechtliche Aufsätze und Vorträge, Bd. 2, Berlin 1905, S. 411 ff..

Loening, Richard: Grundriß zu Vorlesungen über deutsches Strafrecht, Frankfurt am Main 1885.

Lüderssen, Klaus: Artikel Feuerbach, Paul Johann Anselm v., in: Handwörterbuch zur Deutschen Rechtsgeschichte (HRG), hrsg. von Adalbert Erler und Ekkehard Kaufmann, mitbegründet von Wolfgang Stammler, Bd. 1, Berlin 1971, Sp. 1118 ff..

ders.: Einleitung zu Feuerbach, Paul Johann Anselm von/Mittermaier, Carl Joseph Anton: Theorie der Erfahrung in der Rechtswissenschaft des

19. Jahrhunderts, Zwei methodische Schriften, Frankfurt am Main 1968.

ders.: Kriminalpolitik auf verschlungenen Wegen, Aufsätze zur Vermittlung von Theorie und Praxis, Frankfurt am Main 1981.

Lüderssen, Klaus/Sack, Fritz (Hrsg.): Seminar: Abweichendes Verhalten II, Die gesellschaftliche Reaktion auf Kriminalität, Bd. 1, Strafgesetzgebung und Strafrechtsdogmatik, Frankfurt 1975.

Luhmann, Niklas: Rechtssystem und Rechtsdogmatik, Stuttgart, Berlin, Köln, Mainz 1974.

Maier-Weigt, Bernhard: Der materiale Rechts- und Verbrechensbegriff von der französischen Aufklärung bis zur Restauration. Eine Untersuchung anhand der Lehrbücher des Kriminalrechts, Frankfurt am Main u.a. 1987.

Maiwald, Manfred: Historische und dogmatische Aspekte der Einheitstäterlösung, in: Festschrift für Paul Bockelmann zum 70. Geburtstag am 7. Dezember 1978, hrsg. von Arthur Kaufmann, Günter Bemmann, Detlef Krauss, Klaus Volk, München 1979, S. 343 ff..

Mangakis, Georgios-Alexandros: Über die Wirksamkeit des Satzes "nulla poena sine lege", in: ZStW 81 (1969), S. 997 ff..

Marheine, Hans-Joachim: Franz von Liszts Dogmatik im Zusammenhang mit seiner Kriminalpolitik, Diss. iur. Göttingen 1950.

Marx, Michael: Zur Definition des Begriffs "Rechtsgut", Köln, Berlin, Bonn, München 1972.

Marxen, Klaus: Der Kampf gegen das liberale Strafrecht. Eine Studie zum Antiliberalismus in der Strafrechtswissenschaft der zwanziger und dreißiger Jahre, Berlin 1975.

ders.: Strafgesetzgebung als Experiment?, in: GA 1985, S. 533 ff..

ders.: Straftatsystem und Strafprozeß, Berlin 1984.

Mayer, Max Ernst: Die schuldhafte Handlung und ihre Arten im Strafrecht. Drei Begriffsbestimmungen. Leipzig 1901.

ders.: Rechtsnormen und Kulturnormen, Nachdruck der Ausgabe Berlin 1903, Darmstadt 1965.

Merkel, Adolf: Lehrbuch des Deutschen Strafrechts, Stuttgart 1889.

ders.: Über das Verhältnis der Rechtsphilosophie zur "positiven" Rechtswissenschaft und zum allgemeinen Teil derselben, 1874, in: Gesammelte Abhandlungen aus dem Gebiet der allgemeinen Rechtslehre und des Strafrechts, Erste Hälfte, Straßburg 1899, S. 291 ff..

ders.: Über den Begriff der Entwicklung in seiner Anwendung auf Recht und Gesellschaft, in: Zschr. f. Privat- und Öffentliches Recht 3 (1876), S. 625 ff., und 4 (1877), S. 1 ff..

ders.: Über den Zusammenhang zwischen der Entwicklung des Strafrechts und der Gesamtentwicklung der öffentlichen Zustände und des geistigen Lebens der Völker, 1889, in: ders., Strafrecht und Kulturentwicklung, 1873/89, in: E. Wolf (Hrsg.), Deutsches Rechtsdenken, Heft 13, Frankfurt am Main 1943.

ders.: Vergeltungsidee und Zweckgedanke im Strafrecht. Zur Beleuchtung der "neuen Horizonte" in der Strafrechtswissenschaft, aus der Festgabe der rechts- und staatswissenschaftlichen Fakultät zu Straßburg zum Doktor-Jubiläum von Rudolf von Jhering, 1892.

Merkel, Reinhard: Strafrecht und Satire im Werk von Karl Kraus, Baden-Baden 1994.

Meyer, Georg/Anschütz, Gerhard: Lehrbuch des deutschen Staatsrechts, 7. Aufl., München, Leipzig 1914.

Mittelstädt, Otto: Gegen die Freiheitsstrafen. Ein Beitrag zur Kritik des heutigen Strafensystems. 2. Aufl., Leipzig 1879.

ders.: Schuld und Strafe. Zur Kritik der heutigen Reformbestrebungen, in: GS 46 (1892), S. 237 ff. und S. 387 ff. und in: GS 47 (1893), S. 1 ff..

Mittermaier, Carl Joseph Anton: Über den neuesten Zustand der Criminalgesetzgebung in Deutschland, Mit Prüfung der neuen Entwürfe für die Königreiche Hannover und Sachsen, Leipzig 1825.

ders.: Über die Grundfehler der Behandlung des Criminalrechts in Lehr- und Strafgesetzbüchern, 1819, abgedruckt in: Paul Johann Anselm von Feuerbach und Carl Joseph Anton Mittermaier, Theorie der Erfahrung in der Rechtswissenschaft des 19. Jahrhunderts, Zwei methodische Schriften, Frankfurt 1968.

Mohnhaupt, Heinz: Artikel Feuerbach, in: Michael Stolleis (Hrsg.), Juristen. Ein biographisches Lexikon. Von der Antike bis zum 20. Jahrhundert, München 1995, S. 201 ff..

Mommsen, Wolfgang J.: Gesellschaft und Staat im liberalen Zeitalter, Europa 1870-1890, in: ders., Der autoritäre Nationalstaat. Verfassung, Gesellschaft und Kultur im deutschen Kaiserreich, Frankfurt am Main 1990, S. 86 ff..

Montesquieu: Vom Geist der Gesetze, in neuer Übertragung eingeleitet und herausgegeben von Ernst Forsthoff, 2 Bände, Tübingen 1951.

Moos, Reinhard: Der Verbrechensbegriff in Österreich im 18. und 19. Jahrhundert. Sinn- und Strukturwandel, Bonn 1968.

ders.: Franz von Liszt als Österreicher, in: ZStW 81 (1969) - Gedächtnisheft für Franz von Liszt zur Wiederkehr seines Todestages am 21. Juni 1919, S. 660 ff..

Müller, Helga: Der Begriff der Generalprävention im 19. Jahrhundert, Frankfurt am Main, Bern, New York 1984.

Nagler, Johannes: Verbrechensprophylaxe und Strafrecht, in: Karl von Birkmeyer/Johannes Nagler (Hrsg.), Kritische Beiträge zur Strafrechtreform, Bd. 4, Heft 14, Neudruck der Ausgabe Leipzig 1911-1914, Aalen 1978.

Naucke, Wolfgang: Artikel Franz von Liszt, in: Handwörterbuch zur deutschen Rechtsgeschichte (HRG), hrsg. von Adalbert Erler und Ekkehard Kaufmann, mitbgründet von Wolfgang Stammler, Bd. 3, Berlin 1984, Sp. 11 ff..

ders.: Deutsches Kolonialstrafrecht 1886 - 1918, in: RJ 7 (1988), S. 298 ff..

ders.: Die Aushöhlung der strafrechtlichen Gesetzlichkeit durch den relativistischen, politisch aufgeladenen strafrechtlichen Positivismus, in: Institut für Kriminalwissenschaften Frankfurt a. M. (Hrsg.), Vom unmöglichen Zustand des Strafrechts, Frankfurt am Main 1995, S. 483 ff..

ders.: Die Kriminalpolitik des Marburger Programms 1882, in: ZStW 92 (1984), S. 525 ff..

ders.: Die Wechselwirkung zwischen Strafziel und Verbrechensbegriff, Stuttgart 1985.

ders.: Gesetzlichkeit und Kriminalpolitik, in: JuS 1989, S. 862 ff..

ders.: Kant und die psychologische Zwangstheorie Feuerbachs, Hamburg 1962.

ders.: Paul Johann Anselm von Feuerbach, Zur 200. Wiederkehr seines Geburtstages am 14. November 1975, in: ZStW 87 (1975), S. 861 ff..

ders.: Tendenzen in der Strafrechtsentwicklung, Karlsruhe 1975.

ders.: Über den Einfluß Kants auf Theorie und Praxis des Strafrechts im 19. Jahrhundert, in: Jürgen Blühdorn/Joachim Ritter (Hrsg.), Philosophie und Rechtswissenschaft. Zum Problem ihrer Beziehung im 19. Jahrhundert, Frankfurt am Main 1969, S. 27 ff..

ders.: Vom Vordringen des Polizeigedankens im Recht, d.i.: vom Ende der Metaphysik im Recht, in: Gerhard Dilcher/Bernhard Diestelkamp (Hrsg.), Recht, Gericht, Genossenschaft und Policey. Studien zu Grundbegriffen der germanistischen Rechtshistorie. Symposion für Adalbert Erler, Berlin 1986, S. 177 ff..

ders.: Von Feuerbach zu Mittermaier: ein Fortschritt in der Strafrechtswissenschaft?, in: Wilfried Küper (Hrsg.), Carl Joseph Anton Mittermaier, Symposium 1987 in Heidelberg, Vorträge und Materialien, Heidelberg 1988, S. 91 ff..

ders.: Vorwort zum Neudruck von Paul Johann Anselm von Feuerbach, Über Philosophie und Empirie in ihrem Verhältnisse zur positiven Rechtswissenschaft, Darmstadt 1969, S. V ff..

ders.: Zu Feuerbachs Straftatbegriff, in: Gedenkkonferenz für den Juristen P.J.A. Feuerbach, Wissenschaftliche Zeitschrift der Friedrich-Schiller-Universität Jena, Gesellschaftswissenschaftliche Reihe, 32. Jahrgang, Heft 4/1984, S. 479 ff..

ders.: Zur Lehre vom strafbaren Betrug. Verhältnis von Strafrechtsdogmatik und Kriminologie, Berlin 1964.

Neumann, Ulfrid: Neue Entwicklungen im Bereich der Argumentationsmuster zur Begründung oder zum Ausschluß strafrechtlicher Verantwortlichkeit, in: ZStW 99 (1987), S. 567 ff..

ders.: Rückwirkung bei belastenden Rechtsprechungsänderungen der Strafgerichte, in: ZStW 103 (1991), S. 331 ff..

ders. / Schroth, Ulrich: Neuere Theorien von Kriminalität und Strafe, Darmstadt 1980.

Nipperdey, Thomas: Deutsche Geschichte 1866-1918,
Bd. 1, Arbeitswelt und Bürgergeist, München 1990;
Bd. 2, Machtstaat vor der Demokratie, München 1992.

Nomos Kommentar zur Strafgesetzbuch, 1. Aufl., Baden-Baden 1995.

Oehler, Dietrich: Wurzel, Wandel und Wert der strafrechtlichen Legalordnung, Berlin 1950.

Ogorek, Regina: De l'Esprit des légendes oder wie gewissermaßen aus dem Nichts eine Interpretationslehre wurde, in: RJ 2 (1983), S. 277 ff..

dies.: Richterkönig oder Subsumtionsautomat? Zur Justiztheorie im 19. Jahrhundert, Frankfurt am Main 1986.

Ostendorf, Heribert: Franz von Liszt als Kriminalpolitiker, in: Liszt der Vernunft, Kriminalsoziologische Bibliographie 1984/Jg. 11, Heft 42, S. 1 ff..

ders.: Von der Rache zur Zweckstrafe, 100 Jahre Marburger Programm von Franz von Liszt, Frankfurt am Main 1982.

Otto, Harro: Grundkurs Strafrecht. Allgemeine Strafrechtslehre, 4. Aufl., Berlin, New York 1992.

Padtberg, Beate-Carola: Geschichte des deutschen Liberalismus, Königswinter 1988.

Pleister, Wolfgang: Persönlichkeit, Wille und Freiheit im Werke Jherings, Ebelsbach 1982.

Polakiewicz, Jörg: Verfassungs- und völkerrechtliche Aspekte der strafrechtlichen Ahndung des Schußwaffeneinsatzes an der innerdeutschen Grenze, in: EuGRZ 1992, S. 177 ff..

Pöls, Werner: Sozialistenfrage und Revolutionsfurcht in ihrem Zusammenhang mit den angeblichen Staatsstreichplänen Bismarcks, Lübeck und Hamburg 1960.

Radbruch, Gustav: Drei Strafrechtslehrbücher des 19. Jahrhunderts, in: FS für Ernst Heinrich Rosenfeld zu seinem 80. Geburtstag am 14. Augunst 1949, Berlin 1949, S. 7 ff..

ders.: Eine Feuerbach-Gedenkrede sowie drei Aufsätze aus dem wissenschaftlichen Nachlaß, Tübingen 1952.

ders.: Einführung in die Rechtswissenschaft, 11. Auflage, nach dem Tode des Verfassers besorgt von Konrad Zweigert, Stuttgart 1964.

ders.: Franz v. Liszt - Anlage und Umwelt, in: Elegantiae iuris criminalis, 2. Auflage, Basel 1950, S. 208 ff..

ders.: Literaturbericht Rechtsphilosophie, in: ZStW 28 (1908), S. 251.

ders.: Paul Johann Anselm Feuerbach, Ein Juristenleben, 2. Aufl., hrsg. von Erik Wolf, Göttingen 1957.

ders.: Über den Schuldbegriff, in: ZStW 24 (1904), S. 333 ff..

Ranksiek, Andreas: Gesetz und Lebenswirklichkeit. Das strafrechtliche Bestimmtheitsgebot, Heidelberg 1989.

Rauch, Herbert: Die klassische Strafrechtslehre in ihrer politischen Bedeutung, Leipzig 1936.

Rebhan, Axel: Franz v. Liszt und die moderne défense sociale, Diss. iur. Köln 1962.

Rosenfeld, Ernst Heinrich: Schuld und Vorsatz im v. Lisztschen Lehrbuch, in: ZStW 32 (1911), S. 466 ff..

Roßhirt, Conrad Franz: Entwickelung der Grundsätze des Strafrechts nach den Quellen des gemeinen deutschen Rechts, Heidelberg und Leipzig 1828.

Roxin, Claus: Franz von Liszt und die kriminalpolitische Konzeption des Alternativentwurfs, in: ZStW 81 (1969) - Gedächtnisheft für Franz von Liszt zur 50. Wiederkehr seines Todestages am 21. Juni 1919, S. 613 ff..

ders.: Kriminalpolitik und Strafrechtssystem, Berlin 1970.

ders.: Strafrecht Allgemeiner Teil, Bd. 1, Grundlagen, Der Aufbau der Verbrechenslehre, 2. Aufl., München 1994.

ders.: Unterlassung, Vorsatz und Fahrlässigkeit, Versuch und Teilnahme im neuen Strafgesetzbuch, in: JuS 1973, S. 329 ff..

Rückert, Joachim: Kant-Rezeption in juristischer und politischer Theorie (Naturrecht, Rechtsphilosophie, Staatslehre, Politik) des 19. Jahrhunderts, in: M. P. Thompson (Hrsg.), John Locke und Immanuel Kant: historische Rezeption und gegenwärtige Relevanz, Berlin 1991, S. 144 ff..

Rudolphi, Hans-Joachim: Die verschiedenen Aspekte des Rechtsgutsbegriffes, in: FS für Richard M. Honig, Göttingen 1970, S. 151 ff..

Sax, Walter: Grundsätze der Strafrechtspflege, in: Karl August Bettermann/Hans Carl Nipperdey/Ulrich Scheuner (Hrsg.), Die Grundrechte. Handbuch der Theorie und Praxis der Grundrechte, Bd. 3, 2. Halbband, Berlin 1972, S. 909 ff..

Schild, Wolfgang: 1577 Paragraphen aufgeklärter Strafrechtsvernunft. - Zum ALR als philosophischem Strafgesetzbuch, in: Friedrich Ebel (Hrsg.), Gemeinwohl-Freiheit-Vernunft-Rechtsstaat, 200 Jahre Allgemeines Landrecht für die Preußischen Staaten, Symposium der Juristischen Gesellschaft zu Berlin 27.-29. Mai 1994, Berlin, New York 1994, S. 41 ff..

Schmidt, Eberhard: Anselm von Feuerbach und Franz von Liszt, in: Mschr. f. Kriminalbiologie und Strafrechtsreform 1942, S. 205 ff..

ders.: Artikel Franz von Liszt, in: Hermann Heimpel/Theodor Heuss/Benno Reifenberg (Hrsg.), Die großen Deutschen, Bd. 5, Berlin, Frankfurt, Wien 1957, S. 407 ff..

ders.: Einführung in die Geschichte der deutschen Strafrechtspflege, Nachdruck der 3. Auflage, Göttingen 1983.

ders.: Franz von Liszt und die heutige Problematik des Strafrechts, in: FS für Julius von Gierke zu seinem goldenen Doktorjubiläum am 25. Oktober 1948, Berlin 1950, S. 201 ff..

ders.: Strafrechtsreform und Kulturkrise, Tübingen 1931.

ders.: Die Aufgaben der Strafrechtspflege, Leipzig 1895.

Schmidt, Richard: Die Strafrechtsreform in ihrer staatsrechtlichen und politischen Bedeutung, in: Karl von Birkmeyer/Johannes Nagler (Hrsg.), Kritische Beiträge zur Strafrechtsreform, Bd. IV, Heft 15, Neudruck der Ausgabe Leipzig 1912, Aalen 1978.

Schoetensack, August: Unbestimmte Verurteilung, in: Birkmeyer, Karl von/Nagler, Johannes (Hrsg.), Kritische Beiträge zur Strafrechtsreform, Bd. II, Heft 6, Neudruck der Ausgabe Leipzig 1909, Aalen 1978.

Schönke, Adolf/Schröder, Horst: Strafgesetzbuch, Kommentar, 24. Aufl., München 1991.

Schottländer, Adolf: Die geschichtliche Entwicklung des Satzes nulla poena sine lege, Breslau 1911.

Schreiber, Hans-Ludwig: Gesetz und Richter. Zur geschichtlichen Entwicklung des Satzes nullum crimen, nulla poena sine lege. Frankfurt am Main 1976.

ders.: Zur Zulässigkeit der rückwirkenden Verlängerung von Verjährungsfristen früher begangener Delikte, in: ZStW 80 (1968), S. 548 ff..

Schröder, Jan: Artikel Franz von Liszt, in: Gerd Kleinheyer/Jan Schröder, Deutsche Juristen aus fünf Jahrhunderten, 3. Aufl., Heidelberg 1989, S. 169 ff..

Schubert, Gernot: Feuerbachs Entwurf zu einem Strafgesetzbuch für das Königreich Bayern aus dem Jahre 1824, Berlin 1978.

Schulze, Reiner: Polizeirecht im 18. Jahrhundert, in: Gerhard Dilcher/Bernhard Diestelkamp (Hrsg.), Recht, Gericht, Genossenschaft und Policey. Studien zu Grundbegriffen der germanistischen Rechtshistorie. Symposion für Adalbert Erler, Berlin 1986, S. 199 ff..

Schünemann, Bernd: Nulla poena sine lege? Rechtstheoretische und verfassungsrechtliche Implikationen der Rechtsgewinnung im Strafrecht, Berlin, New York 1978.

Schütze: Lehrbuch des Deutschen Strafrechts, 15. Aufl., Leizig 1888.

Schwarzschild, Agnes: Franz v. Liszt als Strafrechtsdogmatiker, Diss. iur. Frankfurt am Main 1933.

Sheehan, James J.: Der deutsche Liberalismus. Von den Anfängen im 18. Jahrhundert bis zum Ersten Weltkrieg 1770-1914, aus dem Englischen übersetzt von Karl Heinz Siber, München 1983.

Simon, Dieter: Die Unabhängigkeit des Richters, Darmstadt 1975.

Sina, Peter: Die Dogmengeschichte des strafrechtlichen Begriffs "Rechtsgut", Basel 1962.

Specht, Heinz: Der Strafzweck bei Feuerbach und Liszt und die strafrechtliche Lage der Gegenwart, Diss. iur. Hamburg 1933.

Stahl, Julius von: Die Philosophie des Rechts, Bd. 2, Rechts- und Staatslehre auf der Grundlage christlicher Weltanschauung, 2. Teilband, Die Staatslehre und die Prinzipien des Staatsrechts, 5. Aufl., Tübingen und Leipzig 1878.

Stammler, Rudolf: Die Lehre vom richtigen Rechte, Berlin 1902.

Stapenhorst, Hermann: Die Entwicklung des Verhältnisses von Geldstrafe zu Freiheitsstrafe seit 1882. Eine rechtshistorische Untersuchung anhand von Kriminalstatistiken, Berlin 1993.

Statistik der zum Ressort des köngiglich preußischen Ministeriums des Innern gehörenden Straf- und Gefangen-Anstalten pro 1. April 1880/81, Berlin 1882.

Sternau, Max: Die Abschaffung des Strafmaßes, in: ZStW 13 (1893), S. 17 ff..

Stintzing, Roderich von/Landsberg, Ernst: Geschichte der deutschen Rechtswissenschaft, Abteilung 3, Halbband 2, Text von E. Landsberg, 19. Jahrhundert bis etwa 1870, 2. Neudruck der Ausgabe München 1910, Aalen 1978.

Stöger, Fritz: Versuch des untauglichen Täters, zugleich ein Beitrag zur strafrechtlichen Lehre vom Unrecht, Berlin 1961.

Stolleis, Michael: Anmerkungen zum Verhältnis von *echtem Recht* und *freiheitsbeschränkendem Polizeirecht*, in: Gerhard Dilcher/Bernhard Diestelkamp (Hrsg.), Recht, Gericht, Genossenschaft und Policey. Studien zu Grundbegriffen der germanistischen Rechtshistorie. Symposion für Adalbert Erler, Berlin 1986, S. 188 ff..

ders.: Die Entstehung des Interventionsstaates, in: ZNR 1989, S. 129 ff..

ders.: Die Sozialversicherung Bismarcks, Politisch institutionelle Bedingungen, in: Zacher, Hans F., Bedingungen für die Entstehung und Entwicklung von Sozialversicherung, Colloquium der Projektgruppe für Internationales und Vergleichendes Sozialrecht der Max-Planck-Gesellschaft, Berlin 1979, S. 387 ff..

Stübel, Christoph Carl: Über gefährliche Handlungen als für sich bestehende Verbrechen, Zur Berichtigung der Lehre von verschuldeten Verbrechen, nebst Vorschlägen zur gesetzlichen Bestimmung über die Bestrafung der erstern, in: Archiv für Kriminalrecht 8 (1825), S. 236 ff..

Süß, Frank: Vom Umgang mit dem Bestimmtheitsgebot, in: Institut für Kriminalwissenschaften Frankfurt a. M. (Hrsg.), Vom unmöglichen Zustand des Strafrechts, Frankfurt am Main 1995, S. 207 ff..

Systematischer Kommentar zum Strafgesetzbuch, Bd. 1, 6. Aufl., Stand: 24. Lieferung, Neuwied, Kriftel, Berlin 1995.

Vorländer, Hans: Auf der Suche nach der gerechten Gesellschaft, Zur ideenpolitischen Tradition des sozialen Liberalismus in Europa und Amerika, in: Liberalismus und soziale Frage(n), 2. Rastatter Tag zur Geschichte des Liberalismus am 7./8. November 1992, Sankt Augustin 1993, S. 7 ff..

Wagner, Joachim: Politischer Terrorismus und Strafrecht im Deutschen Kaiserreich von 1871, Heidelberg, Hamburg 1981.

Wahlberg, Wilhelm Emil: Das Gelegenheitsverbrechen, in: ders., Gesammelte kleine Schriften und Bruchstücke über Strafrecht, Strafprozeß. Gefängniskunde, Literatur und Dogmengeschichte der Rechtslehre in Österreich. Bd. 3, Wien 1875, S. 55 ff..

ders.: Das gewohnheitsmäßige Verbrechen, in: ders., Gesammelte kleine Schriften und Bruchstücke über Strafrecht, Strafprozeß. Gefängniskunde, Literatur und Dogmengeschichte der Rechtslehre in Österreich, Bd. 1, Wien 1875, S. 136 ff..

ders.: Das Prinzip der Individualisierung in der Strafrechtspflege, Wien 1869.

Wedel, Hasso von: Franz v. Liszts geschichtliche Bedeutung als Überwinder des strafrechtlichen Positivismus, in: Schw. Zschr. für Strafrecht 47 (1933), S. 324 ff..

Wehler, Hans-Ulrich: Das Deutsche Kaiserreich 1871-1918, 7. Aufl., Göttingen 1994.

ders.: Der Aufstieg des organisierten Kapitalismus und Interventionsstaates in Deutschland, in: Winkler, Heinrich August (Hrsg.), Organisierter Kapitalismus, Göttingen 1974, S. 36 ff..

ders.: Sozialdarwinismus im expandierenden Industriestaat, in: ders., Krisenherde des Kaiserreichs 1871-1918. Studien zur deutschen Sozial- und Verfassungsgeschichte, 2. Aufl., Göttingen 1979, S. 281 ff..

Welzel, Hans: Naturalismus und Wertphilosophie im Strafrecht. Untersuchungen über die ideologischen Grundlagen der Strafrechtswissenschaft, Mannheim, Berlin, Leipzig 1935.

Westphalen, Daniela: Karl Binding (1841-1920). Materialien zur Biographie eines Strafrechtsgelehrten, Frankfurt am Main u.a. 1989.

Wieacker, Franz: Privatrechtsgeschichte der Neuzeit, 2. Aufl., Göttingen 1967.

ders.: Rudolf von Jhering, 2. Aufl., Stuttgart 1968.

ders.: Rudolf von Jhering, in: ZRG RA 86 (1969), S. 1 ff..

ders.: Zur praktischen Leistung der Rechtsdogmatik, in: Hermeneutik und Dialektik, Aufsätze II, Sprache und Logik, Theorie der Auslegung und Probleme der Einzelwissenschaften, hrsg. von Rüdiger Babner, Konrad Cramer, Reiner Wiehl, Tübingen 1970, S. 311 ff..

Wolf, Erik: Paul Johann Anselm von Feuerbach, in: ders., Große Rechtsdenker der Deutschen Geistesgeschichte, 4. Auflage, Tübingen 1963, S. 543 ff..

ders.: Die Wertung der Rechtsgüter, in: Die Justiz 3 (1927/28), S. 110 ff..

Zaczyk, Rainer: Das Strafrecht in der Rechtslehre J. G. Fichtes, Berlin 1981.

Die wörtlich zitierten Textstellen sind in Orthographie und Interpunktion - soweit dies ohne Sinnentstellung möglich war - den heutigen Üblichkeiten angepaßt. Alle Hervorhebungen bei Wortzitaten stammen, es sei denn es ist ausdrücklich anders gekennzeichnet, jeweils aus dem Original.

FRANKFURTER KRIMINALWISSENSCHAFTLICHE STUDIEN

Band 1 Peter Böning: Die Lehre vom Unrechtsbewußtsein in der Rechtsphilosophie Hegels 100 S., 1978.

Band 2 Wolfgang Schneider: Kriminelle Straßenverkehrsgefährdung (§ 315c Abs. 1 Ziff. 2, Abs. 3 StGB). Eine kriminologische und strafrechtliche Untersuchung zur Problematik dieser Verkehrsstraftaten unter Berücksichtigung ausländischer Rechte. 342 S., 1978.

Band 3 Lothar Kuhlen: Die Objektivität von Rechtsnormen. Zur Kritik des radikalen labeling approach in der Kriminalsoziologie. 178 S., 1978.

Band 4 Günther Grewe: Straßenverkehrsdelinquenz und Marginalität. Untersuchungen zur institutionellen Regelung von Verhalten. 148 S., 1978.

Band 5 Dieter Haberstroh: Strafverfahren und Resozialisierung. Eine Studie über Verstehen und Nicht-Verstehen, über Verstanden-Werden und Nicht-Verstanden-Werden und deren Bedingungen in der Hauptverhandlung. 202 S., 1979.

Band 6 Thomas Vogt: Die Forderungen der psychoanalytischen Schulrichtungen für die Interpretation der Merkmale der Schuldunfähigkeit und der verminderten Schuldfähigkeit (§§ 51 a.F., 20, 21 StGB). 182 S., 1979.

Band 7 Andreas Michael: Der Grundsatz in dubio pro reo im Strafverfahrensrecht. Zugleich ein Beitrag über das Verhältnis von materiellem Recht und Prozeßrecht. 214 S., 1981.

Band 8 Ilias G. Anagnostopoulos: Haftgründe der Tatschwere und der Wiederholungsgefahr (§§ 112 Abs. 3, 112 a StPO). Kriminalpolitische und rechtssystematische Aspekte der Ausweitung des Haftrechts. 1984.

Band 9 Helga Müller: Der Begriff der Generalprävention im 19. Jahrhundert. Von P.J.A. Feuerbach bis Franz v. Liszt. 1984.

Band 10 Frowin Jörg Kurth: Das Mitverschulden des Opfers beim Betrug. 1984.

Band 11 Martin J. Worms: Die Bekenntnisbeschimpfung im Sinne des § 166 Abs. 1 StGB und die Lehre vom Rechtsgut. 1984.

Band 12 Jong-Dae Bae: Der Grundsatz der Verhältnismäßigkeit im Maßregelrecht des StGB. 1985.

Band 13 Helmut Fünfsinn: Der Aufbau des fahrlässigen Verletzungsdelikts durch Unterlassen im Strafrecht. 1985.

Band 14 Christoph Krehl: Die Ermittlung der Tatsachengrundlage zur Bemessung der Tagessatzhöhe bei der Geldstrafe. 1985.

Band 15 Walter-Hermann Kiehl: Strafrechtliche Toleranz wechselseitiger Ehrverletzungen - Zur ratio legis der §§ 199, 233 Strafgesetzbuch -. 1986.

Band 16 Matthias Krahl: Die Rechtsprechung des Bundesverfassungsgerichts und des Bundesgerichtshof zum Bestimmtheitsgrundsatz im Strafrecht (Art. 103 Abs. 2 GG). 1986.

Band 17 Patrick Carroll Campbell: § 220a StGB. Der richtige Weg zur Verhütung und Bestrafung von Genozid? 1986.

Band 18 Winfried Hassemer (Hrsg.): Strafrechtspolitik. Bedingungen der Strafrechtsreform. 1987.

Band 19 Felix Herzog: Prävention des Unrechts oder Manifestation des Rechts. Bausteine zur Überwindung des heteronom-präventiven Denkens in der Strafrechtstheorie der Moderne. 1987.

Band 20 Astrid Michalke-Detmering: Die Mindestanforderungen an die rechtliche Begründung des erstinstanzlichen Strafurteils. Zur Auslegung des § 267 StPO. 1987.

Band 21 Lothar Kuhlen: Die Unterscheidung von vorsatzausschließenden und nichtvorsatzausschliessendem Irrtum. 1987.

Band 22 Michael Buttel: Kritik der Figur des Aufklärungsgehilfen im Betäubungsmittelstrafrecht (§ 31 BtMG). 1988.

Band 23 Matthias Kögler: Die zeitliche Unbestimmtheit freiheitsentziehender Sanktionen des Strafrechts. Eine vergleichende Untersuchung zur Rechtslage und Strafvollstreckungspraxis in der Bundesrepublik Deutschland und den USA. 1988.

Band 24 Klaus Lüderssen/Cornelius Nestler-Tremel/Ewa Weigend(Hrsg.): Modernes Strafrecht und ultima-ratio-Prinzip. 1990.

Band 25 Jürgen Taschke: Die behördliche Zurückhaltung von Beweismitteln im Strafprozeß. 1989.

Band 26 Daniela Westphalen: Karl Binding (1841-1920). Materialien zur Biographie eines Strafrechtsgelehrten. 1989.

Band 27 Sigrid Jans: Die Aushöhlung des Klageerzwingungsverfahrens. 1990.

Band 28 Dimitris Spirakos: Folter als Problem des Strafrechts. Kriminologische, kriminalsoziologische und (straf-)rechtsdogmatische Aspekte unter besonderer Berücksichtigung der Folterschutzkonvention und der Pönalisierung der Folter in Griechenland. 1990.

Band 29 Stephan Moll: Strafrechtliche Aspekte der Behandlung Opiatabhängiger mit Methadon und Codein. 1990.

Band 30 Stefan Werner: Wirtschaftsordnung und Wirtschaftsstrafrecht im Nationalsozialismus. 1991.

Band 31 Xanthi Bassakou: Beiträge zur Analyse und Reform des Absehens von Strafe nach § 60 StGB. 1991.

Band 32 Rainer Runte: Die Veränderung von Rechtfertigungsgründen durch Rechtsprechung und Lehre. Moderne Strafrechtsdogmatik zwischen Rechtsstaatsprinzip und Kriminalpolitik. 1991.

Band 33 Olaf Hohmann: Das Rechtsgut der Umweltdelikte. Grenzen des strafrechtlichen Umweltschutzes. 1991.

Band 34 Klaus Jochen Müller: Das Strafbefehlsverfahren (§§ 407 ff. StPO). Eine dogmatisch-kriminalpolitische Studie zu dieser Form des schriftlichen Verfahrens unter besonderer Berücksichtigung der geschichtlichen Entwicklung – zugleich ein Beitrag zum StVÄG 1987. 1993

Band 35 Sang-Don Yi: Wortlautgrenze, Intersubjektivität und Kontexteinbettung. Das strafrechtliche Analogieverbot. 1991.

Band 36 Birgit Malsack: Die Stellung der Verteidigung im reformierten Strafprozeß. Eine rechtshistorische Studie anhand der Schriften von C. J. A. Mittermaier. 1992.

Band 37 Rüdiger Schäfer: Die Privilegierung des "freiwillig-positiven" Verhaltens des Delinquenten nach formell vollendeter Straftat. Zugleich ein Beitrag zum Grundgedanken des Rücktritts vom Versuch und zu den Straftheorien. 1992.

Band 38 Cornelius Nestler-Tremel: AIDS und Strafzumessung. 1992.

Band 39 Christine Gutmann: Freiwilligkeit und (Sozio-)Therapie – notwendige Verknüpfung oder Widerspruch? 1993.

Band 40 Walter Kargl: Der strafrechtliche Vorsatz auf der Basis der kognitiven Handlungstheorie. 1993.

Band 41 Jürgen Rath: Zur strafrechtlichen Behandlung der aberratio ictus und des error in objecto des Täters. 1993.

Band 42 Martin Fischer: Wille und Wirksamkeit. Eine Untersuchung zum Problem des *dolus alternativus*. 1993.

Band 43 Regina Harzer: Der Naturzustand als Denkfigur moderner praktischer Vernunft. Zugleich ein Beitrag zur Staats- und Rechtsphilosophie von Hobbes und Kant. 1994.

Band 44 Helmut Pollähne: Lockerungen im Maßregelvollzug. Eine Untersuchung am Beispiel der Anwendung des nordrhein-westfälischen Maßregelvollzugsgesetzes im Westfälischen Zentrum für Forensische Psychiatrie (Lippstadt). 1994.

Band 45 Hans-Joachim Leonhardt: Rechtsmittelermessen der Staatsanwaltschaft. Eine Gegenüberstellung von § 296 StPO mit Nummern 147 und 148 Richtlinien für das Strafverfahren und das Bußgeldverfahren (RiStBV). 1994.

Band 46 Rolf Grünebaum: Zur Strafbarkeit des Therapeuten im Maßregelvollzug bei fehlgeschlagenen Lockerungen. 1996.

Band 47 Barbara Bialas: Promille-Grenzen, Vorsatz und Fahrlässigkeit. 1996.

Band 48 Christine Pott: Die Außerkraftsetzung der Legalität durch das Opportunitätsdenken in den Vorschriften der §§ 154, 154a StPO. Zugleich ein Beitrag zu einer kritischen Strafverfahrensrechtstheorie. 1996.

Band 49 Wolfgang Köberer: *Iudex non calculat.* Über die Unmöglichkeit, Strafzumessung sozialwissenschaftlich-mathematisch zu rationalisieren. 1996.

Band 50 Institut für Kriminalwissenschaften Frankfurt a.M. (Hrsg.): Vom unmöglichen Zustand des Strafrechts. 1995.

Band 51 Petra Kamberger: Treu und Glauben (§ 242 BGB) als Garantenstellung im Strafrecht? 1996.

Band 52 Anastassios Triantafyllou: Das Delikt der gefährlichen Körperverletzung (§ 223a StGB) als Gefährdungsdelikt. (Zugleich ein Beitrag zur Dogmatik der Gefährdungsdelikte). 1996.

Band 53 Norbert Kissel: Aufrufe zum Ungehorsam und § 111 StGB. Grundrechtlicher Einfluß bei der Feststellung strafbaren Unrechts. 1996.

Band 54 Susanne Ehret: Franz von Liszt und das Gesetzlichkeitsprinzip. Zugleich ein Beitrag wider die Gleichsetzung von Magna-charta-Formel und Nullum-crimen-Grundsatz. 1996.

Anna Caroline Limbach

Das Strafrecht der Paulskirchenverfassung 1848/49

Frankfurt/M., Berlin, Bern, New York, Paris, Wien, 1995. XVIII, 182 S.
Europäische Hochschulschriften: Reihe 2, Rechtswissenschaft. Bd. 1805
ISBN 3-631-49193-X   br. DM 65.--*

In Kürze erlebt die Paulskirchenverfassung ihr 150-jähriges Jubiläum. Ein Grund, einen kritischen Blick auf die Entstehungsgeschichte der Verfassungsbestimmungen zu werfen. Die Verfasserin wählt den Teilbereich des Strafrechts. Gilt doch das Strafrecht noch heute als "Seismograph der Staatsverfassung". Durch Analyse der Normen, der Debatten und des Hintergrundmaterials wird aufgezeigt, daß liberale Ideen in einem weitaus größeren Maß prägende Kraft entfaltet haben, als bisher angenommen. Die umfassende Übernahme der Werte des Liberalismus weist die Verfassung als ein Kind ihrer Zeit aus. Das von ihr entwickelte Strafrecht spiegelt die Vorzüge und Nachteile des liberalen Staats-, Gesellschafts- und Menschenbildes wider.

Aus dem Inhalt: Strafarten · Gerichtsverfassungsrecht · Verfahrensgrundsätze · Zwangsmaßnahmen · Strafrecht und Staatsnotstand

Printed by
CPI books GmbH, Leck

FSC
www.fsc.org
MIX
Papier | Fördert
gute Waldnutzung
FSC® C083411

Kolibri 360 GmbH
Ferdinand-Jühlke-Straße 7
99095 Erfurt, Deutschland
produktsicherheit@kolibri360.de